One

総合監修 金谷 憲（東京学芸大学名誉教授）

はじめに

　本書は、高校での皆さんの英語学習をサポートするためのもので、以下の2つの大きなセクションで成り立っています。

　Section I 　「読んで理解」編　英語の基本的性質と骨組み
　Section II　「調べて納得」編　英語を理解し、使うためのさまざまなルール

　Section IIは、英語の文法を学ぶ中で、分からないこと、もっと知りたいことが出てきたときに、その都度調べるための部分です。さまざまな文法項目について参照し、疑問点を解決したり、知識を得たりできるようになっています。
　それに対して、Section Iは、英語の大筋（大まかな仕組み）を読み物の形で紹介した部分です。中学までの学習内容についての理解を深めるために、また、高校で新たに身につけた知識を整理するために、繰り返し読めるように構成されています。

　高校での英語学習においては、英文法の細かいルールや、とっつきにくい文法用語に出くわす回数が中学の時よりずっと多くなります。そんなときには、Section IIを活用し、きちんと理解するよう努力してください。
　ただ、あまり細かいことにとらわれていると、英語の大筋が見えなくなってしまうのも確かです。そんなときはいつでも、Section Iを読み直してみましょう。Section Iは、皆さんを英語の大筋に立ち返らせ、高校英語の袋小路に迷い込まないように導いてくれるはずです。

　Section IもSection IIも、目指しているのはもちろん「英語を使えるようにする」ことです。2つのセクションを行ったり来たりしながら、英語のさまざまな技能を伸ばし、英語によるコミュニケーション力を向上させてください。

金谷 憲

Section Ⅰ		英語と日本語のルールの違いを確かめよう！	I-1
		英語の文を作るパーツを知ろう！	I-2
Section Ⅱ		文の種類	1
		文型	2
		時制	3
		完了形	4
		助動詞	5
		受動態	6
		不定詞	7
		動名詞	8
		分詞	9
		関係詞	10
		比較	11
		仮定法	12
		疑問文	13
		否定文	14
		話法	15
		強調・倒置・挿入・省略	16
		名詞構文・無生物主語	17
		名詞	18
		冠詞	19
		代名詞	20
		形容詞・副詞	21
		前置詞	22
		接続詞	23
		付録	

Contents 目次

本書の構成と使い方 ……………………………………………… 9

Section Ⅰ 「読んで理解」編
英語の基本的性質と骨組み

Part 1 英語と日本語のルールの違いを確かめよう！

1 英語は「語順」が決め手 …………………………………… 15
2 英語は「主語＋動詞」が基本 ……………………………… 18
3 「AはBです」とA is B.の違い …………………………… 21
4 名詞を前から修飾するか、後ろから修飾するか ………… 28
5 英語は形を整えることにこだわる言語 …………………… 32

Part 2 英語の文を作るパーツを知ろう！

1 単語の種類 …………………………………………………… 38
2 名詞とその仲間たち ………………………………………… 55
3 動詞とその仲間たち ………………………………………… 70
4 形容詞とその仲間たち ……………………………………… 76
5 副詞とその仲間たち ………………………………………… 81
6 単語を組み合わせて長い文を作る ………………………… 85

Section Ⅱ 「調べて納得」編
英語を理解し、使うためのさまざまなルール

英語の品詞 ………………………………… 90

1章 文の種類 Sentence Types

Step 1
1 平叙文 ………………………… 94
2 疑問文 ………………………… 97

3 命令文 ………………………… 101
4 感嘆文 ………………………… 102

Step 2
1 選択疑問文 …………………… 104
2 Let's を使った提案表現 …… 105

2章 文型 Sentence Patterns

Step 1
1 自動詞と他動詞 ……………… 108
2 英語の基本文型 ……………… 109

Step 2
1 文型と動詞のパターン ……………… 115
2 「There ＋ be 動詞＋名詞」の文… 119

3章 時制 Tense

Step 1
1 現在のことを表現する ……………… 124
2 過去のことを表現する ……………… 129
3 未来のことを表現する ……………… 131

Step 2
1 進行形の意味の広がり ……………… 134
2 未来のさまざまな表現 ……………… 137

4章 完了形 Perfect Tense

Step 1
1 現在完了形 ……………… 144
2 過去完了形 ……………… 152
3 未来完了形 ……………… 155

Step 2
1 「時・条件」を表す接続詞と現在完了形
　……………………………… 158
2 時の前後関係を明確にする過去完了形
　……………………………… 158
3 完了形を用いたさまざまな表現 … 160

5章 助動詞 Auxiliary Verbs

Step 1
1 can、could、be able to ………… 166
2 may、might ……………… 173
3 must、have to ……………… 176
4 should、ought to、had better 180
5 will、would、shall、used to、need
　……………………………… 183

Step 2
1 助動詞＋ have ＋過去分詞 ……… 191
2 助動詞を用いた慣用表現 ……… 195
3 that 節の中で用いられる should　198

6章 受動態 Passive Voice

Step 1
1 受動態の基本形 ……………… 204
2 受動態のさまざまな形 ①……… 208
3 語順に注意が必要な受動態 ……… 211

Step 2
1 受動態のさまざまな形 ②……… 216
2 前置詞に注意すべき受動態 ……… 219

7章 不定詞 Infinitives

Step 1
1 不定詞の名詞的用法 ……………… 222
2 不定詞の形容詞的用法 ……………… 226
3 不定詞の副詞的用法 ……………… 228
4 不定詞の意味上の主語 ……………… 232
5 不定詞と結びつきやすい動詞 ……… 234
6 動詞の原形を用いる表現 ……………… 230
7 疑問詞＋不定詞 ……………… 240

Step 2
1 不定詞と結びつく形容詞 ……………… 242
2 不定詞の形 ……………… 244
3 不定詞を用いたさまざまな表現 … 247

8章 動名詞 Gerunds

Step 1
1 動名詞の働き ……………… 254
2 動詞の目的語になる動名詞と不定詞 257

Step 2
1 動名詞の意味上の主語 ……… 262
2 動名詞のさまざまな形 ……… 263
3 動名詞の慣用表現 …………… 266

9章 分詞 Participles

Step 1
1 分詞の限定用法 ……………… 270
2 分詞の叙述用法 ……………… 274
3 分詞を have[get] や知覚動詞とともに用いる ……………………… 276
4 分詞構文の基本 ……………… 279

Step 2
1 分詞構文のさまざまな形 …… 283
2 独立分詞構文 ………………… 285
3 分詞を用いたさまざまな表現 … 286

10章 関係詞 Relatives

Step 1
1 関係代名詞の限定用法 ……… 292
2 関係代名詞 what ……………… 300
3 関係副詞の限定用法 ………… 303
4 関係詞の非限定用法 ………… 308

Step 2
1 複合関係詞 …………………… 314
2 関係代名詞を用いたさまざまな表現 320
3 関係代名詞のように用いられる語 … 322

11章 比較 Comparison

Step 1
1 原級、比較級、最上級の基本 … 330
2 原級を用いた比較 …………… 332
3 比較級を用いた比較 ………… 336
4 最上級を用いた比較 ………… 341
5 原級や比較級で最上級の意味を表す 344

Step 2
1 原級を用いたさまざまな表現 … 346
2 比較級を用いたさまざまな表現 … 349
3 no や not を用いた表現 ……… 356
4 最上級を用いたさまざまな表現 … 360

12章 仮定法 Subjunctive Mood

Step 1
1 if を用いた仮定法 …………… 364
2 wish を用いた仮定法 ………… 369
3 as if、as though を用いた仮定法 372

Step 2
1 仮定法を用いたその他の表現 … 374
2 if の代わりをするさまざまな表現 … 377
3 if の省略 ……………………… 382
4 動詞の原形を用いる表現（仮定法現在）……………………… 383

13章 疑問文 Interrogative Sentences

Step 1
1 疑問詞を使う疑問文 ………… 388
2 文に疑問文を組み込む ……… 393

Step 2
1 否定疑問文 …………………… 395
2 付加疑問 ……………………… 397
3 修辞疑問文 …………………… 399

4 疑問文の慣用表現 ……………… 400

14章 否定文 Negative Sentences

Step 1
1 否定の基本表現 ……………… 406
2 否定的な意味を持つ語 ……… 410

Step 2
1 部分否定 ……………………… 413
2 二重否定 ……………………… 415
3 否定の慣用表現 ……………… 416

15章 話法 Speech

Step 1
1 直接話法と間接話法 ………… 424
2 間接話法にする際の注意点 … 426

Step 2
1 平叙文以外の間接話法 ……… 429
2 接続詞を使った発言の間接話法 … 432

16章 強調・倒置・挿入・省略
Emphasis, Inversion, Insertion, Omission

Step 1
1 強調 …………………………… 436
2 倒置 …………………………… 441
3 挿入と省略 …………………… 444

Step 2
1 さまざまな強調 ……………… 447
2 さまざまな倒置 ……………… 449

17章 名詞構文・無生物主語
Noun Construction and Inanimate Subjects

Step 1
1 名詞構文 ……………………… 454
2 無生物主語 …………………… 458

Step 2
1 名詞を中心とした表現 ……… 462
2 無生物主語の注意すべき表現 … 463

18章 名詞 Nouns

Step 1
1 数えられる名詞と数えられない名詞 466
2 名詞の種類 …………………… 468
3 所有の表し方 ………………… 473

Step 2
1 可算名詞と不可算名詞の用法の変化 475
2 注意すべき複数形の名詞 …… 478

19章 冠詞 Articles

Step 1
1 冠詞の種類と発音 …………… 482
2 不定冠詞 a、an の用法 …… 484
3 定冠詞 the の用法 ………… 485
4 冠詞をつけない場合 ………… 488
5 冠詞の位置 …………………… 490

Step 2
1 不定冠詞を用いた慣用表現 … 493
2 定冠詞のさまざまな用法 …… 493

20章 代名詞 Pronouns

Step 1
1 人称代名詞 …………………… 498
2 it の用法 …………………… 503
3 指示代名詞 …………………… 505
4 不定代名詞 …………………… 507

Step 2
1 形式主語・形式目的語の it … 520
2 指示代名詞のさまざまな用法 … 521

21章 形容詞・副詞 Adjectives and Adverbs

Step 1
1 形容詞の働き ……………… 526
2 数量を表す形容詞 ………… 531
3 副詞の働き ………………… 534

Step 2
1 用法に注意すべき形容詞 …… 541
2 用法に注意すべき副詞 ……… 543

22章 前置詞 Prepositions

Step 1
1 前置詞の働き ……………… 554
2 前置詞の用法 ……………… 556

Step 2
群前置詞 ……………………… 577

23章 接続詞 Conjunctions

Step 1
1 2つの種類の接続詞 ………… 580
2 等位接続詞 ………………… 582
3 名詞節を導く従属接続詞 …… 587
4 副詞節を導く従属接続詞 …… 591

Step 2
1 等位接続詞を用いたさまざまな表現 601
2 従属接続詞の働きをする表現など… 606
3 使い分けに注意すべき表現 ……… 612

付録 …………………………………… 615
索引 …………………………………… 634

Section Ⅱ Close Up! 項目一覧

2章	英語の情報構造 …………………………… 121
3章	動詞の現在形を使うさまざまな場面 ……… 140
4章	時制の一致とは？ ………………………… 162
5章	助動詞としての be、have、do ………… 201
6章	受動態を使う状況 ………………………… 214
9章	準動詞の働き ……………………………… 289
10章	句と節の働き ……………………………… 324
12章	「丁寧な表現」と仮定法 …………………… 385
13章	会話における質問と受け答えのコツ ……… 403
16章	同格の表現 ………………………………… 451
20章	限定詞 ……………………………………… 523

本書の構成と使い方

『総合英語 One』は、英語の仕組みとさまざまなルールを理解し、英語を使えるようにするための参考書です。

本書は、Section ⅠとSection Ⅱの2つに大きく分かれます。さまざまな文法項目を解説したSection Ⅱの前に、英語の基本的性質と文の成り立ちを紹介したSection Ⅰを設けて、個々の文法項目を結びつけて考えたり、整理したりしやすくしました。

Section Ⅰ、Ⅱの内容と使い方は以下のとおりです。

Section Ⅰ「読んで理解」編　英語の基本的性質と骨組み

Section ⅠはPart 1とPart 2の2部構成です。Part 1では「英語と日本語の違い」という観点から、Part 2では「英語の文を作るパーツ」という観点から、英語がどのような言語で、英語の文がどのように構成されるのかを説明しています。

Part 1、Part 2ともに、**英語学習を進めながら繰り返し読むことによって、英語の仕組みを把握できるようになり、知識が定着します。**

本書のほかのページで解説している文法項目には、文中に（▶ p.000）のような記号をつけていますので、必要に応じ参照してください。

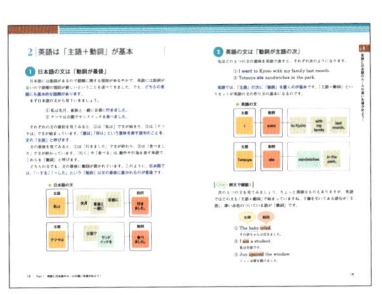

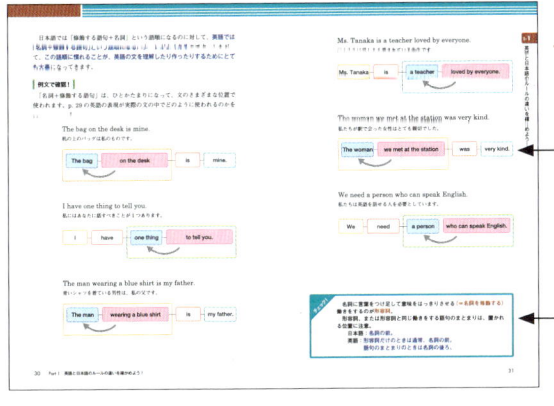

図解
解説中に登場する例文の多くは、図でも示してあります。図を参照することで、英語の文の成り立ちが視覚的に分かるようになっています。

チェック！
「チェック！」のコーナーでは、項目ごとに解説の要点をまとめています。読んだ内容をここで振り返り、整理しながら学習を進めましょう。

9

Section Ⅱ 「調べて納得」編
英語を理解し、使うためのさまざまなルール

　Section Ⅱは、全部で 23 章から成っています。それぞれの章は、Step 1 と Step 2 の 2 つの段階に分かれています。

Step 1　基本
その章で扱う文法項目の中でも、基本的かつ特に重要なものについて説明しています。

Step 2　発展
その章の文法項目のうち、発展的な内容を扱っています。

各 Step の構成と学習の進め方

　Step 1 と Step 2 の構成は同じです。ともに、例文を挙げて文法項目を説明しており、解説のほかに知識を補足するコラムなどがあります。

例文
文法を学び、身につけるための例文です。何度も音読したり書いたりして覚えましょう。

解説
例文に即して文法項目を説明しています。例文と照らし合わせながら読んで、確実に理解しましょう。

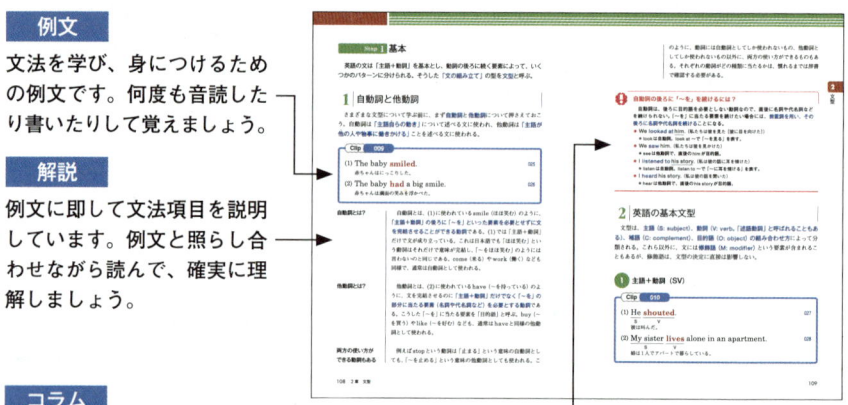

コラム
解説で扱っている文法項目に関し注意すべきポイントや、参考情報などをコラムの形で紹介しています。コラムの種類やマークの意味は、p. 92 を参照してください。

Close Up!
Step 1 や Step 2 で扱っていない文法項目を、やや詳しく取り上げたコーナーです。重要な内容が多く含まれていますので、よく読んで理解してください。

Section I

「読んで理解」編
英語の基本的性質と骨組み

Part 1　英語と日本語のルールの違いを確かめよう！　13

Part 2　英語の文を作るパーツを知ろう！　37

高校での英語学習を始める皆さんへ

　Section I は、2 つのパートに分かれています。Part 1 では「英語と日本語の違い」について、Part 2 では「単語の種類とそれらの働き」について主に解説しています。

　英語も日本語も、言語であることに変わりはありません。基本的な部分には共通点がたくさんあります。
　とは言っても、英語と日本語は別の言語ですから、異なる点はあります。Part 1 では、この 2 つの言語の間で大きく異なっている点を整理しています。その点を押さえれば、英語の文法の理解が楽になるでしょう。

　Part 2 では、「英語の文を作るためのパーツ」について整理しています。文のパーツとは、単語です。れんが造りの家で言うと、単語はれんがの 1 つ 1 つのようなものです。単語を組み合わせ、積み重ねて、文という家を造ります。ただ、れんがと違って、単語はその働きによっていくつかの種類に分かれます。種類を無視してやみくもに積み重ねようとしても、うまくはいきません。

　英語と日本語が大きく違う点、英語の単語の種類と働き、この 2 つのことを頭に入れておけば、長くて複雑そうに見える英文を見てもあまり驚かなくなり、また、英語を書いたり話したりすることもしやすくなります。

　Section I は 1 回読んで終わりにするのではなく、英語を学ぶ中で何度も読むことが大切です。例文の構造を示した図や、さまざまなイラストも、理解を助けてくれるでしょう。繰り返し読んで理解することで、英語がそれほど難しく感じられなくなるはずです。

Part 1 英語と日本語のルールの違いを確かめよう！

1 英語は「語順」が決め手 15
2 英語は「主語＋動詞」が基本 18
3 「AはBです」とA is B.の違い 21
4 名詞を前から修飾するか、後ろから修飾するか 28
5 英語は形を整えることにこだわる言語 32

言語にはルールがある

　英語も日本語も言語です。赤ちゃんは、周りの人が英語を話す環境で育てば自然に英語を身につけ、周りの人が日本語を話す環境で育てば自然に日本語を身につけます。英語も日本語も人間が自然に身につける言語ですから、たくさんの共通点があります。例えば、どちらの言語にも、人や物の名前を表す単語（名詞）、動作を表す単語（動詞）、状態や性質を表す単語（形容詞）などがあります。

　一方で、言語が違えば、発音、文字、単語は異なります。また、単語を並べる規則や、単語の形を変化させる規則も、言語によって違いがあります。「こういう意味を表すときには、単語をこんなふうに並べる」とか「こういう意味を表すときには、単語の形をこんなふうに変化させる」といった規則を「文法」と呼びますが、文法は、言語によって、さまざまな点で異なります。英語と日本語の文法にも、いくつかの大きな違いがあるのです。

　まずは、中学校の英語の授業で学んだことを振り返りながら、英語と日本語の文法の違いを確かめていきましょう。

1 英語は「語順」が決め手

1 文の柱は「名詞」と「動詞」

文を作るときに中心となる単語は、「名詞」と「動詞」です。名詞は、「タロウ」「リンゴ」「政治」のように、人、物、事柄などを表す単語です。「誰」なのか、「何」なのかを表すのが名詞です。動詞は、「食べる」「寝る」「考える」のように、主として動作や行為などを表す単語です。つまり、「どうする」のかを表すのが動詞ということになります。

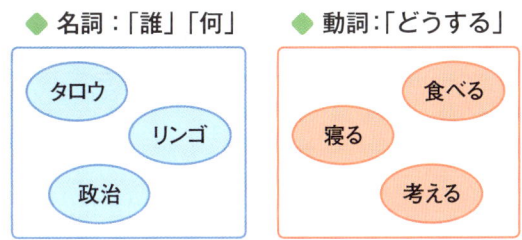

名詞と動詞を組み合わせて、例えば、「誰または何」（名詞）が、「誰または何」（名詞）に対して「どうする」（動詞）か、ということを表すと「文」が出来上がります。

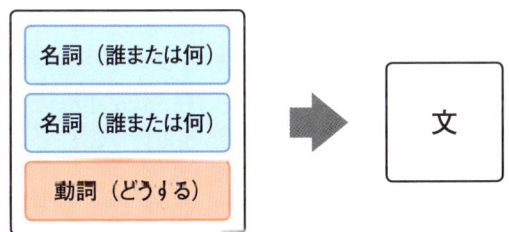

2 日本語の文の決め手は「助詞」

「タロウはハナコを追いかけました」という文を考えてみましょう。この文では、追いかけた人がタロウで、追いかけられた人がハナコですね。どちらが追いかけた人で、どちらが追いかけられた人なのかは、「タロウ」の後ろに置

かれた助詞「は」と、「ハナコ」の後ろに置かれた助詞「を」によって分かるのです。

　日本語では、「タロウ＋は」や「ハナコ＋を」というような**「名詞＋助詞」**のセットで文を作っていきます。このセットを文のどこに置いても、文の基本的な意味は変わりません。例えば、「タロウは／ハナコを／追いかけました」でも、「ハナコを／タロウは／追いかけました」でも意味は通るし、この２つは同じことを表していますね。

　このように、日本語では、「名詞＋助詞」のセットを崩さない限り、このセットの位置を入れ替えても、ほぼ同じ意味を表すことができます。**日本語は、語順に関する規則がゆるやか**なのです。

３ 英語の文の決め手は「語順」

　英語の場合はどうでしょうか。Taro chased Hanako.（タロウはハナコを追いかけました）という文では、追いかけた人がタロウで、追いかけられた人がハナコです。Taro と Hanako を入れ替えて、Hanako chased Taro.（ハナコはタロウを追いかけました）と言うと、２人の立場は逆転します。追いかけたのがハナコで、追いかけられたのがタロウ、ということになってしまいます。

　「追いかけた人」と「追いかけられた人」の関係は、英語ではどのように表されているでしょうか。**英語には、日本語のような「助詞」はありません。その代わりに、「～は」や「～を」などの意味を、文の中での名詞の位置によって表します。**Taro chased Hanako. も Hanako chased Taro. も、動詞 chased の前に来る名詞が「追いかけた人」を表し、動詞 chased の後ろに来る名詞が「追いかけられた人」を表しています。

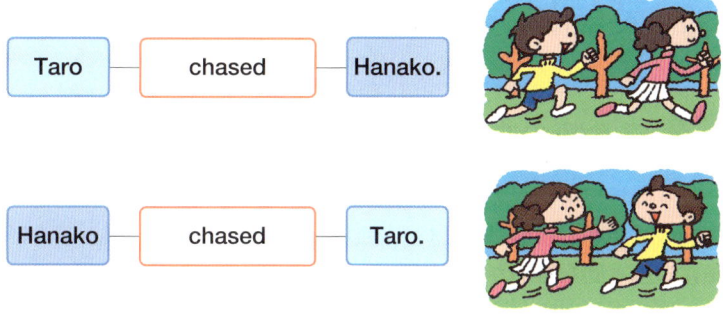

別の例で考えてみましょう。Tom loves Mary.（トムはメアリーを愛しています）という文で、Tom と Mary の位置を入れ替えると、愛する人と愛される人の関係は逆転してしまいますね。

このように、英語では、文の中で名詞の位置を入れ替えてしまうと、意味が大きく変わってしまうのです。**英語の文を作るときには、単語の並べ方（語順）の規則に従うことが必要**なのです。

> **チェック！**
> 　英語と日本語では、文中での「名詞」と「動詞」の組み合わせ方、関係の表し方のルールが異なる。
> 　　日本語：助詞が決め手。
> 　　　　　文中で「名詞＋助詞」のセットの位置を入れ替えられる。
> 　　英語：語順（単語の並べ方）が決め手。
> 　　　　　文中で名詞の位置を入れ替えられない。
> ➡ **英語の文では、単語の並べ方のルールを守ることが大切！**

I-1　英語と日本語のルールの違いを確かめよう！

2 英語は「主語＋動詞」が基本

❶ 日本語の文は「動詞が最後」

　日本語には助詞があるので語順に関する規則がゆるやかで、英語には助詞がないので語順の規則が厳しいということを述べてきました。でも、**どちらの言語にも基本的な語順があります。**

　まず日本語の文から見ていきましょう。

　　　　① 私は先月、家族と一緒に京都に**行きました**。
　　　　② テツヤは公園でサンドイッチを**食べました**。

　それぞれの文の最初を見てみると、①は「私は」で文が始まり、②は「テツヤは」で文が始まっています。**「誰は」「何は」という意味を表す語句のことを、文の「主語」**と呼びます。

　文の最後を見てみると、①は「行きました」で文が終わり、②は「食べました」で文が終わっています。「行く」や「食べる」は、動作や行為を表す単語で、これらを「動詞」と呼びます。

　どちらの文でも、文の最後に動詞が置かれています。このように、**日本語では、「～する」「～した」という「動詞」は文の最後に置かれるのが普通**です。

◆ 日本語の文

主語				動詞
私は	先月	家族と一緒に	京都に	行きました。

主語			動詞
テツヤは	公園で	サンドイッチを	食べました。

2 英語の文は「動詞が主語の次」

先ほどの2つの文の意味を英語で表すと、それぞれ次のようになります。

① I **went** to Kyoto with my family last month.
② Tetsuya **ate** sandwiches in the park.

英語では、「主語」の次に「動詞」を置くのが基本です。「主語＋動詞」というセットが英語の文の作り方の基本になるのです。

◆ 英語の文

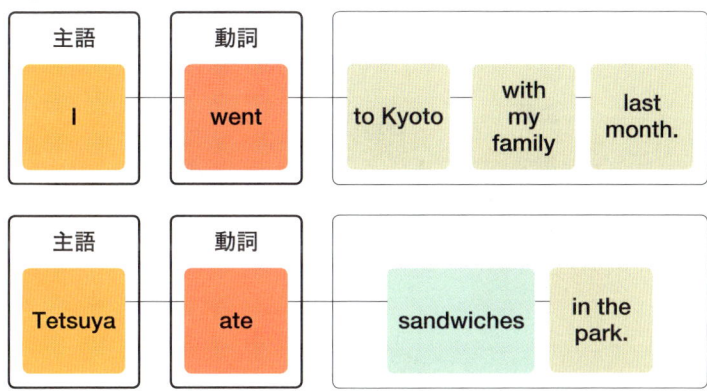

 例文で確認！

次の5つの文を見てみましょう。ちょっと複雑なものもありますが、英語ではどの文も「主語＋動詞」で始まっていますね。下線を引いてある語句が「主語」、薄い赤色のついている語が「動詞」です。

主語　動詞

① The baby cried.
　その赤ちゃんは泣きました。
② I am a student.
　私は生徒です。
③ Jun opened the window.
　ジュンは窓を開けました。

④ My mother gave me a present.
　母は私にプレゼントをくれました。
⑤ My friends call me Nao.
　友達は私のことをナオと呼びます。

　例外はありますが、**英語の文は原則として、「主語＋動詞」で始まる**ということを、まず覚えておきましょう。
　日本語の文と英語の文の成り立ちをまとめると、次のようになります。

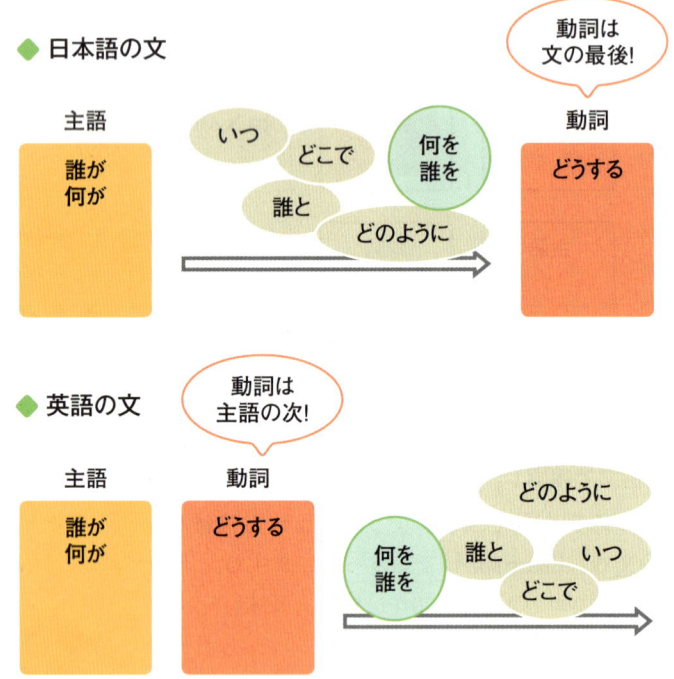

> **チェック!**
> 英語の文と日本語の文とでは、基本的な語順が異なる。
> 　日本語の文：動詞が最後。
> 　英語の文：動詞が主語の次。➡「主語＋動詞」で始まるのが原則。

3 「AはBです」とA is B.の違い

1 「私はスパゲティです」を英語で表すと？

レストランで交わされる、次の会話を考えてみましょう。

　　　田中さん：私はピザにします。あなたは？
　　　山田さん：私はスパゲティです。

　この会話の山田さんの言葉「私はスパゲティです」を英語で表すとどうなるでしょうか。

　スパゲティは英語でspaghettiですから、「私はスパゲティです」はI am spaghetti. になると思っている人はいませんか。でも、この英文だと、「私は（人間ではなくて）スパゲティ（という食べ物）です」という意味になってしまいます。スパゲティが言葉をしゃべって「自分はスパゲティなんだ」と自己紹介しているイメージですね。

I am spaghetti.

　冒頭の会話で山田さんは、「私はスパゲティです」と言っていますが、それは「私はスパゲティがいいです」とか「私はスパゲティを食べます」といった意味ですね。これを英語で表現する場合、I'd like spaghetti. や I'll have spaghetti. などのように言う必要があります。

I'd like spaghetti.

もう1つ例を見てみましょう。

　　　　鈴木さん：あなた方はどうやって大阪に行くのですか。
　　　　佐藤さん：私は新幹線です。でも、伊藤さんは飛行機です。

　この会話の佐藤さんのセリフにある「私は新幹線です」「伊藤さんは飛行機です」を英語にするとどうなるでしょうか。

　I am the Shinkansen. とか Mr. Ito is an airplane. と言ってしまうと、「私は（人間ではなく）新幹線（という乗り物）です」「伊藤さんは（人間ではなく）飛行機（という乗り物）です」という意味になってしまいます。

　「私は新幹線です」は、I'm going to take the Shinkansen. などと言い、「伊藤さんは飛行機です」は、Mr. Ito is going by airplane. とか Mr. Ito is going to fly there. などと表現します。

I am the Shinkansen.
Mr. Ito is an airplane.

I'm going to take the Shinkansen.
Mr. Ito is going by airplane.

　p. 21 の I am spaghetti. という文では am という動詞が使われ、Mr. Ito is an airplane. という文では is という動詞が使われていますね。**動詞 am、is、are、was、were は、原形が be なので「be 動詞」と呼ばれます**（▶p. 43）。

　「私はスパゲティです」「伊藤さんは新幹線です」といった、**日本語で「A は B です」のように言う文を英語にするとき**、I am spaghetti. や Mr. Ito is an airplane. のように、**A と B を単に be 動詞で結んで文を作ったのではうまく**

いかない場合がある のです。

　be 動詞の基本的な働きを知っておくと、どういう場合に be 動詞を使って「A は B です」と言えるのかが分かってきます。ここで、be 動詞の働きを確認しておきましょう。

② 「be 動詞」の後ろに来る名詞

　I am a student. という文に使われている student は「名詞」です。この文のように、**A is B. の B の部分に名詞が来る場合**、A is B. という英語の文は次のような意味を表します。

① 「**A と B はイコールである**」
② 「**A は B のメンバーである**」

それぞれについて、少し詳しく見ていきましょう。

○「A と B はイコールである」

次の文を見てみましょう。

Tokyo is the capital of Japan.
東京は日本の首都です。

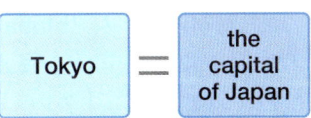

　この例では、Tokyo と the capital of Japan（日本の首都）がイコールで結ばれる関係（A ＝ B の関係）になっています。ピンと来なかったら、試しに Tokyo と the capital of Japan を入れ替えてみましょう。そうすると、The capital of Japan is Tokyo.（日本の首都は東京です）となって、ちゃんと意味が通りますね。A ＝ B が成り立つときは、B ＝ A も成り立つのです。

The capital of Japan is Tokyo.
日本の首都は東京です。

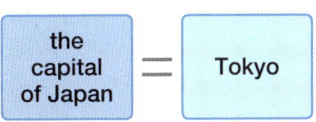

次の例でも、AとBはイコールの関係になっていますね。AとBを入れ替えても意味が通ります。

Tokyo Skytree is the tallest tower in Japan.
　　　A　　　　　　　　B
東京スカイツリーは日本で一番高いタワーです。

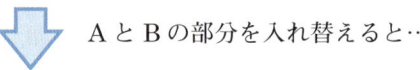　AとBの部分を入れ替えると…

The tallest tower in Japan is Tokyo Skytree.
　　　　A　　　　　　　　B
日本で一番高いタワーは東京スカイツリーです。

○「AはBのメンバーである」

次の文を見てみましょう。

A whale is a mammal.
クジラは哺乳動物です。

哺乳動物には、人（human）、イヌ（dog）、ネコ（cat）、ウサギ（rabbit）、ゾウ（elephant）など、さまざまなものが含まれますが、上の文は「クジラもその一種である」「クジラも哺乳動物の仲間である」という意味になります。

3 「AはBです」のさまざまな表し方

次に、日本語では「**AはBです**」と言えるのに、英語でそれを **A is B.** という文にすると、本来言おうとしている内容を表せなくなってしまう例をもう少し見てみましょう。

○「彼は病気です」

「病気」は英語で (a) sickness や (an) illness や (a) disease であると、和英辞典に書いてあります。それでは、「彼は病気です」を英語にする場合、He is a sickness. でよいでしょうか。答えはノーです。

sickness は「名詞」です。He is a sickness. と言うと、「彼は病気の一種である (!?)」という意味になってしまいます。実際には、「彼」はもちろん「病気」の一種ではなく、「病気にかかっている」という「状態」にあるわけですね。

「病気にかかっている」とか「おなかがすいている」というような「状態」を表すときには、「形容詞」（▶p.48）という種類の単語を用いなければならないのです。sickness の形容詞は sick（病気にかかっている）ですから、He is sick. が正しい表現になります。

この場合、形は A is B. ですが、B に当たる語が名詞ではなく形容詞であることが重要です。この A is B. は、「A は B という状態にある」を意味しているのです。

He is a sickness.

He is sick.

◯「父はキッチンです」

次に、「父はキッチンです」を My father is a kitchen. という英語にした場合を考えてみましょう。この英語の文もおかしな意味になってしまいます。

この文では、My father と a kitchen が be 動詞 is で結ばれて A is B. の形を作っています。father も kitchen も名詞ですから、この文は、「私の父はキッチンの1つである (!?)」という意味になってしまいます。お父さんが「人間」ではなく「キッチン」になってしまうのです。

「父はキッチンです」というのは、**「私の父はキッチンにいます」という意味**ですね。これを英語で表すと、My father is in the kitchen. になります。in the kitchen は「キッチンの中に」という意味です。英語では、「私の父はキッチンの中にいます」という言い方にしなければならないのです。

この場合も、A is B. の B の部分が名詞ではなく、in the kitchen（キッチンの中に）という**場所を示す語句**であることに注意しましょう。この A is B. は「A は B にいる」を意味しています。

My father is a kitchen.

My father is in the kitchen.

◯「明日は英語のテストです」

　今度は、「明日は英語のテストです」を英語にした場合を考えてみましょう。Tomorrow is an English test. という文が浮かぶかもしれませんが、これもおかしな文です。

　この文では、Tomorrow と an English test が be 動詞 is で結ばれて、A is B. の形を作っています。その場合、「明日という日は英語のテストの1つである（!?）」という意味になってしまいますね。「明日は日曜日です」であれば Tomorrow is Sunday. でよいのですが、「明日」という日が「テスト」に化けてしまうのは変ですね。

　日本語の文を英語にするときの表し方は1通りではありませんが、「明日は英語のテストです」を**「私たちは明日、英語のテストを受けることになっています」という意味**だと考えると、例えば We are going to take an English test tomorrow. などと表すことができます。

> **チェック！**
> 　日本語の「A は B です」をいつも英語で A is B. と表現できるとは限らない。
> 　英語の A is B. には2通りの意味がある（ただし A、B ともに名詞の場合）。
> 　① 「A と B はイコールである」
> 　② 「A は B のメンバーである」
> ➡①②のどちらかが成り立つ場合に限り、日本語の「A は B です」は A is B. という英語で表現できる。

4 名詞を前から修飾するか、後ろから修飾するか

　日本語の「水」や「声」という単語は、「名詞」です。名詞とは、単語の種類の1つで、主として人や物、事柄などを表す単語でしたね。
　名詞に言葉をつけ足して意味をはっきりさせるのが、「形容詞」やその仲間です。「冷たい水」と言うときの「冷たい」や、「美しい声」と言うときの「美しい」は形容詞です。
　「冷たい水」という表現において、「冷たい」という形容詞は、「水」という名詞を「修飾」している、と言います。同様に、「美しい声」という表現では、「美しい」という形容詞が「声」という名詞を「修飾」しています。

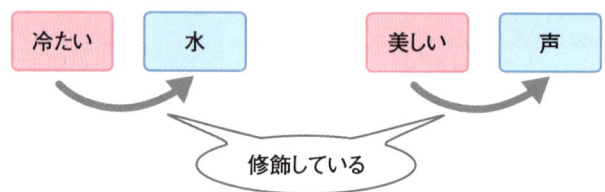

　では、英語の場合を考えてみましょう。英語で、「冷たい水」はcold water、「美しい声」はbeautiful voiceです。ここで、waterやvoiceは名詞で、coldやbeautifulは形容詞です。**cold waterという表現では、coldという形容詞がwaterという名詞を「修飾」しています。**同様に、beautiful voiceという表現では、beautifulという形容詞がvoiceという名詞を「修飾」しています。

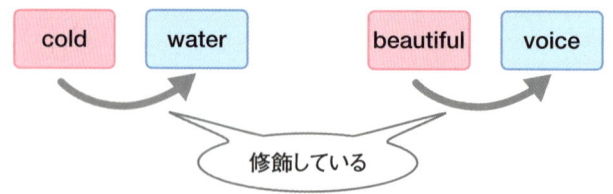

　これらの例では、日本語でも英語でも、形容詞が先に来て、そのすぐ後ろの名詞を修飾していますね。

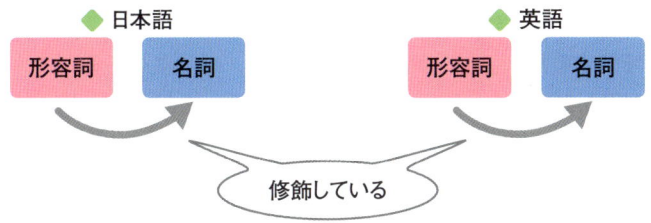

　でも実は、**英語では、名詞が先に来て、名詞を修飾する語句が後ろに来ることも多い**のです。次の例を見てみましょう。

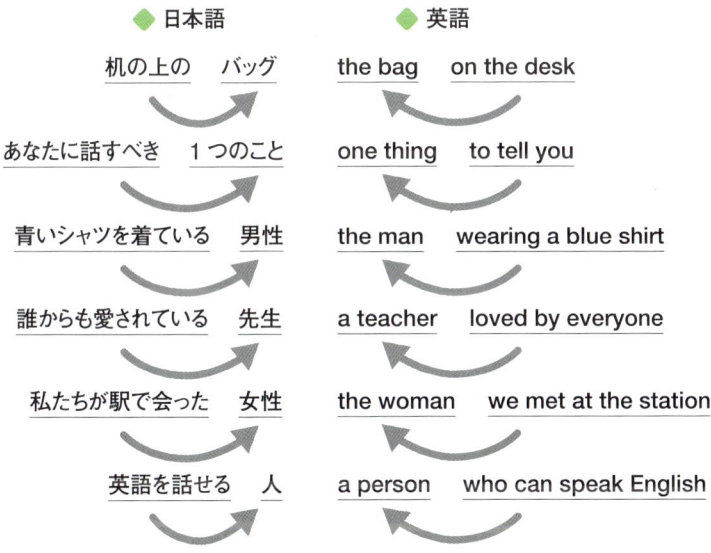

　上の例では、日本語と英語とで、「名詞」の位置と「修飾する語句」の位置がすべて反対になっていますね。

　これらの例では、日本語でも英語でも、**さまざまな語句がまとまって名詞を修飾**しています。こうした場合、日本語では、名詞を修飾する語句は、形容詞1語だけのときと同じように名詞の前に置かれますが、**英語では、修飾する語句のまとまりが名詞の後ろに置かれることが多い**のです。

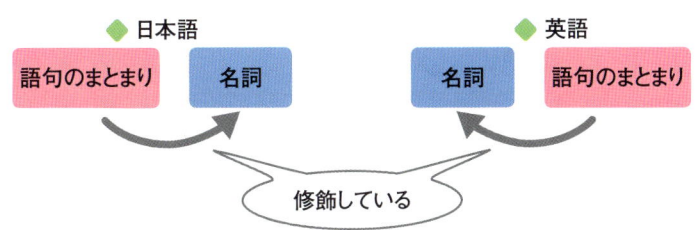

日本語では「修飾する語句＋名詞」という語順になるのに対して、**英語では「名詞＋修飾する語句」という語順になるパターンがよくある**のです。したがって、**この語順に慣れることが、英語の文を理解したり作ったりするためにとても大事**になってきます。

例文で確認！

　「名詞＋修飾する語句」は、ひとかたまりになって、文のさまざまな位置で使われます。p. 29 の英語の表現が実際の文の中でどのように使われるのかを見てみましょう。

The bag on the desk is mine.
机の上のバッグは私のものです。

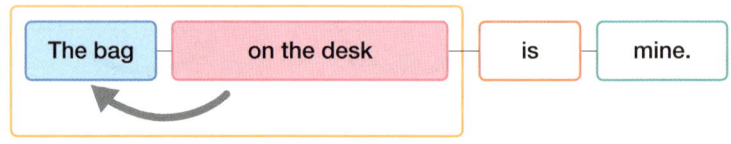

I have one thing to tell you.
私にはあなたに話すべきことが1つあります。

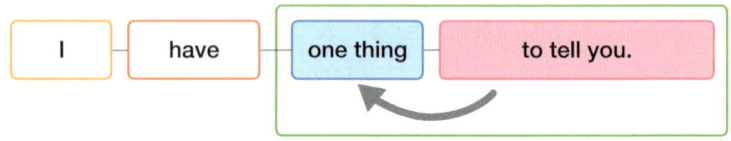

The man wearing a blue shirt is my father.
青いシャツを着ている男性は、私の父です。

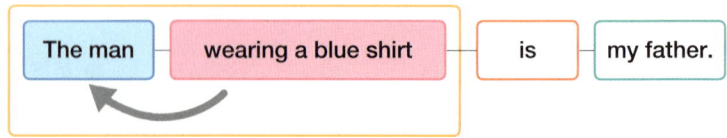

Ms. Tanaka is a teacher loved by everyone.
田中先生は誰からも愛されている先生です。

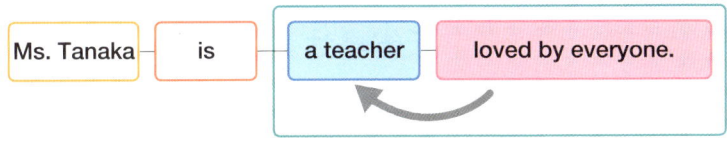

The woman we met at the station was very kind.
私たちが駅で会った女性はとても親切でした。

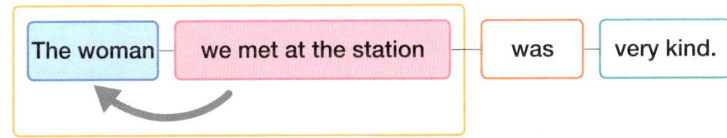

We need a person who can speak English.
私たちは英語を話せる人を必要としています。

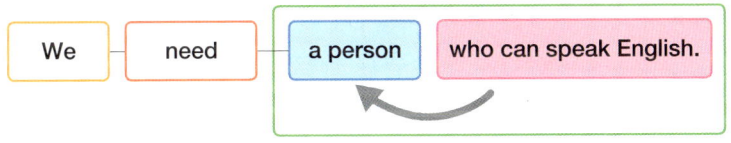

> **チェック!**
> 　名詞に言葉をつけ足して意味をはっきりさせる（＝名詞を修飾する）働きをするのが形容詞。
> 　形容詞、または形容詞と同じ働きをする語句のまとまりは、置かれる位置に注意。
> 　　日本語：名詞の前。
> 　　英語：形容詞だけのときは通常、名詞の前。
> 　　　　　語句のまとまりのときは名詞の後ろ。

5 英語は形を整えることにこだわる言語

❶ 「誰」や「何」を省略せずに律儀に言うのが英語流

　日本語で、朝ごはんを食べたかどうか尋ねるときには、「朝ごはん食べた？」と言えばよくて、いちいち「あなたは朝ごはんを食べた？」のように言わなくても済むことが多いですね。このように、日本語の文では、言わなくても分かる場合には、主語を省略することがよくあります。これに対して、**英語ではほぼ必ず主語を言わなければなりません。**

朝ごはん食べた？
Did **you** have breakfast?

　今度は、愛の告白の言葉を考えてみましょう。日本語では、「好きです」とか「愛しているよ」などと言いますね。ところが、英語では love と言っただけではだめで、"I（＝私は）love（＝愛しています）you（＝あなたのことを）." と言わなければ通じません。**英語では、「誰が」「誰を」愛しているのかを、いちいち言わなければならない**のです。

愛してるよ。
I love **you**.

　日本語は、「言わなくても分かるものは省略する」ことが多い言語です。これに対して、**英語は**、上の例のように**主語以外**（例えば「誰を」「何を」など）についても**「省略せずに律儀に言う」ことの多い言語**なのです。

32　Part 1　英語と日本語のルールの違いを確かめよう！

次の例を見てみましょう。

リカはバッグから財布を取り出しました。
Rika took **her** wallet out of **her** bag.

　上の英語の文を日本語に直訳すると、「リカは**彼女の**バッグから**彼女の**財布を取り出した」となります。「彼女のバッグ」とはリカのバッグ、「彼女の財布」とはリカの財布ですから、「リカは**自分の**バッグから**自分の**財布を取り出した」といちいち言っていることになります。
　このように、「**誰が**」「**誰の**」といったことをきちんと言うのが、**英語の流儀**です。「英語って面倒だなあ」と感じる人もいるかもしれませんが、「省略したりしなかったり」ではなく、「いつも省略しない」と思っていればいいので、ある意味で楽です。

② 「数」や「人称」で形を変えるのが英語流

　日本語では、「本」は1冊でも2冊でも3冊でも「本」です。一方、英語のbookという単語は、1冊の場合はbookのままですが、2冊、3冊となるとbooksになりますね。**単数か複数かで名詞の語尾を変えるのが英語流**なのです。

◆ 日本語　　1冊の本　　　2冊の本　　　3冊の本
◆ 英語　　　one book　　two books　　three books

I-1 英語と日本語のルールの違いを確かめよう！

また、日本語では、「〜はサッカーが好きです」と言うとき、主語に当たる人がどんな人であっても、「サッカーが好きです」の部分は同じ言い方でOKです。ところが、英語の場合、主語が自分や相手以外の人や物（これを「3人称」と呼びます）で、かつ単数のときには、現在の話であれば動詞の語尾に -s をつけるのでしたね。

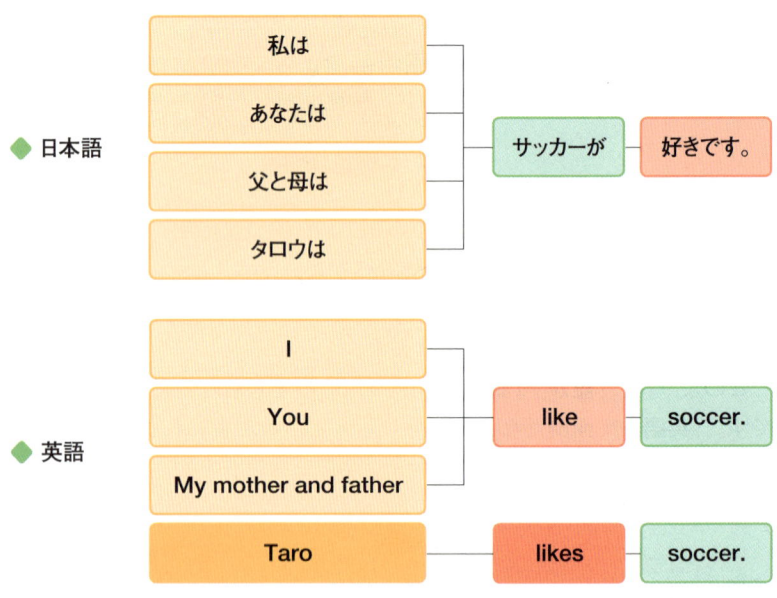

　主語が何であれ like の意味はまったく同じなので、あえてその形を変えなくてもよさそうなものですが、**主語が「3人称」で「単数」のときには、現在のことなら動詞の語尾に -s をつける、というのが英語のルール**になっているのです。

３　質問に答えるときも、主語と動詞の形を対応させるのが英語流

　日本語で「あなたは高校生ですか」「あの女性はあなたの先生ですか」「タロウは窓を割ったのですか」といった質問に答えるときのことを考えてみましょう。どの質問にも、答えが「はい」ならば「はい、そうです」、答えが「いいえ」ならば「いいえ、違います」と同じ返答ができますね。

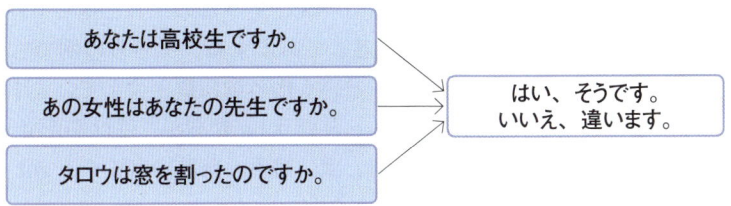

一方、英語の場合は、Yes, や No, に続く部分を、質問文の「主語」や「動詞」に対応させて答えるのです。

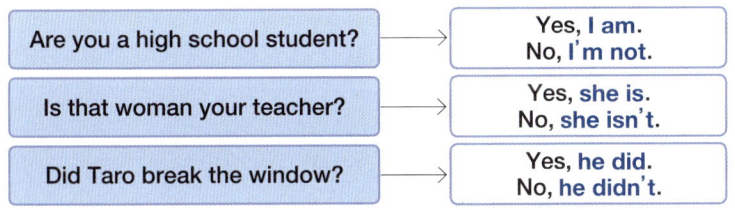

また、主語はそのまま繰り返すのではなく、that woman や Taro は、それぞれ she と he という「人称代名詞」（▶p.498）に置き換えます。

もちろん、実際の会話の場面では、もっと簡単に Yes. や No. だけで答えたり、That's right. などと言って済ませたりすることもできます。でも、相手が言った文や前に出てきた文の主語と動詞に対応させた答え方に慣れておくと、英文を理解したり作ったりするときに役立ちます。

相手の言ったことに反応して言葉を返すようなときにも、相手が使った主語と動詞に応じた表現が使われることがあります。

「マイクとスーザンは怒っていたよ」「へえ、そうなの？」
"Mike and Susan were angry." "Oh, were they?"

「マイクとスーザンは結婚したんだ」「へえ、そうなの？」
"Mike and Susan got married." "Oh, did they?"

日本語では、どちらの発言にも「へえ、そうなの？」と返していますが、英語ではそれぞれ違った言葉で反応していますね。どちらの例でも、受け答えでは、Mike and Susan を they という代名詞に置き換えています。また、最初の例では、相手の発言中の were という be 動詞が、受け答えで were they? の形で使われており、2番目の例では、相手の発言に出てくる got married に対して、did they? という受け答えをしていますね。

チェック！

「形を整える」ことについて、日本語と英語は次のように異なる。

❶「誰」や「何」
　日本語：言わなくても分かれば主語を省略することが多く、主語以外の「誰の」「誰を」などの要素もよく省略される。
　英語：文に主語が必要。また、主語以外の「誰の」「誰を」などの要素も省略しないことが多い。

❷「数」「人称」と、名詞や動詞の「形」
　日本語：名詞は単数でも複数でも同じ形。また、主語がどんな人や物でも動詞の形は同じ。
　英語：単数か複数かで名詞の語尾を変える。また、主語が3人称単数で現在の話であれば動詞の語尾を変える。

❸質問への返答
　日本語：異なる質問に同じ返答ができることもある。
　英語：質問文に対応する主語と動詞を使って返答する。

Part 2 英語の文を作るパーツを知ろう！
―― 単語とその仲間たちの働き ――

1 単語の種類 38
2 名詞とその仲間たち 55
3 動詞とその仲間たち 70
4 形容詞とその仲間たち 76
5 副詞とその仲間たち 81
6 単語を組み合わせて長い文を作る 85

1 単語の種類

　さまざまな「単語」をルールに従って並べていくことで、「文」が作られます。**単語の種類のことを「品詞」と呼びます。**英語にはさまざまな品詞がありますが（▶p.90）、文を組み立てるときに**特に大事なのが**、「名詞」「動詞」「形容詞」「副詞」の4つです。

1 「名詞」と「動詞」

　まず、「名詞」と「動詞」の意味と働きを、もう一度確認しておきましょう。
　「名詞」は、人や物、事柄などを表す単語です。例えば Tom（トム）、London（ロンドン）、student（生徒）、water（水）、problem（問題）などは「名詞」です。
　「動詞」は、動作や行為、状態などを表す単語です。例えば go（行く）、walk（歩く）、study（～を勉強する）、know（～を知っている）などは「動詞」です。「～は…である」を表す「be動詞」（be、am、is、are、was、were）も、その名のとおり「動詞」です。

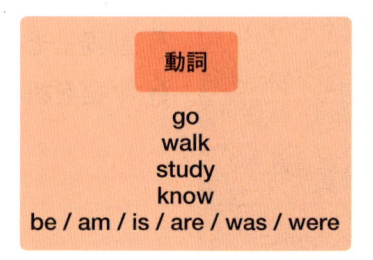

名詞	動詞
Tom London student water problem	go walk study know be / am / is / are / was / were

　「名詞」と「動詞」は、文を作るときに一番大事な要素です。「名詞」と「動詞」を組み合わせて、「誰・何」が「どうする・どうした」とか、「誰・何」が「誰・何」に対して「どうする・どうした」といった内容を表現することができるからです。次の2つの文を見てみましょう。

① Mary smiled.
　　　メアリーはほほ笑みました。
② Mary loves Tom.
　　　メアリーはトムを愛しています。

　①の文は、Mary という名詞と smiled という動詞でできています。一方、②の文は、Mary という名詞、loves という動詞、そして Tom という名詞でできています。

　原則として文の最初に来て「〜は」といった意味を表す語句のことを「主語」と呼びます。「主語」になるのは、名詞とその仲間です。①の文も②の文も、名詞 Mary が主語になっています。

　一方、**「動詞」は主語の次に来て「〜する」や「〜である」といった意味を表します**。まずは、こうした「名詞」と「動詞」の基本的な役割を頭に入れておきましょう。

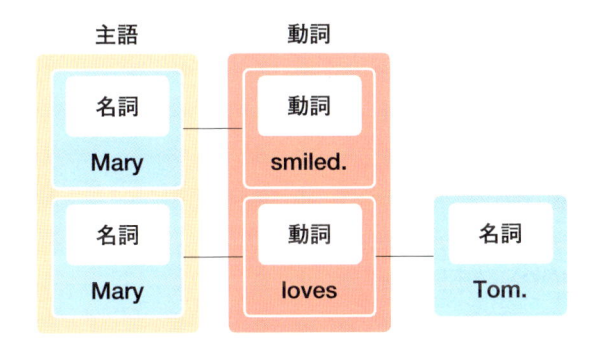

I-2 英語の文を作るパーツを知ろう！

主語	動詞	
名詞 Mary	動詞 smiled.	
名詞 Mary	動詞 loves	名詞 Tom.

> **チェック！**
> 文を構成するさまざまな単語の種類を「品詞」と呼ぶ。
> 「名詞」「動詞」「形容詞」「副詞」が特に重要で、中でも、文を作るときの2大要素が「名詞」と「動詞」。
> 　名詞：人、物、事柄などを表す。主語になることができる。
> 　動詞：動作や行為、状態などを表す。

2 「名詞」の働き

「名詞」は、文の中のさまざまな場所に出没します。これから示す文の中で、Mary という名詞と Tokyo という名詞が、文のさまざまな位置に来ることを確認しましょう。

○「主語」になる

前のページで説明したように、名詞は「主語」になります。**「主語」とは、原則として文の最初に来て「誰は」「何は」といった意味を表す語句のことです。** 次の2つの文を見てみましょう。

① **Mary** smiled.
　　メアリーはほほ笑みました。

② **Tokyo** is a large city.
　　東京は大都市です。

①の文では、Mary が文の「主語」になっています。また、②の文では、Tokyo が主語になっています。

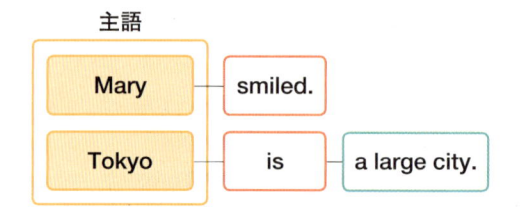

主語

| Mary | — | smiled. |
| Tokyo | — | is | — | a large city. |

○ 動詞の「目的語」になる

名詞は文中で「動詞の目的語」にもなります。**「目的語」とは、動詞の後ろに来て、動詞の表す行為の「相手」「対象」などを表す語句のことです。** 例えば、I love you.（私はあなたを愛しています）という文では、私が愛する「相手」は you ですね。このときに「you は love の目的語である」と言います。次の2つの文を見てみましょう。

① Tom chased **Mary**.
　　トムはメアリーを追いかけました。

② We love **Tokyo**.
　　私たちは東京が大好きです。

①の文では、トムが追いかけた「相手」は Mary ですね。このような場合に、「Mary は chased の目的語である」と言います。②の文では、私たちが愛する「対象」が Tokyo ですから、「Tokyo は love の目的語である」ということになります。

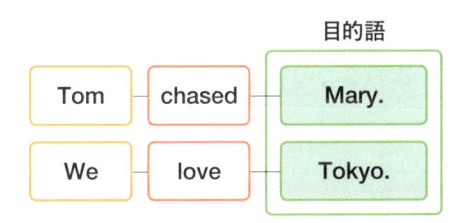

```
                            目的語
    ┌─────┐   ┌────────┐   ┌──────────┐
    │ Tom │─│ chased │─│  Mary.   │
    └─────┘   └────────┘   └──────────┘
    ┌─────┐   ┌────────┐   ┌──────────┐
    │ We  │─│  love  │─│  Tokyo.  │
    └─────┘   └────────┘   └──────────┘
```

○「補語」になる

「名詞」は文中で「補語」にもなります。**「補語」というのは分かりにくい言葉ですが、ここではひとまず、「be 動詞」の後ろに来て、「〜である」という意味を表す言葉だと考えておきましょう。**例えば、That girl is Mary.（あの女の子はメアリーです）という文では Mary が補語です。次の 2 つの文を見てみましょう。

① That girl is **Mary**.
　　あの女の子はメアリーです。
② The capital of Japan is **Tokyo**.
　　日本の首都は東京です。

①の文では、Mary が補語になっていて、②の文では、Tokyo が補語になっています。

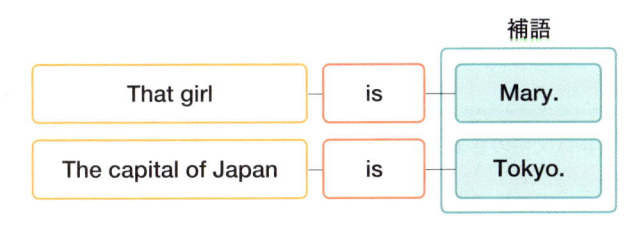

```
                                       補語
    ┌──────────────────┐   ┌────┐   ┌──────────┐
    │    That girl     │─│ is │─│  Mary.   │
    └──────────────────┘   └────┘   └──────────┘
    ┌──────────────────┐   ┌────┐   ┌──────────┐
    │The capital of Japan│─│ is │─│  Tokyo.  │
    └──────────────────┘   └────┘   └──────────┘
```

○「前置詞」と一緒にさまざまな意味を表す

　名詞は「前置詞」（▶p.554）に伴われて使われることもあります。「前置詞」とは、例えば in the room（部屋の中に）、on the table（テーブルの上に）、from Tokyo（東京から）、at 3 o'clock（3時に）、in 1970（1970年に）という表現に使う **in、on、from、at** などの単語です。

　「前置詞＋名詞」の形で、出来事の状態や場所、時間など、さまざまな意味を表すことができます。前置詞の後ろに続けられる名詞のことを「前置詞の目的語」と呼ぶことがあります。次の2つの文を見てみましょう。

① Sally played with **Mary**.
　　サリーはメアリーと一緒に遊びました。
② I live in **Tokyo**.
　　私は東京に住んでいます。

　①の文では、Mary が「〜と一緒に」という意味を表す前置詞 with の後ろに続いています。また、②の文では、Tokyo が「〜の中に」という意味を表す in の後ろに続いています。

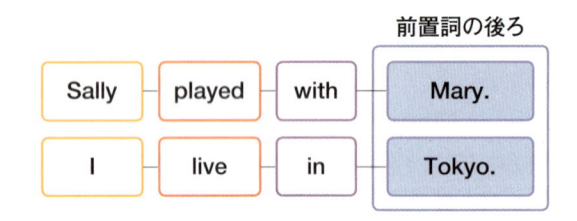

前置詞の後ろ

| Sally | played | with | Mary. |
| I | live | in | Tokyo. |

チェック！

名詞は文中のさまざまな位置に現れる。代表的な位置は以下のとおり。
① 「主語」　　　　　　例：Mary smiled.
② 動詞の「目的語」　　例：Tom chased Mary.
③ 「補語」　　　　　　例：That girl is Mary.
④ 前置詞の後ろ　　　　例：Sally played with Mary.

3 「動詞」の働き ──「一般動詞」と「be 動詞」──

英語の動詞には、「2 大グループ」とも言えるグループがあります。一方が「**be 動詞**」で、もう一方が「**be 動詞以外の動詞**」です。「be 動詞以外の動詞」のことを「**一般動詞**」と呼びます。一般動詞は数えられないほどたくさんありますが、be 動詞は 1 種類しかありません。活用形を入れて数えても、be、am、is、are、was、were の 6 つだけです。数ではとても一般動詞にはおよびませんが、be 動詞はしょっちゅう出てくるので、使用頻度は高いと言えます。

さて、**一般動詞と be 動詞では、語形変化、否定文・疑問文の作り方、意味に違いがある**ので、まずはその点を確認しておきましょう。

◆ 動詞の 2 大グループ

| 一般動詞 | be 動詞 |

○ 語形変化の違い

まず、語形変化について整理してみましょう。動詞の「形」には、もとの形である「**原形**」のほかに、「**現在形**」「**過去形**」などと呼ばれる形があります。

一般動詞の場合、主語が I や We のとき（「1 人称」と呼びます）や、主語が You のとき（「2 人称」と呼びます）には、「現在形」は「原形」と同じです。主語がそれら以外のとき（「3 人称」と呼びます）でも、複数の場合には、やはり現在形は原形と同じで、主語が 3 人称で単数の場合だけ、形が変わるのでしたね。**主語が 3 人称単数のときには、動詞の現在形は語尾に -s がついた形にする**のが普通で、この -s は、「**3 人称単数現在の -s**」、略して「3 単現の -s」などと呼ばれています。

① I **play** tennis.
　　私はテニスをします。
② Tom **plays** tennis.
　　トムはテニスをします。

一方、be 動詞の現在形は、主語が I のときは am になり、主語が We や You や 3 人称複数（They や Tom and Mary など）のときは are になり、主語が 3 人称単数（he や Tom など）のときは is になります。

③ I **am** hungry.
> 私はおなかがすいています。

④ Tom **is** hungry.
> トムはおなかがすいています。

⑤ Tom and Mary **are** hungry.
> トムとメアリーはおなかがすいています。

　また、一般動詞の過去形は、主語がどんな人称でも数でも同じ形ですが、be 動詞だけは、主語が I のときと 3 人称単数のときは was、そのほかのときは were になります。**一般動詞に比べると、語形をよりさまざまに変化させるのが be 動詞**なのです。

⑥ I **played** tennis.
⑦ I **was** hungry.
⑧ Tom **was** hungry.
⑨ Tom and Mary **were** hungry.

	原形	現在形	過去形
一般動詞	play	play / plays	played
be 動詞	be	am / is / are	was / were

○ 否定文・疑問文の作り方の違い

　さて、**一般動詞と be 動詞**は、現在形や過去形の作り方が違うだけでなく、**否定文や疑問文の作り方も違います**。否定文や疑問文を作るときに、一般動詞では、現在形の場合は do や does の助けを借り、過去形の場合は did の助けを借りますが、be 動詞だけは助けを借りません。

| 一般動詞 | Tom plays tennis.
▶ 否定文　Tom does not play tennis.
▶ 疑問文　Does Tom play tennis?
Tom played tennis.
▶ 否定文　Tom did not play tennis.
▶ 疑問文　Did Tom play tennis? |

| be 動詞 | Tom is hungry.
▶ 否定文　Tom is not hungry.
▶ 疑問文　Is Tom hungry?
Tom was hungry.
▶ 否定文　Tom was not hungry.
▶ 疑問文　Was Tom hungry? |

○ 意味の違い

さらに、**一般動詞とbe動詞は、意味にも違いがあります。**

「一般動詞」が使われる場合、動詞は主語の「動作」「行為」「思考」などを表します。そして、「主語＋動詞」という組み合わせで、「誰がどうする」「何がどうなる」という意味を表すのです。

また、「一般動詞」の意味は、文の中でとても大事です。次の①〜③の a) と b) の文を比べてみましょう。**動詞が変わると意味が違ってきますね。**

① a) My father **loves** rock music.
　　　私の父はロックミュージックが大好きです。

　b) My father **hates** rock music.
　　　私の父はロックミュージックが大嫌いです。

② a) Tomomi **ran**.
　　　トモミは走りました。

　b) Tomomi **walked**.
　　　トモミは歩きました。

③ a) Hiroshi **cooked** spaghetti.
　　　ヒロシはスパゲティを作りました。

　b) Hiroshi **ate** spaghetti.
　　　ヒロシはスパゲティを食べました。

これに対して、**be** 動詞を使って「**A is B.**」という文を作ると、p. 23で学んだように、**B** が名詞やその仲間のときには、「**A と B はイコールである**」とか「**A は B のメンバーである**」といった意味を表します。

また、**B** の部分が形容詞のときには、「**A は B という状態にある**」のような意味を表します。次の④〜⑥の文を見てみましょう。

④ Tokyo **is** the capital of Japan.
　東京は日本の首都です。

⑤ Ms. Watanabe **is** an English teacher.
　渡辺先生は英語の先生です。

⑥ This ice cream **is** delicious.
　このアイスクリームはおいしいです。

④の文では、「東京＝日本の首都」であることを述べています。⑤の文では、「渡辺先生」が、「たくさん存在する英語の先生の1人」であることを述べています。また⑥の文では、「このアイスクリーム」が「おいしい」という性質を持っていることを述べています。

さらに、次の⑦の文のように、**be** 動詞の後ろに「**前置詞＋名詞**」が来ると、「**A は B にいる（ある）**」という意味を表すことができます。次の文では、「あなたのバッグ」が「机の上にある」ということを述べています。

⑦ Your bag **is** on the desk.
　あなたのバッグは机の上にあります。

be 動詞を使った文で重要な意味を持つのは、be 動詞そのものよりも、後ろに来る語句のほうです。上の④〜⑦の文でも、be 動詞の意味の存在感は薄いですね。思い切って be 動詞を取り去ってしまっても、次の④'〜⑦'に示すように、意味は何となく分かります。でも、これでは英語の文になりません。

④' (×) Tokyo the capital of Japan.
⑤' (×) Ms. Watanabe an English teacher.
⑥' (×) This ice cream delicious.
⑦' (×) Your bag on the desk.

英語の文では、「主語」の後ろに必ず「動詞」を入れなければならないのです。④〜⑦の文では「be 動詞」が文を作るのに大事な役割を担っているわけです。

一般動詞

誰・何が	どうする どうした	
Tomomi	ran.	
Hiroshi	cooked	spaghetti.

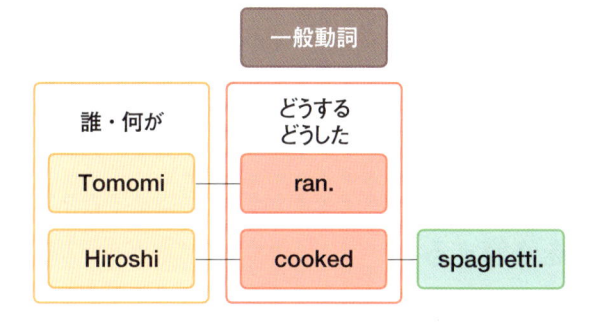

be 動詞

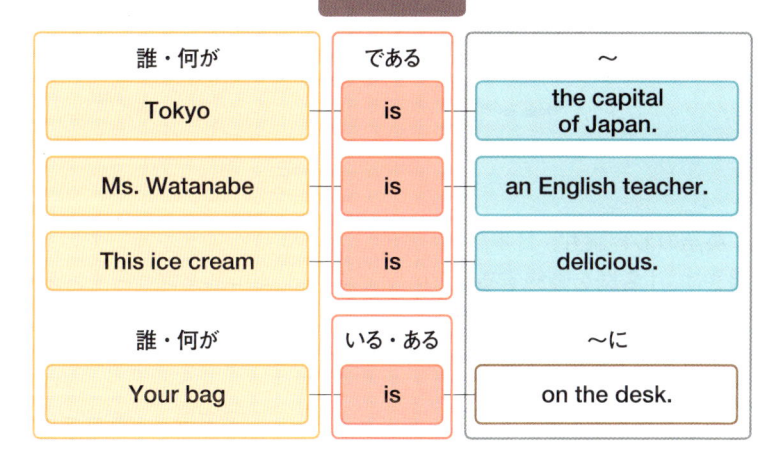

誰・何が	である	〜
Tokyo	is	the capital of Japan.
Ms. Watanabe	is	an English teacher.
This ice cream	is	delicious.

誰・何が	いる・ある	〜に
Your bag	is	on the desk.

> **チェック！**
> 英語の動詞には「一般動詞」「be 動詞」という 2 大グループがある。一般動詞と be 動詞は次の点で異なる。
> 　語形変化：be 動詞は一般動詞よりもさまざまに変化する。
> 　否定文・疑問文の作り方：一般動詞は do などの助けを借りる。
> 　　　　　　　　　　　　be 動詞は助けを借りない。
> 　意味：一般動詞は「主語＋動詞」の形で、動作や行為などを表す。
> 　　　　be 動詞は A is B. の形で、「A と B はイコールである」「A は B のメンバーである」「A は B という状態にある」などを表す。

I-2 英語の文を作るパーツを知ろう！

4 「形容詞」

　最初に、**日本語の場合**を考えてみましょう。**「形容詞」は、「冷たい」「美しい」「大きい」「白い」のように、状態や性質などを表す単語**です。

　形容詞には、大事な働きが2つあります。

● 名詞を修飾する

　1つが、**「名詞を修飾する」という働き**です。p. 28で学んだように、「冷たい水」と言うとき、形容詞の「冷たい」は、名詞の「水」を修飾しています。同様に、「美しい声」と言うとき、形容詞「美しい」は、名詞「声」を修飾しています。

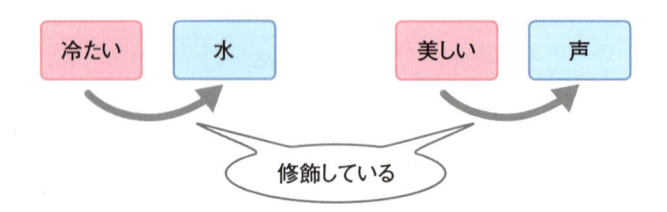

冷たい → 水　　美しい → 声
修飾している

　英語の形容詞も、日本語の形容詞と同じような働きを持っています。第1の働きは、**「名詞を修飾する」**ことです。cold water と言うとき、形容詞の cold は名詞の water を修飾しています。同様に、beautiful voice と言うとき、形容詞の beautiful は名詞の voice を修飾しています。

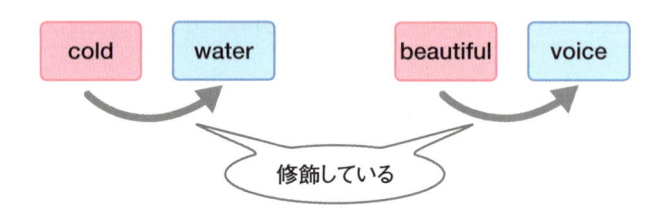

cold → water　　beautiful → voice
修飾している

さらに フレーズで確認！

　では、ほかの例も見てみましょう。

　　① **hungry** students
　　　　おなかのすいた生徒たち
　　② **kind** people
　　　　親切な人々

③ **old** furniture
　古い家具

④ **delicious** food
　おいしい食べ物

①の hungry は students を修飾し、②の kind は people を修飾し、③の old は furniture を修飾し、④の delicious は food を修飾しています。

◯ 補語になる

形容詞には**もう1つの大事な働き**があります。

日本語では、形容詞は「文の述語になる」ことができます。「この水は冷たい」とか「彼女の声は美しい」という文では、「冷たい」「美しい」という形容詞は、**文の述語**になっています。

```
[この水は] → [冷たい。]        [彼女の声は] → [美しい。]
                 文の述語                         文の述語
```

英語の場合、形容詞は「補語になる」ことができます。「補語」は、ここでは、be 動詞などの後ろに来て「〜である」という意味を表す語句、と考えてください。次の例を見てみましょう。

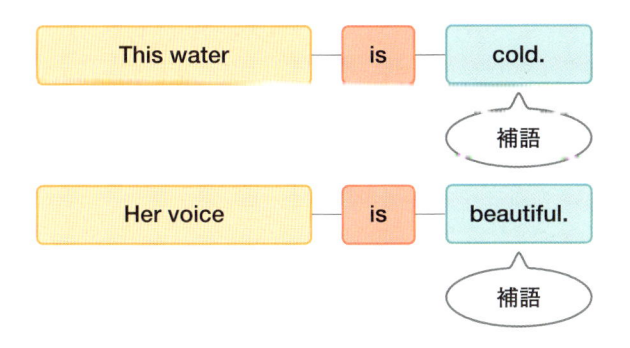

```
[This water] [is] [cold.]
                   補語

[Her voice] [is] [beautiful.]
                  補語
```

49

さらに 例文で確認！

ほかの例も見てみましょう。以下の文で、形容詞はすべて be 動詞の後ろに置かれて、「～である」という意味を表す「補語」になっています。

⑤ I am **hungry**.
　　おなかがすいています。

⑥ Haruka is **kind**.
　　ハルカは親切です。

⑦ My bike is **old**.
　　私の自転車は古いです。

⑧ This movie is **interesting**.
　　この映画は面白いです。

◆ 形容詞の働き

名詞を修飾する	補語になる
hungry students kind people old furniture interesting stories	I am hungry. Haruka is kind. My bike is old. This movie is interesting.

チェック！

英語の形容詞には、次の2つの大きな働きがある。
　①名詞を修飾する
　②補語になる（be 動詞の後ろなどで使われる）

5 「副詞」

日本語でも英語でも「副詞」にはさまざまなものがありますが、ここではごく基本的な働きを理解しておきましょう。**副詞の最も基本的な働きは、「動詞」を修飾すること**です。

日本語の「歩く」や「勉強する」という単語は「動詞」です。こうした動作や行為などを表す単語である「動詞」に言葉をつけ足して、意味をはっきりさせるのが「副詞」です。例えば「ゆっくり歩く」の「ゆっくり」や、「英語をしっかり勉強する」の「しっかり」は副詞です。

「ゆっくり歩く」と言うとき、副詞の「ゆっくり」は動詞の「歩く」を修飾しています。同様に、「英語をしっかり勉強する」と言うとき、副詞の「しっかり」は動詞の「勉強する」を修飾しています。

今度は英語の場合を考えてみましょう。「ゆっくり歩く」は walk slowly、「英語をしっかり勉強する」は study English hard です。このとき、walk や study は動詞で、slowly や hard は副詞です。walk slowly と言うとき、副詞の slowly は動詞の walk を修飾しています。同様に、study English hard と言うとき、副詞の hard は動詞の study を修飾しています。

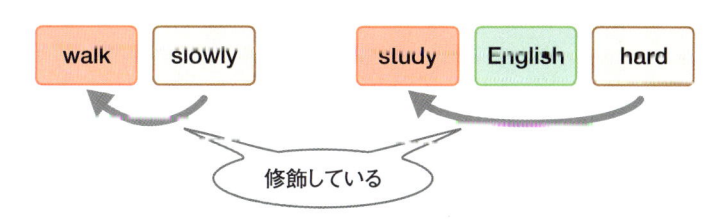

副詞は、日本語では動詞より前の位置に置かれます。一方、英語では動詞より後ろに置かれることが多いですが、それ以外にもさまざまな位置で使われます。例を見てみましょう。

① We arrived at the station **late**.
　私たちは駅に遅れて到着しました。
② **Slowly** he opened the drawer.
　彼はゆっくりと引き出しを開けました。
③ I **often** study English in the library.
　私はよく図書館で英語を勉強します。

　①の文では、late（遅れて）という副詞が arrived（到着した）という動詞を修飾しています。②の文では、slowly（ゆっくりと）という副詞が opened（〜を開けた）という動詞を修飾しています。③の文では、often（しばしば、よく）という副詞が study（〜を勉強する）という動詞を修飾しています。
　さらに、「副詞」は、動詞だけでなく、もっと広い範囲を修飾する場合もあります。それでも、修飾される語句の中心には動詞があることが多いのです。次の例を見てみましょう。

④ **Luckily**, it stopped raining.
　幸運にも雨はやみました。

　④の文で、luckily（幸運にも）は文全体を修飾しています（▶p.540）が、文の中には stopped という動詞があります。
　「**副詞が修飾する語句の中心には動詞がある**」というイメージを頭に入れておきましょう。

＊副詞には、「形容詞」を修飾したり、ほかの「副詞」を修飾したりするものなどもあります。さまざまな副詞について、詳しくは Section Ⅱ の 21 章で学びます。

> **チェック！**
> 　英語の副詞は、文中のさまざまな位置で使われ、最も基本的な働きは「動詞を修飾する」ことである。
> 　より広い範囲を修飾する場合にも、副詞が修飾する語句の中心には動詞があることが多い。

違いを見抜こう！ その① 「同じ顔をした単語」に注意

英語では、まったく同じ形の単語が、別の種類の単語（別の品詞）として、文中で異なる働きをすることがあります。ここでは、「同じ顔」をしているため、注意して区別する必要がある単語の組み合わせを紹介していきます。

1 名詞と動詞

① I want some **water**.
　私は水が欲しいです。

② You must **water** the flowers.
　あなたは花に水をやらなければなりません。

①の文では、water は「水」という意味の「名詞」として使われていますが、②の文では「（花など）に水をやる、（庭など）に水をまく」という意味の「動詞」として使われています。このように、同じ単語が名詞としても動詞としても使われることはよくあります。ほかの例を見てみましょう。

	名詞	動詞
attack	攻撃	〜を攻撃する
cook	料理人	〜を料理する
land	土地	上陸する、着陸する
order	命令、注文	〜を命令する、〜を注文する
study	勉強、研究	〜を勉強する
show	ショー	〜を見せる
smell	におい	〜のにおいをかぐ　〜のにおいがする

2 名詞と形容詞

① **Red** is my favorite color.
　赤は私の好きな色です。

② I like **red** flowers.
　私は赤い花が好きです。

①の文では、red は「赤、赤色」という意味の「名詞」として使われていますが、②の文では「赤い」という意味の「形容詞」として使われています。

このほかにも、例えば、fat は名詞としては「脂肪」という意味で使われ、形容詞としては「太った」という意味で使われます。

3 名詞と副詞

① **Today** is my birthday.
今日は私の誕生日です。

② I played soccer **today**.
私は今日、サッカーをしました。

①の文では、today が「名詞」として使われていますが、②の文では played という動詞を修飾する「副詞」として使われています。

4 形容詞と動詞

① The air is **dry**.
空気が乾燥しています。

② I must **dry** my hair.
私は髪を乾かさなければなりません。

①の文では、dry が「乾いた」という意味の「形容詞」として使われていますが、②の文では「〜を乾かす」という意味の「動詞」として使われています。

5 形容詞と副詞

① The Hayabusa is a very **fast** train.
「はやぶさ」はとても速い列車です。

② The Hayabusa runs very **fast**.
「はやぶさ」はとても速く走ります。

①の文では fast は「速い」という意味の「形容詞」として使われていますが、②の文では「速く」という意味の副詞として使われていて、runs という動詞を修飾しています。

同じような例に hard があります。「彼は働き者です」を英語で表現するとき、He is a hard worker. と言えば、hard は worker という名詞を修飾する「形容詞」で、「一生懸命な」という意味です。一方、He works hard. と言えば、hard は works という動詞を修飾する「副詞」で、「一生懸命に」という意味です。

このように、同じ単語でも、文の中でその単語が「名詞」として使われているのか、「動詞」として使われているのか、「形容詞」として使われているのか、「副詞」として使われているのかによって、その単語の意味や働きが違ってきます。**単語を覚えるときには、日本語訳を覚えるだけでなく、単語の種類（品詞）にも注意するようにしましょう。**

2 名詞とその仲間たち

❶ 名詞がほかの語句と一緒に「まとまり」で働く

名詞は、ほかの語句と一緒になって使われることがとても多い単語です。 名詞は、1人で行動するよりも、自分がリーダーになってまとまって行動するのが好きなのです。**名詞がほかの語句と一緒に集うのが好きな場所**がいくつかあります。代表的なのが、「主語」と「目的語」と「補語」の位置、そして「前置詞の後ろ」です。つまり、単独の名詞が文中で出没するのと同じ位置（▶p. 40）です。では、それぞれの例を見ていきましょう。

○ 名詞がほかの語句と一緒に「主語」として働く

まずは、名詞がほかの語句と一緒になって、文の「主語」として働く例を見てみましょう。

① **Hiroshi** plays basketball.
ヒロシはバスケットボールをします。

② **He** plays basketball.
彼はバスケットボールをします。

③ That **boy** plays basketball.
あの男の子はバスケットボールをします。

④ That tall **boy** plays basketball.
あの背の高い男の子はバスケットボールをします。

⑤ That tall **boy** wearing a red T-shirt plays basketball.
赤いTシャツを着ている、あの背の高い男の子はバスケットボールをします。

⑥ That tall **boy** who is wearing a red T-shirt plays basketball.
赤いTシャツを着ている、あの背の高い男の子はバスケットボールをします。

これらの文では、主語に当たるものがすべて異なりますが、それ以外の部分は同じです。①の文では、主語は、Hiroshi という名詞1語だけです。②の文の主語も He だけですね。I、we、you、he、she、it、they などは「人称代名詞」と呼ばれ、名詞の仲間です。それに対して、③の文では That **boy** という2語がまとまって主語になっています。同様に、④の文では That tall **boy**、⑤で

は That tall **boy** wearing a red T-shirt、そして⑥では That tall **boy** who is wearing a red T-shirt がまとまって主語の役割をしています。③〜⑥の文では、boy という名詞がほかの語句を引き連れて主語として働いているわけです。

「主語」の働きをするもの

| Hiroshi |
| He |
| That boy |
| That tall boy |
| That tall boy wearing a red T-shirt |
| That tall boy who is wearing a red T-shirt |

→ plays → basketball.

○ 名詞がほかの語句と一緒に動詞の「目的語」として働く

次に、名詞がほかの語句を引き連れて、動詞の「目的語」の働きをしている例を見てみましょう。

① I like **songs**.
　私は歌が好きです。

② I like powerful and beautiful **songs**.
　私は力強くて美しい歌が好きです。

③ I like the powerful and beautiful **songs** sung by the Beatles.
　私はビートルズによって歌われた力強くて美しい歌が好きです。

④ I like the powerful and beautiful **songs** that the Beatles sang.
　私はビートルズが歌った力強くて美しい歌が好きです。

どの文も主語と動詞は同じですね。主語は I で、動詞は like です。①の文では、目的語が songs という名詞 1 語だけです。これに対して、②の文では、powerful and beautiful **songs** がまとまって目的語の役割をしています。ま

た、③の文では、the powerful and beautiful **songs** sung by the Beatles、そして④の文では the powerful and beautiful **songs** that the Beatles sang がまとまって目的語の役割をしています。songs という名詞が、ほかの語句を引き連れて目的語の働きをしているわけです。

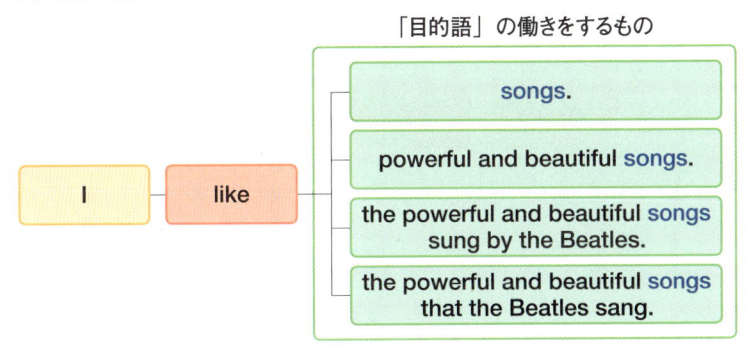

「目的語」の働きをするもの

I — like — songs.
powerful and beautiful songs.
the powerful and beautiful songs sung by the Beatles.
the powerful and beautiful songs that the Beatles sang.

◯ 名詞がほかの語句と一緒に「補語」として働く

今度は、名詞がほかの語句を引き連れて、be 動詞の「補語」の働きをしている例を見てみましょう。

① Osaka is a **city**.
　大阪は都市です。
② Osaka is a large **city**.
　大阪は大きな都市です。
③ Osaka is a very large **city**.
　大阪はとても大きな都市です。
④ Osaka is a very large **city** in Japan.
　大阪は日本にあるとても大きな都市です。
⑤ Osaka is a very large **city** in the Kinki region in Japan.
　大阪は日本の近畿地方にあるとても大きな都市です。

①の文は「大阪は（1つの）都市である」という意味ですね。「補語」は a city です。a という語と city という名詞がひとかたまりになって「1つの都市」という意味を表しています。②では a large city が、③では a very large city が、④の文では a very large city in Japan が、⑤の文では a very large city in the Kinki region in Japan がまとまって補語になっています。city という

名詞にいろいろな語句がくっついて、まとまって「補語」になっているわけです。

「補語」の働きをするもの

```
Osaka — is — ┬─ a city.
              ├─ a large city.
              ├─ a very large city.
              ├─ a very large city in Japan.
              └─ a very large city in the Kinki region in Japan.
```

○ 名詞がほかの語句と一緒に「前置詞」の後ろに来る

前置詞の目的語（▷p. 42）の位置に来る場合にも、名詞は単独ではなく、ほかの語句と一緒になることが多いのです。次の例を見てみましょう。

① I live in **Tokyo**.
   私は東京に住んでいます。
② I live in a small **house**.
   私は小さな家に住んでいます。
③ I live in a small **house** in the suburbs of Tokyo.
   私は東京の郊外にある小さな家に住んでいます。
④ I live in a small **house** that is about 15 minutes' walk from Hinode Station.
   私は日の出駅から歩いて15分くらいの小さな家に住んでいます。

①の文では、前置詞の後ろに来るのは Tokyo の1語ですが、②の文では a small **house** が、③の文では a small **house** in the suburbs of Tokyo が、④の文では a small **house** that is about 15 minutes' walk from Hinode Station がまとまって前置詞の後ろに来ています。

```
                              前置詞の後ろ
                         ┌──────────────────────┐
                         │  Tokyo.              │
                         ├──────────────────────┤
                         │  a small house.      │
[ I ]─[ live ]─[ in ]────┤                      │
                         ├──────────────────────┤
                         │  a small house       │
                         │  in the suburbs of Tokyo. │
                         ├──────────────────────┤
                         │  a small house       │
                         │  that is about 15 minutes' walk │
                         │  from Hinode Station.│
                         └──────────────────────┘
```

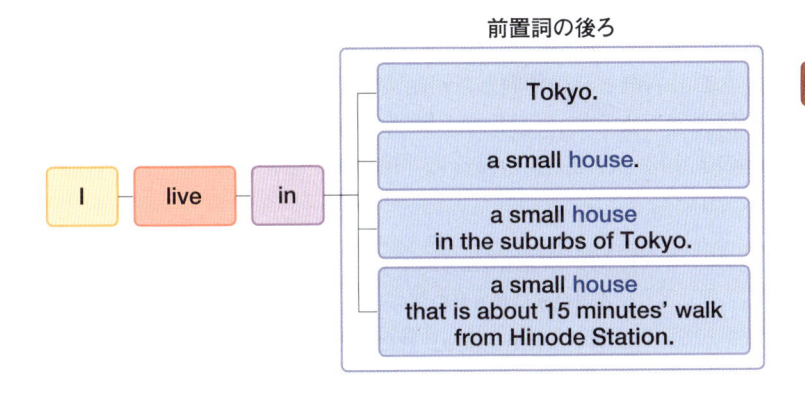

　ここまで説明したように、「名詞」は、ほかの語句と手を組んで、まとまりで１つの名詞のように振る舞うことが大好きです。「一人旅より団体旅行が好き」なのが名詞なのです。

　名詞とその仲間たちが出没する代表的な場所は「主語」と「目的語」と「補語」の位置、そして「前置詞」の後ろです。

◆ 名詞のまとまりが出没する場所

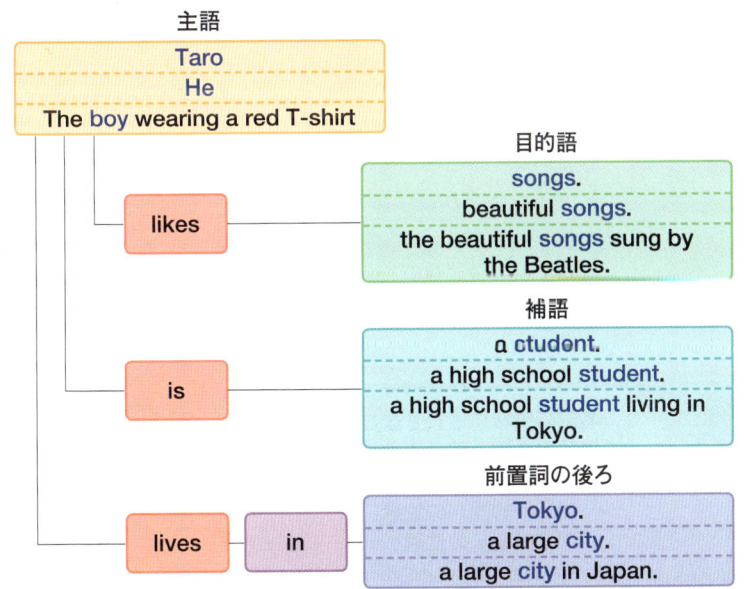

主語
- Taro
- He
- The boy wearing a red T-shirt

目的語 (likes)
- songs.
- beautiful songs.
- the beautiful songs sung by the Beatles.

補語 (is)
- a student.
- a high school student.
- a high school student living in Tokyo.

前置詞の後ろ (lives in)
- Tokyo.
- a large city.
- a large city in Japan.

| さらに 出没場所を確認！

　なお、名詞とその仲間たちが出没する文のパターンはほかにもあります。次の例文①のように、「目的語」に当たる要素が2つ並んでいたり（▶p.113）、②のように「目的語」の後ろに「補語」が来たりする（▶p.114）こともあるのです。

① My grandmother gave **me** a birthday present.
　　祖母は私に誕生日のプレゼントをくれました。

② My friends call **me** Ken-chan.
　　友達は私のことをケンちゃんと呼びます。

主語		目的語	目的語
My grandmother	gave	me	a birthday present.

主語		目的語	補語
My friends	call	me	Ken-chan.

チェック！　名詞の前後にさまざまな語句がくっついてできたまとまりは、文中で単独の名詞と同じように使われ、次のような位置に現れる。
　①「主語」の位置
　②「目的語」の位置
　③「補語」の位置
　④ 前置詞の後ろ

2 動詞が姿を変えて名詞の働きをする

　名詞以外の単語も、姿を変えたりほかの語句と手を組んだりして、名詞と同じような働きをすることがあります。まずは、動詞が名詞グループの仲間入りをする例を見てみましょう。

◯ 動名詞

　日本語の場合、動詞を名詞グループに仲間入りさせる、つまり名詞のようにして使うためには、動詞の後ろに「こと」という言葉をつけますね。一方、**英語の場合は動詞の語尾に -ing をつけることで名詞の仲間として使うことができます**。次の３つの文を見てみましょう。

① Play**ing** baseball is fun.
　野球をすることは楽しい。

② I like play**ing** baseball.
　私は野球をすることが好きです。

③ My hobby is play**ing** baseball.
　私の趣味は野球をすることです。

　どの文にも playing baseball（野球をすること）という表現が使われています。playing baseball は、①の文では「主語」、②の文では「目的語」、③の文では「補語」の働きをしています。

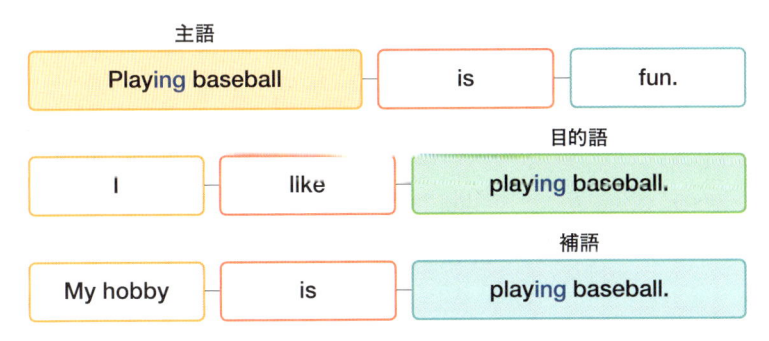

主語
| Playing baseball | — | is | — | fun. |

目的語
| I | — | like | — | playing baseball. |

補語
| My hobby | — | is | — | playing baseball. |

　これらの文で使われている playing は**「動名詞」**と呼ばれます（▶p.254）。「動名詞」とは、その名のとおり**「動詞」と「名詞」の性格を兼ね備えた形**です。「〜する」という動詞の意味を持っていますが、名詞の縄張りである「主語」や「目的語」、「補語」などの位置に来て、名詞のように振る舞うことができます。

61

①〜③の文で、playing baseball の代わりに play baseball を入れてみると、次のようになります。でも、これらはすべて誤りです。

①′ (×) Play baseball is fun.
「野球をするは楽しい」？
②′ (×) I like play baseball.
「私は野球をするが好きです」？
③′ (×) My hobby is play baseball.
「私の趣味は野球をするです」？

つまり、日本語でも英語でも、**名詞の縄張りに動詞が入っていくためには、形を変えないといけない**のです。日本語の場合、「野球をすることは楽しい」「私は野球をすることが好きです」「私の趣味は野球をすることです」というふうに、動詞の後ろに「こと」を入れるとうまくいきますね。英語の場合、**動詞の原形の語尾に -ing をつける**とうまくいきます。

○「to ＋動詞の原形」

動詞が姿を変えて名詞の縄張りに入る方法はほかにもあります。**動詞の原形の前に to を置き、「〜すること」を表す**という方法です。この形は、「to ＋動詞の原形」、「to 不定詞」、あるいは単に「不定詞」と呼ばれます (▶p.222)。

① **To** play baseball is fun.
野球をすることは楽しい。
② I like **to** play baseball.
私は野球をすることが好きです。
③ My hobby is **to** play baseball.
私の趣味は野球をすることです。

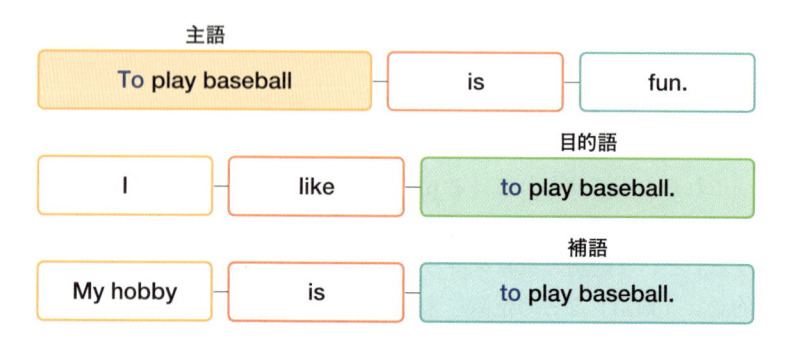

主語		
To play baseball	is	fun.

		目的語
I	like	to play baseball.

		補語
My hobby	is	to play baseball.

62　Part 2　英語の文を作るパーツを知ろう！

ただし、①のように**「to ＋動詞の原形」**が主語の位置に来るときには、次のような言い方が好まれます（▶p. 223）。

④ **It** is fun **to** play baseball.

「to ＋動詞の原形」を使った表現としては、このほかに、what や who、where、when、how などの**「疑問詞」の後ろに「to ＋動詞の原形」を続ける形**もあります。これらの中には、中学校で習ったものもありますね。

例文で確認！

⑤ He didn't know **what to** do.
彼は何をしたらよいのか分かりませんでした。

⑥ Can you tell me **who to** ask?
誰に尋ねたらよいのか、教えてくれますか。

⑦ I don't know **where to** go.
どこに行ったらよいのか分かりません。

⑧ Please tell me **when to** start.
いつ始めたらよいのか教えてください。

⑨ Do you know **how to** use this machine?
この機械をどのように使ったらよいのか（＝この機械の使い方）を知っていますか。

上の例からも分かるように、これらの表現は、know や tell などの動詞の目的語の働きをすることがよくあります。簡潔で便利な表現なので覚えておくといいでしょう。

チェック！
動詞が形を変えたものが、文中のさまざまな位置で、単独の名詞と同じように使われることがある。
動詞が形を変えたもの：
● 動名詞　　　　　　　　　　　　例：play**ing** baseball
● 「to ＋動詞の原形」　　　　　　 例：**to** play baseball
● 「疑問詞＋ to ＋動詞の原形」　　例：**what to** do

3 文が姿を変えて名詞の働きをする

❷では、文中の大事な位置で活躍する名詞の仲間入りをするために、動詞が姿を変える例を見てきました。実は、動詞だけでなく**「文」も、姿を変えることで名詞の仲間入りをします**。さまざまな例を見てみましょう。

◯ that を用いる

「私は、トムがうそをついていることを知っています」を英語にすると、どのようになるでしょうか。

「トムはうそをついています」を英語の文にすると、Tom is telling a lie. となりますが、「トムがうそをついていること」と英語で言うには、最初に that を置いて、that Tom is telling a lie とします。したがって、全体を次のようにすればよいことになります。

① I know **that** Tom is telling a lie.
　　私はトムがうそをついていることを知っています。

①では、that Tom is telling a lie という部分が know の目的語の働きをしています。

文の前に that を置くと、その文が名詞の仲間入りをして、名詞と同じ位置に来ることができるようになります。日本語では、「トムがうそをついていること」のように、文の最後に「（という）こと」といった言葉をつけ足しますが、英語では文の前に that を置きます。文の前に that を置いた表現のまとまりを**「that 節」**と呼びます（▶p. 587）。①では、that Tom is telling a lie という部分が「that 節」です。

「that 節」は、文が名詞に仲間入りした形なので、名詞と同じように、文の主語や補語の位置にも来ることができます。

> さらに　例文で確認！

② **That** Tom is telling a lie is certain.
　　トムがうそをついていることは確かです。
③ The problem is **that** Tom is telling a lie.
　　問題はトムがうそをついていることです。

```
                主語
┌─────────────────────────┐   ┌────┐   ┌──────────┐
│ That Tom is telling a lie │─│ is │─│ certain. │
└─────────────────────────┘   └────┘   └──────────┘
                                         目的語
┌───┐   ┌──────┐   ┌──────────────────────────┐
│ I │─│ know │─│ that Tom is telling a lie. │
└───┘   └──────┘   └──────────────────────────┘
                                         補語
┌────────────┐   ┌────┐   ┌──────────────────────────┐
│ The problem │─│ is │─│ that Tom is telling a lie. │
└────────────┘   └────┘   └──────────────────────────┘
```

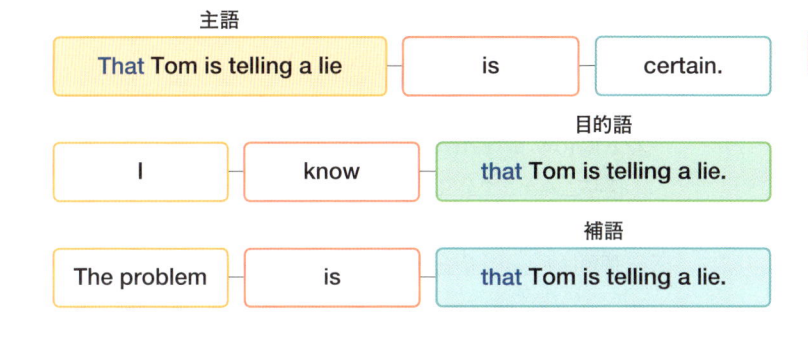

ただし、②のように**「that 節」が主語の位置に来るとき**には、次のような言い方が好まれます（▶p. 520、p. 587）。

②′ It is certain **that** Tom is telling a lie.

また、①の目的語の「that 節」においては、that を省略することもできます。

①′ I know Tom is telling a lie.

○ whether を用いる

さて、次のような「疑問文」を名詞の仲間にするにはどうしたらよいでしょうか。

Is Tom telling a lie?
トムはうそをついていますか。

疑問文の場合には、残念ながら「that 節」は使えません。

(×) I know that is Tom telling a lie.

疑問文を名詞に仲間入りさせて使うには、文の前に whether という語を置いて、さらにその後ろを、疑問文の語順でない普通の語順（Tom is 〜のような形）**にします**（▶p. 394、p. 589）。詳しくは Section Ⅱ で学ぶので、ここでは「そんなのもあるんだ」ということを、頭の片隅に入れておきましょう。

I-2 英語の文を作るパーツを知ろう！

例文で確認！

① **Whether** Tom is telling a lie is not certain.
　トムがうそをついているかどうかは、はっきり分かりません。
② I know **whether** Tom is telling a lie.
　私はトムがうそをついているかどうか知っています。
③ The problem is **whether** Tom is telling a lie.
　問題はトムがうそをついているかどうかです。

日本語では「〜かどうか」と言うところを、英語では whether を使うのですね。

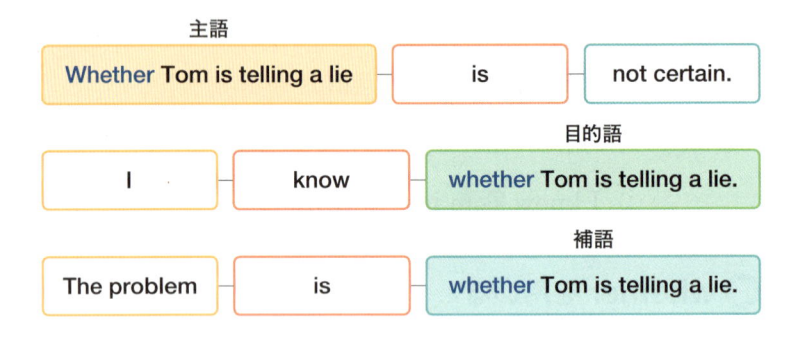

```
        主語
[Whether Tom is telling a lie] — [is] — [not certain.]

                                            目的語
[I] — [know] — [whether Tom is telling a lie.]

                                            補語
[The problem] — [is] — [whether Tom is telling a lie.]
```

なお、①のように whether 〜 の部分が文の主語の位置に来る場合には、次のような言い方もよく用いられます。

①′ **It** is not certain **whether** Tom is telling a lie.

○ 疑問詞を用いる

疑問文には疑問詞で始まる文もありますね。

　　Why is Tom telling a lie?
　　トムはなぜうそをついているのですか。

疑問詞を使った疑問文を名詞に仲間入りさせる場合は、新たに単語を加える必要はなく、**その疑問詞をそのまま使います。**ただし、**続く部分は疑問文の語順にしない**（Tom is 〜のように普通の文の語順にする）ことに注意しましょ

う（▶p. 393）。この形についても SectionⅡで学ぶので、ここではとりあえず、「そんな言い方があるんだ」ということを、頭の片隅に入れておきましょう。

例文で確認！

① **Why** Tom is telling a lie is not certain.
なぜトムがうそをついているのかは、はっきり分かりません。

② I know **why** Tom is telling a lie.
私はなぜトムがうそをついているのか知っています。

③ The problem is **why** Tom is telling a lie.
問題はなぜトムがうそをついているのかということです。

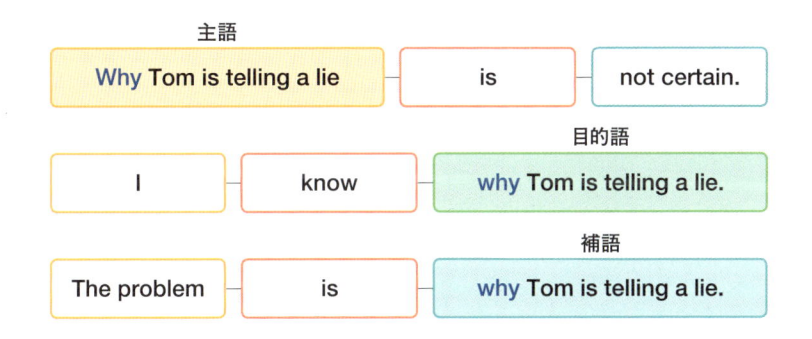

```
主語
[ Why Tom is telling a lie ] — [ is ] — [ not certain. ]

                                        目的語
[ I ] — [ know ] — [ why Tom is telling a lie. ]

                                        補語
[ The problem ] — [ is ] — [ why Tom is telling a lie. ]
```

なお、①のように **why** ～ の部分が文の主語の位置に来る場合には、次のような言い方が好まれます。

①′ It is not certain **why** Tom is telling a lie.

疑問詞を使った疑問文が名詞の仲間入りをする例としては、why 以外に、who, what, which, where, when, how などを使うものがあります。

さらに 例文で確認！

④ I don't know **who** painted this picture.
私は誰がこの絵を描いたのか知りません。

⑤ Ken knows **what** you did.
ケンはあなたが何をしたのか知っています。

⑥ I can't say **which** movie is more interesting.
　私はどちらの映画がより面白いか言えません。

⑦ Do you know **where** Naoto lives?
　あなたはナオトがどこに住んでいるか知っていますか。

⑧ I don't remember **when** Mai arrived.
　私はマイがいつ到着したのか覚えていません。

⑨ Tell me **how** you opened the door.
　あなたがどのようにそのドアを開けたのか教えてください。

チェック!

　文が形を変えたものが、文中のさまざまな位置で、単独の名詞と同じように使われることがある。
　「文が形を変えたもの」を作るには：
● that を用いる
● whether を用いる
● 疑問詞（who、what、how、why など）を用いる

名詞グループのメンバー大集合！

　「名詞」の縄張りである「主語」「目的語」「補語」の位置に来ることができるさまざまなものについて、これまで取り上げてきました。名詞がほかの語句を引き連れて集団で行動したり、「動詞」や「文」までが姿を変え名詞の仲間入りをしたりして、「主語」「目的語」「補語」の働きをする様子がつかめてきましたか。

　文の意味を理解したり、文を作ったりするときには、「主語」「目的語」「補語」として働く名詞とその仲間たちを見抜くことがとても大事です。ぜひ「名詞グループ」に所属する大勢のメンバーに親しんで、彼らがどこに現れてもすぐに見つけられるようにしておきましょう。

◆ 名詞グループにはこんなメンバーが！

- he
- Hiroshi
- playing baseball
- to play baseball
- that boy
- what to do
- that tall boy
- that Tom is telling a lie
- that tall boy wearing a red T-shrit
- whether Tom is telling a lie
- that tall boy who is wearing a red T-shirt
- why Tom is telling a lie

3 動詞とその仲間たち

❶ 決まった相手と組んで1つの動詞のように振る舞う

　名詞がそうであったように、**動詞も単独行動ではなく、ほかの語と一緒に行動することがよくあります**。よくある行動パターンの1つは、仲のよい友達と手をつないで行動するというものです。次の例を見てみましょう。

① Ayaka **cried**.
　　アヤカは泣きました。

② Ayaka **cried out**.
　　アヤカは泣き叫びました。

③ Ayaka **got up** at 6 o'clock this morning.
　　アヤカは今朝6時に起きました。

　①の文の動詞は cried ですね。完全な単独行動です。一方、②の文では、cried と out が一緒に使われて「大声で泣いた」ということを表しています。cry out という形で、「大声で泣く、泣き叫ぶ」という意味になるのです。

　中には、動詞単独では意味がよく分からないけれど、決まった相手と組むことで、ようやく一人前になる場合もあります。例えば、③の文では動詞 get の過去形 got と up が組み合わされていますが、動詞 get だけでは「起きる」という意味にはなりません。up という相手とくっつき、get up というまとまりになって初めて「起きる、起床する」という意味を表すことができるのです。いくつかの部分が合体して威力を発揮する戦隊ロボットのような感じですね。

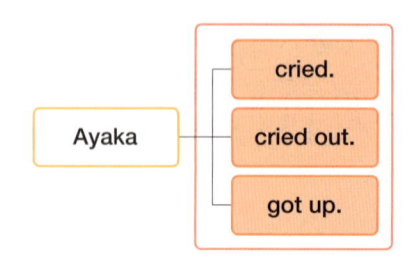

```
              ┌─ cried.
    Ayaka ────┼─ cried out.
              └─ got up.
```

さらに 例文で確認！

次の例を見てみましょう。

④ Takeshi **read** the book.
   タケシはその本を読みました。
⑤ Takeshi **read through** the book.
   タケシはその本を読み通しました。
⑥ Takeshi **gave up** the plan.
   タケシはその計画をあきらめました。

　④の文の動詞は read ですね。一方、⑤の文では、read through がまとまって「～を（最初から最後まで念入りに）読み通した」ということを表しています。⑥の gave up では、動詞 give の過去形と up が組み合わされていますが、give だけでは「あきらめる」という意味にはなりません。give up というまとまりになって初めて「～をあきらめる、～を断念する」という意味を表すことができるのです。

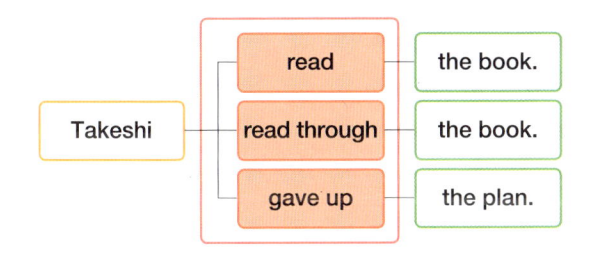

```
            ┌─ read ─────── the book.
Takeshi ────┼─ read through ─ the book.
            └─ gave up ───── the plan.
```

　このように、英語の動詞は、ほかの単語と組み合わさってはっきりした意味を表したり、単独の動詞とは違った意味を表したりすることがよくあります。この組み合わせを覚えていくことで表現力を高められます。

> **チェック！**
> 動詞に特定の単語を続けて、1つの動詞のような意味で使うことができる。
>   例：cry out（泣き叫ぶ）　get up（起きる）
>   　　read through ～（～を読み通す）　give up ～（～をあきらめる）

I-2 英語の文を作るパーツを知ろう！

2 動詞の前に助動詞を置いて意味を加える

動詞と組み合わせて使われる単語には「助動詞」もあります（▶ p. 166）。助動詞は動詞の前に置かれます。以下は動詞が助動詞と一緒に使われている例です。

① Aki **can play** the guitar.
アキはギターを弾くことができます。

② I **will help** you.
私がお手伝いしましょう。

①の文では、動詞 play の前に can という語が置かれて、「〜することができる」を意味しています。②の文では will という語が「〜するつもりだ」という「意志」を表しています。

このように、**動詞の前に置かれて意味をつけ加える役割を果たす語を「助動詞」と呼びます**。なお、次の③の文の is going to や、④の文の have to も、助動詞と似た働きをしています。

③ My father **is going to sell** his car.
私の父は車を売るつもりです。

④ I **have to leave** now.
私はもう行かなければなりません。

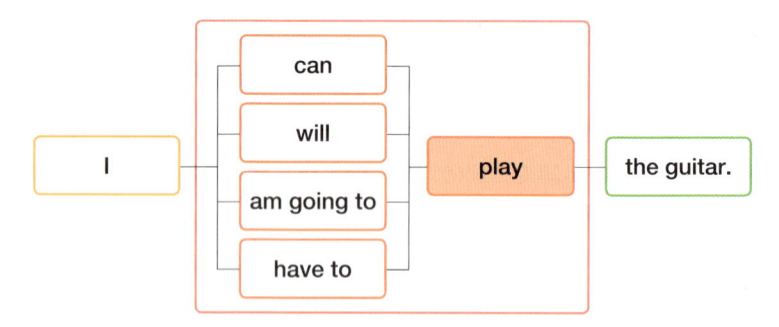

| I | can / will / am going to / have to | play | the guitar. |

> **チェック!**
> 動詞の前に can、will などの助動詞や、be going to、have to などを置くことで、その動詞に意味をつけ加えることができる。

3 形を変えて be 動詞や have、has の後ろに続く

○「be 動詞＋現在分詞」

動詞は、自分自身の形を変え、さらに、前に be 動詞（be、am、is、are、was、were）や have または has を置くことで、さまざまな意味を表すことができます。まずは、次の 2 つの文を見てみましょう。

① Kumiko **is playing** the piano.
　クミコはピアノを弾いています。

② I **was watching** TV when you called me.
　あなたが電話してきたとき、私はテレビを見ていました。

①の文と②の文では、動詞の語尾に -ing がついていて、その前に be 動詞が置かれています。

①の文では、play という動詞に -ing がついて playing という形を作り、さらにその前に be 動詞の現在形 is が置かれて、「今～しています」という「現在進行していること」を表しています。この表現は**「現在進行形」**と呼ばれます（▶ p. 127）。

②の文では、watch という動詞に -ing がついて watching という形を作り、さらにその前に be 動詞の過去形 was が置かれて、「～していました」という「過去に進行していたこと」を表しています。この表現は**「過去進行形」**と呼ばれます（▶ p. 130）。

①や②の文で使われている「動詞の -ing 形」のことを**「現在分詞」**と呼びます。現在分詞は「～している」という意味ですが、①の文のように **be 動詞の現在形の後ろに来ると現在進行形になり**、②の文のように **be 動詞の過去形の後ろに来ると過去進行形になります**。「現在分詞」という呼び名にもかかわらず、現在にも過去にも使うことに注意しましょう。

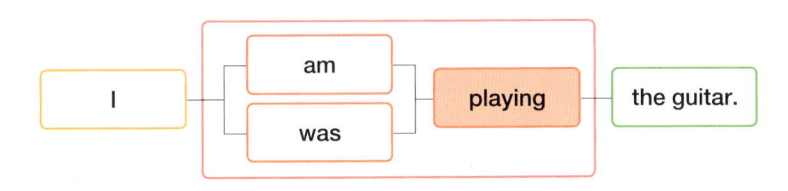

I ― [am / was] ― playing ― the guitar.

＊「動名詞」（▶ p. 61）としての -ing 形と、「現在分詞」としての -ing 形については、p. 83 のコラムで取り上げ整理しています。

◯「be 動詞＋過去分詞」

次の①と②の文では、動詞が**「過去分詞」**という形に姿を変え、その前に **be 動詞**が置かれています。

① English **is spoken** in many countries.
英語は多くの国で話されています。

② *Botchan* **was written** by Natsume Soseki.
『坊っちゃん』は夏目漱石によって書かれました。

①の文では、speak という動詞が spoken という形になり、さらにその前に be 動詞の現在形 is が置かれて、「話されている」ということを表しています。

②の文では、write という動詞が written という形になり、さらにその前に be 動詞の過去形 was が置かれて、「書かれた」ということを表しています。

be 動詞と過去分詞を組み合わせると、「〜されている」や「〜された」といった「受け身」の意味を表すことができます。これは**「受動態」**と呼ばれる形です（▶p. 204）。

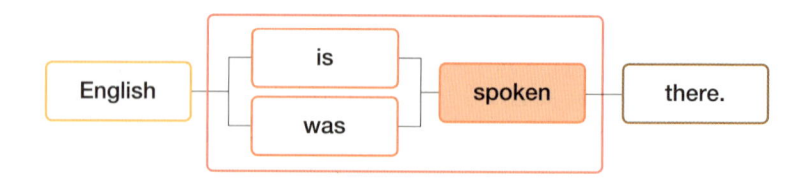

```
English ─┬─ is  ─┐
         └─ was ─┴─ spoken ── there.
```

受動態の使われた文には、①の文のように現在のことを表すものもあれば、②の文のように過去のことを表すものもあります。p. 73 に出てきた「現在分詞」と同様、「過去分詞」も、現在にも過去にも使うことに注意しましょう。

◯「have ＋過去分詞」

次の①〜③の文では、動詞が**「過去分詞」**に姿を変え、その前に be 動詞ではなく **have** や **has** が置かれています。これらは**「現在完了形」**と呼ばれ、①の文のように「今、すでに〜してしまっている」という動作の**完了**を表したり、②の文のように「今までに（何回）〜したことがある」という**経験**を表したり、③の文のように「今までずっと〜している」という状態の**継続**を表したりします（▶p. 144）。

① Akira **has** already **written** the report.
アキラはすでにその報告書を書き終えています。
② I **have seen** the movie three times.
私はその映画を 3 回見たことがあります。
③ We **have known** each other for 10 years.
私たちは 10 年間ずっと知り合いです。
→私たちは知り合ってから 10 年になります。

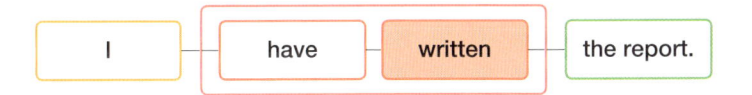

| I | have | written | the report. |

> **チェック！**
> 動詞そのものの形を変え、さらにその前に be 動詞や have または has を置いて、さまざまな意味を表すことができる。
> ● 「be 動詞＋現在分詞」 ➡ 進行形（〜している、〜していた）
> ● 「be 動詞＋過去分詞」 ➡ 受動態（〜されている、〜された）
> ● 「have[has] ＋過去分詞」
>   ➡ 現在完了形（〜してしまっている、〜したことがある、今まで〜している）

4 形容詞とその仲間たち

1 名詞を修飾する

形容詞には大事な働きが 2 つありましたね。1 つが名詞を修飾すること (▶p.48)。もう 1 つが「補語」になること (▶p.49) でした。まず、1 つ目の名詞を修飾する働きについて見てみましょう。

○ 形容詞がほかの語句と一緒に名詞を修飾する

名詞を修飾する形容詞も、名詞や動詞のように、団体で行動することがよくあります。次の例を見てみましょう。

① **beautiful** flowers
　美しい花
② **beautiful and colorful** flowers
　美しくて色とりどりの花
③ **very beautiful and colorful** flowers
　とても美しくて色とりどりの花

①では、beautiful という形容詞が単独で名詞 flowers を修飾していますが、②では、beautiful and colorful という語句がまとまって flowers を修飾しています。また、③では very が beautiful and colorful を修飾し、さらにそれら全体が flowers を修飾しています。このように、形容詞も、名詞や動詞と同じように、ほかの語句と一緒に行動することが多いのです。

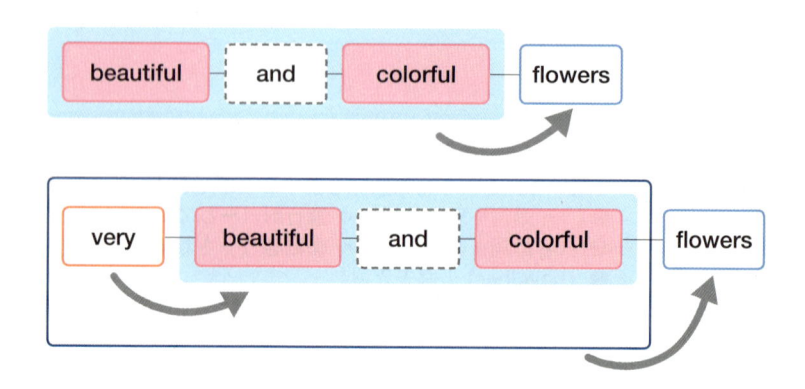

[図: beautiful and colorful → flowers / very → beautiful and colorful → flowers]

◯ 形容詞以外の単語が集まったり、形を変えたりして名詞を修飾する

形容詞以外の単語が手を組んで名詞を修飾したり、形を変えて名詞を修飾したりすることもあります。さまざまな例を見てみましょう。

●「前置詞＋名詞」が名詞を修飾する

次の表現では、in という前置詞と the classroom がまとまって、students を修飾しています。

① students **in the classroom**
　　教室にいる生徒たち

この修飾によって、p. 29 で学んだ「名詞＋修飾する語句」のまとまりが作られます。①は the bag on the desk（机の上のバッグ）と似た例ですね。

●動詞が形を変えて名詞を修飾する ①

では、次の表現を見てみましょう。

② students **studying English**
　　英語を勉強している生徒たち

この例では、「〜を勉強する」という意味の動詞 study が、語尾に -ing がつくことで studying という形に姿を変えています。この studying は、「〜を勉強している」を意味する**「現在分詞」**です。この現在分詞が students という**名詞を修飾**しています。

study English のままでは名詞 students を修飾することができません。試しに students の後ろに study English を続けてみると、次のようになります。

③ Students study English.

これは、「生徒たちは英語を勉強します。」という「文」です。Students が主語、study が動詞、English が目的語ですね。「英語を勉強する生徒」とか「英語を勉強している生徒」などと言いたいときには、動詞を -ing 形（現在分詞）にしなければなりません。

77

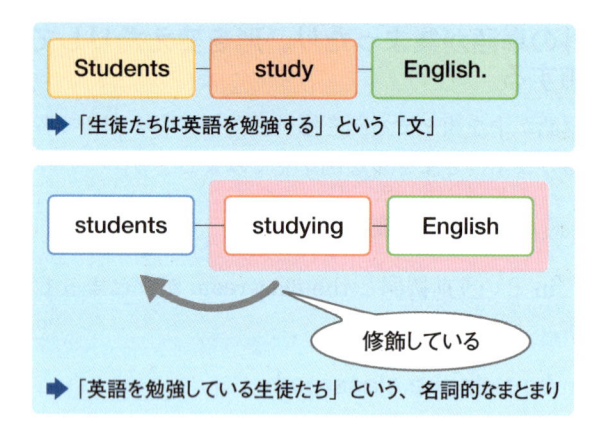

```
Students ─ study ─ English.
```
➡ 「生徒たちは英語を勉強する」という「文」

```
students ─ studying ─ English
              修飾している
```
➡ 「英語を勉強している生徒たち」という、名詞的なまとまり

●動詞が形を変えて名詞を修飾する ②

次の④の文では、「〜に教える」という意味の動詞 teach が taught という**「過去分詞」**に形を変え、「教えられている」という受け身の意味になって、students を修飾しています。

④ students **taught by Ms. Watanabe**
　　渡辺先生に教えられている生徒たち

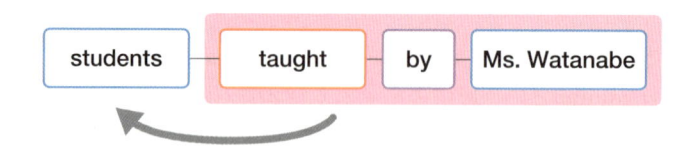

```
students ─ taught ─ by ─ Ms. Watanabe
```

●動詞が形を変えて名詞を修飾する ③

次の⑤の文では、動詞 drink（〜を飲む）の前に to が置かれ（**「to ＋動詞の原形」**を作り）、「飲むための」という意味になって、water を修飾しています。

⑤ water to drink
　　飲むための水（＝飲み水）

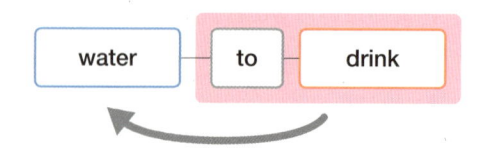

```
water ─ to ─ drink
```

●文が形を変えて名詞を修飾する

では、次の表現はどうでしょうか。

⑥ students **who are having lunch**
　　昼食を取っている生徒たち

⑥では、「**関係代名詞**」の **who** が使われています。who 以降の部分は「文」のような内容です。who を利用して、「文」に当たる要素が students を修飾している形と言えます。

＊関係代名詞については Section Ⅱ の 10 章で詳しく学びます。

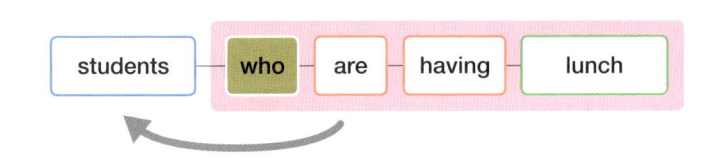

students ← who — are — having — lunch

2 補語になる

形容詞のもう 1 つの働きは、be 動詞などの「補語」になること（▶p. 49）です。次の例を見てみましょう。

① I am **hungry**.
　　私はおなかがすいています。

この例では、形容詞が単独で補語になっていますが、**形容詞がほかの語句と一緒になって補語の働きをすることもあります**。

② I am **afraid of dogs**.
　　私は犬が恐いです。
③ I am **busy doing my homework**.
　　私は宿題をしていて忙しいです。
④ I am **sorry that I broke your cup**.
　　私はあなたのカップを割ってしまって申し訳なく思います。

②の文の afraid は「恐れて」という意味の形容詞ですが、何を恐れているのかを述べるために、of dogs（犬を）という語句が続いているわけです。③

の文では、busy（忙しい）の後ろに doing my homework（宿題をしていて）という語句が、④の文では、sorry（申し訳ない、残念だ）の後ろに that I broke your cup（私があなたのカップを割ってしまったことを）という語句が、それぞれ続いています。

　いずれの例でも、形容詞の後ろに続く語句によって、文の意味がはっきりしたものになっていますね。このように、形容詞も、単独ではなく仲間を引き連れて行動することがよくあります。

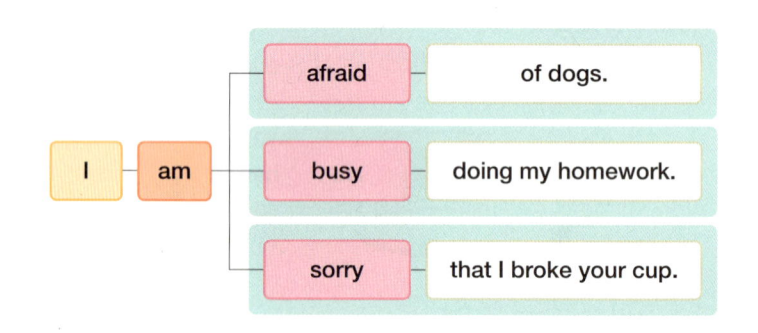

```
I — am ┬ afraid  — of dogs.
        ├ busy   — doing my homework.
        └ sorry  — that I broke your cup.
```

> **チェック！**
>
> 　形容詞がほかの語句と一緒に、名詞の前でその名詞を修飾することがある。　例：very beautiful and colorful flowers
> 　形容詞以外の単語が集まったり形を変えたりして名詞を修飾することがある。
> 　　●「前置詞＋名詞」　例：students in the classroom
> 　　●動詞が形を変えたもの
> 　　　➡ 現在分詞、過去分詞、「to ＋動詞の原形」
> 　　　例：students studying English
> 　　●文が形を変えたもの ➡ 関係代名詞 who などを用いる形
> 　　　例：students who are having lunch
> 　形容詞が後ろに語句を伴って補語の働きをすることがある。
> 　　例：I am afraid of dogs.

5 副詞とその仲間たち

1 副詞が「まとまり」になって働く

「副詞」にはいろいろな種類があって、役割もさまざまですが、**最も基本的な働きは「動詞を修飾する」こと**です。副詞も、ほかの品詞と同じように**2語以上のまとまりになって働く**ことがあります。

① I study English **hard**.
　私は英語を一生懸命勉強します。

② I study English **very hard**.
　私は英語をとても一生懸命勉強します。

①の文では、hard が study を修飾していますが、②の文では very hard がまとまって study を修飾しています。また、次のように、複数の副詞やその仲間が別々に1つの動詞を修飾する場合もあります。

③ I **always** study English **very hard here**.
　私はいつもここで、とても一生懸命英語を勉強します。

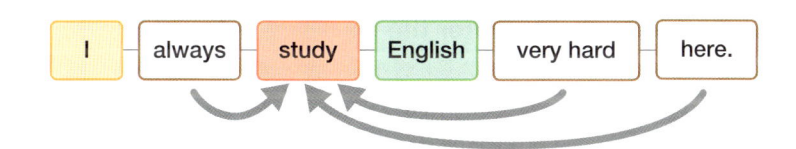

| I | always | study | English | very hard | here. |

2 ほかの単語がまとまって副詞の働きをする

副詞以外の単語がまとまって、副詞のように動詞を修飾することがあります。

◯「前置詞＋名詞」が動詞を修飾する

次の①の文では、in the library（図書館で）と for two hours（2時間）という語句が、それぞれ動詞 studied を修飾しています。

① I studied English **in the library for two hours**.
　私は図書館で英語を2時間勉強しました。

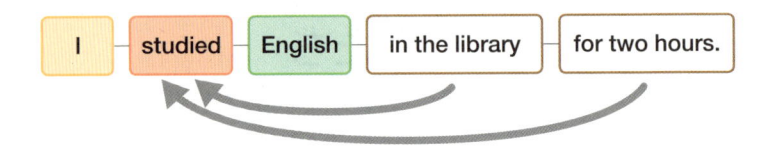

```
I — studied — English — in the library — for two hours.
```

◯ 動詞が形を変えて動詞を修飾する

次の②の文では、to stop the taxi（タクシーを止めるために）という語句、つまり「to＋動詞の原形」が raised を修飾しています。

② I raised my hand **to stop the taxi**.
　　私はタクシーを止めるために手を挙げました。

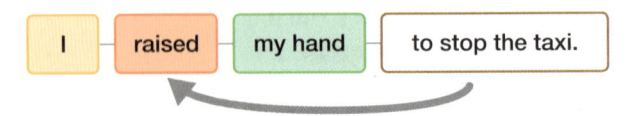

```
I — raised — my hand — to stop the taxi.
```

◯ 文が形を変えて動詞を修飾する

次の③の文では、the train left（列車が出発した）という「文」に当たる要素の前に after（～が…した後に）という語が置かれ、after 以降がまとまりで arrived（到着した）という動詞を修飾しています。

③ I arrived **after the train left**.
　　私は、列車が出た後に到着しました。

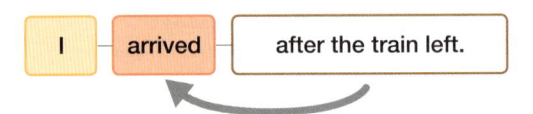

```
I — arrived — after the train left.
```

チェック！

副詞が別の副詞と一緒に動詞を修飾することがある。
　例：I always study English very hard here.
副詞以外の単語が集まったり形を変えたりして、動詞を修飾することがある。
　●「前置詞＋名詞」　例：I studied English in the library.
　●動詞が形を変えたもの ➡「to＋動詞の原形」など
　　例：I raised my hand to stop the taxi.
　●文が形を変えたもの　例：I arrived after the train left.

82　Part 2　英語の文を作るパーツを知ろう！

違いを見抜こう！ その❷ 「同じ顔をした**動詞の形**」に注意

p. 53 では「同じ顔をした単語」を取り上げましたが、それと同様に、**動詞が形を変えたものが、「同じ顔」をしているのに文中で異なる働きをすることがあります**。ここでは、特に混同しがちな 3 パターンを取り上げます。

1 動詞の -ing 形

p. 61 では、**動詞の -ing 形が、「～すること」を意味し、名詞の仲間入りをする**形であることを学びました。この -ing 形は**「動名詞」**（▶p. 254）と呼ばれます。

一方、p. 73 では、**動詞の -ing 形は、be 動詞と一緒に使われて「～している」を意味する**ことを、また、p. 77 では、**動詞の -ing 形が名詞を修飾する**ことを学びました。これらの -ing 形は**「現在分詞」**（▶p. 270）と呼ばれています。

つまり、「動詞の -ing 形」という「顔」は同じなのに、そのときどきで役割が異なるわけです。動詞の -ing 形を見たら、**「～すること」という意味の動名詞**なのか、**「～している」という意味の現在分詞**なのかを判断する必要があります。次の例を見てみましょう。

① My hobby is **playing** the piano.
　私の趣味はピアノを弾くことです。

② My father is **playing** the piano.
　私の父はピアノを弾いています。

③ The man **playing** the piano is my father.
　ピアノを弾いている男性は私の父です。

①の playing は「（楽器）を弾くこと」という意味の**動名詞**です。この文の is playing は現在進行形（▶p. 73）ではありません。もし現在進行形なら、「私の趣味はピアノを弾いています」という、おかしな意味になってしまいますね。

一方、②の playing は「（楽器）を弾いている」という意味の**現在分詞**で、この文の is playing は現在進行形です。もしこの playing が動名詞だったら、この文は「私の父はピアノを弾くことです」という、おかしな意味になってしまいますね。

③では、playing the piano という部分が man という名詞を修飾しています。The man playing the piano は「ピアノを弾いている男性」という意味です。このように、「名詞を修飾する」というのも、現在分詞の重要な働きの 1 つです。

2 過去分詞

　過去分詞（●p.270）には、be 動詞と一緒になって「～されている」という**受動態**の文を作る役割（●p.74）、**名詞を修飾する**役割（●p.78）、そして、have と一緒になって**現在完了形**の文を作る役割（●p.75）があります。

① The letter is **written** in English.
　その手紙は英語で書かれています。

② I received a letter **written** in English.
　私は英語で書かれた手紙を受け取りました。

③ I have just **written** the letter.
　私はたった今その手紙を書いたところです。

　①～③の written はすべて**過去分詞**です。①は、is written という受動態を使った文です。②では、written in English という部分が letter という名詞を修飾し、a letter written in English で「英語で書かれた手紙」を表しています。③は、have written という現在完了形を使った文です。

3 「to ＋動詞の原形」

　「**to ＋動詞の原形**」（**不定詞**）（●p.62）は、「～すること」を意味したり（●p.62）、名詞を修飾して「～するための」を意味したり（●p.78）、また、「～するために」（●p.82）や「～して」などを意味したりします。

① I want **to eat** something.
　私は何かを食べることを望みます。→ 私は何か食べたいです。

② I want something **to eat**.
　私は食べるべき何かが欲しいです。→ 私は何か食べるものが欲しいです。

③ I went to the dining room **to eat** lunch.
　私は昼食を食べるために食堂に行きました。

④ I was happy **to eat** sweets every day.
　私は毎日スイーツが食べられて幸せでした。

　①～④の文にはすべて to eat という「**to ＋動詞の原形**」が使われていますね。①の文の to eat something は「何かを食べること」という意味で、②の文の something to eat は「食べるべき何か」という意味です。③の to eat は「食べるために」という目的を表し、④の to eat は「食べたので」という原因や理由を表しています。

6 単語を組み合わせて長い文を作る

　さて、ここまでで、**文を成り立たせている単語の種類と、その働き**について学びました。また、**単語がたった1つだけで行動するのではなく、ほかの語句を引き連れ、ほかの語句と力を合わせて行動する**様子も見てきました。

　名詞の例で復習してみましょう。何匹かの犬について話すとき、次の①のように単に dogs と言うこともあれば、②のように、指さすなどして these dogs と言うこともあります。さらに、③のように、その犬たちの特徴 (cute、little、black) を述べたり、④のように数を示したりすることもありますね。

① **dogs**
　犬たち
② these **dogs**
　これらの犬たち
③ these cute little black **dogs**
　これらのかわいくて小さな黒い犬たち
④ these three cute little black **dogs**
　これら3匹のかわいくて小さな黒い犬たち

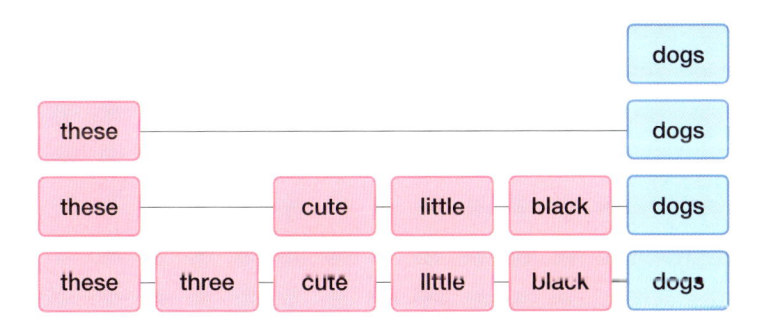

					dogs
these					dogs
these		cute	little	black	dogs
these	three	cute	little	black	dogs

さらに例を見てみましょう。

⑤ these three cute little black **dogs** in the box
　箱の中にいるこれら3匹のかわいくて小さな黒い犬たち
⑥ these three cute little black **dogs** that Taro keeps in his house
　タロウが家の中で飼っているこれら3匹のかわいくて小さな黒い犬たち

|これ three cute little black| — |dogs| — |in the box|
|these three cute little black| — |dogs| — |that Taro keeps in his house|

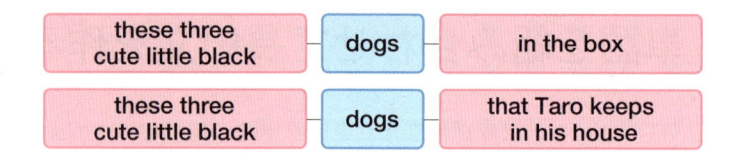

⑤や⑥では、dogs という**名詞の前後にいくつもの単語が連なっています**。でも、いずれの場合も、**まとまり全体で dogs という名詞と同じ働きをする**ことができます。

つまり、例えば①のdogsも、⑥のthese three cute little black dogs that Taro keeps in his house も、**文の「主語」になったり動詞の「目的語」になったりすることができる**のです。

| **例文で確認！**

次の⑦では dogs が単独で文の主語になっていて、⑧では these three cute little black dogs that Taro keeps in his house というまとまりが**文の主語**になっています。

⑦ **Dogs** like bones.
　犬は骨が好きです。

⑧ These three cute little black **dogs** that Taro keeps in his house like bones.
　タロウが家の中で飼っているこれら3匹のかわいくて小さな黒い犬たちは骨が好きです。

|Dogs| — |like| — |bones.|
|These three cute little black dogs that Taro keeps in his house| — |like| — |bones.|

86　Part 2　英語の文を作るパーツを知ろう！

さらに 例文で確認！

次の⑨では dogs が**単独で動詞 like の目的語**になっていて、⑩では these three cute little black dogs that Taro keeps in his house というまとまりが**動詞 like の目的語**になっています。

⑨ I like **dogs**.
　私は犬が好きです。

⑩ I like these three cute little black **dogs** that Taro keeps in his house.
　私はタロウが家の中で飼っているこれら3匹のかわいくて小さな黒い犬たちが好きです。

| I | like | dogs. |

| I | like | these three cute little black **dogs** that Taro keeps in his house. |

　もちろん、このように長い文が、いつも自然な文というわけではありません。文法的には正しくても、分かりにくくなってしまうことがあります。人間には記憶力の限界もありますから、文の長さにも限度はあります。

　とはいえ、高校では中学の時よりも、長い文に接する機会がずっと増えます。慣れないと長さに圧倒されて、「何が何だか分からない！」と頭を抱えてしまうこともあるでしょう。そうしたときに思い出してほしいのは、**使われている単語の数が多くて複雑そうに見えても、「まとまり」で行動するときのパターンはそう多くないし、複雑でもない**ということです。落ち着いて、**どんな単語がどんな語句を引き連れて「まとまり」を作り、どんな役割を果たしているか**を文ごとに見極めることが大切です。

以上でSection Iはおしまいです。このセクションでは、英語と日本語の違い、英語の単語の種類や働き、そして文の作り方の基本を学んできました。

　これから英語を身につけていく過程で、単語の種類と働きや、文の構造などが分からなくなったり、「英文法の基本的な理解がまだまだできていない」と思ったりしたときには、いつでも、何回でもこのセクションを読み直してみてください。徐々に視界が開けてきて、英文法の世界の仕組みが分かってくると思います。あきらめずに、じっくりと学んでいきましょう。

Section Ⅱ
「調べて納得」編
英語を理解し、使うためのさまざまなルール

- 英語の品詞 90
- 1章 文の種類 93
- 2章 文型 107
- 3章 時制 123
- 4章 完了形 143
- 5章 助動詞 165
- 6章 受動態 203
- 7章 不定詞 221
- 8章 動名詞 253
- 9章 分詞 269
- 10章 関係詞 291
- 11章 比較 329
- 12章 仮定法 363
- 13章 疑問文 387
- 14章 否定文 405
- 15章 話法 423
- 16章 強調・倒置・挿入・省略 435
- 17章 名詞構文・無生物主語 453
- 18章 名詞 465
- 19章 冠詞 481
- 20章 代名詞 497
- 21章 形容詞・副詞 525
- 22章 前置詞 553
- 23章 接続詞 579

英語の品詞

Section Ⅰでは、英語の品詞のうち特に重要な**「名詞」「動詞」「形容詞」「副詞」**を取り上げました（▶ p.38）が、これら以外にも英語にはさまざまな品詞があります。以下は英語の品詞のリストです。Section Ⅱでの学習を進める際、知識の整理に利用してください。

名詞 noun
（▶ p.40、p.465）

人、物、事柄などの名前を表し、主語、目的語、補語になる。名詞は、「数えられる名詞」と「数えられない名詞」に分けられ、単数・複数の区別をする。数えられる名詞には複数形がある。
例 mother、cat、pen、city、people、water、information、Tom など

動詞 verb
（▶ p.43、p.108）

名詞（主語）と組み合わせて用いられ、その**動作や行為、状態**などを表す。「be動詞」と「一般動詞」に分けられるほか、「自動詞」と「他動詞」にも分類される。主語となる名詞の人称や数、時制によって形が変化する。
例 be、go、come、seem、know、think、give、let など

形容詞 adjective
（▶ p.48、p.526）

人、物、事柄の性質や状態などを表す。名詞を修飾する場合と、補語として主語や目的語が「どのようであるか」を表す場合とがある。
例 beautiful、cold、many、happy、interesting、American など

副詞 adverb
（▶ p.51、p.534）

動詞、形容詞、副詞などさまざまな要素を修飾し、様態、場所、時、頻度、程度などを表す。英文の骨組みを作る構成要素（主語、動詞、目的語、補語）にはならず、修飾する語になる。
例 easily、outside、yesterday、always、almost、very など

冠詞 article
（▶ p.481）

a、an、the のことで、**名詞の前で用いる**。a と an は数えられる名詞とともにのみ用いられ、初めて話題にする名詞や、聞き手に特定ができない名詞の前に置かれる。the はすでに述べられた名詞や、特定できる名詞などの前に置かれる。

代名詞 pronoun (▶ p. 497)		名詞の代わりになり、主語、目的語、補語になる。代名詞には、人称代名詞、指示代名詞などがある。人称代名詞は文中での働きによって主格、目的格、所有格のように形を変える。 例 I、me、my、you、this、some、other、what など
助動詞 auxiliary verb (▶ p. 165)		動詞の原形の前に置いて、**能力、許可、義務、意志、推量**などの意味をつけ加える。 例 can、may、must、should、will、might など ＊進行形や受動態を作る be や、完了形を作る have、疑問文や否定文に用いる do も助動詞。
前置詞 preposition (▶ p. 553)		名詞や代名詞などの前に置かれて前置詞句を作る。**前置詞句は、文中で形容詞や副詞のような働きをする。** 例 at、in、on、from、under、by、with など
接続詞 conjunction (▶ p. 579)		**語と語、句と句、節と節などを結ぶ働きをする。**and や but などの等位接続詞は、2つの要素を対等につなぎ、それらの関係を表す。when や because などの従属接続詞は、主節に情報を加える。 例 and、but、or、when、because、if、that など
間投詞 interjection		驚きや喜びといった、**話し手の感情や、相手への呼びかけ**などを表す。文頭で用いたり、単独で用いたりすることが多い。 例 oh、well、wow、hi など

＊1つの単語が必ずしも1つの品詞として使われるとは限らず、複数の品詞にまたがって使われる場合がある (▶ p. 53)。

Section II で使用しているマークや記号

> 🛑 学習者が間違えやすい点や、ぜひ押さえておきたい文法項目など、注意すべきポイントを取り上げて解説しています。
>
> ✚ 参考になる情報や、関連知識を取り上げて解説しています。
>
> ⬆ 発展知識を取り上げて解説しています。余力があれば読んで、知識を深めましょう。
>
> **For Communication** 英語での会話やコミュニケーションに役立つ文法知識や表現を紹介しています。
>
> #### 英文、または英語のフレーズに使われている記号
>
> ( ) は、省略可能であることを表します。
> [ ] は、前の語(句)と置き換え可能であることを表します。
> (×) は、間違った、あるいは不自然な文であることを表します。
> ＝ は、同じ意味、あるいはほぼ同じ意味であることを表します。
> ≒ は、近い意味であることを表します。

1章 文の種類
Sentence Types

Step 1 基本

1 平叙文
- ❶ 肯定文　94
- ❷ 否定文　96

2 疑問文
- ❶ Yes/No 疑問文　97
- ❷ 疑問詞を使う疑問文　99

3 命令文　101

4 感嘆文　102

Step 2 発展

1 選択疑問文　104

2 Let's を使った提案表現　105

Step 1 基本

英語の文は、組み立てと役割によって、**平叙文**、**疑問文**、**命令文**、**感嘆文**の4つに分類することができる。これらについて基本的なルールを見ていこう。

1 | 平叙文

平叙文は「主語＋動詞（＋その他の要素）」の語順を使い、末尾にピリオド（.）を置く。平叙文には「〜だ、〜する」といった内容を伝える**肯定文**と、「〜ではない、〜しない」といった内容を伝える**否定文**とがある。平叙文は通常、文末を下げ調子（↘）で言う。

1 肯定文

Clip 001

(1) You **are** very kind to everyone.　　001
あなたは誰に対しても、とても親切だ。

(2) I **want** a new jacket.　　002
私は新しいジャケットが欲しい。

(3) My father **will come** home soon.　　003
父はじきに帰宅する。

be動詞を使う肯定文
例文(1)のようにam、are、isなどのbe動詞（●p.43）を使う肯定文は、「**主語＋be動詞＋その他の要素**」の語順となる。be動詞の現在形を用いた肯定文では、p.95のリストのように、I'mのような短縮形が使われることも多い。
- I'm a movie fan.（私は映画好きだ）
- My brother is out now.（兄は今、外出している）

一般動詞を使う肯定文
例文(2)のように一般動詞（●p.43）を使う肯定文は、「**主語＋一般動詞（＋その他の要素）**」の語順となる。
- You know a lot about computers.
（あなたはコンピューターについてたくさん知っている）

- My sister **likes** shopping very much.
  （姉は買い物が大好きだ）

助動詞を含む肯定文

例文(3)には助動詞（⊙p.166）のwillが使われている。このような助動詞を含む肯定文は、「**主語＋助動詞＋動詞の原形（＋その他の要素）**」の語順となる。

- I **can cook** by myself.（私は1人で料理ができる）
- You **must buy** a ticket first.
  （最初にチケットを買わなければならない）

肯定文での短縮形

特に話し言葉では、主語とbe動詞や助動詞willなどを以下のような短縮形で使うことが多い。

① be動詞の現在形
I'm（＝I am）　You're（＝You are）　He's（＝He is）　She's（＝She is）
It's（＝It is）　We're（＝We are）　They're（＝They are）
John's（＝John is）　My sister's（＝My sister is）
＊過去形の文ではbe動詞の短縮形を使うことはない。

② 助動詞will
I'll（＝I will）　You'll（＝You will）　He'll（＝He will）

③ 完了形のhaveまたはhas
I've（＝I have）　You've（＝You have）　He's（＝He has）

'sが何の短縮かを見分ける方法

'sがisの短縮かhasの短縮かは、**前後関係や直後に来る語句で判断**できる。

- He's a good friend of mine.（彼は私の親友だ）
  He'sの後ろに動詞的要素（-ing形や過去分詞など）がない ➡ He'sはHe isと判断
- He's **planning** to have a party.（彼はパーティーを開くつもりだ）
  He'sの後ろに、進行形を作る動詞の-ing形が続く ➡ He'sはHe isと判断
- He's **invited** to the party.（彼はパーティーに招待されている）
  He'sの後ろに他動詞の過去分詞が続き、目的語がない
  ➡ 受動態の文でHe'sはHe isと判断
- He's **invited many friends** to the party.
  （彼はパーティーに多くの友人を招待している）
  He'sの後ろに他動詞の過去分詞が続き、目的語がある
  ➡ 完了形の文でHe'sはHe hasと判断
  ＊inviteは他動詞（⊙p.108）なので、受動態でなければ直後に目的語を続けることになる。

2 否定文

> **Clip 002**
>
> (1) I **'m not** good at math. 　　　　　　　　　　004
>   　私は数学は得意でない。
> (2) My mother **doesn't drink** coffee. 　　　　　　005
>   　私の母はコーヒーを飲まない。
> (3) He **cannot swim** very well. 　　　　　　　　　006
>   　彼はあまり上手に泳げない。

be動詞を使う否定文

　例文(1)のようにbe動詞を使う否定文は、否定語notをbe動詞の直後に続けて、「**主語＋be動詞＋not＋その他の要素**」の語順となる。話し言葉では次のような短縮形が使われることも多い。
- You **aren't[are not]** listening to me.
  (君は私の言うことを聞いていないな)
- He **isn't[is not]** a college student.
  (彼は大学生ではない)

　なお、You're notやHe's notといった形を用いることも可能である。

一般動詞を使う否定文

　例文(2)のように一般動詞を使う否定文については、「**主語＋do[does, did]＋not＋動詞の原形（＋その他の要素）**」の語順となる。
- I **didn't study** last night. (昨夜は勉強しなかった)
- You **don't need** my help anymore.
  (君はもう私の助けを必要としていない)

助動詞を含む否定文

　例文(3)のようにcanなどの助動詞を含む否定文については、「**主語＋助動詞＋not＋動詞の原形（＋その他の要素）**」の語順となる。なお、canの否定形はcan notと2語で表さずに(3)のようにcannotという1語で表すのが普通である。
- You **must not eat** or **drink** in this room.
  (この部屋で飲食をしてはいけない)
- This **will not be** good for you.
  (これはあなたのためにならないだろう)

否定文での短縮形

特に話し言葉では、否定語のnotを直前のbe動詞やdo[does, did]、もしくはcanやwillなどの助動詞と組み合わせた、以下のような**短縮形**で使うことも多い。
　aren't（＝ are not）　isn't（＝ is not）　weren't（＝ were not）
　wasn't（＝ was not）　don't（＝ do not）　doesn't（＝ does not）
　didn't（＝ did not）　can't（＝ cannot）　won't（＝ will not）
ただし、am notの短縮形に当たる表現はない（話し言葉ではain'tという表現が使われることもあるが、標準的な用法ではない）。I am notを短く言うには、I amの部分を短縮形にしたI'm notを用いる。

2 疑問文

疑問文には、「～ですか」「～しますか」のように、情報が正しいかどうかについてYesまたはNoでの返答を求める**Yes/No疑問文**と、「いつ」「どこで」「誰が」「何を」など具体的な事柄を尋ねる**疑問詞を使う疑問文（Wh疑問文）**とがある。疑問文の末尾には「疑問符（クエスチョン・マーク）」と呼ばれる「?」を置く。文末のイントネーションは上げ調子（↗）の場合と下げ調子（↘）の場合とがある。

1 Yes/No 疑問文

日本語では「あなたは高校生です**か**」のように文末を変えるだけで平叙文を疑問文にできるが、英語では**文頭の語順を変えなくてはならない**。また、Yes/No疑問文の**文頭の語**（be動詞や助動詞）**は主語の人称や数、時制に対応させる必要がある**（▶p.44）。なお、文末のイントネーションは上げ調子（↗）にする。

Clip　003

(1) "**Are you** hungry?" "Yes, I am."　　　　　　　　　　　007
　「おなかがすいていますか」「はい、すいています」

(2) "**Do you know** his phone number?" "No, I don't."　008
　「彼の電話番号を知っていますか」「いいえ、知りません」

(3) "**Can we use** this room now?" "Yes, you can."　　　009
　「今、この部屋を使えますか」「はい、使えます」

be動詞を使う Yes/No疑問文	p.97の例文(1)のようにbe動詞を使うYes/No疑問文は、be動詞を主語の前に、疑問符（クエスチョン・マーク）の「?」を末尾に置き、「**be動詞＋主語＋その他の要素?**」の語順となる。 　● **Is this** my seat?（ここが私の席ですか）
一般動詞を使う Yes/No疑問文	例文(2)のように一般動詞を使うYes/No疑問文は、「**Do[Does, Did]＋主語＋動詞の原形（＋その他の要素）?**」の語順となる。このタイプの疑問文では、動詞が原形となる点に注意しよう。 　● **Does your sister work** part-time? 　　（あなたのお姉さんはアルバイトをしていますか）
助動詞を含む Yes/No疑問文	例文(3)のようにcanなどの助動詞を含むYes/No疑問文は、助動詞を主語の前に置き、「**助動詞＋主語＋動詞の原形（＋その他の要素）?**」の語順となる。

❖ Yes/No疑問文への答え方

　例えばp.97の例文(1)の質問 Are you hungry? への返答は、省略せずに言えば Yes, I am hungry.（はい、私はおなかがすいています）や No, I'm not hungry.（いいえ、私はおなかがすいていません）となるが、単に Yes, I am. または No, I'm not. と答えるのが自然である。

　このように、Yes/No疑問文に返答する際、YesまたはNoに続く部分では通常、be動詞や助動詞の後ろの語句を省略し、質問に含まれている情報を繰り返さない。

　主語が this や that の Yes/No疑問文に返答する際は、主語に it を用いる。

● "Is **this** my seat?" "Yes, **it** is." / "No, **it** isn't."
　（「ここが私の席ですか」「はい、そうです」／「いいえ、違います」）

　また、実際の会話ではYes/No疑問文にいつも Yes や No で答えるとは限らない。Yesで始まる返答の代わりに **That's right.**（そのとおり）、Noで始まる返答の代わりに **I don't think so.**（違うと思います）といった表現もよく使われる。

> **For Communication**　イントネーションだけで疑問表現に

　Yes/No疑問文は文末を上げ調子（↗）で言うが、平叙文でも文末を上げ調子で言うことで疑問文と同じ意味にすることがある。平叙文を疑問文として使うのは、確認や驚きなどを表す場合が多い。

　疑問文の形を使わずに、イントネーションだけで疑問表現をすることは、日本語の会話でも行われている。次の例文①、②を音読して確認してみよう。

① She's here already.（↘）（彼女はもう来ている）
　 She's here already?（↗）（彼女はもう来ている？）

② She's not here today.（↘）（彼女は今日は来ていない）
　She's not here today?（↗）（彼女は今日は来ていない？）

2 疑問詞を使う疑問文

「誰が〜なのか」「何を〜するのか」といった具体的な事柄を尋ねる場合は、who（誰）、what（何）、when（いつ）、where（どこで）、how（どうやって）などの疑問詞を使った**疑問文**（▶p.388）を使う。文末のイントネーションは、平叙文のような下げ調子（↘）になる。

Clip　004

(1) "**Who** lives in that house?" "Mike does."　　　010
　「あの家には誰が住んでいますか」「マイクが住んでいます」

(2) "**What** did you have for lunch?" "I had some pasta."　011
　「お昼に何を食べましたか」「パスタを食べました」

(3) "**Where** do you want to live?"
　"I want to live in the country."　　　012
　「どこに住みたいですか」「田舎に住みたいです」

主語についての質問

　whoやwhatなどの疑問詞を使う疑問文（Wh疑問文）では、疑問詞が通常文頭に来るという点は共通しているが、**疑問詞の後ろの語順や動詞の形**については、「誰[何]が〜か」のように主語について質問する場合と、主語以外について質問する場合とで異なる。

　例文(1)のように主語について「誰[何]が〜なのか、〜するのか」などと尋ねる場合は、WhoやWhatなどで文を始め、**「疑問詞＋動詞（＋その他の要素）？」**の語順にする。つまり、疑問詞の後ろは平叙文と同じ語順になる。また、疑問詞に続く動詞の形が平叙文のときと同じ形になる点にも注意が必要である。

● **What** happened last night?
　（昨日の夜、何が起きたのですか）

主語以外についての質問

　例文(2)、(3)のように、主語以外について「いつ」「どこで」「誰を」「何を」「どうやって」といったことを尋ねる場合は、尋ね

たい事柄についての疑問詞で文を始め、「**疑問詞＋Yes/No疑問文の形？**」の語順にする。
- **Who** did you meet yesterday?（昨日は誰と会ったの？）
- **How** did you come here?
 （どうやってここに来たのですか）

疑問詞を使った疑問文への答え方

答える際にはYesやNoではなく、問われたことについて具体的に返答する。その際、必要な情報を具体的に含んだ肯定文を使うが、**必要な情報部分のみの短い返答をすることも多い**。p.99の例文(1)〜(3)の返答はそれぞれ、**Mike.**、**Some pasta.**、**In the country.** でも支障はない。
- "**When** did you last eat here?" "(We ate here) **a few months ago**."
 （「最後にここで食事をしたのはいつですか」「2、3カ月前です」）

主語について尋ねる疑問文と「数」

次の例を見てみよう。
- "**Who is** in charge?" "Meg and Karen (are)."
 （「誰が担当者ですか」「メグとカレンが（担当です）」）
- "**What's** in that box?" "Some toys (are)."
 （「何があの箱に入っていますか」「おもちゃが（入っています）」）

これらの質問のような「主語について尋ねる疑問文」において、主語の位置にあるWhoやWhatは、**答えが複数になる可能性があっても**、heやshe、またはitを主語とする場合と同様に**単数扱いになる**のが普通である。

疑問詞を使った疑問文が「上げ調子（↗）」になる場合

疑問詞を使った疑問文では文末を下げ調子（↘）で言うのが普通だが、相手に問い返したり、確認したい場合には上げ調子（↗）で言うこともある。
- What did you eat?（↗）（何を食べたって？）
- Excuse me. What did you say?（↗）（すみません。何とおっしゃいました？）

3 命令文

「～でいなさい、～しなさい」のように、相手に何か命令したり促したりしたいときには、主語を省き、動詞の原形で始まる文を用いる。このような文を**命令文**と呼ぶ。命令文の末尾には、通常はピリオドを置くが、強い感情を伴う場合は感嘆符（！）を置くこともある。文末の調子は下げ調子（↘）にする。

> **Clip 005**
>
> (1) **Be** positive. 013
>   前向きになれ。
> (2) **Go** to bed now. 014
>   もう寝なさい。
> (3) **Don't say** a word. 015
>   ひと言もしゃべるな。

「原形で始める」のが基本

be動詞を使う命令文は、通常は例文(1)のように「**Be＋形容詞（＋その他の要素）**」の語順や、次のように「**Be a[an]（＋形容詞）＋名詞**」といった語順になり、「～でいなさい」を意味する。

● **Be** a good boy.（いい子にしてなさい）

一般動詞を使う命令文は、例文(2)のように、その**動詞の原形で文を始め**、「～しなさい」という意味になる。

否定の命令文の作り方

「～するな」という否定の命令を表すには、例文(3)のように「**Don't＋動詞の原形**」の語順にする。be動詞を使う文で「～でいるな」という否定の命令を表す場合は、次のように**Don't be ～**という語順にする。

● **Don't be** shy.（恥ずかしがらないで）

また、Don'tの代わりにNeverを使って、否定の気持ちをより強調することもある。

● **Never say** no to me.（私に対してノーと言ってはいけない）

⬆ 主語がある命令文

命令文には通常、主語は不要だが、強調のために主語が使われることもある。
● **You** do it!（あなたがしなさいよ！）

- **Somebody** do something!（誰か何とかして！）
- Don't **you** ever forget this!（このことを決して忘れるな！）

> **For Communication** 命令文とplease

命令文の文頭または文末にpleaseをつけると、**いくぶん柔らかい命令や指示**となる。pleaseを文末につける場合は、書き言葉では直前にコンマを置く。
- **Please** be patient. / Be patient**, please**.（どうかご辛抱を）
- **Please** don't stand up. / Don't stand up**, please**.
  （席をお立ちになりませんように）

ただし、命令文は非常に強い表現であるため、相手に指示を与える際には通常、助動詞のwouldやcouldを使った疑問文など、**より丁寧度の高い依頼表現**（▶p.172、p.185）が好まれる。

4 感嘆文

「なんて～なんだ！」といった感動・驚き・喜び・苦痛など**強い感情**を表す文を**感嘆文**と呼ぶ。感嘆文にはHowで始めるものとWhatで始めるものがあり、末尾に感嘆符（！）を置き、文末を下げ調子（↘）で言う。

Clip 006

(1) **How smart** you are!　　　　　　　　　　　　　　016
　　君はなんて賢いんだ！

(2) **How fast** she runs!　　　　　　　　　　　　　　017
　　彼女はなんて速く走るんでしょう！

(3) **What a funny story** it is!　　　　　　　　　　018
　　なんておかしな話なんだ！

Howで始める感嘆文

「なんて賢い」「なんて速く」などと形容詞や副詞を強調することで強い印象を表現したいときには「**How＋形容詞［副詞］（＋主語＋動詞）！**」の語順で感嘆文を作る。例文(1)のsmartは形容詞、(2)のfastは副詞である。また、文末の「主語＋動詞」は省略されることも多い。
- **How cute!**（なんてかわいいの！）

＊it isのような文末の「主語＋動詞」が省略されている。

102　1章　文の種類

Whatで始める感嘆文

例文(3)のように、形容詞を伴った名詞について強い感情を表したいときには「What＋a[an]＋形容詞＋名詞（＋主語＋動詞)!」の語順で感嘆文を作る。

- **What a terrible mistake** I made!
  （なんてひどい間違いをしたんだ！）

この形の感嘆文も、文末の「主語＋動詞」はよく省略される。

- **What a beautiful doll!**（なんて美しい人形なの！）

なお、名詞が複数形の場合、または数えられない名詞の場合は、名詞にa[an]はつけない。

- **What big machines** you make!
  （君はなんて大きな機械を作っているんだ！）

* machinesが複数形の名詞

- **What beautiful scenery**!（なんてきれいな景色！）

* sceneryが数えられない名詞

また、How ～!とWhat ～!の感嘆文の違いは、強調したい部分の品詞の違いであり、HowとWhatのどちらで始めても、ほぼ同じ内容を表現することができる。

- **How cute** this baby is!
  （この赤ちゃんはなんてかわいいの！）
- **What a cute baby** this is!
  （この子はなんてかわいい赤ちゃんでしょう！）

Whatの後ろに名詞のみを続ける感嘆文

Whatの後ろに形容詞がなく、**名詞のみを続けて感嘆文にする**場合もある。
- What a day!（なんて日だ！）
- What a surprise!（本当にびっくりだ！）

感嘆文と疑問文の語順

感嘆文と疑問文は文頭が同じ形になる場合が多いので注意が必要である。続く部分の語順を間違えて、感嘆文を疑問文にしてしまわないようにしよう。
- How big this room is!（この部屋はなんて大きいんだ！）➡ 感嘆文
- How big is this room?（この部屋はどれくらいの大きさですか）➡ 疑問文

Step 2 発展

1 選択疑問文

「AですかBですか」と、**複数の選択肢を与える疑問文**を**選択疑問文**と呼ぶ。選択疑問文は、**A or B?**のような形で終わる疑問文である。

> **Clip 007**
>
> (1) "**Is** your dog a boy **or** a girl?" "It's a boy." 019
> 「あなたの犬は男の子ですか、女の子ですか」「男の子です」
>
> (2) "**Do** you work **or are** you a student?"
> "I'm a student." 020
> 「あなたは仕事をしていますか、それとも学生ですか」「学生です」
>
> (3) "**Which** do you like better, soccer **or** baseball?"
> "Baseball." 021
> 「サッカーと野球、どちらが好きですか」「野球です」

選択疑問文の作り方と種類

選択疑問文では、**接続詞or**を使い、**A or B**あるいは**A, B(,) or C**などの形で選択肢を表す。返答は、Yes/Noでなく、選択肢から選んだものとなる。

A or Bのような選択肢を示す方法はさまざまである。(1)のようにA or Bの選択肢が疑問文の一部を成すものもあれば、(2)のように2つのYes/No疑問文を選択肢としてorで結んだものもある。また、(3)のように疑問詞whichを使い、文末を, A or B?の形にする選択疑問文もある。

which以外の疑問詞が選択疑問文に使われることもある。

- "**Where** do you want this chair, here **or** in the next room?" "Here."
  (「このいす、どこに置くのがいいですか、ここですか、隣の部屋ですか」「ここに」)

選択疑問文のイントネーション

選択疑問文は、イントネーションに特徴がある。2つのうち1つを選ぶことを期待する質問の場合、A (↗) or B (↘) のように**最初の選択肢を上げ調子で言い、2つ目の選択肢を下げ調子**

で言う。3つの中から1つを選ぶような質問の場合は、A（↗），B（↗）or C（↘）のように最初と2番目の選択肢を上げ調子で言い、最後の選択肢のみを下げ調子にする。
- **Which** dressing would you like, Italian（↗），French（↗） **or** Russian（↘）？（イタリアン、フレンチ、ロシアンのどのドレッシングになさいますか）

選択疑問文に似た Yes/No 疑問文

次の例を見てみよう。
- "Would you care for some tea（↗）or coffee（↗）?"
 "Yes, I'd like tea, please."
 （「紅茶やコーヒーなどを召し上がりませんか」「はい。紅茶をお願いします」）

A or B? の表現を含む疑問文で、その表現が選択肢でなく、単に例を列挙しているだけの場合がある。このような疑問文は、選択疑問文ではなくて Yes/No 疑問文であり、文末までそろって上げ調子で A（↗）or B（↗）のように言う。

2 Let's を使った提案表現

Clip 008

(1) **Let's be** honest. 022
 正直になろうよ。
(2) **Let's go** shopping after school. 023
 放課後、買い物に行こう。
(3) **Let's not talk** about that. 024
 そのことを話すのはやめよう。

「（一緒に）～しよう」の表し方

「Let's＋動詞の原形」は「（一緒に）～しよう」という提案や勧誘を表す。(1)、(2)はそれぞれ be 動詞、一般動詞を使った例である。

「～するのはよそう」という否定形の提案には、(3)のように「Let's not＋動詞の原形」を用いる。動詞が be 動詞のときは、次のように not に原形の be を続ける。
- **Let's not be** negative.（否定的でいるのはよそう）

105

Let'sの後ろには必ず動詞の原形を続ける

「料理をしましょう」を（×）Let's cooking. のように言ってしまうことがあるが、これは間違いで、Let's cook. が正しい。Let's は **Let us** の短縮形で、「（人）に（望みどおり）～させる」という意味の使役動詞（▶ p.238）let を使った表現である。したがって、let's の後ろには動詞の原形を置く必要がある。

For Communication Let's ～に対する答え方

Let's ～. という提案や勧誘に対しては、状況によってさまざまな受け答えができる。

会話では、**Sure.**（もちろん）や **OK.**（いいですよ）、**All right.**（分かりました）などで肯定の返答を、**I don't think so.**（それがいいとは思いません）、**Sorry, but I can't.**（すみませんが、無理なのです）などで否定の返答をすることが多い。

なお、Yes, let's.（そうしましょう）や No, let's not.（やめておきましょう）のような let's を使った返答もあるが、日常会話では頻繁には使われない。

2章 文型
Sentence Patterns

Step 1 基本

1 自動詞と他動詞　108

2 英語の基本文型
  1. 主語＋動詞（SV）　109
  2. 主語＋動詞＋補語（SVC）　111
  3. 主語＋動詞＋目的語（SVO）　112
  4. 主語＋動詞＋目的語＋目的語（SVOO）　113
  5. 主語＋動詞＋目的語＋補語（SVOC）　114

Step 2 発展

1 文型と動詞のパターン
  1. SVC で使われる一般動詞　115
  2. SVOO で使われる動詞のパターン　116
  3. SVOC で使われる動詞のパターン　118

2 「There ＋ be 動詞＋名詞」の文　119

Close Up!　英語の情報構造　121

Step 1 基本

英語の文は「主語＋動詞」を基本とし、動詞の後ろに続く要素によって、いくつかのパターンに分けられる。そうした**「文の組み立て」**の型を**文型**と呼ぶ。

1 自動詞と他動詞

さまざまな文型について学ぶ前に、まず**自動詞**と**他動詞**について押さえておこう。自動詞は**「主語自らの動き」**について述べる文に使われ、他動詞は**「主語が他の人や物事に働きかける」**ことを述べる文に使われる。

> **Clip 009**
>
> (1) The baby **smiled**. 025
> 赤ちゃんはにっこりした。
>
> (2) The baby **had** a big smile. 026
> 赤ちゃんは満面の笑みを浮かべた。

自動詞とは?

自動詞とは、(1)に使われている smile (ほほ笑む) のように、**「主語＋動詞」の後ろに「～を」といった要素を必要とせずに文を完結させることができる動詞**である。(1)では「主語＋動詞」だけで文が成り立っている。これは日本語でも「ほほ笑む」という動詞はそれだけで意味が完結し、「～をほほ笑む」のようには言わないのと同じである。come (来る) や work (働く) なども同様で、通常は自動詞として使われる。

他動詞とは?

他動詞とは、(2)に使われている have (～を持っている) のように、文を完結させるのに**「主語＋動詞」だけでなく「～を」の部分に当たる要素 (名詞や代名詞など) を必要とする動詞**である。こうした「～を」に当たる要素を「目的語」と呼ぶ。buy (～を買う) や like (～を好む) なども、通常は have と同様の他動詞として使われる。

両方の使い方ができる動詞もある

例えば stop という動詞は「止まる」という意味の自動詞としても、「～を止める」という意味の他動詞としても使われる。こ

のように、動詞には自動詞としてしか使われないもの、他動詞としてしか使われないもの以外に、両方の使い方ができるものもある。それぞれの動詞がどの種類に当たるかは、慣れるまでは辞書で確認する必要がある。

自動詞の後ろに「〜を」を続けるには？

自動詞は、後ろに目的語を必要としない動詞なので、直後に「〜を」に当たる名詞や代名詞などを続けられない。「〜を」に当たる要素を続けたい場合には、前置詞を用い、その後ろに名詞や代名詞を続けることになる。look（自動詞）とsee（他動詞）、listen（自動詞）とhear（他動詞）を例にして見てみよう。

- We looked at him.（私たちは彼を見た［彼に目を向けた］）
  ＊lookは自動詞。look at 〜で「〜を見る」を表す。
- We saw him.（私たちは彼を見かけた）
  ＊seeは他動詞で、直後のhimが目的語。
- I listened to his story.（私は彼の話に耳を傾けた）
  ＊listenは自動詞。listen to 〜で「〜に耳を傾ける」を表す。
- I heard his story.（私は彼の話を聞いた）
  ＊hearは他動詞で、直後のhis storyが目的語。

2 英語の基本文型

文型は、**主語（S: subject）**、**動詞（V: verb**。「述語動詞」と呼ばれることもある）、**補語（C: complement）**、**目的語（O: object）の組み合わせ方**によって分類される。これら以外に、文には**修飾語（M: modifier）**という要素が含まれることもあるが、修飾語は、文型の決定に直接は影響しない。

1 主語＋動詞（SV）

Clip 010

(1) He **shouted**. 027
　　S　　V
　彼は叫んだ。

(2) My sister **lives** alone in an apartment. 028
　　　S　　　　V
　姉は1人でアパートで暮らしている。

| 最も単純な
組み立て：SV	この文型は、主語と動詞から成る最も単純な組み立てのもので、「第1文型」と呼ばれることもある。この文型は「〜は…する」「〜は…にある」といった事柄を表し、使われる動詞は自動詞である。SVだけで文が完結することもあるが、実際には**動詞の後ろに修飾語(句)を伴うことが多い**。
SVだけで
成立する文	例文(1)は主語の後ろに動詞（自動詞）のみが続く最も単純な形で、「主語＋動詞」で文が完結している例である。以下の例も同様である。
● You **didn't come**. （君は来なかった）
● My head **hurts**. （頭が痛い） |
| 「SV＋修飾語句」 | 　例文(2)は「主語＋動詞」の後ろに修飾語句が続いた文で、alone（1人で）と in an apartment（アパートで）がそれぞれ状況と場所を表している。
　このような修飾語句には、目的語や補語としての役割があるわけではないため、文型には影響を与えない。次のような**一見長い文も、文型としてはSVという単純な形**ということになる。
● I work all by myself in a small room
　<u>S</u>　<u>V</u>
　from Monday through Friday.
　（私は月曜から金曜まで小さな部屋で1人きりで働いている） |

SVの後ろに修飾語句が必要な場合

次の例文を見てみよう。2文とも、文型はSVである。
- The phone **is** in the living room. （電話はリビングにある）
- The store **opens** at 9:00. （その店は9時に開店する）

SVの文型では、このように「主語＋動詞」だけでなく**様子や場所、または時に関する修飾語句**を伴うことが多く、特にbe動詞や一部の動詞に関しては、そうした修飾語句がないと文が意味を成さない場合もある。

さまざまなV

　文型を示す際に用いるVとは、主語Sの動作や状態などを表す「動詞の働きをする要素」のことで、（品詞としての）**動詞1語を指すとは限らない**。例えば次のような進行形の文では、「be動詞＋-ing」の部分をひとまとまりのVとして考える。
- We **are talking** about you. （あなたのことを話しているんですよ）

同様に、助動詞を伴った文、完了形の文、受動態の文などでも、主語Sに対して動詞的に働く部分をひとまとまりのVとして考える。

- We **have lived** in this city for almost five years.
（私たちは5年近くこの街に住んでいる）

また、動詞が後ろに語句を伴って2語以上になることもある。次の文に使われている wake up は群動詞（または句動詞）と呼ばれるもので（▶p.631）、2語で「目覚める」という意味になる。

- I **woke up** in the middle of the night.（真夜中に目が覚めた）

2 主語＋動詞＋補語（SVC）

Clip 011

(1) My computer **was expensive**.
　　S　　　　　　V　　C
　私のコンピューターは高価だった。　　　　　　　　　　029

(2) You **look pretty** in that dress.
　S　　V　　C
　あなたはそのドレスを着るとかわいく見えますよ。　030

SVCが表す内容　　SVCの文型（「第2文型」とも言う）では「主語＋動詞」の後ろに**「補語（C）」**と呼ばれる要素が続き、**「〜は…だ」「〜は…のように見える」**といった事柄を表す。この文型で用いられる動詞には、例文(1)のようなbe動詞以外に、(2)のlookやkeep、get、becomeのような一般動詞があるが、一般動詞は種類が限られている（▶p.115）。

なお、SVで用いられる動詞と同様、SVCの文型で用いられる動詞も、後ろに目的語を必要としないので**自動詞**である。

補語になることができるのは？

SVCの文型における補語とは、主語について、それが「何であるか」や「どんな様子か」を説明する語句で、補語になることができるのは、主に名詞・代名詞・形容詞である。なお、SVCの文型では一般に、S is C.（SはCである）という関係が成り立つ。

補語が名詞：Our dog **is a puppy**.（私たちの犬は子犬です）
補語が代名詞：These shoes **are mine**.（この靴は私のです）
補語が形容詞：It **is getting cold** outside.（外は寒くなってきています）

3 主語＋動詞＋目的語（SVO）

> **Clip 012**
>
> (1) I **love sports**.　　　031
>   S　V　　O
>   私はスポーツが大好きです。
>
> (2) You **can buy fresh vegetables** in that store.　　　032
>   S　　V　　　　O
>   あの店では新鮮な野菜を買うことができます。

SVOが表す内容　　SVOの文型（「第3文型」とも言う）では、「主語＋動詞」の後ろに「目的語（O）」と呼ばれる要素が続き、「〜を…する」といった事柄を表す。**目的語とは、他動詞の働きかけを受ける名詞や代名詞**などのことである。

- We **need your help**.
  （私たちはあなたの助けを必要としています）
- A lot of people **visit this town** in summer.
  （夏には大勢の人がこの町を訪れる）

⚠ 目的語と補語の違い

SVCの文とSVOの文では、いずれも動詞の後ろに名詞や代名詞を続けることができるが、それらに用いる名詞や代名詞には、「補語（C）」と「目的語（O）」という役割の違いがある。

SVCの文の補語は**自動詞の後ろに置かれて主語の説明をする**。一方、SVOの文の**目的語**は**他動詞の後ろに置かれて動詞の働きかけを受ける**。つまり、SVCの文では「SはCである」という関係が成り立つのに対して、SVOの文では「SはOである」という関係が成り立たない。

次の2つの文では、a new carがそれぞれ補語と目的語として使われている。

- This **is** a new car. （これは新車です）
  ＊SVCの文。a new carは補語で、主語を説明。「Thisがa new carである」が成り立つ。
- We **need** a new car. （私たちには新車が必要です）
  ＊SVOの文。a new carはneedの目的語。「Weがa new carである」が成り立たない。

また、以下のように、同じ動詞が違う文型で使われることもある。

- I **got** tired. （私は疲れた）
  ＊SVCの文。tiredは補語で、主語を説明。「Iがtired（という状態）である」が成り立つ。
- I **got** a present. （私はプレゼントをもらった）
  ＊SVOの文。a presentはgotの目的語。「Iがa presentである」が成り立たない。

> **SVOの後ろに修飾語句が必要な場合**
>
> SVの文型において、動詞によっては後ろに修飾語句がないと文が意味を成さない場合があることを説明したが（ p.110）、SVOの文型においても、**動詞の後ろに目的語だけでなく修飾語句も必要とするものがある。**
>
> 例えば次の文では、動詞 put は目的語 my notebook の後ろに、「場所」についての情報を必要とする。
>
> - I put my notebook on the desk. (私はノートを机の上に置いた)

4 主語＋動詞＋目的語＋目的語（SVOO）

Clip 013

(1) My brother gave me his guitar. 　　033
　　 S　　　　　V　　 O 　 O
兄は私に自分のギターをくれた。

(2) My parents bought me a digital camera. 　　034
　　 S　　　　　V　　 O 　　　O
両親は私にデジタルカメラを買ってくれた。

SVOOが表す内容

SVOOの文型（「第4文型」とも言う）では、「主語＋動詞」の後ろに**目的語（O）が2つ続き、「～に…を≈する」**といった事柄を表す。日本語でも「与える」「あげる」といった動詞が、通常「誰に」「何を」という要素を伴うのと同じである。

2つの目的語

例文(1)と(2)からも分かるように、多くの場合、**SVOOの1つ目の目的語は「人」、2つ目の目的語は「物」**である。1つ目の目的語は**「間接目的語」**と呼ばれ、動詞の動作の行き着く先についての情報（「誰に」のような情報）を示す。2つ目の目的語は**「直接目的語」**と呼ばれ、動詞の働きかけを受けるものについての情報（「何を」のような情報）を示す。つまり、直接目的語はSVOの文型の目的語と同じ役割を果たす。

5 主語＋動詞＋目的語＋補語（SVOC）

> **Clip 014**
>
> (1) They <u>**call**</u> <u>**him**</u> <u>**a genius**</u>.　　　035
>   　S　　V　　　O　　　C
>   人々は彼のことを天才と呼んでいる。
>
> (2) <u>This song</u> <u>**makes**</u> <u>**me**</u> <u>**happy**</u>.　　　036
>   　　S　　　　V　　　O　　C
>   この曲は私を幸せな気分にしてくれる。

SVOCが表す内容

SVOCの文型（「第5文型」とも言う）では、「主語＋動詞」の後ろに**目的語（O）と補語（C）**が続き、「～を…と呼ぶ」「～を…にする」などといった事柄を表す。

SVOCにおける目的語と補語の関係

p.111でも見たとおり、SVCの文型においては、補語（C）は主語（S）の説明をする。ところが、例文(1)では補語のa geniusは直前のhimを、(2)では補語のhappyは直前のmeの説明となっている。つまり、SVOCの文型では、**補語（C）は動詞の後ろの目的語（O）の説明をする。**

この文型において、OはCの主語の役割を、CはOの説明をする補語の役割をそれぞれ果たしており、OとCの部分が「O is C.（OはCである）」の関係にあることになる。

＊主語の説明をする補語を「主格補語」、目的語の説明をする補語を「目的格補語」と呼ぶことがある。

Step 2 発展

1 文型と動詞のパターン

Step 1 で学んださまざまな文型には、文型ごとによく使われる動詞や特有の表現パターンがある。それらを少し詳しく見てみよう。

① SVC で使われる一般動詞

Clip 015

(1) Her family **seems** happy. 　　　　　　　　　　037
　　　S　　　　　V　　　　C
　　彼女の家族は幸せそうだ。

(2) My dream **came** true. 　　　　　　　　　　　　038
　　　S　　　　V　　　C
　　私の夢が実現した。

(3) This apple **tastes** sweet. 　　　　　　　　　　039
　　　S　　　　　V　　　C
　　このリンゴは甘い味がする。

SVCを作れる動詞

　SVCの文型で使われる動詞の代表格はbe動詞だが、例文(1)〜(3)のように、be動詞以外の動詞が使われることもある。後ろに補語 (C) を続けることのできる一般動詞は限られており、(1)のseemのように「**状態 (の継続)・様子**」を表すもの、(2)のcomeのように「**変化**」を表すもの、(3)のtasteのように「**感覚**」を表すものに分類できる。それぞれ主な例を挙げると以下のリストのようになる。

　なお、(1)〜(3)のいずれの文も、動詞をbe動詞に置き換えても (意味は変わるが) 英文として成立する。

❰ SVC の文型で使われる一般動詞の例 ❱

「状態 (の継続)・様子」を表す動詞
　appear (〜のようである)　keep (〜の状態を保つ)　lie (〜の状態にある)
　remain (相変わらず〜である)　seem (〜のように思われる)
　stay (〜のままでいる)

「変化」を表す動詞
　become（～になる）　come（～になる）　fall（～の状態になる）
　get（～になる）　go（～の状態になる）　grow（次第に～になる）
　make（～という状態になる）　turn（～になる）
「感覚」を表す動詞
　feel（～のように感じる）　look（～に見える）　smell（～のにおいがする）
　sound（～のように聞こえる）　taste（～の味がする）

2　SVOOで使われる動詞のパターン

Clip　016

(1) I **sent** my host family a greeting card.　　　040
　　S　V　　　O　　　　　　O
　私はホストファミリーにグリーティングカードを送った。

(2) I **made** my friends some pancakes.　　　041
　　S　V　　　O　　　　O
　私は友達にパンケーキを作ってあげた。

(3) You **can ask** me any questions.　　　042
　　S　　V　　O　　O
　私にどんな質問をしても構いません。

SVOOで使われる動詞　　SVOOの文型で使われる主な動詞には、p.113の例文にあるようなgiveやbuyがあるが、それ以外にも、上記の(1)～(3)のsend（～に…を送る）、make（～に…を作る）、ask（～に…を尋ねる）などを挙げることができる。

◆ SVOO⇔SVOの変換と動詞のパターン

　SVOO（主語＋動詞＋人＋物）の文の内容は、「SVO（主語＋動詞＋物）＋前置詞＋人」の文でも表現できることが多い。SVOの文型に変換した場合にどの前置詞を使うかによって、動詞を大きく2つのパターンに分類することができる。1つはgive型、もう1つはbuy型である。

① give型（SVO＋to＋人）
　以下の動詞は、SVOの文型では「to＋人」を使う。前置詞toを使うことで、「～に」という「移動方向」に重点を置いた表現となる。
　　bring（～に…を持ってくる）　give（～に…を与える）　hand（～に…を手渡す）
　　lend（～に…を貸す）　offer（～に…を提供する）　owe（～に…の借りがある）

pass（〜に…を渡す）　pay（〜に…を支払う）　read（〜に…を読み聞かせる）
sell（〜に…を売る）　send（〜に…を送る）　show（〜に…を見せる）
teach（〜に…を教える）　tell（〜に…を告げる）　throw（〜に…を投げる）
write（〜に…を書き送る）など
➡ My brother gave his guitar to me.（兄は自分のギターを私にくれた）
➡ I sent a greeting card to my host family.
（私はグリーティングカードをホストファミリーに送った）

② buy 型（SVO ＋ for ＋人）
　以下の動詞は、SVOの文型では「for＋人」を使う。前置詞forを使うことで、「〜のために」という「利益を与えること」に重点を置いた表現となる。
buy（〜に…を買う）　choose（〜に…を選ぶ）　cook（〜に…を料理する）
find（〜に…を見つける）　get（〜に…を入手する）　leave（〜に…を残す）
make（〜に…を作る）　order（〜に…を注文する）　save（〜に…を取っておく）
sing（〜に…を歌う）など
➡ My parents bought a digital camera for me.
（両親はデジタルカメラを私のために買ってくれた）
➡ I made some pancakes for my friends.
（私はパンケーキを友達のために作ってあげた）
　なお、上記の分類は使用頻度による一般的なものだが、特にgive型の動詞については、意味次第ではforを使うものもある。
● I'll bring the magazine to you.（あなたのところにその雑誌を持っていきます）
　＊移動方向に重点を置いた表現
● I'll bring the magazine for you.（あなたのためにその雑誌を持っていきます）
　＊利益を与えることに重点を置いた表現

③ 特殊な型（SVO ＋ of ＋人）
　上記以外に、SVOの文型にした際に「of＋人」を使う動詞としてaskがある。ただし、askがこの型で使われるのは、直後に来る目的語がquestion、favor、somethingといった一部の名詞の場合に限られる。
● You can ask any questions of me.（どんな質問でも私にはしていいですよ）

SVOOではなく SVO を使うのはどんな場合か

① 「誰に対して」「誰のために」を強調したい場合
　次の2つの例を比べてみよう。
● They gave me a small gift.（彼らは私にちょっとした贈り物をくれた）
　＊重要な情報は a small gift
● They gave a small gift to me.
　（彼らはちょっとした贈り物を［ほかの人ではなく］私にくれた）
　＊重要な情報は (to) me
　目的語を2つ続けられる動詞を含むSVOOの文では、一番後ろに登場する「何を」についての情報が重要視される。なぜなら英語の文では、より重要な情報を後ろのほうに置く傾向があるからだ（▶p.121）。

一方、同じ動詞を「SVO ＋ to[for] ＋ 人」の文型で用いるのは、「to[for] ＋ 人」で示す「誰に対して」「誰のために」といった情報を強調したい場合である。

② 「何を」が人称代名詞の場合
今度は以下の例を見てみよう。
- I know a funny story. I'll tell **it** to you.
（面白い話を知っているよ。君に教えてあげる）
- I have some keys. I'll give **them** to you.
（鍵を持っているんだ。君に渡すね）

これらの例のように、「何を」に当たる目的語が it や them などの人称代名詞（▶p.498）の場合は、SVOO の文型ではなく、「SVO ＋ to ＋ 人」の文型を使う。

SVO に変換できない動詞や表現

SVOO の文型で使われる動詞や表現のうち、「SVO ＋ for[to] ＋ 人」で言い換えることのできないものもある。
- The accident **cost** me $300. （その事故で 300 ドルの出費だった）
（×）The accident cost $300 to me.
- **Give me a break.** （勘弁してよ）
（×）Give a break to me.
- **Wish me luck.** （幸運を祈っていて）
（×）Wish luck for me.

3　SVOC で使われる動詞のパターン

Clip 017

(1) The old couple **named** the baby Momotaro.　043
　　　S　　　　　　　V　　　 O　　　C
老夫婦はその赤ん坊を桃太郎と名づけました。

(2) Somebody **left** the window open.　044
　　　S　　　V　　　O　　　C
誰かが窓を開けっ放しにしておいた。

SVOC で使われる動詞

SVOC の文型で使われる動詞には、主に補語（C）が名詞で「～を…と呼ぶ」などの意味になる call 型と、補語（C）が主に形容詞で「～を…にする」などの意味になる make 型がある（p.119 のリストを参照）。(1) の name（～を…と名づける）は call 型、(2) の leave（～を…のままにしておく）は make 型である。

SVOC と動詞のパターン

① **call 型（C が名詞）**
　appoint（〜を…に任命する）　elect（〜を…に［選挙で］選ぶ）
　name（〜を…と名づける）など
　➡ We **elected** him leader.（私たちは彼をリーダーに選んだ）

② **make 型（C が主に形容詞）**
　get（〜を…にする）　have（〜を…にする）　leave（〜を…のままにしておく）
　keep（〜を…の状態に保つ）　let（〜を…にさせる）など
　➡ You should **keep** yourself warm.（体を温かくしておいたほうがいいよ）

③ **find、think、believe など（C が名詞または形容詞）**
　find、think、believe なども SVOC の文型で使われることがあり、「〜が…だと思う［分かる］」といった意味になる。C は名詞のことも形容詞のこともある。
　➡ We **found** him innocent.（私たちには彼が無実だと分かった）

2 「There ＋ be 動詞＋名詞」の文

Clip　018

(1) **There is** a coffee shop on the first floor of this hotel.　　045
　このホテルの1階には喫茶店がある。

(2) **There are** over 1,200 students in our school.　　046
　私たちの学校には1200人を超える生徒がいる。

「存在」を表現する
「人がいる」「物がある」といった「何かの存在」を表現するときに、副詞の there を文頭に置いた**「There ＋ be 動詞＋名詞」**という形が使われる。

be 動詞の形
be 動詞の形は、時制やその直後に続ける人や物の数によって変わる。時制が現在の場合、名詞が単数なら例文(1)のように is を、複数なら(2)のように are を用いる。一方、数えられない名詞については、以下のように量にかかわらず is を用いる。

● **There is** very little water in the lake.
　（その湖には水がほとんどない）

- **There is** a lot of rain in June in Japan.
  （日本では6月に雨が多い）

  ただし、There isの後ろに単数形の名詞をいくつか列挙することもある。
- **There is a desk, a chair and a bed** in each room.（各部屋には机にいす、ベッドがあります）

「There＋be動詞＋名詞」の後ろに続く要素

これまでに見てきた例からも分かるが、「There＋be動詞＋名詞」の文では、名詞の後ろに、「どこに」や「いつ」を示す場所・時を表す副詞句や、その他の修飾語句を続けるのが普通である。
- There was a supermarket **here**.（ここにスーパーマーケットがあった）
- There will be a festival **this weekend**.（今週末にはお祭りがあります）
- There's something wrong **with my eyes**.（目が何かおかしい）

「There＋一般動詞＋名詞」の文

Thereに一般動詞が続くこともある。ここで使われる動詞は「存在」や「変化」を表すものであることが多い。
- Once upon a time, there **lived** an old couple in a small village.
  （昔々、ある小さな村に老夫婦が住んでいました）
- There **came** a terrible snowstorm one winter.
  （ある冬のこと、ひどい吹雪がやってきました）

「There＋be動詞」の後ろには「a＋名詞」？　「the＋名詞」？

「There＋be動詞＋名詞」の文で、be動詞に続く名詞の前には、aやan、someなどがついていることが多い。というのも、この表現は通常、相手に未知の人や物の存在を初めて伝える場合に使われるため、前にthe、this、that、my、your、Tom'sなどがついた名詞や、固有名詞などを使うと不自然だからである。

既知の情報や特定できる物、固有名詞などについては、次のようにそれを主語にして表現する。
- **My key** is in the room.（私の鍵は部屋にあります）
- **Tom** is at the door.（トムはドアのところにいます）

Close Up! 英語の情報構造

英語の文の組み立てには、これまでに見てきた文型以外にも注意すべき点がある。それは**英語の情報構造**である。以下に、その大まかな特徴を3つに分類して紹介しよう。

1 旧情報 ➡ 新情報

まず、英語の文では、「相手が知っている、あるいは意識していること（旧情報）」から、「相手の知らない、あるいは意識していないこと（新情報）」へと情報を配置する傾向がある。次の例文を見てみよう。

I love **small dogs**. They are **so cute**.
（私は小型犬が大好きです。小型犬はとてもかわいいです）

この例文で、最初の文の文末のsmall dogsは**「小型犬一般」を示す新情報**であるため、定冠詞theをつけずに、一般性を表す複数形の名詞として使われている。続いて2つ目の文では、そのsmall dogsが旧情報として代名詞Theyに置き換えられ、文頭で用いられている。そして、文末にはso cuteというさらなる新情報が登場する。

別の例として**「There＋be動詞＋名詞」**の文（● p.119）を見てみよう。

There are many sightseeing spots in our city.
（私たちの市には観光スポットがたくさんある）

この表現では、be動詞の後ろに相手にとって未知の情報が続くが、ここでもまずThereで文を始め、「この文では、ある人や物の存在についての情報を与えますよ」と前置きをしてから、新情報である名詞many sightseeing spotsを続け、さらに別の新情報である、位置に関するin our cityを続けている。**文頭のThereには、「突然、新情報で文を始めない」ための役割がある**と言える。

2 重要でない情報 ➡ 重要な情報

次に、英語では、**重要性の低いものから重要性の高いものへと情報を配置する**傾向がある。後で登場する情報に重点が置かれていることが多く、そのために特定の文型を使うこともある。

例えば次の2つの文については、それぞれ重要とされる情報を後方に置くための文型が選択されている。

I gave my mother **today's paper**.　〔SVOOの文〕
(私は母に今日の新聞を渡した)　　　　　　　　　＊「今日の新聞を」に重点がある
I gave today's paper **to my mother**.　〔SVOの文〕
(私は今日の新聞を母に渡した)　　　　　　　　　＊「母に」に重点がある

　別の例として、能動態の文と受動態（▶p.204）の文を考えてみよう。この両者も、何を文末に置いて強調したいかによって使い分けられる。受動態の文が使われるのは、「何をされたか」を表す動詞部分を強調したい場合である。
　また、受動態の文で動詞の後ろに置かれる「by＋動作主」は、不明な場合や分かり切っている場合は省略される。逆に「by＋動作主」が省略されていない文では、「誰・何によってその動作がされたのか」に重点があることになる。

Somebody stole **my bag**.
(誰かが私のバッグを盗んだんです)
My bag was **stolen**.
(私のバッグは盗まれたんです)
The party was planned **by her children**.
(そのパーティーは彼女の子どもたちによって計画された)　　＊by以下に重点がある

3 短い要素➡長い要素

　さらに、英語では「短い」要素から「長い」要素へと情報を配置する傾向がある。
　例えば、形式主語のitや形式目的語のitを使い、that節や不定詞句などを後方に置く表現（▶p.520）がそれに当たる。これらは、長い要素を通常の主語や目的語の位置に置いて「頭でっかち」あるいは「中太り」の文になることを避けた表現である。

Is **it** true **that you are going to move**?
(あなたが引っ越す予定だというのは本当ですか)
I think **it** important **to eat healthy food**.
(健康的なものを食べることは大切だと思う)

3章 時制
Tense

Step 1 基本

1 現在のことを表現する
- ❶ 現在形で「現在の状態」を表す　124
- ❷ 現在形で「現在の習慣的行為」を表す　125
- ❸ 現在形で「普遍的な事実」を表す　126
- ❹ 現在進行形で「進行中の動作」を表す　127

2 過去のことを表現する
- ❶ 過去形で「過去の状態」を表す　129
- ❷ 過去形で「過去の動作」を表す　129
- ❸ 過去形で「過去の習慣的行為」を表す　130
- ❹ 過去進行形で「進行中だった動作」を表す　130

3 未来のことを表現する
- ❶ will を用いる　131
- ❷ be going to を用いる　132

Step 2 発展

1 進行形の意味の広がり
- ❶ 「変化している途中」を表す　134
- ❷ 一時的な状態・性質を強調する　135
- ❸ 話し手の感情を表す　136
- ❹ 「これからすること」を表す　136

2 未来のさまざまな表現
- ❶ 時・条件を表す接続詞の後ろの現在形　137
- ❷ 確定的な予定を表す現在形　139

Close Up!　動詞の現在形を使うさまざまな場面　140

- ❸ 未来進行形を用いる　141
- ❹ 未来に関するさまざまな表現　142

Step 1 基本

英語では、動詞の形によって、「現在」のことなのか「過去」のことなのかを表現する。また、未来に起こることを表すには、特有の語句を用いる。英語の動詞にまつわる「時」の表し方について整理しよう。

1 現在のことを表現する

英語で現在のことを表現するには、「現在形」と「現在進行形」の2つの形を用いる。現在形は「今」の瞬間のことだけでなく、「今」を中心として、過去や未来へと広がる期間に関する事柄を表す。動詞の形を考える上で重要なのが、状態動詞と動作動詞の区別である。

1 現在形で「現在の状態」を表す

Clip 019

(1) Today, even elementary school children **have** computers.　　　047
今日では、小学生でもコンピューターを持っている。

(2) I **know** Bill's e-mail address.　　　048
私はビルのEメールアドレスを知っている。

状態動詞の現在形：「現在の状態」

　例文(1)のhaveはコンピューターを「現在持っている」ことを、(2)のknowはEメールアドレスを「現在知っている」ことを表している。haveやknowのような動詞を状態動詞と呼ぶ。状態動詞の現在形は、「現在の状態」を表す。

状態動詞の種類

状態動詞には、(1)のhaveのような「一般的な状態を表す動詞」や、(2)のknowのような「心の状態や、感覚・知覚を表す動詞」がある (◯p.128)。haveの仲間にはlive (住んでいる) などが、knowの仲間にはbelieve (〜を信じている)、like (〜を好んでいる) などがある。

- My grandparents live in Okinawa.
 (私の祖父母は沖縄に住んでいる)
- He believes everything on the Internet.
 (彼はインターネット上の情報をすべて信じている)

2 現在形で「現在の習慣的行為」を表す

Clip 020

My father takes a walk with my mother every day. 049
父は毎日、母と散歩をする。

動作動詞の現在形：
「現在の習慣」

例文のtakesは動作動詞と呼ばれる動詞で、「状態」ではなく、「動作・行為」を表す。例文は、父が母と「散歩をする」という行為を毎日繰り返していること、つまり「散歩の習慣がある」ことを表している。このように、動作動詞の現在形は、「(現在を中心とする一定期間にわたって) 反復される動作」つまり「現在の習慣的行為」を表す。

- My sister **practices** the piano every evening.
  (妹は毎晩ピアノを練習する)
- Trains **leave** this station every 10 minutes.
  (電車は10分ごとにこの駅を出発する)

「頻度を表す語句」とともに

動作動詞の現在形はしばしば、例文にあるようなevery dayや、usually、often、alwaysといった「頻度を表す語句」とともに用いられる。
- I **usually get up** at five. (私はたいてい、5時に起きる)

「職業」や「習性」を表す

動作動詞の現在形は、「現在の習慣的行為」から発展して、次のように「職業」や「習性」などを表すこともある。
- She **works** as a doctor in the city hospital.
  (彼女は市の病院で医師として働いている)
- Both of my brothers **speak** French.
  (兄たちは2人ともフランス語を話す)

3 現在形で「普遍的な事実」を表す

Clip 021

Light **travels** faster than sound.   050
光は音よりも速く進む。

「時や場所を問わず成り立つ事実」の表現

「光は音よりも速く進む」のような、変わることのない、つまり時や場所を問わず成り立つ事実を述べるときは、日本語でも現在の表現を用いるように、英語でも動詞の現在形を用いる。このほかにも、「地球は太陽の周りを回る」「早起きは三文の得（である）」などといった普遍的な事実やことわざは、現在形で表す。
- The earth **goes** around the sun.
  (地球は太陽の周りを回る)
- The early bird **catches** the worm.
  (早起きの鳥は虫を捕まえる→早起きは三文の得)

4 現在進行形で「進行中の動作」を表す

Clip 022

(1) "What **are** you **doing**?"
"**I'm looking** for my glasses." 051
「何をしているんですか」「眼鏡を探しているんです」

(2) These days, **I'm reading** Japanese novels in English. 052
私は最近、日本の小説を英語で読んでいる。

「今この瞬間に進行中の動作」を表す

例文(1)のような、**今この瞬間に進行していてまだ終わっていない動作**を表したい場合、英語では**「be動詞の現在形＋-ing」**という形を使う。この形を**「現在進行形」**と呼ぶ。なお、現在進行形に使われる-ingは**現在分詞**（▶p.270）である。

「一定期間に続けられている動作」を表す

(2)の場合、例えば会話中にこの発言がなされたとすると、発言者は、「今この瞬間に」小説を読んでいるわけではない。このように、**「今」の前後の一定期間にわたって続けられている動作**も、現在進行形で表現することができる。つまり、現在進行形は、「少し前から何かをし始めて、今もそれを続けている（まだし終えていない）」という状況であれば、必ずしも「今この瞬間に」その動作が行われていなくても用いることができる。

なお、「進行形」は通常、進行中の「動作」を表すので、**状態動詞は原則として進行形にすることができない。**
状態動詞には、次のようなものがある。

状態動詞の例

一般的な状態を表す動詞
　　be（〜である）　have（〜を持っている）　contain（〜を含んでいる）
　　live（住んでいる）　resemble（〜に似ている）　belong（所属している）
　　fit（〜に合う）　own（〜を所有している）　possess（〜を所有している）

心の状態を表す動詞
　　like（〜を好んでいる）　love（〜を愛している）　hate（〜を憎んでいる）
　　want（〜が欲しい）　need（〜を必要としている）　think（〜と考えている）
　　believe（〜を信じている）　remember（〜を覚えている）
　　understand（〜を理解している）

感覚・知覚を表す動詞
　　know（〜を知っている）　see（〜が見える）　hear（〜が聞こえる）
　　smell（〜のにおいがする）　taste（〜の味がする）　feel（〜を感じる）

状態動詞を進行形で用いる場合

　状態動詞は通常、進行形にすることができないが、次のような場合には進行形にすることができる。
①**状態動詞が「動作」を表す場合**
- We **are having** dinner now.（私たちは今、夕食を取っているところです）
- She **is tasting** the soup.（彼女はスープの味見をしている）
- The doctor **is feeling** the patient's pulse.（その医師は患者の脈を測っている）

②**「状態が変化している途中」を表す場合**
- The sisters **are resembling** each other more and more.
（その姉妹はお互いにどんどん似てきている）

③**「一時的な状態や性質」を表す場合**
- He **is being** so nice to me today.（彼は今日に限って、私にとても親切だ）
　　＊②、③については、p.134、p.135も参照。

2 過去のことを表現する

英語で過去のことを表現するには、「**過去形**」と「**過去進行形**」を用いる。これらはほとんどの場合、「**現在形**」と「**現在進行形**」**を過去にスライドさせたもの**ととらえることができる。

❶ 過去形で「過去の状態」を表す

Clip 023

We **lived** in Los Angeles in 2005. 053
私たちは2005年にロサンゼルスに住んでいた。

状態動詞の過去形：
「過去における状態」

例文では、2005年の時点で私が「ロサンゼルスに住んでいた」、つまり**過去の時点でどういう状態であったか**を示している。次の文のwas (be動詞の過去形) も「過去の状態」を表している。

- There **was** an old house here when I came home five years ago.
  (5年前に帰郷した時には、ここには古い家があった)

❷ 過去形で「過去の動作」を表す

Clip 024

I **ate** too much chocolate yesterday. 054
私は昨日、チョコレートを食べすぎた。

動作動詞の過去形：
「過去における動作」

例文では、過去形のateによってyesterday (昨日) という過去のある時点での「食べすぎた」という行為を示している。このように、動作動詞の過去形は、**過去のある時点に行われた動作・行為や、起きた出来事**を示すことができる。次のような「歴史上の出来事」も同様である。

- The American Civil War **began** in 1861.
  (アメリカの南北戦争は1861年に始まった)

3 過去形で「過去の習慣的行為」を表す

> **Clip 025**
>
> He often <u>studied</u> on the train when he was a student. 055
> 彼は学生時代に、しばしば電車の中で勉強した。

動作動詞で「過去の習慣」を表す

動作動詞の現在形は「現在の習慣的行為」を表す（▶p.125）が、それを過去形で用いると**「過去に繰り返し行われた動作」**を示すことができる。現在形の場合と同様、every day や often といった「頻度を表す語句」とともに用いられ、「動作・行為が繰り返されたこと」を明確にするのが普通である。

4 過去進行形で「進行中だった動作」を表す

> **Clip 026**
>
> (1) I **was cleaning** my room when she called me. 056
> 彼女が電話してきた時、私は部屋の掃除をしていた。
>
> (2) My sister and I **were watching** DVDs all night long. 057
> 姉と私は一晩中DVDを見続けていた。

「過去のある時点で進行中だった動作」を表す

例文(1)において、「私」は、電話が鳴った時点では掃除中であり、掃除はまだ終わっていない。「今」この瞬間に進行中でまだ終わっていない動作は現在進行形で表す（▶p.127）が、この場合は過去のことなので**「過去進行形」**を用いる。過去進行形は、**「be動詞の過去形＋-ing」**で**「過去のある時点で進行中だった動作」**を表す。

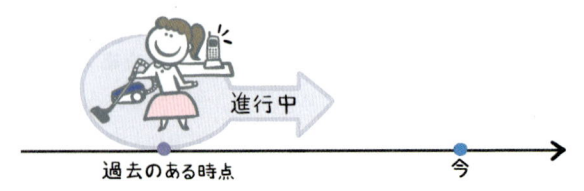

130　3章　時制

|「過去のある期間、動作が継続した」ことを強調する | (2)の文は、「一晩中DVDを見続けていた」ことを表したもので、were watchingという過去進行形を使って「長時間にわたる継続性」を強調している。このように、**長い間続けていた動作や行為を強調したい場合**に、過去進行形を使うことができる。(2)の内容を、次のように過去形で表現することもできるが、その場合は単に「見た」という行為を伝えるだけで、「ずっと見続けていた」ことは強調されない。
● My sister and I **watched** DVDs all night long.
（姉と私は一晩中DVDを見た）|

3 未来のことを表現する

英語の動詞の活用形に「未来形」という形は存在しない。現在のことや過去のことは、動詞の形を変化させることで表すが、未来のことを述べるには、**未来を意味する特有の表現**を用いる。

1 will を用いる

Clip 027

(1) My brother **will pass** the exam.　　　　　058
兄は試験に合格するだろう。

(2) I'm thirsty. I **will have** something to drink.　　059
のどが渇いた。何か飲み物を飲もう。

|未来の出来事を予測 | (1)の例文では、「兄が試験に合格する」という未来の出来事について、現時点での予測を行っている。このような、**未来の出来事についての「～するだろう」という予測**は、**「will＋動詞の原形」**で表現できる。ただし、話し手の気持ちや判断によっては、canやmay、shouldなどのwill以外の助動詞を用いることもある。
● She **may not come** to the party tonight.
（彼女は今夜パーティーに来ないかもしれない）|

未来において「確実にそうなる」こと	「～するだろう」という予測を表す「will＋動詞の原形」は、「このままいけば確実にそうなる」あるいは「自然の成り行きでそうなる」という場合にも用いられる。 ● My sister **will be** 20 next year. 　（姉は来年20歳になる） ● It **will be** hot this afternoon. （午後は暑くなるね）
「これからやろう」という意志	例文(2)のように、「これから（＝未来において）こうしよう」という**「今後やるという意志」「その場の判断で生じた意志」**を表す場合も、「will＋動詞の原形」を用いる。 ● "The phone is ringing. I wonder who it is." 　"**I'll get** it." 　（「電話が鳴っている。誰だろう」「僕が出るよ」） ● I **will call** you tonight. （今夜、電話します）

2　be going to を用いる

> **Clip　028**
>
> **I'm going to work** part-time at a gift shop next summer.　060
> 次の夏は土産物店でアルバイトをする予定です。

決まっている予定を表す	例文では、現在決まっている「次の夏の予定」が述べられている。このように、**その時点でほぼ確実な予定**について述べる場合は、**「be going to＋動詞の原形」**という形を用いる。
状況などから予想されることを表す	次の例のように、状況などから「そうなる」と予想されることに対しても be going to が用いられる。 ● We **are going to be** very busy tomorrow. 　（私たちは明日、とても忙しくなりそうだ） ● It's **going to rain**. 　（[雨雲が出てきていて] 雨が降りそうだ）

will と be going to の違い

will は「その場で決めたこと」、be going to は「以前から決めていたこと」を述べるのに用いる。

① "Let's go to a karaoke place next Saturday."
　"That's a good idea. I'**ll invite** some of our friends."
　(「今度の土曜日、カラオケに行こうよ」「いいね。友達を何人か誘うよ」)

② "Jun and I are planning to go to a karaoke place next Saturday. We'**re going to invite** some of our friends."
　"That sounds like fun."
　(「ジュンと僕は今度の土曜日にカラオケに行く予定なんだ。友達を何人か誘うことになっているよ」「楽しそうだね」)

①では、カラオケへの誘いを受けて、その場で友達を何人か誘うことを思いついて提案している。このように、会話中などにその場で決めた予定は will を用いて表す。それに対して②では、話し手はカラオケに行くことを伝えている時点で、すでに友達を何人か誘うことまで決めている。このように、話す以前から予定していたことを述べる場合には、be going to do を用いる。次の例も見て、意味をしっかり区別しよう。

● "Did you know Mike is here in Kyoto?"
　"Really? I'**ll call** him and ask if we can see him."
　(「マイクが京都に来てるって知ってた？」「本当？　電話して会えるか聞いてみるよ」)

● "Did you know Mike is here in Kyoto?"
　"Yes, I'**m going to meet** him tomorrow."
　(「マイクが京都に来てるって知ってた？」「うん、明日会うことになっているんだ」)

Step 2 発展

1 進行形の意味の広がり

進行形は「進行中でまだ終わっていない動作」を表すのが原則だが、そこから発展したさまざまな意味を持つ。ここでは、進行形についてもう少し理解を深めよう。

1 「変化している途中」を表す

Clip 029

The flowers **are dying**. I have to water them.
花が枯れかけている。水をやらなくては。

061

「〜しかけている」
様子の表現

現在進行形の文を日本語にする際、「〜している」のように言うことが多いが、この例文のare dyingは「枯れている」という意味ではない。この文のare dyingは「枯れるという動作が少し前から始まってまだ終わっていない」、つまり「枯れかけている、枯れつつある」と考えればよい。このように進行形は、**「変化している途中」を示す**こともでき、その場合には**「〜しかけている」**や**「〜しつつある」**などの日本語が当てはまることが多い。

- Your English **is getting** better.
  （君の英語は上達しつつある）
- At first, I didn't like English grammar, but I'm **beginning** to enjoy it now. （最初は英文法が好きではなかったが、今では楽しくなりかけている）

なお、この形を過去形で用いた場合、**過去のある時点で「〜しかけていた」「〜しつつあった」**ことを表す。

- The roller coaster **was stopping**.
  （ジェットコースターは止まろうとしていた）

2 一時的な状態・性質を強調する

Clip 030

(1) My father **is living** in Osaka now. 062
父は今、大阪に住んでいます。

(2) Why **is** she **being** so unkind today? 063
どうして彼女は今日、あんなに不親切なんだろう？

「一時的な状態」の表現

　liveは通常は進行形にすることができない**状態動詞**だが、(1)では、is livingという現在進行形が用いられている。この進行形は**「一時的な状態」**を表す。例えば「期間限定で大阪に住んでいる」場合などには、状態動詞であっても現在進行形になることがある。

　過去進行形でも同様に、「一時的な状態」を表現できる。例えば次の文の場合、「昨年のみ、仕事のため臨時に大阪に住んでいた」という「過去の一時的な状態」を表す。

- My father **was living** in Osaka for business last year.（父は昨年、仕事のために大阪に住んでいた）

「一時的な性質」の表現

　(2)の文でも、通常は進行形にすることができないbe動詞が現在進行形で用いられている。この進行形は、**「一時的な性質」**を表しており、「いつもは親切な彼女が、なぜ今日に限って不親切なのか」という疑問を述べている。このような「一時的な性質」は、be動詞を進行形にした「be動詞＋being＋形容詞」の形で表すことができる。

　この形を次のように過去進行形にした場合には、「過去の一時的な性質」を表す。

- He **was** just **being** polite.
（彼は単に礼儀正しくしていただけです［気を遣っていただけです］）

なお、この形が使えるのは「人の性質」を表すときだけであり、主語が「人でない」場合や、主語が人でも、「性質や性格以外」について述べる場合には、この形を使うことはできない。

- (×) It is being cold today. ➡ It **is cold** today.
（今日は寒いですね）

- (×) I'm being exhausted. ➡ I'm **exhausted**.
（私は疲れ切っています）

3 話し手の感情を表す

> **Clip 031**
>
> They **are** always **talking** in the library.　064
> 彼らはいつも図書館で話してばかりいる。

「いつも～ばかりしている」

例文のように、現在進行形がalwaysなどの頻度を表す語句とともに用いられると、**その動作が何度も繰り返されることを**表す。その際、動作の繰り返しが強調されて、話し手の**「あきれた」「うんざりだ」「困る」といった感情や非難の気持ち**が表現されることが多い。

同様に、過去進行形を頻度を表す語句とともに用いた場合には、過去にひっきりなしに行われていたことに、話し手が困惑などの感情を抱いていたことを表せる。

- She **was** always **asking** me tough questions.
（彼女はいつも私に難しい質問ばかりしていた）

4 「これからすること」を表す

> **Clip 032**
>
> (1) My father **is leaving** for New York tomorrow morning.　065
> 父は明日の朝ニューヨークに出発する予定です。
>
> (2) My mother **was** originally **arriving** at the station at 7 p.m.　066
> 母は当初、午後7時に駅に着く予定だった。

「心構えや準備が整っている」状態

(1)の文は現時点で決まっている予定について述べているので、My father **is going to leave** for New York tomorrow morning.とも表現できる。しかし、この場合は出発するのが「明日の朝」であり、すでに準備も整っている可能性が高い。このような状況では、現在進行形がよく使われる。この文は、「気持ちの上ではもうニューヨークに向かっている」、つまり「未来に予定されている動作は、もう始まって（＝今やって）いると言ってもいいくらいだ」という状況を表していると言える。

このように、**「すでに決めていて準備もできている」といった場合には現在進行形を使う**傾向がある。一方、「すでに決めているものの具体的な準備はまだしていない」場合には「be going to＋動詞の原形」が使われることが多い。

- I'm **going to see** Dan sometime next week.
  （来週のいつか、ダンに会う予定だ）

「する予定だった」

(2)のように過去進行形を用いると、「その時点ではそうする予定だった」ことを表現できる。こうした過去進行形は、「もともとの予定が実現しなかった、思っていたとおりにならなかった」という文脈で使われることが多い。

2 未来のさまざまな表現

Step 1 で学んだように、**未来のことを述べるためには特有の表現を用いる**。ここでは未来を表す多彩な表現について、さらに詳しく見ていこう。

1 時・条件を表す接続詞の後ろの現在形

Clip 033

(1) We will leave when my father **comes** back home.　　　　　067
父が帰宅したら、私たちは出発します。

(2) If it **rains** tomorrow, I won't go out.　　　　　068
明日雨が降ったら、外出はしません。

未来のことでもwillを使わない

　例文(1)で、「父が帰宅する」のは未来のことだが、when以下を（×）when my father will come back homeという形にはしない。My father will come back home.という文は「帰宅するだろう」という「未来の予測」を表すが、時を表す接続詞（▶p.591）の後ろで述べるのは、予測ではなく、「実際に〜が起こった時」のことだからである。したがってwhenの後ろの部分には未来を予測するwillではなく、動詞の現在形を用いる。次の場合も同様である。

● Call me as soon as you arrive at the station.
　（駅に着いたらすぐに電話してね）

　(2)のifのような「条件」を表す接続詞（▶p.598）に関しても同じように考える。「明日雨が降るだろう」はIt will rain tomorrow.だが、(2)のIf以下では、予測ではなく「実際に雨が降った場合」のことについて述べているので、willは使わない。日本語でも「明日雨が降るだろうなら」などと言うことがないのと同様に考えることができる。

　時や条件を表す接続詞（または接続詞と同様の働きをする表現）には、次のようなものがある。

｢ 時・条件を表す接続詞や表現の例 ｣

時を表す接続詞
　when（〜する時）　as（〜する時）　while（〜している間に）
　before（〜する前に）　after（〜する後で）　as soon as（〜するとすぐに）
　until（〜するまで［ずっと］）　by the time（〜する時までには）

条件を表す接続詞
　if（もし〜ならば）　even if（たとえ〜でも）　as long as（〜する限り）
　unless（〜しない限り）

2 確定的な予定を表す現在形

> **Clip 034**
>
> (1) Tomorrow **is** my birthday.
> 明日は私の誕生日だ。
>
> (2) The train bound for Tokyo **leaves** at 10:45.
> 東京行きの電車は、10時45分に出発します。

現在形で表される「予定」

「明日は私の誕生日だ」は未来のことなので、例文(1)はwillを用いてTomorrow will be my birthday.と言ってもよさそうだ。しかしwillを用いた場合、「明日は私の誕生日だろう」という意味になり、不自然に響いてしまう。明日が私の誕生日であることは確定しており、変更になることはあり得ないからである。こうした、いわばカレンダーなどに書かれているような**確定した未来**を表す場合、英語では現在形を用いる。

また、(2)のような**時刻表や日程表などに書かれているような確定的な予定**にも、現在形が用いられる。このような現在形の用い方をする動詞には、start（始まる、〜を始める）、begin（始まる、〜を始める）などの**「物事の開始」**や、go（行く）、come（来る）、leave（出発する）、arrive（到着する）などの**「往来発着」**を意味するものが多い。また、これらはしばしば**日時の表現と一緒に用いられる**。

- My father **comes** back home <u>next week</u>.
  （父は来週帰宅します）

Close Up! 動詞の現在形を使うさまざまな場面

　これまでに取り上げた以外にも、動詞の現在形を使う場面がある。いくつか紹介しておこう。

1 「言うことがそのまま行為になる」動詞

　言うことがそのまま行為になることを「発話行為」と呼ぶ。誰かに謝りたい、同意したい、申し出を受け入れたい場合などには、「謝る」「同意する」「〜を受け入れる」という意味の動詞を現在形で使うことにより、その行為を示すことができる。

> I **apologize** for being late. (遅れたことをお詫びします)
> I **agree** with your opinion. (あなたの意見に同意します)
> I willingly **accept** your offer. (喜んであなたの申し出をお受けします)

2 新聞の見出し

　日本の新聞の見出しでは、「高速料金、値上げ」のように、動詞を省略してしまうことが多いが、英語では通常、be動詞は省略されるものの一般動詞は省略されず、現在形で用いられる。

> Over 90% **Say** Economy Recovering (90%以上が経済回復中と指摘)

3 小説などの過去の出来事や、脚本などのト書き

　日本語でも、小説などの文学作品で臨場感を出すために過去の出来事を現在の表現を用いて描写したり、日記などに「久しぶりに部活が休み。思い切り遊ぶ」などと書いたりすることがあるが、英語にも同じような用法がある。

> She **walks** away quickly, without saying a word to anyone.
> (彼女は誰にも何も言わずに、急いで立ち去る)
> I **call** the number many times even after I **return** home, but nobody **answers**. (家に帰ってからも何度もその番号に電話するが、誰も出ない)

　脚本などのト書きも、英語では現在形で示す。

> The detective **enters** with an envelope in his hand.
> (探偵が封筒を持って登場)

3 未来進行形を用いる

Clip 035

(1) At this time tomorrow, she **will be flying** to Taiwan. 071
明日のこの時間、彼女は台湾へ飛行機で向かっているだろう。

(2) Don't call me between 6:00 and 7:00. **I'll be helping** my father then. 072
6時から7時の間は電話しないでください。その時間は父の手伝いをすることになっています。

「進行中であろう動作」の表現

(1)では、話し手が知っている彼女の予定に基づき、「明日のこの時間に彼女が何をしているか」を述べている。このように、「未来のある時点で行われている最中であると思われる動作」は、will be -ingという形（未来進行形）で表す。

● What do you think you **will be doing** 10 years from now?
（今から10年後、あなたは何をやっていると思いますか）

また、(2)のように「することが決まっている動作や行為」についても、未来進行形を用いて表すことができる。

For Communication 予定や計画を尋ねる未来進行形

「今日の午後、彼を訪問する予定はありますか」と尋ねたいとき、英語では次のような表現が用いられることがある。

● **Will** you **be visiting** him this afternoon?

このように、予定や計画を尋ねる際に未来進行形を使った場合、「～することになっているのでしょうか」という控えめなニュアンスの尋ね方となる。

「予定や計画を尋ねる」表現としては、以下のようなwillやbe going to doを使った言い方がすぐに思い浮かぶかもしれない。

① **Will** you visit him this afternoon?
② **Are you going to** visit him this afternoon?

ただし、①のような表現に関して注意しなければならないのは、この形は「相手に対する依頼」の表現にもなる点である。つまり、Will you open the window? が「窓を開けてくれますか」という意味であるように、①の文は「今日の午後、彼を訪問してくれますか」という依頼の意味に取られる可能性がある。

それに対して②は、①のように「依頼」の意味に解されずに相手の予定や計画

を尋ねることができる表現である。ただし、未来進行形で尋ねるときのような控えめなニュアンスは含まれず、より直接的に尋ねている印象になる。

4 未来に関するさまざまな表現

Clip 036

(1) The prime minister **is to visit** the United States next week.　　073
首相は来週、アメリカ合衆国を訪問することになっている。

(2) The train **is about to leave**.　　074
電車がまさに出発しようとしている。

(3) I **was on the point of going** home.　　075
私はちょうど家に帰ろうとしているところだった。

「be to＋動詞の原形」

(1)で、首相が来週アメリカ合衆国を訪問するのは、公に決められている予定・計画である。このような公的な予定や計画について「～することになっている」と述べるような場合に、「be to＋動詞の原形」という形を用いる（▶p.248）。

「be about to＋動詞の原形」と be on the point of -ing

(2)のように「be about to＋動詞の原形」という表現を用いると、「間もなく～する」「今まさに～しようとしているところだ」という非常に近い未来を示すことができる。

ほぼ同じ内容を、be on the point of -ing という表現を用いて、The train **is on the point of leaving**.のように言うこともできる。

(3)はその be on the point of -ing を過去形で使った例。この文は、「be about to＋動詞の原形」を用いて I **was about to go** home.のように表現することもできる。

4章 完了形
Perfect Tense

Step 1 基本

1 現在完了形
- ① 「完了・結果」を表す　144
- ② 「経験」を表す　146
- ③ 「継続」を表す　148
- ④ 現在完了進行形で「動作の継続」を表す　151

2 過去完了形
- ① 「完了・結果」を表す　152
- ② 「経験」を表す　153
- ③ 「継続」を表す　153
- ④ 過去完了進行形で「動作の継続」を表す　154

3 未来完了形
- ① 「完了・結果」を表す　155
- ② 「経験」を表す　156
- ③ 「継続」を表す　157

Step 2 発展

1 「時・条件」を表す接続詞と現在完了形　158

2 時の前後関係を明確にする過去完了形　158

3 完了形を用いたさまざまな表現　160

Close Up!　時制の一致とは？　162

Step 1 基本

英語には、**過去の出来事と現在の状況を関連づけて述べる**「現在完了形」や、その時制を過去に移した「過去完了形」といった、「完了形」と呼ばれる表現がある。過去形との区別が難しく感じるかもしれないが、本章で、完了形によって表される事柄をしっかり理解しよう。

1 現在完了形

現在完了形とは、「have[has] ＋過去分詞」の形で、**「過去の動作や状態が、今の状況とどのようにかかわっているか」**に重点を置いて述べる表現である。

1 「完了・結果」を表す

Clip 037

(1) I **have** already **written** the report. 　076
　　私はすでにその報告書を書き終えている。
(2) The air conditioner in this room **has stopped**. 　077
　　この部屋のエアコンが止まってしまった。

何かが完了して、今どんな状況か

　例文(1)では、「報告書を書く」という行為が現在までに完了したことが述べられている。また(2)では、「エアコンが現時点で止まってしまっている（現在、機能していない）」ということが表されている。

　このように、現在完了形は、**「現時点で動作や行為をし終えていること」**あるいは**「過去に行われた動作や行為が現在に何らかの影響をおよぼしていること」**を表す形である。

| 「完了・結果」の目印 | (1)ではalready（すでに、もう）という副詞を用いることで、「完了・結果」の意味をはっきりと伝えている。このほかにjust（ちょうど）やyet（[疑問文で] もう、[否定文で] まだ）なども、「完了・結果」を表す現在完了形とともによく用いられる。 |

現在完了形の疑問文・否定文の作り方と短縮形

現在完了形を使った疑問文と、それに対する返答の仕方は次のようになる。
- **Have** you **finished** lunch yet?（もうお昼は済ませましたか）
  - ➡ Yes, I **have** already **finished** it.（はい、もう済ませました）
  - ➡ No, I **have** not **finished** it yet.（いいえ、まだ済ませていません）

こうした疑問文の作り方や、それに対する答え方から分かるように、現在完了形に使われるhave（またはhas）は**助動詞である**（▶p.201）。

現在完了形の疑問文や否定文の作り方は、次のようになる。
疑問文：Have[Has]＋主語＋過去分詞〜?
否定文：have[has] not＋過去分詞

口語では、現在完了形に短縮形がよく使われる。haveは 've、hasは 's の形に、また否定文のhave notはhaven't（発音は /hǽvənt/）、has notはhasn't（発音は /hǽznt/）という形になることが多い。
- I **have** already finished it. ➡ I**'ve** already finished it.
- I **have not** finished it yet. ➡ I **haven't** finished it yet.

already と yet の使い方

通常、alreadyは肯定文で、yetは疑問文と否定文で用いる（▶p.547）。また、alreadyはhaveやhasの後ろに、yetは文末に置くことが多い。
- He has **already** returned.（彼はすでに戻りました）
- Has he returned **yet**?（彼はもう戻りましたか）
- He has not returned **yet**.（彼はまだ戻っていません）

「be＋過去分詞」で表す「完了・結果」

haveの代わりにbe動詞を使って「完了」や「結果」を表すことがある。この用い方をする動詞は、goやfinishなどの自動詞である。こうした動詞の過去分詞は**形容詞のように働き、「状態」を表す**。
- My grandfather **is gone**.（祖父は今ここにいない [亡くなってしまった]）
- **Are** you **finished** with the job?（仕事は終わりましたか）

「完了」を表す過去形

アメリカ英語では、**現時点での行為の完了**を**過去形**で表すことがある。
- I **have** already **written** the report.（私はすでにその報告書を書き終えている）
  = I already **wrote** the report.
- **Have** you **written** the report yet?（その報告書をもう書き終えましたか）
  = **Did** you **write** the report yet?

2 「経験」を表す

Clip 038

(1) I **have seen** the movie before.　　　　　　　　　078
　私はその映画を前に見たことがある。

(2) **Have** you ever **been** to Hokkaido?　　　　　　　079
　これまでに北海道に行ったことはありますか。

その経験を「現在持っている」

例文(1)は「その映画を見た」という経験について述べた表現、(2)は、「北海道に行った」経験の有無を尋ねる表現である。両方とも、現在完了形を用いて、単に「過去に見た」「過去に行った」というだけでなく、**「現在、それを経験として持っている」**ということを表現している。

(2)への答え方としては次のようなものがある。
- Yes, I **have been** there **twice**.
  （はい、そこには2回行ったことがあります）
- No, I **have** never **been** there.
  （いいえ、そこには1回も行ったことがありません）

「経験した回数」を具体的に尋ねるときにはhow oftenやhow many timesを使う。

146　4章　完了形

- How often **have** you **visited** Kyoto?
  (京都を何回訪れたことがありますか)
- How many times **has** she **won** first prize?
  (彼女は何回優勝しましたか)

「経験」の目印

　before（以前に）や ever（これまでに）、never（これまでに一度も〜ない）、twice（2回）といった、**経験の有無や回数などを示す語**と一緒に用いることにより、「経験」の意味で現在完了形を使っていることをはっきり伝えることができる。

have gone to 〜と have been to 〜

　go（行く）の現在完了形を使った「have gone to ＋場所」は、「〜に行ってしまった」という「完了」を表す。一方、「have been to ＋場所」は「〜に行ったことがある」という「経験」を表す。両者の違いに注意しよう。
- Mari **has gone to** Sydney.（マリはシドニーに行ってしまった）
  ＝ Mari went to Sydney, so she isn't here now.
  （マリはシドニーに行ったので、今ここにはいない）

　ただし、アメリカ英語では、「have gone to ＋場所」が「〜に行ったことがある」という「経験」を表したり、「have been to ＋場所」が「〜に行ってきた」という「完了」を表したりすることもある。
①Mari **has gone to** Sydney <u>before</u>.（マリは以前シドニーに行ったことがある）
②I have <u>just</u> <u>been to</u> the supermarket.（ちょうどスーパーに行ってきたところだ）

　①と②どちらの文にも、beforeやjustといった「経験」や「完了・結果」の目印となる副詞が使われていて、意味を明確にしている。また②の文の場合、行き先がスーパーであり、行った経験の有無を述べているとは考えにくい点からも、「経験」ではなく「完了」を表す用法だと分かる。

平叙文で使われる ever

　ever（これまでに）は疑問文で使われることが多いが、次のような場合には、平叙文（肯定文や否定文）でも使われる。
①最上級やfirst、last、onlyなどを伴う名詞を修飾する関係代名詞節で
- Mr. Oda is <u>the kindest</u> teacher that I have **ever** known.
  （小田先生は私が知っている中で一番親切な先生だ）
②「これまで一度も〜ない」という意味で、否定文で
- No one in my family has **ever** climbed Mount Fuji.
  （私の家族で富士山に登ったことのある人はいない）

「経験」を表す過去形

アメリカ英語では、現在までの経験の有無を過去形で表すことがある。
- **Have** you ever **seen** a whale?（クジラを見たことがありますか）
  = **Did** you ever **see** a whale?
- I **have** never **seen** a whale.（クジラを見たことはありません）
  = I never **saw** a whale.

onceの意味

「一度」という意味のonceは、現在完了形の文でも、過去形の文でも使われる。過去形の文で使われた場合、「かつて」という意味になることもある。
- I have been abroad **once**.（私は一度、外国へ行ったことがある）
- I **once** lived abroad.（私はかつて外国に住んでいた）

3 「継続」を表す

Clip 039

(1) **I've known** her <u>since</u> she was a little girl.　080
　　私は彼女が小さな少女だった時から彼女を知っている。

(2) They **have been married** <u>for</u> two years.　081
　　彼らは結婚して2年になる。

現在までずっと続いている状態

　例文(1)は、「過去のある時点(彼女が小さな少女だった時)から現在までずっと、彼女を知っている」という状態について述べている。「(過去のある時点)から」はsinceで表す。

　(2)は、「結婚している状態が2年間(2年前から)ずっと続いている」ということを述べている。「〜の間、〜(の期間)にわたって」はforで表す。

148　4章　完了形

このように、現在完了形には、「**過去のある時点から現在までずっと継続している状態**」を表す用法がある。その場合、be動詞や、know（〜を知っている）、live（住んでいる）など、**もともと「継続」の意味を含んでいる動詞**が用いられる。
　なお、「どのくらいの期間〜しているか」と尋ねるときは、次のような文になる。

- How long have you lived in Tokyo?
（東京に住んでどのくらいですか）

「継続」の目印

　since（〜から）やfor（〜の間）、so far（今までのところ）といった**「期間」を表す語句**と一緒に用いることで、「継続」を表す現在完了形であることが示される。
　なお、こうした「期間」を表す語句を伴わない現在完了形は、通常、「継続」を表す用法ではない。

- I have been here before. 〔経験〕
（私は以前、ここに来たことがある）
- I have been here for two weeks. 〔継続〕
（私はここに2週間いる）

さまざまな since

　sinceはさまざまな品詞として使われるが、いずれも「〜から」や「それ以来」といったことを意味し、「継続」を表す完了形の文で使われることが多い。
　前置詞として：I have been sleepy since this morning.（今朝から眠い）
　接続詞として：I have lived here since I was a child.
　　　　　　　　　（私は子どものころからここに住んでいる）
　副詞として：I last saw John on Sunday. I haven't seen him since.
　　　　　　　　（ジョンを最後に見たのは日曜日だ。それ以来、彼を見かけていない）

現在完了形と過去形の違い

　まずは、次の2つの例を比べてみよう。
① I have missed the last train.（私は最終電車に乗り遅れた）
② I missed the last train yesterday.（私は昨日、最終電車に乗り遅れた）
　①では、最終電車に乗り遅れてしまい、現在途方に暮れているニュアンスが伝わってくる。このように、現在完了形は、**過去の出来事が現在の状況と何らかのつながり（影響など）を持っていること**を表す。
　一方、②は単なる過去の出来事が述べられているだけであり、現在とのつながりは不明である。過去形は、**現在の状況とは無関係**に過去の事柄のみを表す。

ever（これまでに）やlately（最近）などの、「現在」を含む時を示す表現や、already（すでに）などの「完了・結果」の目印となる表現は、現在完了形と相性がよい（以下のリストを参照）。
　　ただし、これらは必ず現在完了形とともに使われるというわけではなく、過去形とともに使われることもある。アメリカ英語では「完了」や「経験」を過去形で表すことがある（▶p.146、p.148）ので、それらの目印となる表現が過去形の文でもしばしば使われる。
- Did you ever use this machine?（これまでにこの機械を使ったことがありますか）

　　一方、last night（昨夜）やwhen I arrived（私が着いた時）などの明らかに「過去の特定の時点」を示す表現は、現在完了形とともに使うことができず、過去形とともに用いる。

（　現在完了形と相性のよい表現・悪い表現　）

現在完了形とともによく使われる表現の例
　　just（ちょうど、たった今）　already（すでに、もう）
　　yet（[疑問文] もう、[否定文] まだ）　now（今では、もう）　today（今日）
　　lately（最近）　recently（最近）　ever（これまでに）
　　never（これまでに一度も〜ない）　before（以前に）　so far（今までのところ）
　　for（〜の間）　since（〜から、〜以来）

通常は現在完了形とともに使わない表現の例
　　yesterday（昨日）　ago（〜前に）　when（〜の時）　When 〜?（いつ〜?）
　　then（その時）　at that time（その時）　just now（ついさっき、少し前に）
　　last night（昨夜）　in 2010（2010年に）　on May 5（5月5日に）

現在形で現在完了形の意味を表す

　　find（〜が分かる）、hear（〜を聞く）、learn（〜を知る）、understand（〜を理解する）などの動詞は、現在形で現在完了形のような意味を表すことができる。
- I hear you like classical music.（クラシック音楽が好きだと聞きましたよ）

　　このような使い方ができるのは、状態動詞か、「一定期間続く動作」を表す（状態動詞に性質の似た）動詞である。

4 現在完了進行形で「動作の継続」を表す

> **Clip 040**
>
> Peter **has been trying** to contact Lisa <u>since last week</u>.
> 先週から、ピーターはリサと連絡を取ろうとしている。
>
> 082

今に至るまで継続する動作

上の例文では、過去に始まったtryという動作が今もずっと続いていることが述べられている。こうした**「動作が今に至るまで継続していること」**の表現には、**現在完了形と進行形が合わさった「現在完了進行形」**を用いる。

現在完了進行形はhave[has] been -ingという形になる。また、since last week（先週から）やfor two days（2日間）など、「継続」の目印となる**「期間」を表す語句**（▶p.149）を伴うことが多い。

現在完了形にも「継続」を表す用法がある（▶p.148）が、それは主に「状態の継続」を表すために用いられる。例文のtryで表される「動作」に関しては、通常は現在完了進行形を用いて「継続」を表す。例えば、「私は今朝からずっとこの雑誌を読み続けている」は、(×) I have read this magazine since this morning.ではなく、現在完了進行形を用いて次のように表現するのが普通である。

- I **have been reading** this magazine since this morning.

現在完了形にも現在完了進行形にも使われる動詞

learn（〜を学ぶ）、live（住む）、rain（雨が降る）、stay（滞在する）、study（〜を勉強する）、work（働く）など、**「一定期間続く動作」を表すことのできる動詞は、現在完了形と現在完了進行形のどちらにも使われる。**

- I **have studied** English for a long time.（私は長い間、英語を勉強しています）
- I **have been studying** English all afternoon.
  （私は午後ずっと英語を勉強しています）

「持っている」という意味の have got

現在完了形の have got が「〜を持っている」を表すことがある。その場合、have got は have と同じ意味となる。同様に、「〜しなくてはならない」という意味の have to の代わりに have got to を用いることもある（▶p.177）。

- **Have** you **got** a car?（車を持っていますか）
  = Do you **have** a car?
- She**'s got to** do her homework tonight.
  （彼女は今晩、宿題をしなければならない）
  = She **has to** do her homework tonight.

2 過去完了形

現在完了形が現在を基準にして過去の事柄について述べる表現であるのに対して、過去完了形は**「過去のある時点」と「それ以前」を関連づけて述べる表現**である。過去完了形は**「had＋過去分詞」**という形になる。

1 「完了・結果」を表す

Clip 041

The party **had** already **started** when I got to the restaurant.
083

私がレストランに着いた時には、パーティーはすでに始まっていた。

過去の時点までの完了・結果

「過去のある時点」を基準にして、その時までに完了した動作や行為を伝える際には過去完了形を用いる。例文では、I got to the restaurant という行為の時点が基準になっており、その時点より前に「パーティーが始まっていた」ことが示されている。

過去完了形の文においては、通常、このような**「基準となる過去の時点」を示す表現**が用いられる。

疑問文や否定文の作り方	過去完了形の疑問文や否定文の作り方は、次のようになる。 疑問文：Had＋主語＋過去分詞〜？ 否定文：had not[hadn't]＋過去分詞

2 「経験」を表す

> **Clip 042**
>
> I **had** never **been** on a plane before I went to Okinawa last month.　　084
> 先月沖縄に行くまで、私は飛行機に乗ったことがなかった。

過去の時点までの経験	例文では、I went to Okinawa last monthという行為の時点を基準に、**その時点までの経験**について述べている。 　次の例も同様で、I recognized him at onceという行為の時点を基準に、それより前の経験について述べたものである。 ● I recognized him at once because I **had seen** him before. （私は以前彼に会ったことがあったから、すぐに彼が分かった）

3 「継続」を表す

> **Clip 043**
>
> He **had lived** in Egypt <u>for</u> 20 years before he came to Japan.　　085
> 彼は日本に来る前、20年間エジプトに住んでいた。

過去の時点まで続いていたこと	例文では、he came to Japanという行為の時点を基準に、「その時点に至るまでの状態の継続」が、he had lived in Egyptという過去完了形を用いた部分で述べられている。このように、「過去のある時点までの継続」を示す過去完了形には、**「継続」の意味を含む動詞**が用いられる。 　また、for 20 yearsという**「期間」の表現**によって、例文の過去完了形が「継続」の意味であることが明確にされている。

4 過去完了進行形で「動作の継続」を表す

> **Clip 044**
>
> The girls **had been waiting** for three hours before the singer turned up.
> 少女たちはその歌手が姿を見せるまで、3時間ずっと待ち続けていた。

過去の時点までの動作の継続

　例文では、the singer turned upという出来事の時点を基準にして、それ以前に始まったwaitという動作が、その時点までずっと継続していたことを述べている。

　このように「**過去のある時点**」まで動作が継続、または反復していたことを表現するには、**過去完了形と進行形が合わさった「過去完了進行形」**を用いる。

　過去完了進行形は、**had been -ing** の形で「(その時まで)ずっと〜していた」を表す。

- He rose from the chair where he **had been sitting**. (彼はそれまで座っていたいすから立ち上がった)

3 未来完了形

未来完了形は「**未来のある時点**」を**基準**にして、その時点までの「完了・結果」や「経験」「継続」を表す。「**その時には～だろう**」という予測や推測を述べる場合によく使われ、「**will have ＋過去分詞**」の形になる。

1 「完了・結果」を表す

Clip　045

(1) The meeting **will have ended** by noon.　　087
正午までには、その会議は終わっているだろう。

(2) His speech **will have started** when we get there.　　088
私たちがそこに着く時には、彼のスピーチは始まっているだろう。

未来の時点までの完了・結果

例文(1)ではnoonという「未来の時点」が基準になっており、その時点が来る前に、the meeting will have ended（その会議は終わっているだろう）ということが述べられている。

未来の時点の表現には、by（～までに）やby this time ～（～のこの時間までには）などが使われる。

- By this time tomorrow, he **will have left Tokyo**.
（明日のこの時間には、彼は東京を出発しているだろう）

接続詞の後ろの時制に注意

例文(2)のように、基準となる時点（we get there）が、whenやifなどの接続詞によって導かれることも多い。その際、時や条件を表す接続詞の後ろの部分（副詞節の中）では、**未来の出来事でもwillは用いず、動詞は現在形となる**（●p.137）ので、(×) when we will get there とはしない。

155

疑問文や否定文の作り方	未来完了形の疑問文や否定文の作り方は、次のようになる。 疑問文：Will＋主語＋have＋過去分詞～？ 否定文：will not[won't] have＋過去分詞

2 「経験」を表す

> **Clip 046**
>
> I **will have seen** her performance three times if I go to the play.
> もしその芝居に行けば、私は彼女の公演を3回見たことになる。
>
> 089

未来の時点までに経験しそうなこと	この例文では、**未来の時点で「経験しているであろうこと」**について、未来完了形を用いて述べている。 I **have seen** her performance three times.（彼女の公演を3回見たことがある）という文であれば、現在までに3回見ていることになる。一方、例文は if I go to the play（もしその芝居に行けば）という条件を満たした時点で3回見たことになる（現時点では2回しか見ていない）ので、現在完了形ではなく、未来完了形で表現することになる。

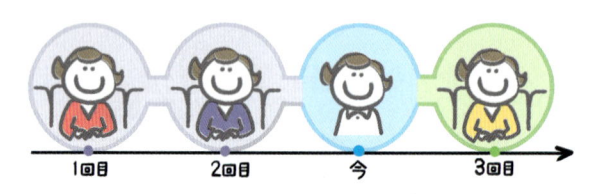

1回目　2回目　今　3回目

このように、「経験」を示す未来完了形の文は、**現時点までの経験も踏まえた内容**になることが多い。

- I **will have visited** Kyushu five times if I go there again next summer.
  （来年の夏にまた行けば、私は九州を5回訪れたことになる）

3 「継続」を表す

Clip 047

My brother **will have lived** in Kyoto <u>for</u> 10 years next year.
来年で、私の兄は京都に住んで10年になる。

090

未来の時点までずっと続いていそうなこと

例文では、next yearという「未来の時点」に至るまでの状態の継続が述べられている。過去から現在までの継続を踏まえ、未来に向けても同じ状態が続くことを予測して、「その時までずっと〜だろう」と述べる表現で、**これまでの継続の延長線にある**ため未来完了形を用いている。

また、for 10 yearsという「期間」の表現によって、例文の完了形が「継続」の意味であることが明確にされている。

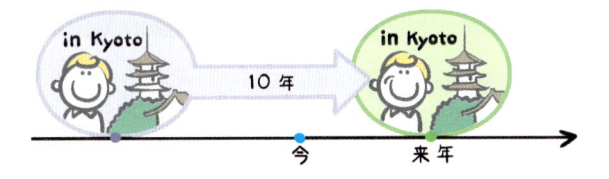

未来完了進行形

現在完了進行形や過去完了進行形と同様、「動作の継続」を表すには未来完了進行形を用いる。未来完了進行形は will have been -ing の形で「(その時まで) ずっと〜し続けているだろう」ということを表す。未来完了形よりも「継続」の意味合いの強い表現となるが、実際に使われる場面は少ない。

- How long will you have been working here by the end of this year?
  (あなたは今年の年末で、ここにどのくらい勤め続けていることになりますか)

Step 2 発展

1 「時・条件」を表す接続詞と現在完了形

> **Clip 048**
>
> Please return the book when you **have finished** reading it.　　091
> その本を読み終わったら返却してください。

未来のことでも willは用いない

　例文では、when以降の部分で「これからのこと」が述べられているにもかかわらず、have finishedという現在完了形が使われている。

　時や条件を表す接続詞（whenやuntil、ifなど）の後ろでは、それが「これからのこと」であっても、助動詞willを用いない（◯p.137）。例文も同様に、will have finishedのような未来完了形は使わずに、現在完了形を用いている。この場合の完了形は**「（それまでしていたことを）し終えている」という状況**を表している。

2 時の前後関係を明確にする過去完了形

> **Clip 049**
>
> (1) I noticed that someone **had opened** the envelope.　　092
> 私は誰かがその封筒を開封していたことに気づいた。
>
> (2) He showed me the medal that he **had won** in the speech contest.　　093
> 彼はスピーチコンテストで勝ち取ったメダルを私に見せてくれた。

「過去のある時点」より前のことを表す

　例文(1)、(2)ともに、「過去のある時点」（I noticedやHe showedの時点）よりも前のことを表すために、過去完了形が用いられている。どちらの文も、**時間的に前の事柄のほうが文中で**

は後に出てくるため、**過去完了形を用いることで時の前後関係をはっきりさせている。***

(2)は関係代名詞thatを使った文だが、次のように関係副詞を使う場合も同様である。
- I returned the file to the shelf where it had been. (私はそのファイルを元あった棚に戻した)

*このような過去完了形の用法を「**大過去**」と呼ぶことがある。

2つの文の内容の前後関係を示す

次のように、2つの文で表現されるような内容に関しても、過去完了形を使うことで時の前後関係を明確にできる。
- I took my new camera on the trip. My father had bought it for me two weeks before.
 (私は旅行に新しいカメラを持って行った。父がその2週間前に買ってくれていたのだ)

「完了・結果」と区別しにくい場合も

ただし、上の例文からも分かるように、「過去のある時点よりも前のこと」を表す過去完了形と、Step 1で学んだ「完了・結果」を表す過去完了形（▶p.152）との区別は、実際にはあいまいなことも多い。

過去完了形を使う必要がない場合

2つの過去の事柄を「**起こった順**」に並べる場合には、どちらも過去形を用いて表すことができる。
- He won the speech contest, and he showed me the medal.
 (彼はスピーチコンテストで勝ち、私にメダルを見せてくれた)

また、afterやbeforeなどの**前後関係を示す接続詞**によって、時の前後関係が明らかな場合は、過去完了形の代わりに過去形を使うことも多い。
- He showed me the medal after he received it.
 (彼はメダルをもらった後、私に見せてくれた)

過去の時点を示す語句と過去完了形

過去完了形は、過去の時点とそれ以前とを関連づけて述べる表現である。現在とは直接関係がない過去の事柄についての表現となるため、現在完了形とは異なり、過去の特定の時点を示す語句（then など）と一緒に使うことができる。

- There was nobody in the office. I had arrived there **at 7:30**.
  （オフィスには誰もいなかった。私は7時半に到着したのだ）

実現しなかった願望・期待を表す過去完了形

intend（〜を意図する）、hope（〜を望む）、expect（〜を期待する）、mean（〜するつもりである）などの動詞を過去完了形で用いると、「実現しなかった願望や期待」を表すことができる。

- I **had intended** to enter the contest.
  （そのコンテストに参加するつもりだったのに）

この例文では、to enter the contest という「期待」が実現しなかったことを、had intended という過去完了形で表現している。同じ内容を次のように表現することもできる。

- I intended to enter the contest, but I couldn't.
  （私はそのコンテストに参加するつもりだったが、参加できなかった）

単に I **intended** to enter the contest. と過去形で表現した場合は、「意図した」ことを述べるに過ぎず、その意図が実現したかどうかは問題にしないことになる。

3 完了形を用いたさまざまな表現

Clip 050

(1) It **has been** six years since I began studying English. 094
英語の勉強を始めてから6年になる。

(2) Two years **have passed** since my grandfather died. 095
祖父が亡くなってから2年たった。

(3) This is the first time **I've listened** to his music. 096
彼の音楽を聞くのはこれが初めてだ。

「～してから…たった」の表し方	例文(1)と(2)は、**現在までどのくらいの期間が経過しているか**を表している。 (1)は次のように言い換えることができる。 ● I **have studied** English for six years. ● Six years **have passed** since I began studying English. なお、現在完了形を使わずに、現在形のisを使ってIt **is** six years since I began studying English.とすることもできる。 (2)は次のように言い換えることができる。 ● My grandfather **has been** dead for two years. ● It **has been**[It is] two years since my grandfather died.
経験回数の表し方	例文(3)のようにThis is the first timeに現在完了形を続けることで、それが初めての経験であることを表現できる。またfirstに限らず、secondやthirdなどの序数を使うことで、**現在までの経験回数（何回目か）**を表すことができる。 ● This **is** the second time my sister **has driven** a car.（私の姉が車を運転するのはこれが2回目だ） 過去完了形を使えば、過去の時点までの経験回数（その時点で何回目だったのか）を表すことができる。be動詞には過去形のwasを用いる。 ● That **was** the third time my son **had swum** in the sea.（私の息子が海で泳ぐのはそれが3回目だった） なお、いずれの場合も、主語にはItを使ってもよい。

4 完了形

Close Up! 時制の一致とは？

日本語と英語の大きな違いの１つに**「時制の一致」**のルールがある。主節と従属節（▶p.581）のある文では、主節と従属節の動詞の時制がそれぞれどのようになっているか注意してみよう。

1 英語の文では、「いつのことか」で動詞の形を決める

「彼は驚いていると思う」と「彼は驚いていると思った」という２つの日本語の文を比べると、違いは最後の「思う」「思った」の部分だけである。
一方、これらを英語で表現すると次のようになる。

I **think** he **is** surprised. （彼は驚いていると思う）
　主節　　　　従属節

I **thought** he **was** surprised. （彼は驚いていると思った）
　主節　　　　従属節

日本語では「思う」「思った」の部分だけでいつのことかを表現し、それ以外の部分に関しては、通常、過去の出来事であっても「彼は驚いている」と言う。一方、英語では**現在から見てそれが過去の出来事であれば過去形にして表現する**ので、従属節内の時制は、それがいつのことかによって変える必要がある。
このように、英語の文において、**主節の動詞の時制に合わせて従属節の動詞の時制を変える**ことを**「時制の一致」**という。なお、時制の一致は間接話法（▶p.424）においても行われる。

2 従属節の動作が、主節の動作よりも過去のときは？

「彼は驚いていたと思う」と「彼は驚いていたと思った」という２つの日本語の文を比べた場合も、違いは最後の「思う」「思った」の部分だけであるが、英語にするとそれぞれ次のようになる。

I **think** he **was** surprised. （彼は驚いていたと思う）
I **thought** he **had been** surprised. （彼は驚いていたと思った）

「彼が驚いていた」のは、自分が「思う」「思った」よりも前のことである。日本語ではいずれの場合も「彼は驚いていた」と同じように言うが、英語ではそれに当たる部分を、**主節の動詞が現在形であれば過去形で、主節の動詞が過去形であれば過去**

完了形で表す。主節の動詞が過去形のときに従属節の動詞を過去完了形にするのは、過去完了形が**「過去のある時点より前」**のことを表す形だからである（▶p.158）。

3 従属節の動作が、主節の動作よりも未来のときは？

将来のこと、未確定なことを従属節内で表現する場合も、英語では時制の一致が行われる。以下の例を見てみよう。

I **think** he **will be** surprised.（彼は驚くと思う）
I **thought** he **would be** surprised.（彼は驚くと思った）

2つ目の文では、主節にthoughtという過去形が使われているので、従属節の助動詞もwouldと過去形になっている。「彼が驚く」ことは、「私が思った」時点より未来のことだが、それは**「過去から見た未来」**である。助動詞willは「今から見た未来」の表現であるため、その過去形であるwouldを用いることになるのだ。

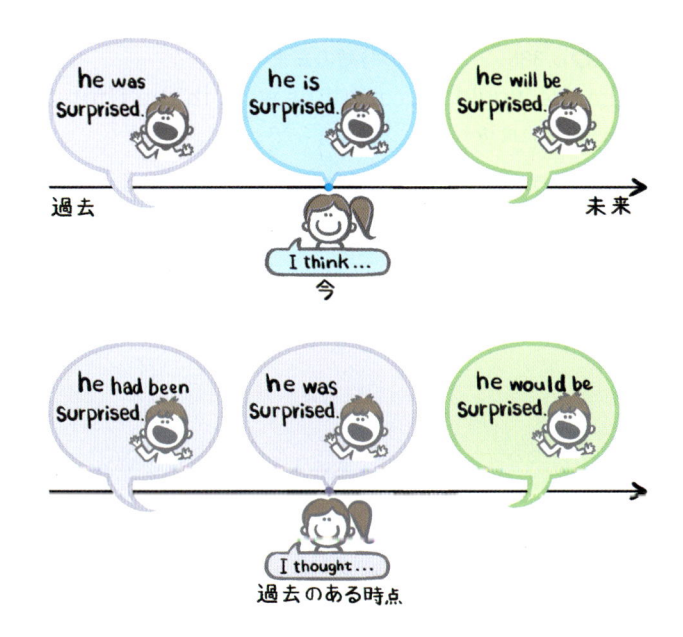

従属節内で過去形にする助動詞：will、can、may、have to など
　➡ それぞれ would、could、might、had to とする。
　➡ must は過去形がないため had to などに変える。
そのままでよい助動詞：would、should、could、might、had better など

4 例外

主節の動詞の時制に合わせて従属節の動詞の時制を<u>変化させない</u>場合もある。例えば次のような場合である。

① 普遍的な事実、真理、ことわざ ➡ 時の影響を受けない事柄なので常に現在形

My doctor **said** health **is** better than wealth.
（医師は健康は富に勝ると言った）

② 現在でも変わらない習慣、性質など ➡ 現在でも成り立つ限り常に現在形

She **told** me that she **drinks** milk before going to bed.
（彼女は寝る前にミルクを飲むと私に言った）

③ 歴史上の事実 ➡ 過去に起こった、変えようのない事柄なので常に過去形

We **learned** that Marie Curie **discovered** radium in 1898.
（私たちは、マリ・キュリーは1898年にラジウムを発見したと習った）

④ 仮定法 ➡ もともと現実の「時」を表現した形ではないので、仮定法過去・仮定法過去完了（●p.365、p.367）の時制のまま

He **said** that he **would** succeed if he **were** in the United States.
（もしアメリカにいれば成功するのにと彼は言った）

ただし、上記のような場合でも、実際に使用される場面では、機械的に時制を一致させてしまうようなケースも見られる。

5章 助動詞
Auxiliary Verbs

Step 1 基本

1 can、could、be able to
① 「能力・可能」を表す can、be able to　166
② 「過去の能力・可能」を表す could、was[were] able to　168
③ 「可能性・推量」を表す can、could　170
④ 「許可」を表す can、could　171
⑤ 「依頼」を表す can、could　172

2 may、might
① 「可能性・推量」を表す may、might　173
② 「許可」を表す may　174

3 must、have to
① 「義務」を表す must、have to　176
② 「禁止」と「不必要」の表し方　178
③ 「確信」を表す must　179

4 should、ought to、had better
① 「義務」や「助言」を表す should、ought to　180
② 「当然」を表す should、ought to　181
③ 「忠告」を表す had better　182

5 will、would、shall、used to、need
① 「意志」を表す will、would　183
② 「推定・推量」を表す will、would　184
③ 「依頼・勧誘」を表す will、would　185
④ 「過去の習慣」を表す would　186
⑤ 「過去の習慣・状態」を表す used to　187
⑥ 「必要」を表す need　188
⑦ 「申し出・提案」を表す Shall I ~?、Shall we ~?　189

Step 2 発展

1 助動詞＋have＋過去分詞　191
2 助動詞を用いた慣用表現　195
3 that 節の中で用いられる should　198

Close Up! 助動詞としての be、have、do　201

Step 1 基本

　助動詞とは、動詞の前に置いて「〜だろう」「〜かもしれない」「〜しなければならない」などと、**話し手の主観や判断を添える**語である。同じ助動詞でも、文脈や用い方によってさまざまな意味を表す。
　最初に、代表的な5つの助動詞、can、may、must、should、will の基本的な意味を確認しておこう。それぞれの**根底にある基本的な意味**をイメージできるようにしておくと、理解がしやすくなる。

◆ 主要な助動詞の基本的な意味

can	「(能力的に)〜できる、〜することが可能だ」	能力・可能、推量
may	「(寛容的に)〜してもよい、〜かもしれない」	許可、推量
must	「(強制的に)〜しなければならない」	義務、確信
should	「〜すべきだ、〜したほうがよい」	義務・助言、当然
will	「〜するつもりだ、〜だろう」	現在の意志、推定

1 can、could、be able to

1 「能力・可能」を表す can、be able to

Clip 051

(1) My brother **can** run fast. 　　　　　　　　　097
　　兄は速く走れる。
(2) I **can** help you tomorrow. 　　　　　　　　　098
　　明日、あなたを手伝うことができます。
(3) We **are able to** put off the meeting until
　　next week. 　　　　　　　　　　　　　　　　099
　　私たちは会合を来週まで延期することができます。
(4) **Will** you **be able to** go to the concert
　　on Sunday? 　　　　　　　　　　　　　　　　100
　　日曜日に、そのコンサートに行くことはできますか。

「～することができる」を表すcan

canは例文(1)のように、「(能力的に) できる」を意味する。動詞の前に置いて**その動作を行う能力がある**ことを示したり、例文(2)のように、状況や性質から、**その行為をすることが「可能である」**ことを伝えたりする。

本来持っている能力だけでなく、次の例のように、習得した技能や知識に対しても使うことができる。

- My father **can** speak French.
  (父はフランス語を話せる)
- My mother **can** use the newest computers.
  (私の母は最新のコンピューターを使うことができる)

なお、canを含む助動詞の使い方のルールはp.168にまとめてあるので、整理しておこう。

be able to

be able to (～することができる) は**canと同じ意味**で使うことができる。be able toの後ろには**動詞の原形**を続ける。

be able toを疑問文で用いる場合は、be動詞を用いたほかの文と同様に、be動詞を文頭に出す。また、否定文にする場合は、be動詞を否定形にする。

- **Is** he **able to** attend the meeting?
  (彼は会合に出席できますか)
- We **aren't able to** cancel the meeting.
  (私たちは会合を取りやめることができません)

未来の「できる」の表し方

未来において、「～できるだろう」と言いたい場合、例文(4)のように **be able to** をwillと組み合わせて用いる。willやcanといった助動詞を2つ一緒に使うことはできない。

- We **will be able to** travel abroad next spring.
  (私たちは来年の春、海外旅行をすることができるでしょう)

(×) We **will can** travel abroad next spring.

なお、未来において「～できないだろう」と否定したい場合は、willを否定形にし、will not[won't] be able to doとする。

- I **won't be able to** see you this weekend.
  (今週末は君に会えないだろう)

助動詞を使う際の基本ルール

助動詞を使って表現する際の形式上のルールや、疑問文・否定文の作り方を確認しておこう。

助動詞の後ろには動詞の原形を置く
助動詞を使う場合、その後ろに来る動詞は、主語が何であっても必ず原形でなければならない。

「助動詞＋主語」の語順で疑問を表す
助動詞を使った文を疑問文にする場合、助動詞と主語の順番を逆にする。
- **Can you** speak any foreign languages?（あなたは外国語を話せますか）

否定形は助動詞の後ろに not を置く
否定文を作る場合は、助動詞の後ろにnotを続ける。ただし、canを否定するときは通常、can notではなくcannot（短縮形はcan't）を用いる。
- **I can't[cannot]** speak any foreign languages.（私は外国語を話せません）

現在完了形の文における「〜できる」も be able to で表す

現在完了形の文で「能力・可能」を表現する場合も、be able toを用いる。beを過去分詞にし、have[has] been able toという形を作る。
- My brother **hasn't been able to** find a nice apartment.
  （私の兄は、よいアパートを見つけることができていない）

---

2 「過去の能力・可能」を表す could、was[were] able to

Clip 052

(1) My sister **could** read by herself when she was 3 years old. 　101
　　私の姉は3歳の時に自分で本を読むことができた。

(2) We **were able to** get to the stadium in 10 minutes. 　102
　　私たちは10分で競技場に着くことができた。

「〜する能力があった」を表すcould　　例文(1)の助動詞couldは**「(しようと思えば)〜する能力があった」**という意味である。この文は、単に「能力があった」ことを述べているもので、「本を読んだ」という出来事を表現しているわけではない。

168　5章　助動詞

「〜することができた」と言いたいとき、canの過去形couldが真っ先に浮かぶかもしれないが、この意味でcouldを使うことができるのは(1)のような**「過去の能力」**について述べる場合などに限られるので、注意が必要である。

「実際にした」を表すwas[were] able to

過去において「〜することができ、実際にその動作をした」ことを述べるには、was[were] able toを用いる。例文(2)は「実際に、10分で競技場に着いた」ことを表しているが、この意味で助動詞couldを使うことはできない。

- I'm happy because I **was able to** get a concert ticket. (コンサートのチケットを入手できたからうれしい)

否定文にはどちらも使用可能

「(過去に)〜することができなかった」という否定文の場合は、couldn'tとwasn't[weren't] able toのどちらも使うことができる。

- The pool was closed, and they **couldn't [weren't able to]** swim.
(プールが閉まっていて、彼らは泳げなかった)

「〜できた」という意味で could を使うことができるのは？

① 「過去の能力」を表す場合

p.168の例文(1)のように、「(しようと思えば) 〜する能力があった」ことは、couldを用いて表す。

- He **could** run 50 meters in seven seconds when he was young.
(彼は若いころ、50メートルを7秒で走ることができた)

② 時制の一致による場合

次の例のように、時制の一致（▶p.162）によって助動詞のcanが過去形になるような場合は、couldを用いることができる。

- She said that we **could** go shopping after lunch.
(彼女は昼食後に買い物に行くことができると言った)

③ 知覚や認識を表す動詞と一緒に用いる場合

知覚（見る、聞く、感じるなど）や認識（分かる、理解するなど）を表す動詞とcouldを一緒に用いて、「過去に知覚や認識が可能だった」ことを表現できる。

- I **could understand** what our teacher wanted to say.
(私は先生が何を言いたいのか理解できた)

⬆ そのほかの「～することができた」の言い方

「～することができた」の英語での言い方には、was able toのほかにも、動詞manage、succeedを用いた **managed to**（＋動詞の原形）（どうにか～した）や **succeeded in -ing**（～することに成功した）などがある。それぞれの動詞が持つ意味合いを理解し、状況に合わせて使えるようにしておこう。

- I studied very hard last night, so I **managed to pass** the test today.
  （私は昨晩、必死に勉強したので、今日、どうにかテストに合格できた）
- I really hurried and **succeeded in catching** the last train.
  （私はとても急いだので、最終電車に間に合うことができた）

3 「可能性・推量」を表す can、could

Clip 053

(1) It **can** snow in Hokkaido in April. …103
　　北海道では4月に雪が降ることがある。

(2) **Can** the rumor be true? …104
　　そのうわさ話は本当なのだろうか。

(3) You **could** have a stomachache if you eat too much. …105
　　食べすぎると、おなかが痛くなるかもしれないよ。

「～する可能性がある」を表す can

　例文(1)のように肯定文でcanを用いると、「～**する可能性がある、～するかもしれない**」という可能性や推量を表すことができる。主語が本来持つ能力や性質、周囲の状況からそうなる傾向があることを示す。

- Playing games online **can** be a real pleasure.
  （オンラインでゲームをすることは、実に楽しい場合もある）

Can ～? は可能性を疑う

　この意味で用いられたcanの疑問文は、「～**という可能性はあるだろうか**」という疑いを表す。

- **Can** this tool really be useful?
  （この道具は本当に役に立つのかなあ？）

cannot[can't]は強く可能性を打ち消す	否定形のcannot（短縮形はcan't）は「〜という可能性はない→**〜であるはずがない**」という意味になり、**可能性の打ち消し**を表す。
	● Jack **can't** be Sarah's boyfriend. （ジャックはサラの彼氏であるはずがない）
「〜かもしれない」を表すcould	例文(3)では、couldが「実際にそうなる可能性は低そうだが〜かもしれない」という気持ちを添えている。このように**「(ひょっとしたら) 〜かもしれない」**と、**実際にそうなる可能性が低い出来事や行為**について述べるときには、過去形の**could**を使う。過去形にすることで、現実の出来事とは距離感があることを示し、控えめな気持ちを表すことができる（▶ p.367）。
	● My phone is ringing. It **could** be my mother. （電話が鳴っている。ひょっとしたら母かもしれない）

4 「許可」を表す can、could

Clip 054

(1) You **can** use my scissors. 　　　　　　　　　　　106
　　私のはさみを使っていいですよ。

(2) In soccer, you **can't** touch the ball with your hands. 　　　　　　　　　　　107
　　サッカーでは、ボールを手で触ってはいけない。

(3) "**Can** I ask you something?"
　　"Yes, of course, you **can**." 　　　　　　　　　108
　　「ちょっと質問をしてもいいですか」「ええ、もちろんいいですよ」

「〜してもよい」を表すcan	助動詞canには「(行為をすることが)可能だ」という意味があり、そこから発展して、例文(1)のような**「〜してもよい」**という**「許可」**の意味でも用いられる。また、例文(2)のように**否定文**で用いると、**「〜してはいけない」**という**「禁止」**を表す。

「〜してもいいですか」を表すCan I [we] 〜?	Can I 〜?やCan we 〜?のように主語を1人称にして尋ねると、「私（私たち）が〜することは可能ですか→**〜してもいいですか**」という、**許可を求める**表現になる。 ● "**Can I** have some more cake?" 　"No, I'm afraid you **can't**." 　（「もっとケーキを食べてもいいですか」「いえ、それはちょっと困りますね」）
Could I[we] 〜?で丁寧に許可を求める	また、**丁寧に「〜してもいいでしょうか」**と許可を求めたいときには、canの過去形couldを使って**Could I[we] 〜?** で表現できる。 ● **Could I** use your scissors? 　（あなたのはさみを使ってもいいでしょうか） ● **Could we** turn on the air conditioner? 　（エアコンをつけてもいいでしょうか）

5 「依頼」を表す can、could

> **Clip 055**
>
> (1) I can't hear you. **Can** you speak a little louder?　109
> 　君の言うことが聞こえないんだ。もう少し大きな声で話してくれないかい？
>
> (2) I'm very busy now. **Could** you call me in 10 minutes?　110
> 　今、すごく忙しいのです。10分後に電話していただけますか。

頼みごとをするときのcanとcould	「**〜してくれませんか**」と相手に気軽に頼みごとをするときは、例文(1)のように**Can you 〜?** を用いる。また、**丁寧に「〜していただけますか」**と頼むときには、例文(2)のようにcanの過去形couldを用いて**Could you 〜?** で表現できる。

> ✚ **could と possibly を使って丁寧に許可を求める、丁寧に依頼する**
>
> 「〜してもいいでしょうか」と丁寧に許可を求めたり、「〜していただけますか」と丁寧に依頼したりするときは、これまで見てきたように、canの過去形couldを使って、Could I[we] 〜?やCould you 〜?の形で尋ねる。

172　5章　助動詞

さらに丁寧な許可や依頼の表現をしたい場合は、「ひょっとして、もしよろしければ」などの意味を持つ副詞 possibly を加え、Could I[we] possibly 〜? や Could you possibly 〜? のようにするとよい。
- **Could we possibly** use this room for our meeting?
（ひょっとして、この部屋を私たちの会合に使うことは可能ですか）
- **Could you possibly** give me a ride to the station?
（できましたら、車で駅まで送っていただけますか）

2 may、might

1 「可能性・推量」を表す may、might

Clip 056

(1) I **may** go to Yokohama tomorrow.　　111
明日横浜に行くかもしれない。

(2) I **might** go to Yokohama tomorrow.　　112
ひょっとしたら明日横浜に行くかもしれない。

「〜かもしれない」を表す may、might

　may は現在の推量を表し、「そうかもしれないし、そうでないかもしれない」という、話し手の確信度が五分五分の程度である状況を示す。may の過去形の might もまた、現在の事柄に対する推量を表す。may の過去形だからといって、「〜したかもしれない」という意味だと考えてはいけない。might は may よりも可能性が低い推量を表し、「(確信はないが、ひょっとしたら) 〜かもしれない」という話し手の気持ちを伝える。

　なお、may や might のような助動詞の使い分けは、自分がどのくらい可能性があると思っているかという主観によって決められ、客観的な基準があるわけではない。

- He **might** go out this evening, but I think he probably won't. （ひょっとしたら今夜彼は外出するかもしれませんが、おそらくしないのではないかと思います）

| 「〜でないかもしれない」 | 「〜でないかもしれない」はmay[might] notで表す。notの位置に注意しよう。
● He **may not** be in time for the first period.
（彼は1時間目に間に合わないかもしれない） |
|---|---|
| 「〜することができるかもしれない」 | 「〜することができるかもしれない」はmay[might] be able toを使う。mayとcanを一緒に使うことはできない。
　また、否定文にする場合は、notをmay[might]の後ろに置く。
● Ann **may be able to** win first prize.
（アンは1等を取ることができるかもしれない）
● I **might not be able to** come tomorrow.
（明日は来られないかもしれません） |

2 「許可」を表す may

Clip 057

(1) "**May** I leave early today, Mr. Smith?"
   "Yes, of course you **may**." 　　　　　　　　　　　113
   「スミス先生、今日は早退してもよろしいですか」「ああ、もちろんよろしい」

(2) Students **may not** use this entrance. 　　　　　　114
   生徒はこの入口を使用してはいけない。

| 「〜してもよろしいですか」 | May I[we] 〜？は「〜**してもよろしいですか**」と**相手に許可を求める表現**である。通常はややあらたまった場面で、自分より立場が上の人に対して使う。
　例文(1)の応答"Yes, of course you **may**."のように肯定文のmayは「許可を与える」ことを表す。立場が上の人が目下の人に対して許可する尊大な感じになるので、実際の場では使うのを控えたほうがよい。
　例文(2)の**may not**は「〜するのを許可しない→〜してはいけない」という**不許可**を表す。これも、立場が上の人が目下の人に対して使う。
　なお、非常に丁寧に許可を求める言い方としてMight I[we] 〜？があるが、実際にはあまり使われない。 |
|---|---|

For Communication　「許可」を表す can と may

まず、次の2つの表現を見てみよう。
① I'm feeling sick. Can I take a little rest?
② I'm feeling sick. May I take a little rest?

　スポーツの練習中などに具合が悪くなって少し休みたいとき、①と②のどちらの言い方をするのが適切だろうか。Can I ～? と May I ～? は、どちらも許可を求める表現だが、Can I ～? よりも May I ～? のほうがあらたまった場面で使用するのに適している。逆に、仲間同士や気心の知れた間柄では Can I ～? を使うほうが自然である。日本語でその違いを表すと、①は「具合が悪いので、少し休んでもいい？」、②は「具合が悪いので、少し休んでもよろしいですか」のような感じになる。先生やコーチに許可を求める場合は②のように言えばよいだろう。

　では、「～してもよい」と許可する場合、次の③と④の英語表現にはどういう違いがあるだろうか。
③ You can sit down here.
④ You may sit down here.

　日本語にすると、③は「ここに座っていいですよ」、④は「ここに座ってもよろしい」といった意味になる。④の may は、立場が上の人が下の人に向かって許可を与える場合に使うため、「してもよろしい」または「したまえ」といった感じに響いてしまう。「してもいいですよ」と答えたい場合は Of course you can. (もちろんいいですよ) などが、逆に「してはいけません」と答えたい場合は I'm afraid you can't. (残念ですがそれはできません) などが用いられる。

祈りや願いを表す may

may には「～しますように」という願いごとを伝える用法がある。
- Let's pray that peace may return to the country.
（平和がその国に再び訪れるようにお祈りしましょう）

この意味の場合、疑問文と同様に may を文頭に出した語順で使われることが多い。
- May you be happy!（どうぞお幸せに！）
- May the New Year bring you happiness!
（新年が皆さんに幸せをもたらしますように！）

3 must、have to

1 「義務」を表す must、have to

Clip 058

(1) It's late. I **must** be home before dark.　　115
　もう遅い時間だ。暗くなる前に家に戻らなければいけない。

(2) Students at this high school **have to** wear a uniform.　　116
　この高校では生徒は制服を着用しなければならない。

mustは主観的な義務

mustは**話し手が主観的に「〜しなければならない」と判断した義務**を表す。

- We **must** make every effort toward peace.
　（私たちは平和に向けてあらゆる努力をしなければならない）
- You **must** take this medicine after each meal.
　（この薬を毎食後に飲まなくてはいけません）

have[has] toは客観的な義務

have[has] toは「〜しなければならない」という意味で、「have[has] to＋動詞の原形」の形で用いる。会話において広く使われ、**周囲の事情や客観的な制約によって生じる義務を表す**ことが多い。なお、have to、has toの発音はそれぞれ /hæftə/、/hæstə/ となる。

- I **have to** finish this homework by tomorrow.
　（明日までにこの宿題を終わらせないといけない）
- She **has to** go home because her mother told her to be back before dark.（母親が暗くなる前に戻ってくるように言ったので、彼女は家に帰らなくてはならない）

疑問文と否定文

疑問文や否定文の作り方は、mustの場合はほかの助動詞と同様である（▶p. 168）。

- **Must** we leave here now?
　（私たちはもうここを出ないといけませんか）

have toを使った疑問文と否定文では、doやdoesの助けを借りる。疑問文は「Do[Does]＋主語＋have to」で始める。
- **Does** everyone **have to** come to the picnic?
  (みんながピクニックに来ないといけないのですか)

否定文ではdon't[doesn't] have toを用い、「**～しなくてもよい、～する必要がない**」という「**不必要**」を表す（⊙ p.178）。
- My mother **doesn't have to** go to work today.
  (母は今日は仕事に行かなくていい)

「未来や過去における義務」の表し方

①未来に「～しなくてはならないだろう」➡ will have to
「～しなくてはならないだろう」と未来における義務を述べる場合、will have toを用いる。willとmustを一緒に使うことはできない。
- You **will have to** attend the meeting tomorrow.
  (あなたは明日その会合に出席しなければならないだろう)

②過去に「～しなければならなかった」➡ had to
「～しなければならなかった」と過去の義務について述べる場合、have toを過去形にしたhad to（発音は /hǽttə/）を用いる。
- I **had to** finish my homework in just one hour.
  (たった1時間で宿題を終えなければならなかった)
- My brother **had to** get up early this morning.
  (兄は今朝早く起きなければならなかった)

「ぜひ～してください」の you must ～

you must ～で「ぜひ～してください」という強く勧める気持ちを表せる。ただし、状況によっては押しつけがましく響くことがあるので注意が必要である。
- When you go to Arizona, **you must** visit the Grand Canyon.
  (アリゾナに行ったら、ぜひグランドキャニオンを訪れてください)

口語で使われる have got to

have got toという表現をhave toとほぼ同じ意味で使うことができる。have toよりもくだけた言い方となる。
- **I've got to** meet him today and talk about the situation.
  (今日彼と会って状況について話し合わなくちゃ)
- Joe **has got to** look after his little brother today.
  (ジョーは今日、幼い弟の世話をしなければならない)

2 「禁止」と「不必要」の表し方

> **Clip 059**
>
> (1) You **must not** be late for school.　　117
>   学校に遅刻してはいけません。
>
> (2) I **don't have to** finish this work today. 　118
>   私はこの作業を今日終わらせなくてもよい。

「禁止」を表す must not [mustn't]

must not とその短縮形の mustn't (発音は /mʌ́snt/) は、「～してはいけない」という「禁止」を表す。例文(1)は Don't be late for school. とほぼ同じ意味となる。

- You **mustn't** wear a hat indoors.
  (屋内で帽子をかぶってはいけません)

「不必要」を表す don't [doesn't] have to

例文(2)にあるような don't[doesn't] have to は「～しなくてもよい、～する必要がない」という「不必要」を表す。「禁止」を表す must not[mustn't] としっかり区別しよう。

- My sister **doesn't have to** go to a doctor because she is fine now.
  (姉はもう元気なので、お医者さんにかかる必要はない)

⬆ have only to と have yet to

have to (～しなくてはならない) に only (ただ～だけ) を加えて **have only to do** とすると、「～するだけでよい、～しさえすればよい」という意味になる。

- You **have only to** take your teacher's advice.
  (あなたは先生の助言に従いさえすればいい)
  ＝ All you have to do is (to) take your teacher's advice.

have to に yet (まだ) を加えて **have yet to do** とすると、「まだ～しなければならない→まだ～していない」という意味の表現になる (▶p.418)。

- The school **has yet to** solve the problem of bullying.
  (学校はまだそのいじめ問題を解決していない)

For Communication Must I ～?と尋ねられたときの返答

Must I ～?という疑問文は「～しなければいけませんか」と**相手の意向や判断を尋ねる表現**である。この問いに対し、「しなくてもいいですよ」と返す場合には、don't have to を用いて No, you don't have to.（いいえ、その必要はありません）と言う。質問中のmustに引きずられてmust not[mustn't]を使うと、「～してはいけません」という「禁止」の意味になってしまうので気をつけよう。

- "**Must I** finish this work today?" "**No, you don't have to.**"
  （「この作業は今日終わらせなければいけませんか」「終わらせなくていいですよ」）

なお、「はい、しなくてはいけません」は Yes, you must. でよいが、ほかに Yes, please.（はい、そうしてください）などの返答もできる。

3 「確信」を表す must

Clip 060

(1) There **must** be more than 1,000 people in this hall.　119
このホールには1000人を超える人がいるに違いない。

(2) My father is keeping quiet, so he **must** be very angry.　120
父は黙ったままだから、すごく怒っているに違いない。

| 「～に違いない」を表す must | 例文(1)、(2)では、mustは「(きっと)～に違いない」という**強い確信**を表している。このように、助動詞mustは、**目の前の何らかの状況に対して、「きっとそうだと思う」という話し手の強い確信の気持ちを添える**ために使われる。この意味のmustの後ろに来る動詞は通常、be動詞や状態を表す動詞である。
なお、have to も「～に違いない」という意味で用いられることがある。
● She **has to** be joking.（彼女は冗談を言っているに違いない） |
| 「確信」の must の反対は cannot | 「～に違いない」の反対は**「～であるはずがない」**だが、それは cannot[can't] を使って表現する（ p.171）。
● The story **can't** be true.（その話は本当のはずがない） |

「未来についての確信」の表し方

mustは、現在目の前にある何らかの状況について「〜（である）に違いない」という確信を伝える語である。では未来の事柄について「〜するに違いない」と言いたいときにはどのように表せばいいだろうか。そのような場合は、推量のwill（●p.184）と副詞の certainly や surely、または definitely を組み合わせて、「必ず〜するだろう」という意味の表現を作る。「〜に違いない」という日本語に引きずられて、ついmustを使ってしまわないようにしよう。

- My brother **will certainly** pass the entrance exam.
（兄は入試に必ず合格するだろう［＝合格するに違いない］）

4 should、ought to、had better

1 「義務」や「助言」を表す should、ought to

Clip 061

(1) You **should** clean your classroom every day.　　121
君たちは教室を毎日掃除すべきです。

(2) You **ought to** apologize to Meg.　　122
メグに謝るべきだよ。

「〜すべきだ」のshould、ought to

助動詞shouldは「〜すべきだ」や「〜したほうがいい」という義務を表す。ただし、義務といっても強制的ではなく、そうすることが適切だと話し手が感じ、助言するといった場面でよく用いられる。ought toもほぼ同じ意味で、例文(2)のように「ought to＋動詞の原形」の形で使う。

- You **should** eat more.（もっと食べたほうがいいよ）
- You **ought to** e-mail or call her.
（君は彼女にメールか電話をしたほうがいい）

「〜すべきでない」のshouldn't、ought not to

「〜すべきではない、〜するのはよくないことだ」と言いたいときは、should not[shouldn't]やought not toを用いる。notの位置に注意しよう。

- You **shouldn't** stay up late.
（遅くまで起きているべきではない）

180　5章　助動詞

- You **ought not to** speak so loudly here.
  （ここではそんな大きな声で話すべきではない）

「～することになっている、～すべきだ」の be supposed to

規則や習慣、人の指示などに基づいて、「～することになっている、～すべきだ」と述べる際に、「be supposed to ＋動詞の原形」を使うこともできる。
- In Japan, you **are supposed to** take off your shoes when you enter a house.（日本では家に入るときには靴を脱ぐことになっています）
- What **am I supposed to** do?（私はどうしたらいいんでしょうか）

2 「当然」を表す should、ought to

Clip 062

(1) He left an hour ago. He **should** be home by now. 123
彼は1時間前に出た。今はもう家にいるはずだ。

(2) We **ought to** arrive in time if we take a taxi. 124
私たちはタクシーを使えば間に合って到着するはずだ。

「～するはずだ」を表す should、ought to

例文(1)、(2)のように、ある行為や事柄が当然起こり得ると考えて、「～するはずだ」と確信度の高い推量をする場合、should、ought toを用いて表すことができる。

反語としての「疑問詞＋ should」

「疑問詞＋ should」を用いた疑問文の形で、「一体なぜ～するというんだ、どうやって～できるというんだ」→「～するはずがない、～なんてできない」といった反語的表現を作ることができる。修辞疑問文（▶ p.399）の一種である。
- Why **should** I tell you a lie? We've been friends for 10 years.
  （どうして僕が君にうそをつくっていうの？　僕らは10年来の友達なのに）
  ＊shouldは話し手の「うそをつくはずがない」という気持ちを表す。
- How **should** I know where you left your glasses?
  （どうやったら、君が眼鏡を置き忘れた場所が分かるっていうんだ？）
  ＊shouldは話し手の「どうやっても分かるはずがない」という気持ちを表す。

181

3 「忠告」を表す had better

Clip 063

You don't look well. You **had better** see a doctor. 125
顔色がよくないよ。お医者さんにかかったほうがいい。

「忠告」を表す had better

「had better＋動詞の原形」は、「～したほうがよい」という「忠告」の表現だが、何かの行動を「勧める」というよりも、「～しなさい」といった命令的なニュアンスを持つ。状況によっては脅迫めいた意味合いになることもあるので注意が必要である。「～したほうがいいですよ」と気軽に助言したい場合は、should を使うほうが相手に不快感を与えずに済む（▶p.180）。なお、you'd better や I'd better といった短縮形もよく用いられる。

- It's very cold today. **I'd better** put on a coat.
（今日はとても寒い。コートを着たほうがいいな）

「～しないほうがいい」を表す had better not

「～しないほうがいい」と言いたい場合には、「had better not ＋動詞の原形」という形を用いる。not の位置を間違えて（×）had not better としてしまいやすいので、注意しよう。

- We **had better not** leave the door open.
（ドアを開けっ放しにしないほうがいいね）
- You**'d better not** lend your comic books to Ed. He might not give them back.
（エドには漫画を貸さないほうがいいぞ。返さないかもしれないから）

5 | will、would、shall、used to、need

1 「意志」を表す will、would

Clip 064

(1) I **will** help you with your homework.　126
あなたの宿題を手伝いますよ。

(2) This PC **won't** recognize my password. 　127
このパソコンはどうしても私のパスワードを認識しない。

(3) This PC **wouldn't** recognize my password. 　128
このパソコンはどうしても私のパスワードを認識しなかった。

現時点の意志を表す will	「(これから) 〜しよう」というはっきりとした意志や決意を表す場合、助動詞willを用いる。willは「意志」という意味の名詞としても使われるのでイメージしやすいだろう。
	● "Someone is knocking on the door." "I'**ll** go and see who it is." (「誰かがドアをノックしているよ」「誰なのか見に行くよ」)
「どうしても〜しない」	will notや短縮形のwon't (発音は/wóunt/) は、「〜しようとする意志がない→どうしても〜しない」という拒絶の意味で用いられる。
	● She **won't** spend any time doing homework. (彼女は宿題をするのに時間を割こうとしない)
「どうしても〜しなかった」	will notの過去形のwould not[wouldn't]は「どうしても〜しなかった」という過去における拒絶を表す。
	● The entrance door **wouldn't** open. (入り口のドアがどうしても開かなかった)

過去の意志を表す would

次の例文の would は「過去の時点での意志」を表す。これは時制の一致を受けて助動詞 will が過去形の would になったものである（ ▶ p.163）。
- Emma told me that she **would** do her best.
（エマは全力を尽くすと私に言った）

「〜するものだ」という「習性」や「習慣」を表す will

will には次のように、**習性や習慣**を表す用法がある。
- A baby **will** cry.（赤ん坊は泣くものだ）
- My dog **will** sit and look out of the window for hours.
（私の犬は何時間も座って窓の外を見ている）

これらの will は、「意志」から発展して、「自らの意志や性質によりそうなる」といった意味で用いられている。

2 「推定・推量」を表す will、would

Clip 065

(1) If you take this medicine, you **will** feel better. 129
この薬を飲めば、気分がよくなるでしょう。

(2) He took the 8:30 train, so he **will** be in Nagoya by now. 130
彼は8時半の電車に乗ったので、今ごろは名古屋にいるでしょう。

(3) She **would** be studying for the exam at this time. 131
彼女はこの時間、たぶん試験勉強をしているだろう。

「〜だろう」を表す will

これまで自分が持っていた何らかの情報や経験から「〜するだろう、〜であるだろう」と推定する場合、will を用いる。例文(1)のように、未来のことについての「〜するだろう」という**予測**を表したり（ ▶ p.131）、(2)のように、現在のことについての**状況に基づく判断**を表したりする。

「〜だろうか」と疑問を表したり、「〜ではないだろう」と否定を表したりしたい場合は、それぞれ疑問文や否定文の形にする。

- **Will** she be at her office now?
  (彼女は今、職場にいるでしょうか)
- You don't have to call her. She **won't** be at her office now.
  (彼女に電話する必要はないよ。今は職場にいないだろうから)

「たぶん〜だろう」を表す would

「たぶん〜だろう」と、現在の状況や誰かの行動について**想像したり推量したりする**場合はwouldを用いる。過去の出来事に対する推量ではなく、あくまで**現在の推量**であることに注意しよう。wouldだとwillよりも話し手の確信の度合いは弱くなる。
- His answer **would** be right.
  (彼の答えが正しいだろう)
- The road **would** be crowded.
  (道路は混雑しているだろう)

3 「依頼・勧誘」を表す will、would

Clip 066

(1) **Will you** wash the dishes?　　132
　　お皿を洗ってくれますか。

(2) **Would you** repeat the question?　　133
　　質問を繰り返していただけますか。

「〜してくれますか」を表す Will you 〜?

気軽に「〜してくれますか」とお願いしたいときは、Will you 〜?で「〜する意志はありますか」と表現できる。**Will you 〜?はそれほど丁寧な言い方ではない**。場合によっては命令文に近い意味合いになるので注意が必要である。
- **Will you** stop fighting?
  (ケンカするのはやめてくれないか)

「〜しますか」を表す Will you 〜?

また、次のように「〜しますか」と相手の意向を尋ねて、何かを勧める場合にも用いられる。
- **Will you** have some more tea?
  (もっとお茶をどうですか)

| 「〜していただけますか」を表す Would you 〜? | Would you 〜?は「〜していただけますか」という意味で、Will you 〜?よりも丁寧な表現になる。
● **Would you** keep an eye on my bag until I get back?（私が戻るまで私のバッグを見ていていただけますか） |

> ### Won't you 〜? で表す「依頼」や「勧誘」
> Won't you 〜?は「〜するつもりはないんですか→〜してくださいよ」と相手に迫る響きがあり、Will you 〜?よりも、もっと差し迫った依頼や勧誘に使われる。
> ● **Won't you** wash the dishes?（お皿を洗ってくださいよ）

4 「過去の習慣」を表す would

Clip 067

My father **would** often take me to the museum. 　134
父はよく私を博物館に連れていってくれたものでした。

| 過去の不定期な習慣を表す would | wouldは「以前〜していた、よく〜したものだ」という「過去の習慣」を表す。特に、**不定期に行われていた習慣**を表し、oftenやsometimesといった頻度を表す副詞（▶p.537）と一緒に用いることが多い。
● I **would** often drop by a bookstore on my way home.（私は帰宅途中によく書店に立ち寄っていました）
● I **would** sometimes study all night before exams.（試験前は時々、徹夜で勉強したものだ） |

5 「過去の習慣・状態」を表す used to

Clip 068

(1) I **used to** play baseball a lot. Now I play soccer. 135
私は、以前はよく野球をしていました。今はサッカーをします。

(2) There **used to** be a movie theater around here. 136
このあたりには以前、映画館がありました。

過去の習慣や状態を表す used to

used to（発音は /júːsttə/）は、例文(1)のように「**以前はよく～したものだ**」という「**過去の習慣**」を表したり、例文(2)のように「**以前は～だった**」という「**過去の状態**」を表したりする。いずれの場合も「今はそうではない」という含みがある。used to で1つの助動詞のように働くので、have to や ought to と同様、後ろに動詞の原形を続けて「**used to ＋動詞の原形**」の形で用いることに注意。

- My father **used to** go surfing every week, but he doesn't now.
  （父は以前、毎週サーフィンに行っていたが、今は行かない）

used to を使った疑問文・否定文

非常にまれだが、used to を疑問文や否定文で使う場合は、次のようになる。
- **Did** you **use to** have long hair?（あなたは以前、長髪でしたか）
- I **didn't use to** have long hair.（私は以前は、長髪ではありませんでした）

used to と would の違い

「過去の状態」を表すのは used to のみ

used to は「以前は～だった」という過去の状態を表すことができるが、would は不定期に繰り返される**過去の習慣**を表すため、**状態を表すことはできない**。したがって、次の英文で would を用いることはできない。
- There **used to** be an elementary school here.
  （ここには以前、小学校がありました）

「過去の習慣」を表す used to と would の違い

used to は長期にわたった過去の習慣、would は不定期に起こっていた過去の習慣を表す。なお、would はさまざまな意味を持つため、この意味で用いられる場合は「いつのことなのか」をはっきり示す表現を伴うことが多い。

5 助動詞

- I **used to** go to school by bike.（私は以前、自転車通学をしていました）
- I **would** sometimes travel by bike when I was a high school student.
（高校生のころ、時々自転車で旅をしたものです）

6　「必要」を表す need

Clip 069

You **need not** make a reservation beforehand.　137
前もって予約する必要はありません。

疑問文と否定文に限られる助動詞 need

「～する必要がある」という意味のややあらたまった表現として、助動詞の need が用いられることがある。ただし助動詞としての need の使用はほとんど疑問文と否定文に限られる。例文のように否定文で用いる場合は、ほかの助動詞と同じように、直後に not を置いて need not とするか、needn't と短縮形にする。疑問文の場合は、ほかの助動詞と同様に need と主語の語順を逆にして次のような文を作る。

- **Need** we make a reservation beforehand?
（前もって予約する必要はありますか）

動詞 need を使って「～する必要がある」を表す

「～する必要がある」と肯定文で言う場合は、次の例文のように動詞の need を使って、「need ＋ to ＋動詞の原形」で表現する。

- You **need to take** a good rest.（あなたは十分な休息を取る必要があります）

また、助動詞の need には過去形がないので、「（過去に）～する必要があった」も動詞の need を用いて表す。

- They **needed to get** there by noon.（彼らは正午までにそこに着く必要があった）

なお、動詞の need を疑問文や否定文に使うことも可能である。助動詞 need を使う場合とは語順が異なることに注意しよう。

- **Do** we **need to wait** for you?（私たちはあなたを待つ必要がありますか）
- You **don't need to wait** for me.（私のことを待つ必要はありません）

don't need to は、「不必要」を表す don't have to とほぼ同じ意味となる。助動詞の need の否定形である need not[needn't] も同様の意味である。

「あえて～する」のdare

助動詞dareは後ろに動詞を続けて、「あえて～する、勇気を出して～する」という意味を表す。疑問文や否定文で使うのが一般的である。また、現在はdareはあまり使われなくなってきているので、次のような特定の表現パターンを知っておけばよい。

- **How dare** you make fun of me like that!
  （よくもそんなふうに私をからかえるわね！）
  ＊How dare ～で相手がしたことに対して不快感や驚きを表す。
- **I dare say** it will rain.（たぶん雨が降るでしょう）
  ＊I dare say ～で「たぶん～だろう」という話し手の考えを表す。「あえて言うなら～」という意味合い。

7 「申し出・提案」を表す Shall I ～?、Shall we ～?

Clip 070

(1) **Shall I** attend the club meeting for you? 138
あなたの代わりに私がクラブの会合に出ましょうか。

(2) **Shall we** meet at 6 p.m. at the station? 139
駅で午後6時に会いましょうか。

「(私が)しましょうか」と申し出るShall I ～?

Shall I ～?は、「～しましょうか」と自分から相手に何かすることを申し出る表現である。ただし主にイギリス英語の用法で、アメリカ英語では、Do you want me to ～?やWould you like me to ～?といった形（toの後ろは動詞の原形）を用いることが多い。

- Shall I pick you up at the airport?
  （空港まで車で迎えに行きましょうか）
  ＝ Do you want[Would you like] me to pick you up at the airport?

「(一緒に)しましょう」を表すShall we ～?

Shall we ～?とすると、「(自分も含めたメンバーで一緒に)～しましょう」という提案の表現になる。Let's ～.とほぼ同じ意味である。

● **Shall we** go shopping this afternoon?
（今日の午後買い物に行きましょうか）
＝ Let's go shopping this afternoon.

Shall I ~? や
Shall we ~? へ
の答え方

　助動詞shallは、現在、Shall I ～?またはShall we ～?という表現以外ではあまり使われなくなってきている。これらの疑問文への答え方としては、Shall I ～?の場合はThank you.（ありがとう）やNo, thank you.（いえ、結構です）などがある。Shall we ～?の場合は、Let's ～.（▶p.106）の場合と同様にSure.（もちろん）やSorry, but I can't.（すみませんが、無理なのです）などの答え方ができる。

Step 2 発展

1 助動詞＋ have ＋過去分詞

過去の出来事に対し、「〜すべきだった」「〜したかもしれない」などといった話し手の気持ちを伝えるときは、**「助動詞＋ have ＋過去分詞」**の形を用いる。

1 過去の出来事に対する推量

「助動詞＋ have ＋過去分詞」の形で、「〜したかもしれない」のような**過去の出来事に対する推量**を表すことができる。

◆ 過去についての「推量」を表す「助動詞＋ have ＋過去分詞」

「may have ＋過去分詞」 「might have ＋過去分詞」	「〜したかもしれない」 「（ひょっとしたら）〜したかもしれない」
「could have ＋過去分詞」	「〜したかもしれない」
「should[ought to] have ＋過去分詞」	「〜したはずだ」
「must have ＋過去分詞」	「〜したに違いない」
「cannot[couldn't] have ＋過去分詞」	「〜したはずはない」

Clip 071

(1) The password **may have been** wrong. 140
そのパスワードは間違っていたかもしれない。

(2) Emily **could have missed** the train. 141
エミリーは電車に乗り遅れたかもしれない。

(3) The weather is fine. The marathon **should have started** as planned. 142
天気がいい。マラソンは予定とおり始まったはずだ。

(4) Kent didn't answer my e-mail. He **must have been** in bed. 143
ケントは私のメールに返信してこなかった。寝ていたに違いない。

(5) I **can't have left** my cap on the train. 144
電車に帽子を置き忘れたはずがない。

may を使って「〜したかもしれない」を表す	現在のことではなく、過去の行為や出来事に対して「〜したかもしれない、〜だったかもしれない」という今の推量を表すには、「**may have ＋過去分詞**」の形を用いる。助動詞 may は話し手の確信度が五分五分の程度であることを表す（▶ p.173）が、同様に、例文(1) の may have been wrong も「間違っていたかもしれないし、いなかったかもしれない」という意味になる。 ● He's very late. He **may have missed** his train. 　（彼はとても遅くなっている。電車に乗り遅れたかもしれない） 　＝ It is possible that he missed his train.
「ひょっとしたら〜したかもしれない」	may の代わりに might を使うと、「（ひょっとしたら）〜したかもしれない、〜だったかもしれない」という、**話し手の確信度が弱い推量**を表すことになる。 ● "What was that noise?" 　"It **might have been** a cat." 　（「あの音は何だったの？」「ひょっとしたら猫だったのかもしれないね」）
could を使って「〜したかもしれない」を表す	「〜したかもしれない、〜だったかもしれない」という、過去の行為や出来事についての推量は、例文(2) のように、「**could have ＋過去分詞**」という形でも表すことができる。なお、**この意味で助動詞 can を使うことはできない。** ● The story **could have been** true. 　（その話は本当だったかもしれない） 　（×）The story can have been true.
「〜したはずだ」	例文(3) のように、過去の行為や出来事に対して、「（当然のことながら）〜したはずだ、〜だったはずだ」という、**確信度が比較的高い推量**を表す場合、「**should have ＋過去分詞**」または「**ought to have ＋過去分詞**」を使う。 ● Jane left here at 6:00. She **ought to have got** there by 9:00. 　（ジェーンはここを6時に出た。9時にはそこに着いたはずだ）

「〜したに違いない」	例文(4)では、話し手はケントがメールに返信してこない理由について確信を持って推測している。このように、過去の行為や出来事に対して**強い確信**とともに「〜したに違いない、〜だったに違いない」と述べる場合には、「**must have＋過去分詞**」を用いる。

- I can't find my textbook. I **must have left** it in the classroom.
  (教科書が見つからない。教室に置いてきたに違いない)
  ＝I'm sure that I left it in the classroom.

「〜したはずがない」	例文(5)で、話し手は、帽子の紛失場所が電車だという可能性はないはずだと確信して、可能性を打ち消している。このように、過去の行為や出来事に対して、「〜したはずがない、〜だったはずはない」と、**確信して強く否定する**場合、「**cannot[can't] have＋過去分詞**」または「**couldn't have＋過去分詞**」を使う。

- Kenji always comes to school early. He **cannot have been** late for the first period yesterday.
  (ケンジはいつも学校に早く来る。彼が昨日、1時間目に遅れたはずはない)
- Yui overslept this morning. She **couldn't have arrived** at school by 7:30. (ユイは今朝寝坊しました。7時半までに学校に着いたはずはありませんよ)

2 過去の行動に対する後悔や非難

　「助動詞＋have＋過去分詞」の形で、「〜すべきだったのに」「〜する必要はなかったのに」のような**過去の自分の行動に対する後悔**や、**過去の他人の行動に対する非難**を表すこともできる。

◆ 過去についての「後悔・非難」を表す「助動詞＋have＋過去分詞」

「should[ought to] have＋過去分詞」 「shouldn't[ought not to] have＋過去分詞」	「〜すべきだったのに(実際はしなかった)」 「〜すべきではなかったのに(実際はしてしまった)」
「needn't have＋過去分詞」	「〜する必要はなかったのに(実際はしてしまった)」

Clip 072

(1) You **should have listened** to me when I warned you. 　145
　　私があなたに警告したとき、私の言うことを聞くべきでしたよ。

(2) This curry is too hot! I **shouldn't have ordered** it. 　146
　　このカレーは辛すぎる！　注文するべきではなかった。

(3) He **needn't have waited** for his friends. 　147
　　彼は友人たちを待つ必要はなかったのに。

「～すべきだったのに」	例文(1)では、「実際には、あなたは私の言うことを聞かなかった」という過去の事実があり、それについて「私の言うことを聞くべきだったのに」と、話し手が非難の気持ちを表している。このように、「(過去に)～すべきだったのに(実際にはしなかった)」という後悔または非難の気持ちを表す時には、「should have＋過去分詞」または「ought to have＋過去分詞」を使う。 ● I should've[ought to have] called her last night, but I forgot. 　(彼女に昨夜電話すべきだったけれど、忘れていた) ＊should'veはshould haveの短縮形。実際には「電話をしなかった」。
「～すべきではなかったのに」	反対に例文(2)のように、「～すべきではなかったのに(実際はしてしまった)」ということを表すには、助動詞shouldを否定形にして「should not[shouldn't] have＋過去分詞」にするか、「ought not to have＋過去分詞」を用いる。 ● I shouldn't have[ought not to have] eaten so much. I feel sick. 　(あんなに食べなければよかった。具合が悪いです) ＊実際には「たくさん食べてしまった」。
「～する必要はなかったのに」	例文(3)では、彼が実際には友人を待っていたことに対して、「待つ必要はなかったのに」と話し手が感じた気持ちを伝えている。このように、過去の行為に対して、「～する必要はなかったのに(実際はしてしまった)」という気持ちを表すには「needn't have＋過去分詞」を使う。

「didn't need to ＋動詞の原形」と「needn't have ＋過去分詞」の違い

動詞の need に「to ＋動詞の原形」を続け、それを過去の否定形にした「didn't need to ＋動詞の原形」も、助動詞の need を用いた「needn't have ＋過去分詞」と同様に「～する必要がなかった」を表すが、この２つの表現は必ずしも同じ意味にはならない。次の文を見てみよう。

- He didn't need to wait for his friends.（彼は友人たちを待つ必要はなかった）

この文は、(a)「彼は友人たちを待つ必要がなかった（実際に待たなかった）」と、(b)「待つ必要はなかったのに（実際は待ってしまった）」という、**２通りの解釈が可能**である。しかし、p.194の例文(3)のように助動詞の need を使って表現した場合には、必ず(b)の意味になる。

2 助動詞を用いた慣用表現

1 would like ～、would like to

Clip 073

(1) I **would like** my own room in our new house.　148
できれば新しい家に自分の部屋が欲しいです。

(2) I **would like to** go shopping this afternoon.　149
できれば今日の午後、買い物に行きたいです。

「(できれば)～が欲しい」「(できれば)～したい」

「(できれば)～が欲しい」と言う場合、例文(1)のように欲しい物を would like の後ろに続けて**「would like ＋名詞」**の形で表す。この表現は I want ～と言うよりも**遠回しで丁寧**に響く。

「(できれば)～したい」と、動作や行為に対する希望を伝えるには、例文(2)のように**「would like to ＋動詞の原形」**を用いる。

これらの表現は、次のように会話において相手の意向を丁寧に尋ねたり、それに答えたりする際にもよく使われる。

- "What **would** you **like to** drink?"
  "**I'd like** a glass of orange juice."
  （「何をお飲みになりますか」「オレンジジュースを１杯ください」）

2 would rather

Clip 074

(1) Since it's raining heavily, **I'd rather** stay home today. 150
激しく雨が降っているので、今日はむしろ家にいたい。

(2) **I'd rather not** have the operation if it is not urgent. 151
緊急でなければ、手術を受けたくはない。

「むしろ〜したい」
「むしろ〜したくない」

例文(1)のように、「ほかのことより、ある特定のことをしたい→むしろ〜したい」という、**ほかと比較して何かをしたい**という希望を表す場合、would ratherに動詞の原形を続ける。
反対に、例文(2)のように「むしろ〜したくない」と否定の希望を述べる場合は、would rather notに動詞の原形を続ける。notを動詞の直前に置くことに注意しよう。

3 may well、might well

Clip 075

(1) It **may well** rain this afternoon. 152
今日の午後おそらく雨が降るだろう。

(2) Mr. Tanaka **may well** get angry with Akio. 153
田中先生がアキオに腹を立てるのも当然だ。

「おそらく〜だろう」を表すmay [might] well

例文(1)では「may well＋動詞の原形」が「おそらく〜するだろう、〜する可能性があると思う」といった意味で用いられている。might wellも同じように用いる。「〜かもしれない」という「推量」を表すmayやmightに、「十分に」という意味の副詞wellを組み合わせた表現だと考えればよい。

- You **may well** be angry when you hear the result.（結果を聞くと、あなたはおそらく怒るだろう）

- You **might well** find it difficult to change her mind. (彼女の考えを変えるのは難しいことが分かるだろう)

「～するのも当然だ」を表すmay[might] well

例文(2)では、同じ「may well＋動詞の原形」が**「～するのも当然だ、もっともだ」**を表している。「～してもよい」というmayの基本的な意味に、副詞wellの「十分に」という意味が加わり、「十分に～してもよい→～するのも当然だ」となったもの。mayの代わりにmightを用いてもよい。

この表現がどちらの意味で用いられているかは、文脈から判断する。

4 may as well、might as well

Clip 076

Since we're just sitting here, we **may as well** have some coffee.　154
ここに座っているだけなので、コーヒーでも飲むほうがいいかもしれないね。

「～するほうがいいかもしれない」を表すmay[might] as well

「(ほかに選択肢もないから)～するほうがいいかもしれない」といった助言や提案をする際には、「may[might] as well＋動詞の原形」を用いる。had betterのような命令に近い忠告のニュアンス（▶p.182）はない。

- You **might as well** walk home. The next bus doesn't come for another 20 minutes.
  (家まで歩いたほうがいいかもしれませんよ。次のバスはあと20分は来ませんから)

反対に、「～しないがほうがいいかもしれない」と言う場合には、may[might] as wellの直後にnotを置く。

- You **may as well not** invite her because she is busy.
  (彼女は忙しいので、招待しないほうがいいかもしれません)

might as well A as B（BするのはAするようなものだ）

might as well A as Bの形で「BするのはAするようなものだ」を表すことができる。次の例を見てみよう。
- You **might as well** talk to a wall **as** talk to him.
（彼に話しかけるのは、壁に話しかけるようなものだ）

「彼に話しかける」という行為を「壁に話しかける」というまったく意味のない行為と比較することで、彼に話しかけるのがどんなに無意味なことか（またはしたくないことか）を表現している。might as well A as BのAの部分には、「明らかに無意味な行為や気の進まない行為」を指す語句が来る。

3 that節の中で用いられるshould

1 感情や主観的判断の表現とともに用いられるshould

Clip 077

(1) **It is strange that** Mai **should** be late for school. 155
マイが学校に遅れるなんて奇妙だ。

(2) I'm **surprised that** a lot of people **should have** agreed with the plan. 156
多くの人がその計画に賛成したとは、私には驚きだ。

「〜だとは…だ」を表すshould

例文(1)のような「It is ＋形容詞＋that ＋主語＋ should ＋動詞の原形」や、I'm surprised、I regret（〜を残念に思う）などの感情を表す表現に「that ＋主語＋ should ＋動詞の原形」を続けると、「〜だとは…だ、〜だなんて…だ」という気持ちを表すことができる。このように助動詞shouldをthat節で用いるのは、「驚き・喜び・不満」などの感情や、「当然だ」「奇妙だ」などの主観的判断を表す文のことが多い。

- It is surprising that he **should** be so rude to me.
（彼が私に対してあんなに失礼だとは驚きだ）

- **I regret that** my mother **should** worry about it.
  (母がそれについて思い悩んでいるのは残念だ)

「should have＋過去分詞」で「〜だったとは」を表す

また(2)のように、過去の出来事を振り返って「〜だったとは、〜だったなんて」という内容を表す場合は、「should have＋過去分詞」の形になる。

- **It is natural that** our teacher **should have scolded** him.（先生が彼のことを叱ったのは当然だ）
- **It is strange that** she **should have argued** with her friends.（彼女が友達と口論したなんて奇妙だ）

shouldを使わないこともある

that節でshouldを使わずに表現する方法もある。その場合は次のように、動詞を適切な形にする。「〜だなんて」のような意味は薄れ、単なる事実として伝える感じになる。

- It is strange that Mai **is** late for school.
  （マイが学校に遅れるのは奇妙だ）
- I'm surprised that a lot of people **agreed** with the plan.
  （多くの人がその計画に賛成したことに、私は驚いている）

感情や主観的判断を表す語句の例

natural（当然だ）　strange（奇妙だ）　odd（変だ）　surprising（驚くべき）
amazing（驚くべき）　disappointing（がっかりさせるような）
regret（〜を残念に思う）　be surprised（驚いている）

5 助動詞

199

2 提案や要求などの表現とともに用いられる should

> **Clip 078**
>
> (1) Joe **suggested that** we **should** travel to Kyushu this summer. 157
> ジョーは私たちに、この夏、九州へ旅行に行くことを提案した。
>
> (2) **It is necessary that** you **should** wear a helmet during the work. 158
> その作業の間はヘルメットをかぶる必要があります。

提案や必要性などの表現に続くthat節で

　例文(1)のような、**提案や要求を表す動詞**の後ろのthat節や、例文(2)のような、**必要性や重要性を表す形容詞**の後ろのthat節で、助動詞shouldが用いられることがある。ただし、これは主にイギリス英語の用法で、アメリカ英語では通常、動詞の原形が使われる。また、この表現は「仮定法現在」と呼ばれることがあり、本書でも仮定法の章で再度取り上げる（▶p.383）。

Close Up! 助動詞としての be、have、do

　進行形や受動態を作る際に用いられる be や、完了形を作る際の have、あるいは疑問文や否定文を作る際の do は、**助動詞**に分類される。ただし、これらはこの章で見てきた助動詞のような特有の意味を持つわけではない。また be、have、do は、主語の人称や数によって形が変わり、ほかの助動詞と一緒に用いられる場合もある。

　助動詞としての be、have、do の用法について、簡単に整理しておこう。

1 be

be動詞は**現在分詞**や**過去分詞**とともに用いて、**進行形**（▶p.127、p.130）や**受動態**（▶p.204）の表現を作る。

①**進行形**

My brother **is playing** computer games in his room.
（弟は部屋でコンピューターゲームをしています）

②**受動態**

The teacher **is loved** by a lot of students.
（その先生はたくさんの生徒から愛されています）

2 have

have は、**過去分詞**とともに用いて、**完了形**（▶p.144）の表現を作る。

①**現在完了形**

I **have** just **finished** my homework.（私はちょうど宿題を終えたところです）

②**過去完了形**

I **had finished** my homework when my father got back.
（父が戻ってきた時には、私は宿題を終えていました）

③**未来完了形**

I **will have finished** my homework by the time my father gets back.（父が戻って来る時までには、私は宿題を終えているでしょう）

3 do

doは、疑問文（▶p.97）や否定文（▶p.96）を作ったり、動詞の強調（▶p.436）をしたり、倒置（▶p.441）の表現を作ったりする。

①疑問文・否定文

Do you like soccer?（あなたはサッカーが好きですか）

I **don't** like soccer.（私はサッカーが好きではありません）

②動詞の強調や、倒置の表現

I **did** pass the test yesterday.（昨日、何と試験に合格したよ）　〔強調〕

Never **did** I dream that my brother would win the game.
（弟が試合に勝つなんて夢にも思わなかった）　〔倒置〕

6章 受動態
Passive Voice

Step 1 基本

1 受動態の基本形
- ❶ 受動態の基本的な作り方　204
- ❷ 「動作をする側」を示す場合と示さない場合　205
- ❸ 受動態の否定文　206
- ❹ 受動態の疑問文 ①　Yes/No 疑問文　206
- ❺ 受動態の疑問文 ②　疑問詞を使う疑問文　207

2 受動態のさまざまな形 ①
- ❶ 助動詞を使う受動態　208
- ❷ 進行形の受動態　209
- ❸ 完了形の受動態　210

3 語順に注意が必要な受動態
- ❶ SVOO の文を作る動詞（give 型）を使った受動態　211
- ❷ SVOO の文を作る動詞（buy 型）を使った受動態　212
- ❸ SVOC の文を作る動詞を使った受動態　213

Close Up!　受動態を使う状況　214

Step 2 発展

1 受動態のさまざまな形 ②
- ❶ 群動詞の受動態　216
- ❷ get を使った受動態　217
- ❸ It is said that 〜などの形　218

2 前置詞に注意すべき受動態
- ❶ 過去分詞の後ろに by 以外の前置詞が来る受動態　219
- ❷ 心理状態を表す受動態　219

Step 1 基本

日本語にも「〜される」のような「受け身」を表す言い方があるが、英語にも**「主語が何かをされる」**ことを表す言い方がある。英語で「受け身」を表現する形である**「受動態」**の作り方や使い方について見ていこう。

1 受動態の基本形

1 受動態の基本的な作り方

Clip 079

(1) English **is spoken** all over the world. 159
英語は世界中で話されている。

(2) Horyuji **was built** in the seventh century. 160
法隆寺は7世紀に建てられた。

| 「be動詞＋過去分詞」で表す受け身 | 上の例文のように、受動態は**「何かをされる側」を主語**にして、その後ろに**「be動詞＋過去分詞」**を続けることで受け身を表現する形である。例文(1)では動詞speak、(2)では動詞buildの過去分詞がそれぞれbe動詞の後ろに来て、受け身の文を作っている。 |

| 主語と時制にbe動詞を対応させる | 受動態の文に用いるbe動詞の形は、主語の人称や数、および時制に対応させる。(2)は主語が3人称単数で「過去における受け身」を表しているため、be動詞が過去形のwasになっている。 主語が複数の場合は、時制が現在ならare、過去ならwereを用いる。 |

- Many wild birds **are seen** in this forest.
（この森では多くの野鳥が見られる）
- A lot of temples **were built** in the Nara period.
（多くの寺院が奈良時代に建てられた）

2 「動作をする側」を示す場合と示さない場合

> **Clip 080**
>
> (1) This wonderful poem **was written** by a child. 161
> この素晴らしい詩は、ある子どもによって書かれた。
>
> (2) Their website **is updated** daily. 162
> 彼らのウェブサイトは毎日更新される。

by 〜で動作主を示す

例文(1)では「素晴らしい詩が書かれた」ことが述べられているが、この文の場合、「誰が書いたのか」、つまり「誰によって」という情報が重要である。**動作・行為をする人（動作主）についての情報が重要で、伝える必要がある場合は、「by＋動作主」の形で示す。**(1)の内容を、動作主を主語にして述べると次のようになる。

● A child wrote this wonderful poem.
（ある子どもが、この素晴らしい詩を書いた）

このように、「動作・行為をする側」を主語にして述べた文の形を**「能動態」**と呼ぶ。「能動態」は**「主語が〜をする」という表現の形**である。上の能動態の文の主語 A child は内容上重要であるため、受動態の文では、by a child の形で示すことになる。

動作主を示さない

(2)では「ウェブサイトが毎日更新される」ことが述べられている。この場合、誰がその行為をするのかは特に重要ではなく、またあえて示す必要もないため、by 〜の形で動作主を示すことはしない。(2)を能動態の文にすると次のようになる。

● They update their website daily.
（彼らは自分たちのウェブサイトを毎日更新する）

つまり、受動態の文において**「誰がするのか」という情報が示されるのは、示す必要がある場合のみ**である。動作主が分かり切っている場合や、逆に不明な場合、あるいは we や you、they などの漠然とした人々である場合には動作主を示さないのが普通で、p. 204 に挙げた例文もすべてそのような例である。

3 受動態の否定文

Clip 081

(1) The singer **is not known** in Japan.　163
その歌手は日本では知られていない。

(2) The food **was not heated** enough. 　164
その食べ物は十分に加熱されなかった。

notはbe動詞の後ろに来る

受動態を用いた否定文を作る場合は、(1)、(2)のようにbe動詞の後ろにnotを置く。「be動詞＋not＋過去分詞」で受動態の否定表現となる。

- Computers **are not used** by everyone.
  (コンピューターは誰もが使うわけではない)
- Rome **was not built** in a day.
  (ローマは1日にして成らず)

4 受動態の疑問文 ① Yes/No疑問文

Clip 082

(1) **Are** these computers **made** in Japan?　165
これらのコンピューターは日本製ですか。

(2) **Were** these pictures **taken** last year?　166
これらの写真は昨年撮られたのですか。

be動詞を主語の前に出す

受動態のYes/No疑問文を作る場合は、(1)、(2)のようにbe動詞を文頭に出す。「be動詞＋主語＋過去分詞」で始まる疑問文となる。

- **Is** the singer **known** in Japan?
  (その歌手は日本で知られていますか)
- **Was** the food **heated** enough?
  (その食べ物は十分に加熱されましたか)

5　受動態の疑問文 ②　疑問詞を使う疑問文

Clip 083

(1) **Who was praised** by the teacher?　　　　167
　　先生にほめられたのは誰ですか。

(2) **When is** this type of song **sung**?　　　　168
　　こういう種類の歌はいつ歌われていますか。

疑問詞を文頭に

　疑問詞を使った受動態の疑問文では、be動詞ではなく**疑問詞が文頭に来る**が、主語について尋ねる（＝疑問詞が主語になる）場合と、主語以外について尋ねる場合とで、疑問詞に続く部分の語順が異なる。

主語について尋ねる（＝疑問詞が主語の）場合

　疑問詞を主語にして、**「誰が～されるのか」**などと尋ねるときは、(1)のように、主語となる疑問詞の後ろに「be動詞＋過去分詞」を続ける。これは「疑問詞＋名詞」が主語になる場合も同様である。

- **Which plan was chosen?**（どちらの案が選ばれましたか）

主語以外について尋ねる場合

　(2)のように「**いつ～されるか**」と**時**を尋ねる場合や、**場所**や**方法**、**理由**などについて尋ねる場合は、疑問詞を文頭に置き、その後ろを受動態のYes/No疑問文と同じ語順（be動詞＋主語＋過去分詞）にする。

- **Where are** these parts **manufactured**?
　（これらの部品はどこで製造されますか）
- **How was** the tower **built**?
　（その塔はどのようにして建てられたのですか）
- **Why was** the event **postponed**?
　（その行事はなぜ延期されたのですか）
- **How well was** the food **heated**?
　（その食べ物はどのくらいよく加熱されましたか）

　文中の**前置詞に続く部分**を尋ねる場合には、次のように、その部分を表す疑問詞が文頭に来る。このとき、**前置詞は省かずに文末に残す**。

- **What** is butter made **from**?
  (バターは何から作られるのですか)
- **Who** was the dinner prepared **by**?
  (夕食は誰によって準備されたのですか)

なお、**From what** is butter made? や **By whom** was the dinner prepared? のように、「前置詞＋疑問詞」を文頭に出す(その場合、who は whom にする) 形も可能だが、硬い表現であり、あまり使われない（▶ p.389）。

2 受動態のさまざまな形 ①

受動態は助動詞や進行形、完了形と組み合わせた形でも用いられる。

1 助動詞を使う受動態

Clip　084

(1) The book **can be bought** on the Internet.　169
　　その本はインターネットで買うことができる。
(2) Our sports day **will be held** on October 10.　170
　　運動会は10月10日に行われるだろう。

助動詞に「be＋過去分詞」を続ける	受動態は助動詞と一緒に使うことができる。語順は例文(1)や(2)のように「**助動詞＋be＋過去分詞**」となる。助動詞の直後には原形のbeを使い、続く過去分詞で「受け身」を表す。「～されることができる」と言いたいときはcan、「～されるだろう」と言いたいときはwillを用いる。
疑問文と否定文	助動詞を使った受動態の疑問文・否定文は、例えば次のようになる。

- **Can** the book **be bought** on the Internet?
  (その本はインターネットで買うことができますか)
- **When will** your sports day **be held**?
  (あなたたちの運動会はいつ開かれるのですか)

- This motorcycle **cannot be repaired** easily.
(このオートバイは簡単には修理できない)

② 進行形の受動態

Clip 085

(1) That boy **is** now **being scolded** by his mother. 171
あの少年は今、母親に叱られているところです。

(2) Last month, roads **were being repaired** here and there. 172
先月、道路があちこちで修理中だった。

「be動詞＋being ＋過去分詞」　　例文(1)では、少年が「今、母親に叱られている」ことを伝えている。このように「何かをされている最中である」ことを表す場合には、**「be動詞＋being ＋過去分詞」** の形（受動態を進行形にしたもの）を用いる。「be動詞＋being」で「最中である」ことを示し、続く過去分詞で主語が「何かをされる」ことを示す。「be動詞」の部分は、主語の人称・数および時制によって変化させる。(2)では、主語が複数で時制が過去なのでwereが用いられている。

疑問文と否定文　　進行形の受動態の疑問文・否定文は、例えば次のようになる。
- **Are** new fences **being built**?
(新しい塀が造られているところですか)
- This printer **is not being used**.
(このプリンターは使用中ではありません)

3 完了形の受動態

Clip 086

(1) *Soran Bushi* **has been sung** since the Edo period. 173
ソーラン節は江戸時代から歌われてきた。

(2) Before the bridge came into use, ferryboats **had** often **been used**. 174
その橋が使えるようになる前は、連絡船がよく利用されていた。

「have been＋過去分詞」で表す

完了形の受動態は「have[had] been＋過去分詞」の形で表す。(1)では現在完了形を用いて「現在を基準にした、過去のある時点からの継続」が、(2)では過去完了形を用いて「過去のある時点を基準にした、それよりもさらに前の時点からの継続」が、それぞれ「受け身」の内容とともに表されている。主語が単数か複数か、現在完了形か過去完了形かによって、haveとhas、またはhadを使い分ける。

疑問文と否定文

完了形の受動態の疑問文・否定文は、例えば次のようになる。
- **Has** this song **been sung** by children?
 (この歌は子どもたちによって歌われてきたのですか)
- This song **has not been sung** in English.
 (この歌は英語では歌われてこなかった)

完了形の受動態と助動詞を組み合わせる

完了形の受動態は、may (〜かもしれない) やmust (〜に違いない) などの助動詞と組み合わせても使われる。その場合は「助動詞＋have been＋過去分詞」という語順になる。
- You **may have been misunderstood**. (君は誤解されたのかもしれない)
- The plans **must have been** carefully **prepared**.
 (その計画は念入りに準備されたに違いない)

3 語順に注意が必要な受動態

「Aが〜された」ではなく、「AがBを〜された」のような、やや複雑で文の要素が多い受動態の文については、語順に注意することが大切である。

1 SVOOの文を作る動詞（give型）を使った受動態

Clip 087

(1) The winners **were given** the medals by the mayor. 175
入賞者は市長からメダルを与えられた。

(2) The medals **were given to** the winners by the mayor. 176
メダルが市長から入賞者に与えられた。

「人＋be動詞＋過去分詞＋物」

例文(1)では、「be動詞＋過去分詞」の直後にthe medalsという「物」を表す名詞が続き、主語の「人」がもらった物が示されている。(1)の文は、「メダルをもらう」立場のthe winnersを主語にした受動態の文である。この文を、the mayorを主語にした能動態の文にすると以下のようになる。

● The mayor gave the winners the medals.
　　　S　　　V　　　O　　　　　O
（市長は入賞者にメダルを与えた）

上の文の動詞gaveの後ろには、the winners（人）、the medals（物）という2つの目的語が続いている。giveのような、**SVOOの文型**（ p.113）で用いられる、「相手に物を直接手渡す」意味合いを持つ動詞を**give型の動詞**（ p.116）と呼ぶ。このタイプの動詞は、「人」を主語にして、「人が物を〜される」という意味の受動態の文を作ることができる。

「物＋be動詞＋過去分詞＋to＋人」

(2)は、動詞giveを用い、「物」を主語にして、「物が人に〜される」ということを受動態の文で表したものである。この文では、「be動詞＋過去分詞」の直後に「(人)に」を示すtoが続い

211

ている。give型の動詞を用いたSVOOの文の内容は、「主語＋動詞＋物＋to＋人」つまり「SVO＋to＋人」（●p.116）の文でも表現できることを確認しよう。

- The mayor gave the medals to the winners.
  　　　S　　　 V　　　 O
  （市長は入賞者にメダルを与えた）

(2)のような「物」を主語にした受動態の文では、「(人)に」を意味するtoを省かないように注意しよう。ただし、「人」に当たる語がmeやhimなどの人称代名詞の場合には、toがまれに省略されることもある。

- This medal was given (to) me by the mayor.
  （このメダルは市長から私に与えられた）

2　SVOOの文を作る動詞（buy型）を使った受動態

Clip　088

The skirt **was made for** Nancy by my aunt.　177
そのスカートは、私の叔母によってナンシーのために作られた。

「物＋be動詞＋過去分詞＋for＋人」

例文は、p.211の(2)と似た形の、「物が人のために～される」という意味の受動態の文である。この文では、「be動詞＋過去分詞」の直後に「(人)のために」を示すforが続いている。

この文で用いられている動詞makeは、以下のようなSVOOの文と、「主語＋動詞＋物＋for＋人」つまり「SVO＋for＋人」の文を作ることができる動詞である。このタイプの動詞をbuy型の動詞（●p.117）と呼ぶ。

- My aunt made Nancy the skirt.
  　S　　　 V　　 O　　 O
- My aunt made the skirt for Nancy.
  　S　　　 V　　　O
  （私の叔母がナンシーのためにそのスカートを作った）

buy型の動詞を使ったSVOOの文は、「人が～される」という受動態の文にすることはできない。

- (×) Nancy was made the skirt by my aunt.

つまり buy 型の動詞を使った受動態の文は、常に「物」が主語になり、またその際に前置詞の for が必要となる。

動詞 buy が「人」を主語にした受動態の文を作る場合

　buy 型の動詞は、「人」を主語にした受動態の文を作ることができないが、それは give 型の動詞と異なり、buy 型の動詞は、「物を相手に直接届ける、手渡す」というニュアンスが弱いためである。ただし buy に限っては例外的に、人を主語にした受動態の文でも使われることがある。
- Nancy was bought the skirt by my aunt.
  （ナンシーは私の叔母にスカートを買ってもらった）

　上の例のように、buy が「相手に直接買い与える」という give に近い意味で使われる場合には、give と同じ使い方が可能になる。ただし、実際にこのような使い方をされる場面はごくまれである。

3 SVOC の文を作る動詞を使った受動態

Clip 089

The cat **is called Nora** by everyone.　　　178
その猫は誰からもノラと呼ばれている。

補語はそのままの形で添える

　例文を、「呼ぶ」立場の everyone を主語にして能動態の文にすると次のようになる。
- Everyone calls the cat Nora.
  　　S　　V　　O　　C
  （誰もがその猫をノラと呼んでいる）

　動詞 call の後ろに the cat と Nora という2つの要素（目的語と補語）が続く。こうした **SVOC の文**（ p.114）は、**動詞の直後の「目的語」を主語にした受動態の文にすることができる**。例文では目的語の the cat が主語となり、補語の Nora はそのままの形で過去分詞の called に続けられている。次の文も同様の例である。
- The wall **was painted green** by the students.
  （その壁は生徒たちによって緑色に塗られた）

6 受動態

213

Close Up! 受動態を使う状況

受動態とは、どんな場合に使われる表現なのか。ここで「受動態を用いる理由や意図」について整理してみよう。

1 受け身の立場の人や物を中心に述べるとき

英語の文では、主語は話し手（書き手）が述べたい主題を示す。受動態の文では、**受け身の立場の人や物に注目し、それらを主語にして述べる**ことができる。

Mechanical pencils **are** widely **used** by students.
（シャープペンシルは広く学生に使われている）

2 「誰が」するかを示さないとき

① 「誰がするか」については気にしない場合

受動態の文では、「誰がその動作をするのか」が特に重要でない場合や、話し手が気にしていない場合、明白な場合などには、「by＋動作主」の部分は必要ない（▶ p.205）。

English **is spoken** all over the world. （英語は世界中で話されている）

上の文を能動態で表現すると、People speak English all over the world.（世界中で人々は英語を話す）のように、people などの主語が必要になる。しかしこの主語は内容的には重要ではなく、形式的に必要であるに過ぎない。受動態の文では、こうした**特に重要でない動作主についての情報を省くことができる**のである。

② 「誰が」したのかがよく分からない場合

誰がその動作をしたのかが不明な場合にも、動作主を示さずに済む受動態が適切な表現となる。

This pyramid **was built** about 4,500 years ago.
（このピラミッドは約 4500 年前に建てられた）

③ 「誰が」したか述べたくない場合

動作主を述べたくないような場合にも、受動態は適切かつ好都合な表現となる。

The file **was** accidentally **deleted**. （そのファイルはうっかり削除された）

この例文のように、受動態を使うことで、**動作をした人をぼかす**ことができる。例文において、動作主が自分である場合は、本当は I accidentally deleted the file.（私はうっかり、ファイルを削除した）となるのだが、自分が削除したことをあいまいにしたいときなどには、このように受動態を使って表現することができる。

3 「誰によって」の部分を重要な情報として示すとき

受動態の文では、動作主は示す必要がある場合のみ、by ～の形で文末に示す。逆に言うと、**「by＋動作主」**が最後に示されていれば、その動作主が重要な情報であるということになる。これは、**後で登場する情報に重点が置かれる**という、英語の文における情報の流れ（▶p.121）とも関係している。

(1) The wall has a small sketch on it. The sketch **was drawn by** a famous artist.
（壁に小さなスケッチがあります。そのスケッチは有名な画家に描かれたものです）

この文では、内容の焦点が「壁」→「そこにあるスケッチ」→「その制作者」へと移っており、最後に述べられる「制作者」に自然に注意が向くような流れになっている。これを、2つ目の文を能動態で述べたものと比較してみよう。

(2) The wall has a small sketch on it. A famous artist drew the sketch.
（壁に小さなスケッチがあります。有名な画家がそのスケッチを描きました）

このようにした場合、壁の「スケッチ」の次に「制作者」という話題が割り込み、その後でまた壁の「スケッチ」に焦点が戻ることになり、流れがややぎこちない。つまり、2つ目の文は(1)のように受動態にしたほうが自然に感じられるのである。

こうした効果は微妙なものであり、1文単位の読解では感じられないことが多い。まとまった量の英文に触れ、敏感に感性を働かせて、受動態の持つニュアンスを読み取ってほしい。

Step 2 発展

1 受動態のさまざまな形 ②

受動態には、Step 1 で見てきたもののほかにも、さまざまな形を取るものがある。受動態のバリエーションをさらに見ていこう。

1 群動詞の受動態

> **Clip 090**
>
> The picnic **was put off** because of rain. 179
> ピクニックは雨のため延期になった。

群動詞は1つの動詞のように扱う

例文中の put off ~（~を延期する）のように、動詞に副詞や前置詞がくっついて特定の意味を表す「群動詞」（▶p.631）は、受動態の文では「まとまり」と見なして1つの動詞のように扱う。

- The cat **is taken care of** by my neighbor.
  （そのネコはうちの近所の人に世話してもらっている）
- The plan should **be carried out** now.
  （その計画は今、実行されるべきだ）

speak to ~（~に話しかける）、laugh at ~（~を笑う）、stare at ~（~をじっと見る）などの表現も、受動態で用いることができる。

- The guest **was spoken to** by the host.
  （その客は主催者に話しかけられた）

2 get を使った受動態

Clip 091

(1) When I dropped the bag, the eggs inside it **got broken**.
私が袋を落としたとき、袋の中の卵が割れた。

(2) When I looked into the bag, the eggs inside it **were broken**.
私が袋をのぞき込んだとき、袋の中の卵は割れていた。

「get＋過去分詞」で「動作・変化」を表す

(1)のように、「割られている→割れている」という受け身の意味を持つbrokenを、**「～になる」という意味の**getとともに使うと、「割れている状態になる」つまり「割れる」という**「動作・変化」を表現する**ことができる。なお、「割れている状態である」ことを表現するには、(2)のようにbe動詞を使えばよい。

- I **got hurt** during the baseball game.
 （私は野球の試合中にけがをした）
- I'll **get dressed** in a minute. （すぐに着替えます）

疑問文と否定文

getを使った受け身の文の疑問文・否定文は、例えば次のようになる。

- **Did** the eggs **get** broken? （卵が割れたの？）
- The eggs **did not get** broken. （卵は割れなかった）

2通りに解釈できる「be＋過去分詞」の受動態

「be＋過去分詞」を使った受動態の文の中には、「動作・変化」を表す文と「状態」を表す文の、2通りに解釈できるものがある。次の例を見てみよう。
- The window was broken.
この文は、「その窓は割られた［割れた］」という「動作・変化」の意味にも解釈できるが、「その窓は割れていた」という「状態」の意味にも解釈できる。このような場合、前後の文脈などから「動作・変化」なのか「状態」なのかを判断することになる。
　この文がThe window got broken.となっていれば、前後関係によらずに「動作・変化」を表す文と判断できる。

「become＋過去分詞」で受け身を表す

「〜になる」を表すbecomeを使って、getのような「動作・変化」の意味の受け身の表現ができる場合もある。
- A new agricultural method **became used** in that region.
（新しい農業の方法が、その地域で利用されるようになった）

3 It is said that 〜などの形

Clip 092

It is said that young people today are realistic. 182
今日の若者は現実的だと言われている。

Itを主語にして、「発言者」を示さずに表現

例文の文頭のItはthat以下を指す形式主語（▶p.520）で、後半でthat以下を重要な内容として述べる文となっている。「誰が言っているか」を述べる能動態の文にするなら、**They say that** young people today are realistic.（今日の若者は現実的だと人々は言っている）などとなるが、発言者であるThey（人々）は特に示す必要がない情報である。こうした場合は、It is said that ... のようにitを主語にして受動態で表現する。

この形の文に使われる動詞

say以外にも、think（〜と考える）やbelieve（〜と考える、信じる）、know（〜を知っている）、acknowledge（〜を認める）などの「考える、認める」といった意味の動詞は、この形の受動態の文で用いることができる。
- **It is believed that** early education is effective.
（早期教育が効果的であると考えられている）
- **It is known that** the Earth is becoming warmer.
（地球が温暖化していることが知られている）

that節の主語を文の主語にした場合

例文は、that節の主語であるyoung people todayを文の主語にして、Young people today **are said** to be realistic. という形の文にすることもできる。

2 前置詞に注意すべき受動態

受動態の文では、「動作主」を示すby 〜以外の前置詞を用いることも多い。意味に応じて前置詞を使い分けよう。

① 過去分詞の後ろにby以外の前置詞が来る受動態

> **Clip 093**
>
> The ground **is** completely **covered with** snow.
> 地面は雪で完全に覆われている。
>
> 183

過去分詞の後ろがby以外の前置詞になる場合

例文では「地面が雪で覆われている」ことが表現されているが、このような場合、雪を「動作をするもの」というよりは「覆う」ための**「手段」**や**「材料」**と考えて、前置詞withの後ろに続ける。このように、動詞の表す内容によって、受動態の過去分詞の後ろに**by以外の前置詞**を使うことがある。

- My refrigerator **is filled with** frozen food.
  (うちの冷蔵庫は冷凍食品でいっぱいだ)
- The dog **was killed in** a traffic accident.
  (その犬は交通事故で死んだ)

② 心理状態を表す受動態

> **Clip 094**
>
> I **am surprised at** your progress.
> あなたの進歩には驚いています。
>
> 184

受動態で表す心理状態

例文は、動詞surprise(〜を驚かせる)の過去分詞であるsurprisedを使い、**「驚かされる」立場の人を主語にして表現した受動態の文**である。能動態の文にすると次のようになる。

- Your progress surprises me.
  (あなたの進歩が私を驚かせる)

心理状態の表現に使われる前置詞

　日本語では、このような心理的な状態を表現するとき、「私は驚いている」のように言うことが多い。しかし英語では、このような場合に「驚かされる」という受動態を用いる。この感覚の違いを意識しておく必要がある。

　心理や感情を受動態で表現する場合、その原因となったものから「行為を受ける」感じが弱いので、以下の例のように過去分詞の後ろの前置詞が by 以外のものになることが多い。

- He **was disappointed at** her response.
（彼は彼女の返事にがっかりした）
- I **was satisfied with** the result of the test.
（私はテストの結果に満足した）
- You **are interested in** English, aren't you?
（君たちは英語に興味があるよね）

　なお、「行為を受ける」感じを強く出す場合は、次の文のように by ～を使って表現することもある。

- I **am surprised by** your progress.
（あなたの進歩には驚かされますよ）

受動態と間違えやすい表現

　日本語の感覚では受け身のように感じられる内容でも、英語では能動態で表現される場合がある。次の文を見てみよう。

- The book **sold** well.（その本はよく売れた）

　本は「売られる」という受け身の立場のはずだと思うかもしれないが、本の売れ行きは本自体の（特徴による）手柄だというのが英語の感覚である。
　このように、主語が備えている性質に基づき、特徴や実績などを能動態で述べる表現には、次のようなものもある。

- *The Lion King* **is showing** at the theater.
（その劇場では『ライオン・キング』が上演されている）
- The spot will **wash out** with soap.（その染みはせっけんで洗えば落ちるだろう）

7章 不定詞
Infinitives

Step 1　基本

1 不定詞の名詞的用法
- ① 主語になる不定詞：～することは（…だ）　222
- ② 補語になる不定詞：（…は）～することだ　223
- ③ 目的語になる不定詞：～することを（…する）　224

2 不定詞の形容詞的用法
- ① 直前の名詞を修飾する　226
- ② 直前の名詞の内容を説明する　227

3 不定詞の副詞的用法
- ① 目的を表す：「～するために」　228
- ② 結果を表す：「（…して、その結果）～する」　230
- ③ 感情の原因・理由を表す：「～して、（…だ）」　231
- ④ 判断の根拠を表す：「～するなんて、（…だ）」　232

4 不定詞の意味上の主語
- ① for＋人＋不定詞　232
- ② of＋人＋不定詞　233

5 不定詞と結びつきやすい動詞
- ① V＋不定詞　234
- ② VO＋不定詞　236

6 動詞の原形を用いる表現
- ① 使役動詞＋O＋動詞の原形　238
- ② 知覚動詞＋O＋動詞の原形　239

7 疑問詞＋不定詞　240

Step 2　発展

1 不定詞と結びつく形容詞　242

2 不定詞の形　244

3 不定詞を用いたさまざまな表現　247

Step 1 基本

to be、to do、to have のような「to＋動詞の原形」の形を**不定詞（または to 不定詞）**と呼ぶ。to の後ろの動詞は必ず原形となり、また時制によって形が変わることはない。つまり、(×) to is や (×) to did のような形はない。

不定詞は名詞や形容詞、副詞と同様の働きをする。不定詞の主な用法をまとめると次のようになる。

① 主語、目的語、補語など、英文の骨組みとなる→**名詞的用法**
② 名詞を修飾する→**形容詞的用法**
③ 動詞や形容詞を修飾する→**副詞的用法**

1 不定詞の名詞的用法

不定詞には、「〜すること」を意味し、名詞のように扱うことができるものがある。このような使い方を**「不定詞の名詞的用法」**と呼ぶ。「to ＋動詞の原形」を中心とした語と意味のまとまりを**不定詞句**と呼ぶが、名詞用法の不定詞（句）は、主語、補語、目的語などの英文の骨組み（文の要素）になる。

1 主語になる不定詞：〜することは（…だ）

Clip 095

(1) **To study** for hours is hard. 　　　　　　　　　　185
　　何時間も勉強することは大変だ。
(2) It is necessary **to consider** the plan carefully. 　186
　　その計画について注意深く検討する必要がある。

主語になる　　例文(1)は **SVC（主語＋動詞＋補語）**の文型（▶p.111）で、不定詞句 To study for hours（何時間も勉強すること）が**主語** (S) に、is が動詞 (V) に、hard が補語 (C) に当たる。

　● <u>To study</u> for hours <u>is</u> <u>hard</u>.
　　　　S　　　　　　　 V　 C

222　7章　不定詞

形式主語itに対する「真の主語」になる

例文(2)の内容を、(1)と同じような To consider the plan carefully is necessary. という形で表すこともできるが、動詞 (V) の前に置いた主語の不定詞句（下線部）が長く、不安定な印象を与える。そこで多くの場合、例文(2)のように、主語 (S) に当たる不定詞句を it に置き換えて、下線部を動詞 is よりも後ろに移動させる。この、主語として仮に置かれた it を「形式主語」（▶p.520）、後ろに移動した本来の主語である不定詞句を「真の主語」と呼ぶ。形式主語の it には「それ」という意味はない。

- To consider the plan carefully is necessary.
➡ It is necessary to consider the plan carefully.

2 補語になる不定詞：（…は）〜することだ

Clip 096

My dream is **to own** a mansion in Hawaii. 187
私の夢はハワイに豪邸を所有することだ。

補語になる

例文は SVC の文型（▶p.111）である。to own a mansion in Hawaii は、文中で補語 (C) の働きをしており、主語 (S) である My dream の説明をしている。この文では「SはCである」という関係が成り立っている。ちょうど、My name is Jun. という英文で「My name は Jun である」という関係が成り立つのと同じである。「My dream（私の夢）は to own a mansion in Hawaii（ハワイに豪邸を所有すること）である」と考えればよい。

- My dream is **to own** a mansion in Hawaii.
　　　S　　V　　　　　　C

7 不定詞

223

3 目的語になる不定詞：～することを（…する）

Clip 097

(1) I decided **to study** economics at university.　188
　私は大学で経済学を学ぶことにした。

(2) Do you think it possible **to complete** this project within a year?　189
　この事業を1年以内にやり遂げることは可能だと思いますか。

目的語になる

目的語になる不定詞について理解するために、まず、次の簡単なSVO（主語＋動詞＋目的語）（▶p.112）の英文で考えてみよう。

● He likes baseball.（彼は野球が好きだ）
　S　V　　O

この英文を「彼は野球をすることが好きだ」という、より具体的な内容にするには、to play baseball（野球をすること）という不定詞句を目的語（O）にすればよい。

● He likes **to play** baseball.（彼は野球をすることが好きだ）
　S　V　　　　　O

これと同様、例文(1)のto study economics at university（大学で経済学を学ぶこと）は動詞decided（～を決めた）の目的語の働きをしている。

● I decided **to study** economics at university.
　S　V　　　　　　　O

形式目的語itに対する「真の目的語」

SVOC（主語＋動詞＋目的語＋補語）の文型（▶p.114）における目的語の部分に不定詞が来る場合は、不定詞は「真の目的語」になる。次のSVOCの英文を見てみよう。

● Do you think this project possible?
　　　　　　　　　O　　　　　C
　（この事業は可能だと思いますか）

この文の目的語（O）の部分を、「この事業を1年以内にやり遂げること」という内容にすると、次のようになる。しかし、目的語が長くて補語が短いこの文は、バランスが悪い上、目的語と補語の区切りも分かりづらい。したがって、このような表現は好まれず、あまり使われない。

- (△) Do you think **to complete this project within a year** possible?

　実際は、例文(2)のように目的語 (O) の位置にitを置き、不定詞句を補語 (C) の後ろに移動させる。目的語の不定詞句の代わりをするこのitを「**形式目的語**」(▶p. 520)、後ろに移動した本来の目的語を「**真の目的語**」と呼ぶ。形式主語のitと同様、形式目的語のitにも「それ」という意味はない。

- Do you think **it** possible **to complete this project within a year**?

不定詞を目的語にする動詞

　SVOの文で、「〜すること」を表す不定詞を目的語にする動詞 (▶p. 258) の数は多くはない。代表的なものを覚えておくとよいだろう。

　不定詞は、基本的に未来を見すえた響きのある表現 (▶p. 255) なので、例えば「希望」「計画」「目的」といった「これからすること」に関する動詞と組み合わせることが多い。例えば、want（〜したいと思う）、hope（〜を望む）、plan（〜を計画する）、decide（〜を決める）などである。

2 不定詞の形容詞的用法

　不定詞は、形容詞のように**名詞を修飾する**ことができる。例えば a knife to cut meat（肉を切るための包丁）という表現では、不定詞句 to cut meat が後ろから名詞 knife を修飾し、包丁の特徴を説明している。このような不定詞の使い方を**「不定詞の形容詞的用法」**と呼ぶ。

1 直前の名詞を修飾する

Clip 098

(1) I want a book **to teach** me practical English grammar.　190
　実用的な英文法を教えてくれる本が欲しい。

(2) We have lots of things **to do** before the exams.　191
　試験前にはすべきことがたくさんある。

(3) We have a problem **to talk about**.　192
　私たちには話し合うべき問題がある。

「〜する人・物」

　(1)で文の中心となるのは I want a book（私は本が欲しい）の部分である。「私」が欲しい本がどんな本かを説明するのが、不定詞句 to teach me practical English grammar で、この部分が後ろから a book を修飾している。このように、形容詞の働きをする「まとまり」が名詞を後ろから修飾することを**「後置修飾」**と呼ぶ。つまり、「私」が欲しい本は、「私に実用的な英文法を教えてくれる本」ということになる。

● I want a book to teach me practical English grammar.
　　　　　　　↑_____|
　　　　　　　　　　　　　＊ a book は不定詞の主語

　「私に実用的な英文法を教えてくれる」のは「本」であり、a book teaches me practical English grammar という関係になっている。このように、**修飾される名詞と修飾する不定詞句には、SとV（主語と動詞）の関係が成り立つ**。

|||

「〜するための [すべき] 人・物」	(2)では、修飾される名詞に当たるのはlots of thingsで、修飾する不定詞句はto do before the examsである。不定詞句が名詞句を後ろから修飾しており、「試験の前にするべきたくさんのこと」を表している。

● We have lots of things to do before the exams.
＊ lots of things は不定詞の目的語

名詞句と不定詞句の関係について、do lots of things before the exams、つまりlots of thingsはdoの目的語だと考えると意味が通る。**修飾される名詞と修飾する不定詞句はOとV（目的語と動詞）の関係になっている。**

修飾される名詞が前置詞の目的語になる場合	(3)では、修飾される名詞はa problemで、修飾する不定詞句はto talk aboutである。これらを組み合わせて「話し合うべき問題」という意味になっている。

● We have a problem to talk about.
＊ a problem が前置詞 about の目的語

この文では、前置詞aboutの直後にあるべき名詞がない。そこで、a problemをaboutの後ろに移してto talk about a problemとすると意味を成す。つまり**a problemは意味上、前置詞aboutの目的語に当たる**ことになる。この文は、不定詞が前置詞を伴って、本来あるべき前置詞の目的語の名詞（a problem）を後ろから修飾している形である。

2 直前の名詞の内容を説明する

> **Clip 099**
>
> He has the ability **to bring** the team together. 193
> 彼にはチームをまとめる能力がある。

名詞の具体的内容を表す不定詞	例文では、彼が持つ能力（the ability）が**どのようなものであるか**を、不定詞句to bring the team togetherが説明している。このthe abilityはto bring the team togetherの主語に当たるとも言い難く、目的語にも当たらない。この不定詞句は、直前の（the ability）という**名詞の具体的内容を説明**して

7
不定詞

227

いると考えることができる。

- He has the ability <u>to bring the team together</u>.

＊不定詞がthe abilityの内容を説明

> **「名詞＋内容説明の不定詞」のパターンで使われる名詞**
>
> 後ろに「具体的な内容を説明する不定詞句」を伴う形でよく使われる名詞には、ability（能力）、decision（決意）、chance（機会）、opportunity（機会）、time（時間）、effort（努力）、way（方法）、desire（欲求）、promise（約束）、attempt（試み）、plan（計画）などがある。
> - What is the best <u>way</u> **to master** English?
>   （英語を習得する最もよい方法は何ですか）
>
> なお、このパターンでは、名詞と不定詞句が「同格」（●p.451）の関係になることが多い。
> - She made <u>a decision</u> **to study** abroad.
>   （彼女は海外に留学するという決心をした）　　＊a decisionはto study abroadと同格

3 不定詞の副詞的用法

副詞が動詞や形容詞を修飾するように、不定詞句が動詞や形容詞を修飾して、意味をつけ加えることがある。これを**「不定詞の副詞的用法」**と呼ぶ。不定詞の副詞的用法では、**「目的」「結果」「感情の原因・理由」「判断の根拠」**などを表すことができる。

① 目的を表す：「〜するために」

Clip 100

(1) Tom gets up early **to walk** his dog. 　194
　トムは犬の散歩をするために早起きをしている。

(2) He went to Los Angeles **to play** baseball in the Major Leagues. 　195
　彼はメジャーリーグで野球をするためにロサンゼルスへ行った。

目的を表す不定詞　　例文(1)で、トムが「早起きをする」**目的**は、「犬の散歩をする」ためである。これらに当たる2つの動詞のまとまり、gets up earlyとwalk his dogに注目しよう。まずgets up (early)は文の中心となる動詞のまとまりである。一方、walk his dogはそれに意味をつけ加える働きをしている。

例文(2)の文の中心は、「彼がロサンゼルスへ行った(He went to Los Angeles)」で、その目的である「メジャーリーグで野球をするために(to play baseball in the Major Leagues)」が、後ろから修飾する構造となっている。

(1)も(2)も修飾されている部分の中心には動詞がある。このように「目的」を表す不定詞は、副詞のように動詞を修飾する。

不定詞を文頭に置く場合

目的を表す副詞的用法の不定詞句は、副詞と同様に、文頭に置くこともできる。その場合は、次のように不定詞句の後にコンマ(,)を入れる。

- **To see an aurora**, my sisters went to Norway.
  (姉たちはオーロラを見るためにノルウェーへ行った)

目的を表す「in order to＋動詞の原形」、「so as to＋動詞の原形」

副詞的用法の不定詞が表す内容はさまざまであり、どんな意味で使われているのかを判断するのが難しい場合もある。そこで、目的を表す不定詞であることをより明確にするために、「in order to＋動詞の原形」や「so as to＋動詞の原形」といった表現が用いられることがある。これらの表現は、不定詞が「目的」を表すことを示す目印のようなものである。

- I will save money **in order to buy** a new game.
  (新しいゲームを買うためにお金をためよう)
  ＝ I will save money to buy a new game.
- He took out a map **so as to check** the place.
  (彼はその場所をチェックするために地図を取り出した)
  否定形は「in order not to＋動詞の原形」、「so as not to＋動詞の原形」となる。
- He wore snowshoes **in order not to slip** on the icy road.
  (彼は凍った道路で滑ってしまわないように雪靴をはいた)
- I turned off the air conditioner **so as not to waste** energy.
  (私はエネルギーをむだにしないようにエアコンを切った)

2 結果を表す：「（…して、その結果）〜する」

> **Clip 101**
>
> I opened the box **to find** that some products were missing. 196
> 私は箱を開けて、いくつかの製品がないことに気づいた。

結果を表す不定詞　　この文の中心は「私は箱を開けた (I opened the box)」の部分で、その後ろの不定詞句は「いくつかの製品がないことに気づいた (to find that some products were missing)」ということ、つまりその後の**「結果」**を表す。次の例も同じ構造で、「億万長者になる (to be a billionaire)」は、「成長した (grew up)」ことの結果である。

- The boy grew up **to be** a billionaire.
  （その少年は成長し、[結果として] 億万長者となった）

結果を表す不定詞は、andやbutで動詞をつないだ文とほぼ同じ意味になる。

- I opened the box, **and** found that some products were missing.
- The boy grew up **and** became a billionaire.

「, only to ＋動詞の原形」 と 「, never to ＋動詞の原形」

「結果」を表す不定詞は、「, only to ＋動詞の原形」や「, never to ＋動詞の原形」の形で用いられることがある。いずれも通常、直前にコンマが置かれる。

「, only to ＋動詞の原形」は、「(…したが) 結局〜しただけだった」という意味で、「期待に反する結果に終わった」ことを表す。一方、「, never to ＋動詞の原形」は「(…して) 二度と〜しなかった」という意味になる。

- I called Maki at home, **only to find** that she was out.
  (マキの家に電話したが、留守だと分かっただけだった)
- Shun went to New Zealand to study, **never to return** to Japan.
  (シュンはニュージーランドに留学し、二度と日本に戻らなかった)

3 感情の原因・理由を表す：「〜して、(…だ)」

Clip 102

I'm glad **to see** you again. 197
再会できてうれしいよ。

「なぜその心情になるのか」を表す不定詞

例文では、「私はうれしい (I'm glad)」ということの原因・理由を、「あなたにまた会えたので (to see you again)」と不定詞句でつけ加えている。このように、**「感情の原因・理由」を表す不定詞**は、感情を表す形容詞の後ろに置かれ、その形容詞を修飾する。この形でよく使われる形容詞は、glad (うれしい) のほかに、pleased (喜んだ)、happy (幸せな)、surprised (驚いた)、excited (わくわくした)、sorry (残念な)、shocked (ショックを受けた) などがある。

- My mother was very excited **to see** a movie star from South Korea.
  (韓国から来た映画スターに会って、母は大興奮だった)
- We felt very sorry **to hear** the news of his death. (彼の死の知らせを聞き、私たちはとても悲しんだ)

231

4 判断の根拠を表す：「～するなんて、(…だ)」

Clip 103

You were careless **to leave** your bag on the train. 198
バッグを電車に置き忘れるとは、あなたは不注意でした。

判断や評価の根拠を示す不定詞

例文では、「あなたは不注意だった (You were careless)」と判断する根拠を、「バッグを電車に置き忘れるなんて (to leave your bag on the train)」と不定詞句で示している。このように、**「判断の根拠」を表す不定詞**も、形容詞の後ろに置かれてその形容詞を修飾する。

この場合、不定詞の前の形容詞には、carelessのほかにもpolite (礼儀正しい)、rude (無礼な)、kind (親切な)、nice (親切な)、considerate (思いやりがある)、stupid (愚かな)、clever (賢い) のような、**人の性質についての評価を表す**語が使われる。

- You were rude **to say** such a thing to her.
  (彼女にそんなことを言うとは、君は無礼だったぞ)

なお、この用法の不定詞は感嘆文の中で使われることもある。

- How nice Mr. Smith is **to invite** us to dinner!
  (夕食に招いてくれるとは、スミスさんはなんて親切なんだ！)

4 不定詞の意味上の主語

不定詞が表す行為や状況の主語に当たるものを**「不定詞の意味上の主語」**と呼ぶ。不定詞の意味上の主語を示す場合の表現のパターンを見ていこう。

1 for ＋人＋不定詞

Clip 104

It is important for him **to keep** regular hours. 199
彼が規則正しい生活を送ることが重要だ。

| 「for＋人」で意味上の主語を表す | 「It is＋形容詞＋不定詞」の形の文で不定詞の意味上の主語を示すには、不定詞の直前に「for＋人」を置く。例文では、to keep regular hoursの意味上の主語がfor himで示されている。「for＋人」の「人」に代名詞が来るときは、主格（he）ではなく、目的格（him）を用いることに注意しよう。
形式目的語を使った文（●p.224）でも、意味上の主語が置かれることがある。
● I think it hard for little children to run five kilometers.（私は幼い子どもが5キロ走るのは困難だと思う） |

意味上の主語を示さない場合

不定詞の意味上の主語は、文中にいつも示されるわけではない。次の例を見てみよう。
① It is natural to help people in trouble.（困っている人を助けるのは当然だ）
② Mari found it easy to use the new software.
（マリはその新しいソフトウエアを使うのは簡単だと気づいた）

①の例文では、to help people in troubleの主語は特定の人物ではなく、人間一般である。②では、to use the new softwareの主語は、文の主語と同じでMariである。このように、不定詞の意味上の主語を特定する必要がない場合や、不定詞の意味上の主語が文の主語と同じ場合には、意味上の主語は示さない。

2 of ＋人＋不定詞

Clip　105

It is kind of him to help me with the suitcase.　200
私のスーツケースを持ってくれるなんて、彼は親切だ。

| 「of＋人」で意味上の主語を表す | 「It is＋形容詞＋不定詞」の形の文において、「for＋人」ではなく、「of＋人」で不定詞の意味上の主語を表す場合がある。「of＋人」が使われるのは、It isの後ろの形容詞が、人の行動についての評価や判断を示すような場合である。この形に使われる形容詞は、p.232の「判断の根拠を表す」不定詞の解説内で挙げているものと同じなので、参照しておこう。 |

233

「of ＋人」と「for ＋人」のどちらを使うか迷ったときは？

形容詞の種類ではっきりと判断できず、for と of のどちらを使えばよいか迷ったときは、意味上の主語と形容詞を be 動詞でつないだ文を作ってみよう。その文が元の文の意味と合う場合は「of＋人」、異なる場合は「for＋人」と判断すればよい。

- It is rude of him to talk on the phone on the train.
  （電車の中で電話で話をするなんて、彼は不作法だ）
  ＊ He is rude. が元の文の内容と合う。
- It is important for him to keep regular hours.
  （彼が規則正しい生活を送ることが重要だ）
  ＊ He is important. は元の文の内容と異なる。

5 不定詞と結びつきやすい動詞

不定詞は、しばしば特定の動詞と一緒に用いられる。よく使われる動詞と、それらに結びついた表現のパターンを整理しよう。

1 V ＋不定詞

まずは、動詞の直後に不定詞を続ける形を見ていこう。この場合の動詞は、「～のようだ」や「～になる」などを意味する自動詞である。

Clip 106

(1) She **seems to be** happy with her new apartment. 201
彼女は新しいアパートに満足しているようだ。

(2) John **came to understand** Japanese culture. 202
ジョンは日本文化を理解するようになった。

「seem＋不定詞」：
「～のようだ」

例文(1)のように、人や物の様子を見たり聞いたりして話し手が思っていることを「～のようだ、～らしい」と表現するときに、「seem＋不定詞」を用いる。この文は、次のように It seems that ～の形でも表すことができる。
- It seems that she is happy with her new apartment.

「appear＋不定詞」もほぼ同じ意味であるが、seem が「(話

し手にとって) 〜に思われる」を意味するのに対し、この表現は主に視覚的な様子について「〜のように見える」と述べる場合に用いられる。

- The man **seemed to know** my name.
  (その男性は私の名前を知っているようだった)
- She **appears to have** a talent for skating.
  (彼女にはスケートの才能があるようだ)

なお、この形において、不定詞の部分に用いる動詞は通常、beやknow、thinkなどのような**状態動詞**（● p.124）である。また、seem[appear] to beのto beは省略できることが多い。

- This alarm clock **seems (to be)** broken.
  (この目覚まし時計は故障しているようだ)

「come＋不定詞」：「〜するようになる」

(2)のcomeは「来る」という意味ではない。「come＋不定詞」の形で、「〜するようになる」という人の心や知識などの変化を述べる表現となる。comeの代わりにgetを用いることもできる。

- How did you **get to know** her?
  (彼女とはどうやって知り合ったのですか)

この表現においても、不定詞の部分には**状態動詞**を用いる。

- My little brother **has come to love** broccoli.
  (弟はブロッコリーが大好きになった)

その他のよく使われる「自動詞＋不定詞」

seem、appear、come、get以外に、直後に不定詞を続けて用いられることが多い自動詞としては、次のものが挙げられる。

① 「happen＋不定詞」：「偶然〜する、たまたま〜する」
- We **happened to see** each other at a ski resort.
  (私たちはあるスキー場でばったり会った)

② 「tend＋不定詞」：「〜する傾向がある」
- I **tended to waste** time when I was young.
  (私は若いころは時間をむだにしがちだった)

③ 「turn out＋不定詞」：「〜であることが明らかになる」
- The theory will **turn out to be** wrong.
  (その理論は誤りであることが明らかになるだろう)

このほかにも、「prove＋不定詞」(〜であると判明する)、「bother＋不定詞」(わざわざ〜する)、「hesitate＋不定詞」(〜するのをためらう)などがある。

2 VO＋不定詞

「他動詞＋目的語（人）」の後ろに不定詞を続けた「**VO＋不定詞**」の形で、**人（O）に何かをするように頼んだり、指示したりする表現**を作ることができる。この形では、Oと不定詞の動詞は意味の上ではSVの関係となる。

> **Clip 107**
>
> (1) I **want** you **to help** me with my work. 203
> 私はあなたに仕事を手伝ってほしい。
>
> (2) We **asked** a porter **to carry** our baggage to our room. 204
> 私たちはポーターに荷物を部屋に運ぶように頼んだ。
>
> (3) My parents won't **allow** me **to go** out after dark. 205
> 私の両親は、私が日没後に外出することを許そうとしない。

「**want＋O＋不定詞**」:「（人）に～してほしい」

例文(1)の「**want＋O＋不定詞**」は「（人）に～してほしい」という意味である。不定詞 (to help) の意味上の主語は、直前にありOに当たる you で、you と不定詞句の間には、You help me ... というSVの関係が成り立つ。

● She **wants** her husband **to do** more housework.
（彼女は夫にもっと家事をしてほしいと思っている）

このように「（人）に～してほしい」という**願望や期待**を述べる表現は、ほかにも「**would['d] like＋O＋不定詞**」（人に～してほしい）、「**expect＋O＋不定詞**」（人に～することを期待する）などがある。

● I'd **like** you **to drive** me to the station.
（駅まで車に乗せていっていただきたいのですが）
＊ I want you to drive ... よりも丁寧な言い方

「**ask＋O＋不定詞**」:「（人）に～するように頼む」

「**ask＋O＋不定詞**」で「（人）に～するように頼む」という意味になる。(2)では目的語の a porter が不定詞の意味上の主語となる。

これと同様によく使われる表現に、「（人）に～するように**告げる、命じる**」を表す「**tell＋O＋不定詞**」がある。

- My father **told** me **to come** back home by 6:00.
  (父は、私に6時までに帰宅するように言った)

このほか、**依頼や命令などで人に何らかの行動を促す**ことを表す形には、「advise＋O＋不定詞」(人に〜するように助言[忠告]する)、「encourage＋O＋不定詞」(人に〜するように励ます)、「recommend＋O＋不定詞」(人に〜するように勧める)、「require＋O＋不定詞」(人に〜するように要求する)、「order＋O＋不定詞」(人に〜するように命令する)、「warn＋O＋不定詞」(人に〜するように警告する) などがある。

- I **advise** you **to get** a medical checkup.
  (健康診断を受けることをお勧めします)
- The school doctor **warned** her **to stop** dieting.
  (校医は彼女にダイエットをやめるように警告した)

「allow＋O＋不定詞」:「(人)が〜するのを許す」

(3)の「allow＋O＋不定詞」は「人が〜するのを許す、許可する」を意味する。このように、「**人に許可を与えて〜させる**」あるいは「**人に強制的に〜させる**」といった表現も「VO＋不定詞」の形を取る。例えば、「permit＋O＋不定詞」(人が〜するのを許可する)、「enable＋O＋不定詞」(人が〜するのを可能にする)、「get＋O＋不定詞」(人に〜してもらう) (▶ p.239)、「force＋O＋不定詞」(人に強制的に〜させる)、「compel＋O＋不定詞」(人に無理やり〜させる) がある。

- Your student ID card will **enable** you **to enter** the college library.
  (学生証があれば大学図書館に入れます)
- Our teacher **forced** us **to take** the exam.
  (先生は私たちにその試験を強制的に受けさせた)

「〜するように言われる」などの表し方

これまで見てきたような「VO (人)＋不定詞」を使った文を、「人」を主語にした**受動態の文**で表現する場合、「人＋be動詞＋過去分詞＋不定詞」の形を用いる。必要に応じて、過去分詞の後ろに「by＋動作主」の情報を入れる。

- I **was told** by my father **to come** back home by 6:00.
  (私は父から、6時までに帰宅するように言われた)
- We **were forced to take** the exam.
  (私たちはその試験を強制的に受けさせられた)

「人[物]が〜だと思う」を表す「VO＋不定詞」

「私は、彼女は偉大な作家だと思う」と言いたい場合、「VO＋不定詞」の形を用いて、I **think** her **to be** a great writer. のように表すことができる。「**think＋O＋不定詞**」で「**人[物]が〜だと思う**」という意味になり、Oの部分には人や物を表す名詞や代名詞が入る。

同様の表現に「believe＋O＋不定詞」（人[物]が〜だと信じる）、「consider＋O＋不定詞」（人[物]が〜だと思う）、「suppose＋O＋不定詞」（人[物]が〜だと思う）などがある。

この形の表現は不定詞が to be であることが多く、この to be は省略することができる。

- I **believe** him **(to be)** innocent.（私は彼が無実だと信じている）
- Everyone **considers** Ken **(to be)** a genius.（誰もがケンを天才だと思っている）

6 動詞の原形を用いる表現

不定詞は通常、「to＋動詞の原形」の形を取る。しかし、to がなく、**動詞の原形だけが用いられる場合**がある。これを「**原形不定詞**」と呼ぶ（あるいは、原形不定詞と区別するために、to のつく不定詞の方を「to 不定詞」と呼ぶこともある）。原形不定詞は、主に make や let などの「**使役動詞**」や、see や hear などの「**知覚動詞**」と一緒に用いられる。

1 使役動詞＋O＋動詞の原形

Clip 108

The English teacher **made** <u>us</u> **read** some difficult books in English.　　　　　　　　　　　　　　　206
その英語の先生は、私たちに何冊かの難しい英語の本を読ませた。

「（人）に〜させる」

例文では、**使役動詞** make を使って「**人に〜させる**」ということが表現されている。このような場合、「〜」に当たる部分、つまり「難しい英語の本を読む」を表す部分は、**動詞の原形**（read）を用いて read some difficult books in English と表現する。read の前に **to は置かない**。

「使役動詞」と呼ばれる動詞には、**make**（[人]に[無理やり・

238　7章　不定詞

強制的に]〜させる）のほかに、let（[人] に [望みどおり] 〜させる、〜することを許す）、have（[人] に〜してもらう、〜させる）がある。それぞれ意味合いは異なるものの、いずれも「使役（人に行為をさせる）」を表す動詞である。
- He doesn't let his children watch TV after 10 p.m.
  （彼は子どもたちが午後10時を過ぎてテレビを見るのを許さない）
- I had my brother repair my bike.
  （私は兄に自転車を修理してもらった）

「get＋O＋不定詞」で使役を表す

動詞getもhaveと同様に「（人）に〜してもらう、〜させる」といった使役の意味で使うが、getは例外的に、O（人）の後ろに動詞の原形ではなく「to＋動詞の原形」を続ける（ p.237）ことに注意しよう。
- I got my sister to tie up my hair.（私は姉に髪を結んでもらった）
- He got his friend to check his report.
  （彼は友人に報告書をチェックしてもらった）

helpを使って「人が〜するのを助ける」を表す

動詞helpは、「help＋O＋不定詞」、「help＋O＋動詞の原形」のいずれの形でも用いることができ、「人が〜するのを助ける」を表す。
- She helped us (to) prepare for our party.
  （彼女は、私たちがパーティーの準備をするのを手伝ってくれた）
- They helped their mother (to) bake a cake.
  （彼らは母親がケーキを焼くのを手伝った）

2 知覚動詞＋O＋動詞の原形

Clip 109

We heard someone shout in the distance. 207
私たちは誰かが遠くで叫ぶのを聞いた。

「(人)が～するのを見る・聞く・感じる」

see（～を見る）、hear（～を聞く）、feel（～を感じる）などの人の感覚に関する動詞は「知覚動詞」と呼ばれる。知覚動詞には使役動詞と同様の用い方があり、「知覚動詞＋O＋動詞の原形」の語順で、「(人)が～するのを見る・聞く・感じる」という意味になる。

- I **saw** him **go** into the shop yesterday.
  （私は昨日、彼がその店に入るのを見た）

知覚動詞には、このほか、watch（～をじっと見る）、listen to ～（～を聞く）、notice（～に気づく）、observe（～を観察する）などがある。

❗ 使役動詞や知覚動詞の受動態

使役動詞makeや知覚動詞see、hearを受動態にするときは、それらの動詞を「be動詞＋過去分詞」の形にし、その後ろの動詞の原形を「to＋動詞の原形」に置き換える。

- They **were made** to **wait** there for hours.
  （彼らは何時間もそこで待たされた）
- The man **was seen** to **get** into a car in a hurry.
  （その男性は急いで車に乗り込むところを目撃された）

なお、使役動詞や知覚動詞の中には、通常、受動態にしないものもあるので注意しよう。使役動詞のletやhave、知覚動詞のfeel、watch、listen to、noticeなどは、受動態にしないのが普通である。

7 疑問詞＋不定詞

Clip 110

(1) I didn't know **what to say** when I met him.　208
　私は彼に会ったとき、何と言ったらよいか分からなかった。

(2) She showed me **how to cook** roast beef.　209
　彼女は私にローストビーフの作り方を教えてくれた。

「疑問詞＋不定詞」　「to＋動詞の原形」の前に疑問詞（what、who、which、when、where、how）を置き、「疑問詞＋不定詞」の形で意味のまとまりを作ることができる。

240　7章 不定詞

例文(1)のwhat to sayは、動詞didn't knowの目的語の働きをしている。このように、「疑問詞＋不定詞」は動詞の目的語の位置で使われることが多い (▶p.63)。例文(2)は、動詞（ここではshowed）の後ろに目的語が2つ続く形で、「何を」を表す2つ目の目的語の位置にhow to cook roast beefが来ている。以下もそのような例である。

- I'll ask my teacher who to meet tomorrow.
 （明日誰に会えばよいのかを先生に尋ねよう）
- Could you tell us where to begin?
 （どこから始めればよいか僕たちに教えてくれませんか）

例えばwhen to goなら「いつ行けばよいか」、which to chooseなら「どちらを選べばよいか」のように、「疑問詞＋不定詞」は多くの場合、**「疑問詞の意味＋～すればよいか」**という意味になる。

「which＋名詞＋不定詞」
「what＋名詞＋不定詞」

疑問詞の直後に名詞を置いた「which＋名詞＋不定詞」や「what＋名詞＋不定詞」という形は、それぞれ**「どちらの～を…すればよいか」「どんな～を…すればよいか」**という意味になる。

- Have you decided which shoes to buy?
 （どちらの靴を買うか決めましたか）
- She didn't know what color to choose.
 （何色を選べばよいか、彼女には分からなかった）

「whether＋不定詞」

また、「～すべきかどうか」という意味を表す「whether＋不定詞」という表現もある。

- I'm thinking about whether to eat out this evening. （今晩、外食をすべきかどうか考えているところだ）

Step 2 発展

1 不定詞と結びつく形容詞

不定詞は形容詞と結びついて、「**主語＋be動詞＋形容詞＋不定詞**」の形でよく用いられる。この形の表現を、形容詞のタイプごとに整理しつつ見ていこう。

❶ 難易を表す形容詞＋不定詞

Clip 111

My grandfather is rather **difficult to please**.　210
私の祖父は喜ばせるのがかなり難しい。

「S is difficult＋不定詞」

「難しい」「易しい」といった意味の形容詞の後ろに不定詞を続けて、「**S is difficult[easy]＋不定詞**」という形の文にすると、**主語（S）に対してどんなことをするのが難しい、あるいは易しいのか**を説明することができる。例文では、主語であるMy grandfatherは、不定詞のto please（～を喜ばせる［こと］）の目的語の働きをしている。この文はIt is rather difficult to please my grandfather.という形にすることもできる。

　difficultやeasyと同じ使い方のできる形容詞には、hard（難しい）、tough（困難な）、impossible（不可能な）などがある。また、「難易」を直接表すわけではないが、safe（安全な）、dangerous（危険な）、comfortable（快適な）といった形容詞も、同様の使い方ができる。

- English is **easy to learn**.（英語は学びやすい）
- His plan is **impossible to carry out**.
  （彼の案は実行不可能だ）
- The new sofa is **comfortable to sit on**.
  （新しいソファは座ると快適だ）

2 可能性や確実性を表す形容詞＋不定詞

> **Clip 112**
>
> He is **sure to pass** the entrance exam. 211
> 彼はきっと入試に合格するだろう。

「S is sure＋不定詞」

sure（確かな）やcertain（確信して）といった**確実性を表す形容詞**に不定詞を続けた「S is sure[certain]＋不定詞」という文は、「**Sは確実に～する、きっとSは～する**」という意味で、主語（S）についての確信度の高い事柄を述べる文となる。なお、例文では「確実に～する」と思っているのは**話し手**であり、**主語（He）ではない**ことに注意しよう。

- She is **certain to come**, so let's wait a little more.（彼女はきっと来るから、もうちょっと待とう）

「S is likely＋不定詞」

同様の使い方ができる形容詞にlikely（ありそうな）がある。「**S is likely＋不定詞**」で「**Sが～しそうだ**」と話し手が思うことを表すことができる。

- This summer is **likely to be** very hot.
（この夏はとても暑くなりそうだ）
- It is **likely to rain** in the evening today.
（今夜は雨が降りそうだ）

3 心の状態を表す形容詞＋不定詞

> **Clip 113**
>
> She is **ready to accept** the offer. 212
> 彼女はその申し出を受け入れる心の準備ができている。

「S is ready＋不定詞」

ready（心の準備ができて）、willing（喜んで）、anxious（切望して）など、**心理状態を表す形容詞**に不定詞を続けて、**主語が「不定詞の示す行為や状態について、どのような心の状態にあるか」**を表すことができる。

- I'm **willing to lend** him a hand.
  (喜んで彼に手を貸します)
- I'm **anxious to go** home as soon as possible.
  (一刻も早く家に帰りたい)

同じように使うことができる形容詞には、ほかに eager（熱望して）、keen（熱望して）、afraid（恐れて）、reluctant（気が進まない）などがある。

- Steve is **afraid to fail** again.
  (スティーブはまた失敗することを恐れている)

2 | 不定詞の形

1 完了形の不定詞

Clip 114

(1) Jay **seems to have been** a professional soccer player. 213
ジェイはプロサッカー選手だったらしい。

(2) Sue **seemed to have been** sick in bed at home. 214
スーは自宅療養していたように思われた。

不定詞で「その時より以前のこと」を表す

(1)では動詞 seems の後ろに「to have＋過去分詞」が使われている。この「to have＋過去分詞」は**「完了不定詞」**と呼ばれるもので、文の述語動詞（ここでは seems）の表す時よりも**以前のことを表す**。ジェイが「プロサッカー選手だった」時は、この文が述べられている現在よりも、時間的に前のことである。

244　7章　不定詞

この文はIt seems that ...を使った文にすると分かりやすい。
- It **seems** that Jay **was** a professional soccer player.

なお、現在のジェイがプロサッカー選手らしいと述べる場合には、次のようになる。
- Jay **seems to be** a professional soccer player.
  （ジェイはプロサッカー選手らしい）
  ＝ It **seems** that Jay **is** a professional soccer player.

文の動詞が過去形の場合

(2)では、「to have＋過去分詞」の前の述語動詞がseemedと過去形になっている。この場合、「スーが自宅療養していた」のは、seemedよりもさらに過去のことになる。このように、**文の述語動詞が過去形の場合、完了不定詞は述語動詞が表す時よりさらに前のことを表す**。

この文は次のようにも表現できる。
- It **seemed** that Sue **had been** sick in bed at home.

次のような文の場合は、「スーが自宅療養していた」時は、「そのように思われた」時と同じになる。
- Sue **seemed to be** sick in bed at home.
  （スーは自宅療養中のように思われた）
  ＝ It **seemed** that Sue **was** sick in bed at home.

🏥 「完了」の意味で使う「to have ＋過去分詞」

seemなどの動詞に続く「to have＋過去分詞」は、動詞との「時のずれ」を表すだけでなく、動作の完了を表す場合もある。
- He seems **to have** already **done** his work.（彼はすでに仕事を終えたようだ）
  ＝ It seems that he has already done his work.

245

2 進行形・受動態の不定詞

> **Clip 115**
>
> (1) He seems **to be studying** in his room.　　215
> 彼は自分の部屋で勉強しているようです。
>
> (2) I want her works **to be known** by more people.　216
> 彼女の作品がもっと多くの人に知られてほしい。

不定詞の動作が「進行中であること」を表す

　不定詞は進行形にもできる。まず、不定詞なので、toの後ろに動詞の原形が必要となる。また、進行形は「be動詞＋-ing」の形で表す。この2つを合わせると、不定詞の進行形は **to be -ing** という形になる。進行形が表すのは、ある時点での「進行中の動作」や「起こりつつある変化」である。(1)ではto be studyingで「勉強している（こと）」を表している。

- I happened **to be watching** the news on TV.
  （私はたまたまテレビでそのニュースを見ていた）

不定詞の「受け身」を表す

　不定詞は受動態にもできる。受動態の不定詞の形は、toの後ろに受動態の「be動詞＋過去分詞」が置かれ、**「to be ＋過去分詞」** となる。(2)はto be knownで「知られる（こと）」という意味になる。

- She was excited **to be accepted** into a famous choir. （彼女は有名な合唱団に迎えられてわくわくした）
- These grammar exercises need **to be repeated** over and over again.
  （これらの文法の練習問題は何度も繰り返される必要がある）

3 | 不定詞を用いたさまざまな表現

1 費用や時間の表現

Clip 116

(1) **It cost** him thousands of dollars **to repair** his house. 217
彼が家を修理するのに何千ドルもかかった。

(2) **It** will **take** us about five hours **to drive** to Sapporo. 218
私たちが札幌まで車で行くのに約5時間かかるでしょう。

costやtakeで費用や時間を表す

ある行為に要する費用や時間について述べる際には、costやtakeといった動詞を用い、「どんなことをするのに」それを要するかを、不定詞で表現する。

「〜するのに（費用が）…だけかかる」

動詞cost（[金額]がかかる）を用いて、「It costs＋人＋費用＋不定詞」の形にすると「（人）が〜するのに（費用が）…だけかかる」という意味になる。(1)では、「家を修理するのに（to repair his house）」、「何千ドルもの費用が彼にかかった（cost him thousands of dollars）」ということが表されている（このcostは過去形である）。

動詞costの後ろの「人」は省略されることもある。

● It **costs** about 50,000 yen **to go** to South Korea.
（韓国に行くのに約5万円かかる）

costは人を主語にすることはできないので、例えば「韓国に行くのに約5万円かかった」を（×）I cost 50,000 yen to go to South Korea.のように言うことはできない。

「〜するのに（時間が）…だけかかる」

動詞take（[時間]がかかる）を用いて、「It takes＋人＋時間＋不定詞」の形にすると、「（人）が〜するのに（時間が）…だけかかる」という意味になり、不定詞は「何に時間がかかるのか」を表す。(2)は「札幌まで車で行くのに（to drive to Sapporo）」、

「約5時間が私たちにはかかる (take us about five hours)」だろう、と述べている。

なお、動詞takeの後ろの「人」は省略されることもある。
- It will only **take** eight minutes **to boil** the spaghetti.
（スパゲティをゆでるのには、8分しかかからないだろう）

また、costの場合とは異なり、takeは人を主語にすることができる。
- He **took** 20 years **to master** the *shamisen*.
（彼は三味線をマスターするのに20年かかった）

2 be 動詞＋不定詞

> **Clip 117**
>
> (1) The president **is to visit** Thailand next week.　219
> 　大統領は来週タイを訪問することになっている。
>
> (2) Players **are to arrive** here 30 minutes before the game starts.　220
> 　選手は試合開始30分前にここに到着しなければならない。

助動詞のような働きをするbe to

主語の後ろに「be動詞＋不定詞」を続けて、予定や義務などを表すことができる。この表現における**be to**の部分は、**助動詞のようにとらえる**とよい。be toは**公的な予定・計画**について用いられることが多いが、ほかにもさまざまな意味を表すので、前後の文を含めた文脈から意味を理解する必要がある。

「～することになっている」

例文(1)の「be動詞＋不定詞」は**「予定、計画」**を表し、「be going to ＋動詞の原形」に近い意味で用いられている。**be動詞が過去形**の場合は、**過去における「予定、計画」**を表す。
- We **are to have** lunch with some visiting students from China.
（私たちは中国から来た学生たちと昼食を取ることになっている）
≒ We are going to have lunch with some visiting students from China.

- The film festival **was to start** the following week. (映画祭は翌週に始まることになっていた)
≒ The film festival was going to start the following week.

「～すべきである」
「～しなければならない」

(2)の「be動詞＋不定詞」は、「**要求、義務**」を表し、助動詞shouldやhave toに近い意味で用いられている。**be動詞が過去形**の場合は、**過去においての**「**要求、義務**」を表す。
- We **are to take** off our shoes in the entrance hall. (私たちは玄関で靴を脱ぐべきだ)
≒ We should take off our shoes in the entrance hall.
- Members of the team **were to wear** their hair short.
(チームのメンバーは髪を短くしていなければならなかった)
≒ Members of the team had to wear their hair short.

「be動詞＋不定詞」が表すその他の意味

「be動詞＋不定詞」は「予定」や「義務」以外にも、状況や文脈によって次のような意味を表す。

可能
- Not a person **was to be seen** on the beach.
(浜辺には人の姿は見られなかった)
＊この意味で用いるときは、toの後ろの動詞は受け身（「be＋過去分詞」の形）にする必要がある。

運命
- The climbers **were** never **to return**. (登山者たちは二度と戻らなかった)

意志
- I understand I should practice harder if I **am to win** the game.
(試合に勝つつもりなら、もっと厳しい練習をすべきだということは理解している)
＊条件を表すif節で用いられることが多い。

3 程度を表す構文

Clip 118

(1) I'm **too** busy **to help** you with the report. 221
僕は忙しすぎて君の報告書を手伝えない。

(2) She is old **enough to drive** a car. 222
彼女は車を運転できる年齢だ。

(3) He was **so** kind **as to take** me to the hospital. 223
彼は私を病院に連れていってくれるほど親切だった。

「too～＋不定詞」:「～すぎて…できない」

副詞 too（あまりに）は**形容詞や副詞を修飾**し、様子や状態が過度であることを表す。(1)では、too は busy を修飾して「忙しすぎる」ことを表現し、続く不定詞の to help you with the report（君の報告書を手伝うには）で、「何をするのに」忙しすぎるのかを説明している。

このように、「**too＋形容詞[副詞]＋不定詞**」の形で「**～すぎて…できない**」という意味を表すことができる。

なお、以下のように、文の主語が不定詞句の動詞または前置詞の目的語と同じになるときは、目的語は省略される。

● The dog runs **too** fast **to catch up with**.
　（その犬は走るのが速すぎて追いつけない）
　　＊（×）The dog runs too fast to catch up with it. とは言わない。

「～ enough＋不定詞」:「…するのに十分～」

(2)では、副詞 enough は直前の形容詞 old を後ろから修飾して「十分な年齢である」ことを表現し、続く不定詞は「何をするのに」十分な年齢なのかを説明している。

このように、「**形容詞[副詞]＋ enough ＋不定詞**」の形で「**…するのに十分～**」という意味を表すことができる。

● My grandfather is well **enough to play golf**.
　（私の祖父はゴルフができるくらい健康だ）

「so ～ as＋不定詞」:「…するくらい～」

(3)の文の中心は He was so kind（彼はとても親切だった）であり、副詞 so（とても）が kind を修飾している。as は「～と同じくらい」を表し、as to take me to the hospital で「私

250　7章 不定詞

を病院に連れていくのと同じくらい」、つまり「私を病院に連れていってくれるくらい」という意味になる。
このように、「so＋形容詞［副詞］＋as＋不定詞」の形で「…するくらい〜」という意味を表すことができる。

- He is **so** thoughtless **as to call** me in the middle of the night.
(彼は夜中に私に電話をかけてくるくらい思慮がない)

4 独立不定詞

Clip 119

To be honest with you, I am not very confident.　224
正直に言うと、私はあまり自信がない。

| 慣用表現として使われる不定詞 | 例文のTo be honest with youは、文頭に置かれて文全体を修飾しており、本題に入る前の導入として使われている。このように、**文頭や文中で慣用的に用いられる不定詞の表現**を「**独立不定詞**」と呼ぶ。独立不定詞には以下のようなものがある。 |

(独立不定詞の例)

「to be ＋形容詞」
　　to be honest (with you)（正直に言って）　to be sure（確かに）
　　to be frank (with you)（率直に言うと）　to be brief（手短に言うと）
to say などを含む表現
　　to say nothing of 〜（〜は言うまでもなく）　not to say 〜（〜とは言わないまでも）　needless to say（言うまでもなく）　strange to say（奇妙な話だが）　so to speak（いわば）　to tell the truth（本当のことを言うと）　not to mention 〜（〜は言うまでもなく）
その他
　　to make matters worse（さらに悪いことには）
　　to begin[start] with（まず初めに）　to sum up（要するに）

251

5 to の後ろの動詞の省略（代不定詞）

> **Clip 120**
>
> "Do you want to join our dance group?" "I'd love **to**."225
> 「私たちのダンスグループに入りたいですか」「ぜひそうしたいです」

繰り返しを避けるために動詞を省略

　上の会話の応答であるI'd love to.はtoの後ろの部分がなく、まるで途中で文が終わっているように見える。前の文の内容を受けI'd love to join your dance group.（ぜひあなた方のダンスグループに入りたいです）と言えば完全な文になるが、英語では同じ言葉の繰り返しを避けて、このようにtoの後ろの動詞を省略することがある。こうした<u>toだけで終わる不定詞</u>を**「代不定詞」**と呼ぶ。

- "Have you cleaned the living room yet?"
  "I asked Jim **to**."
  （「リビングはもう掃除した？」「ジムにするように頼んだよ」）
  　　　　　　　　　　　　　　　　　＊ clean the living room を省略
- "Can you give me some advice?"
  "Yes, I'm happy **to**."
  （「ちょっとアドバイスをもらえる？」「うん、喜んで」）
  　　　　　　　　　　　　　　　　　＊ give you some advice を省略

ただし、次の例のようにbe動詞を含む不定詞では、動詞の原形（be）までを残し、その後ろの語句（補語）のみ省略する。

- Sayaka's mother is famous, and she wants **to be**, too.
  （サヤカの母親は有名で、彼女もそうなりたいと思っている）
  　　　　　　　　　　　　　　　　　＊ famous のみを省略

252　7章　不定詞

8章 動名詞
Gerunds

Step 1 基本

1 動名詞の働き
- ① 文の主語になる　254
- ② 補語になる　255
- ③ 動詞の目的語になる　256
- ④ 前置詞の後ろに続ける　256

2 動詞の目的語になる動名詞と不定詞
- ① 動名詞を目的語にする動詞　257
- ② 不定詞を目的語にする動詞　258
- ③ 動名詞と不定詞のどちらも目的語にする動詞 ①　259
- ④ 動名詞と不定詞のどちらも目的語にする動詞 ②　260

Step 2 発展

1 動名詞の意味上の主語　262

2 動名詞のさまざまな形
- ① 動名詞の否定語の位置　263
- ② 受動態の動名詞　264
- ③ 完了形の動名詞　264

3 動名詞の慣用表現
- ①「前置詞＋動名詞」を含む表現　266
- ② It や There で始まる表現　268

Step 1 基本

　動名詞は、動詞の語尾が変化した形で、動詞の性質を残しつつも名詞と似た使い方をするものを指す。動詞の語尾が -ing という形になっていて、見た目は現在分詞（▶p.270）と同じだが、文中での働きはまったく異なる（▶p.83）。

1 動名詞の働き

① 文の主語になる

Clip 121

Chatting online with friends is fun. 　　226
友達とオンラインでチャットをすることは楽しい。

主語になる

　例文は、**SVC（主語＋動詞＋補語）**の文型（▶p.111）で、動名詞のchatting（チャットをすること）が主語に用いられている。動名詞は、しばしばほかの語を伴って動名詞句を作る。例文では、Chatting online with friendsという動名詞句が文の主語（S）として働いており、「～することは［が］」という意味を表している。

● <u>Chatting online with friends</u> <u>is</u> <u>fun</u>.
　　　　　　S　　　　　　　　V　　C

　動名詞は主語になるとき、**3人称単数の名詞と同じ扱い**となり、現在時制であればbe動詞はisになる点に注意しよう。
　また、動名詞はSVC以外の文の主語にもなることができる。以下は**SVOC（主語＋動詞＋目的語＋補語）**の文の主語に動名詞が使われた例である。

● <u>Speaking a foreign language</u> <u>makes</u> <u>our life</u>
　　　　　　S　　　　　　　　　　V　　　　O

　<u>more exciting</u>.
　　　C

（外国語を話すことで、人生はもっと刺激的になる）

形式主語の it を使う形

動名詞が主語の働きをする場合に、形式主語の it（●p.520）を使った「It is ＋ 形容詞[名詞]＋動名詞」の形の文にすることがある。次の文では、動名詞句の having a meal in a large group が真の主語。この形を用いるのは、話し手が実際に体験したことについての個人的な意見や感想、感情を述べるときなどである。

- It is fun having a meal in a large group.（大勢で食事をするのは楽しい）

2 補語になる

Clip 122

Her hobby is **making** leather accessories. 227
彼女の趣味は革のアクセサリーを作ることだ。

補語になる

例文は SVC の文型である。動名詞句 making leather accessories（革のアクセサリーを作ること）は、文中で補語として働いており、主語の her hobby（彼女の趣味）がどのようなものかを説明している。be 動詞 is が主語と補語をつないで、「S は C である」という関係を作っている。

- Her hobby is making leather accessories.
   S   V   C

「〜すること」を表す不定詞と動名詞の違い

「〜すること」を表す際、不定詞（名詞的用法）（●p.222）または動名詞を用いることができる。日本語ではどちらも同じ「〜すること」だが、英語では、両者は意味合いがやや異なる。次の例を見てみよう。
① My dream is to be a math teacher.（私の夢は数学教師になることです）
② My hobby is solving puzzles.（私の趣味はパズルを解くことです）

①の to be a math teacher（数学教師になる）は、将来にすることである。このように、不定詞は、これからすることや起こること、つまり未来を見すえた「〜すること」を表す。

一方、②の solving puzzles（パズルを解くこと）は、すでに趣味として行っていることだ。すでに行っていることを表す場合は、未来を見すえる響きのある不定詞よりも動名詞を用いる。また次のように、個人的なことではなく一般論として「〜することは」と述べる際も、不定詞ではなく動名詞を用いる。

- Getting enough sleep is important.（十分な睡眠を取ることは重要だ）

3 動詞の目的語になる

Clip 123

I enjoyed **walking** around the lake early in the morning. 228
私は早朝に湖の周りを散歩することを楽しんだ。

動詞の目的語になる　　この文は **SVO（主語＋動詞＋目的語）** の文型（▶p.112）で、walking around the lake（湖の周りを散歩すること）は動詞enjoyedの**目的語**（O）の働きをしている。このように、動名詞は**動詞の目的語**になることができるが、不定詞の場合と同様、どんな動詞の目的語にもなれるわけではない（▶p.257）。

形式目的語 it を使う

動名詞が動詞の目的語になる場合に、**形式目的語の it**（▶p.520）が使われることもある。次の例を見てみよう。

- I found it scary riding a bike in the snow.
  （雪の中、自転車に乗るのは恐いと分かった）

この文は、foundの目的語として形式目的語のitを使ったもので、riding a bike in the snowが**真の目的語**である。

4 前置詞の後ろに続ける

Clip 124

Don't be afraid of **making** mistakes. 229
間違えることを恐れるな。

前置詞の直後で用いる　　I'm afraid of dogs.（私は犬が恐い）のように、前置詞の後ろには名詞を続けることができる（▶p.42）が、動名詞は動詞の性質を備えつつも文中で**名詞と同じように使える**要素なので、名詞と同様、**前置詞の後ろに続ける（＝前置詞の目的語になる）** ことができる（▶p.555）。例文では、動名詞句（making mistakes）が前置詞ofの直後に続いている。

なお、**不定詞は、動名詞のように前置詞の後ろに続けることはできない。**

- He is good at dealing with children.
  (彼は子どもの扱いが上手だ)　　　　　＊（×）good at to deal
- My sister is thinking of studying abroad.
  (姉は留学することを考えている)　　　＊（×）thinking of to study

2 動詞の目的語になる動名詞と不定詞

動名詞も不定詞（名詞的用法）も、動詞（V）の目的語として使えるが、動名詞を目的語にするか不定詞を目的語にするかは、動詞によって決まる。

1 動名詞を目的語にする動詞

Clip　125

(1) I've just **finished doing** the laundry. 　　　230
私はちょうど洗濯をし終えたところだ。

(2) We should **consider moving** to a quieter place. 　231
私たちはもっと静かな場所に引っ越すことを検討すべきだ。

動名詞を目的語にする動詞

　finish（〜を終える）や stop（〜をやめる）、enjoy（〜を楽しむ）、consider（〜を検討する）などの動詞に「〜すること」という目的語を続ける場合は、動名詞を用いる。これらの目的語として不定詞を用いることはできない。give up 〜（〜をあきらめる）、put off 〜（〜を延期する）のような群動詞も同様である。

- **Stop speaking** ill of others.
  (他人の悪口を言うのをやめなさい)
- I **enjoyed making** Mexican food with Maria.
  (私はマリアとメキシコ料理を作って楽しんだ)
- He **put off deciding** whether to go to college.
  (彼は大学に行くかどうか決断するのを先延ばしにした)

動名詞を目的語にする動詞や群動詞の例

admit（〜を認める）　avoid（〜を避ける）　consider（〜を検討する）
deny（〜を否定する）　enjoy（〜を楽しむ）　escape（〜を逃れる）
finish（〜を終える）　give up 〜（〜をあきらめる）　imagine（〜を想像する）
mind（〜を嫌がる）　practice（〜を練習する）　postpone（〜を延期する）
put off 〜（〜を延期する）　quit（〜をやめる）　stop（〜をやめる）
suggest（〜を提案する）

「〜するのをやめる」は stop -ing で表す

「彼女はアイスクリームを食べるのをやめた」と言いたいとき、She stopped to eat ice cream. としてしまいそうだが、この英文だと「彼女はアイスクリームを食べるために立ち止まった」という意味になってしまう。ここでの不定詞 to eat は「〜するために」を表し、用法は stopped を修飾する副詞的用法である。
　stop は動名詞を目的語とする動詞なので、「〜すること」という目的語を続けたいときは、動名詞を用いなくてはならない。したがって、冒頭の日本語を英語で表現すると、次のようになる。
- She stopped eating ice cream.

2　不定詞を目的語にする動詞

Clip 126

(1) I **am planning to study** at a university in China.　　　　　　　　　　　　　　　　232
　私は中国の大学で学ぶことを計画している。

(2) The boy **refused to eat** vegetables.　　　233
　その男の子は野菜を食べることを拒んだ。

不定詞を目的語にする動詞
　plan（〜を計画する）や refuse（〜を拒む）、decide（〜を決める）などの動詞に「〜すること」という目的語を続ける場合は、不定詞を用いる。これらの動詞は、動名詞を目的語にすることができない。何かをすることを決めたり拒んだりする場合、「〜すること」自体は「まだしていないこと、未来に起こり得ること」である。そう考えれば、動名詞ではなく「未来を見すえる」不定詞と結びつくことが理解できるだろう。

- Finally, he **decided to leave** the team.
  (彼は、とうとうチームを去ることに決めた)

――――――(不定詞を目的語にする動詞の例)――――――

decide（〜を決める）　desire（〜を望む）　expect（〜を予期する）
hope（〜を望む）　learn（〜を習得する）　manage（なんとか〜する）
mean（〜のつもりである）　offer（〜を申し出る）　plan（〜を計画する）
prepare（〜を準備する）　pretend（〜のふりをする）　refuse（〜を拒む）
want（〜を欲する）　wish（〜を望む）

3　動名詞と不定詞のどちらも目的語にする動詞 ①

　動詞には、**動名詞と不定詞の両方を目的語にできるものがある**。それらは「目的語が動名詞でも不定詞でもほぼ同じ意味になるもの」「目的語が動名詞か不定詞かにより意味が違ってくるもの」の2つのタイプに大きく分かれる。まずは前者のタイプを見ていこう。

Clip 127

My father **loves taking** a walk along the beach.　234
父は浜辺を散歩するのが大好きだ。

目的語が動名詞でも不定詞でも同じ意味になる

　動詞の love（〜を愛する）は、不定詞と動名詞のいずれも目的語にすることができ、**どちらを続けた場合も意味はほぼ同じ**になる。つまり、例文は My father **loves to take** a walk along the beach. とすることもできる。start（〜を始める）や continue（〜を続ける）なども、同じタイプの動詞である。

- Suddenly, one of the students **started laughing[to laugh]**. (突然、生徒の1人が笑い始めた)
- They **continued singing[to sing]** for hours.
  (彼らは何時間も歌い続けた)

> **目的語が動名詞でも不定詞でも、意味がほぼ同じ動詞の例**

begin（〜を始める） continue（〜を続ける） hate（〜を嫌う）
intend（〜を意図する） like（〜を好む） love（〜を愛する）
prefer（〜をより好む） start（〜を始める）

4 動名詞と不定詞のどちらも目的語にする動詞 ②

Clip 128

(1) I **tried walking** to school and found it quicker than taking the train. 235
私は歩いて学校に行ってみて、電車を使うよりも早いと分かった。

(2) I **tried to walk** to school but gave up halfway. 236
私は歩いて学校に行こうとしたが、半ばであきらめた。

目的語が動名詞か不定詞かで意味が異なる

動詞try（〜を試みる）は、動名詞も不定詞も目的語にすることができるが、それぞれ意味する内容が異なる。目的語に動名詞が使われる場合、動名詞は**実際にしたことや現在している**ことを表すため、動詞triedと結びついて**「試しに〜してみた」**という意味になる。(1)のI tried walking ...は「（実際に）歩いてみた」ことを表す。

一方、不定詞は**これからすること**を表すため、triedと結びつくと、**「〜しようとした」**という意味となる（「実際にした」かどうかは文脈次第である）。(2)のI tried to walk ...は、文脈から「歩こうとした（が無理だった）」という意味だと分かる。

このほか、動名詞と不定詞のいずれを目的語として続けるかで意味が異なる動詞には、以下のようなものがある。

■ forget -ing（〜したことを忘れる）
　forget to do（〜するのを忘れる、〜し忘れる）
● I will never **forget looking** at the beautiful scenery.
（その美しい景色を見たことを決して忘れないだろう）
● Don't **forget to turn** off the light before going to bed.（寝る前に電気を消すのを忘れないで）

- **remember -ing**（〜したことを覚えている）
  remember to do（〜するのを覚えている、忘れずに〜する）
- Do you **remember hearing** this melody somewhere?
  （このメロディーをどこかで聞いた覚えはありますか）
- **Remember to return** the DVD by this Friday.
  （そのDVDは今週の金曜までに忘れずに返却してください）

- **regret -ing**（〜したことを後悔する）
  regret to do（〜しなければならないことを残念に思う）
- I **regret telling** my parents a lie.
  （私は両親にうそをついたことを後悔している）
- I **regret to say** that Mr. Bates passed away yesterday. （残念ながら、ベイツ氏は昨日亡くなりました）

need -ing、want -ing の形

needやwantの後ろに、動名詞を目的語として続けることがある。例えば次のような使い方である。
- My bike **needs repairing**. （私の自転車は修理が必要だ）
- Little children **want loving**. （小さな子どもには愛情が必要だ）

ここでは動名詞が、(some) repairs、loveといった名詞のように使われていると考えればよい。

また、「自転車」は「修理される」、「小さな子ども」は「愛される」、のように受け身で言い表すことができるので、以下のように、受動態の不定詞（▶p.246）でも同じ内容を表現できる。
- My bike **needs to be repaired**.
- Little children **want to be loved**.

Step 2 発展

1 動名詞の意味上の主語

　動名詞が表す行為や状況の主語に当たるものを、「**動名詞の意味上の主語**」と呼ぶ。意味上の主語と動名詞を組み合わせて「**～が…すること**」を表す方法を見ていこう。

> **Clip 129**
>
> (1) I don't mind **his practicing** the guitar here. 　237
> 　彼がここでギターの練習をすることを、私は気にしませんよ。
>
> (2) Billy doesn't like **his sister showing off** her knowledge. 　238
> 　ビリーは、姉が知識をひけらかすのが気に入らない。

意味上の主語を動名詞の直前に置く

　(1)の文の主語はIで、don't mindはIの行為である。一方、practicing the guitar hereの主語は「彼」で、hisで示されている。このhisを動名詞句の**意味上の主語**と呼ぶ。このように、**文の主語と動名詞（句）の主語が異なる場合**など、動名詞の意味上の主語を示す必要があるときには、**動名詞の直前**に意味上の主語を置く。

意味上の主語の形

　意味上の主語が人称代名詞の場合、(1)のように**所有格**にするか、あるいは次のように**目的格**にする。動詞の目的語になる場合、口語では目的格が使われる傾向がある。

- I don't mind **him practicing** the guitar here.

　意味上の主語が名詞の場合は、(2)のように**そのままの形**か、あるいはhis sister'sのような**所有格**にして動名詞の前に置く。ただし、実際は人名などを除き、そのままの形を用いることが多い。

- She is worried about **her friends getting** into trouble.
　（彼女は友達がトラブルに巻き込まれることを心配している）
- I'd prefer **John's[John] staying** here.
　（私はむしろジョンにここに残ってほしいのです）

動名詞の意味上の主語を示さない場合

文の主語と動名詞の意味上の主語が一致する場合など、動名詞の主語に当たるものが明らかなときには、動名詞の直前に意味上の主語を置く必要はない。次の例を見てみよう。

- I don't mind **staying** here alone.
  (私は［自分が］ここに 1 人で残っても構いません)

この文では、文の主語と動名詞（staying）の主語は、どちらも「私」である。こうした場合、動名詞の主語を my または me の形であえて示す必要はない。

- I don't like **showing off** my knowledge.
  (私は［自分が］知識をひけらかすのは好きではない)
- He is considering **building** a new house.
  (彼は［自分が］家を新築することを考えている)

2 動名詞のさまざまな形

❶ 動名詞の否定語の位置

Clip 130

Sometimes **not looking** back is a good thing. 239
(〔過去を〕振り返らないことは時にはよいことだ。)

動名詞を否定する

動名詞を否定し、「〜しないこと」を表すには、not や never などの**否定語を動名詞の直前に置く**。例文では、動名詞の looking を否定する not が looking の直前に置かれている。

- His bad habit is **not paying** attention to others. (彼の悪い癖は、他人に注意を払わないことだ)
- **Never making** excuses is a good policy.
  (決して言い訳をしないというのはよい方針だ)

意味上の主語がある場合

次の例のように、動名詞に意味上の主語と否定語の両方が必要な場合、「**意味上の主語＋否定語＋動名詞**」の順番になる。

- She complained about **her son never helping** with the housework.
  (彼女は息子が決して家事の手伝いをしないことに不満を言った)

263

2 受動態の動名詞

Clip 131

I don't like **being stared at**.
私はじっと見つめられるのが好きではない。

動名詞で受け身を表す

「私はじっと見つめられる」を英語にすると、I am stared at. という受動態の文になる。例文では、それを「じっと見つめられること」という動名詞句にした being stared at という形が使われている。

受動態（be＋過去分詞）を動名詞にするときは、**be動詞を動名詞の being とし、過去分詞をそのまま続ける。「being＋過去分詞」で「〜されること」**という意味になる。

- She likes **being called** Boss.
  （彼女はボスと呼ばれることが好きだ）
- I can't put up with **being treated** like that.
  （私はそのような扱いを受けることには耐えられない）

3 完了形の動名詞

Clip 132

He is proud of **having won** the award for his novel.
彼は小説でその賞を取ったことを誇りに思っている。

動名詞で「その時より以前のこと」を表す

例文では、述語動詞（is）が示す「現在」よりも以前に「賞を取った」ことが表現されている。

この文を that 節を使って表すと次のようになる。

- He **is** proud that he **won** the award for his novel.

このように、動名詞が、**述語動詞が示す時よりも前のこと**を表していると明確に示したい場合は、動名詞を**「having＋過去分詞」**という**完了形**にする。

なお、**述語動詞が過去形**のときは、「having＋過去分詞」は**過去のある時点よりも前のこと**を表す。

- He **was** proud of **having won** the award for his novel.（彼は小説でその賞を取ったことを誇りに思っていた）
  ＝ He **was** proud that he **had won** the award for his novel.

過去　今

以下の例でも、文の述語動詞が示す時よりも前のことが、完了形の動名詞で表されている。

- She **is** proud of **having been** an Olympic athlete.
  （彼女は自分がオリンピック選手だったことを誇りに思っている）
- I **was** ashamed of **having failed** such an easy test.（私は、あんな簡単なテストに落ちてしまって恥ずかしいと思っていた）

以前の出来事でも、完了形の動名詞を使わない場合

文脈から前後関係が明らかな場合には、完了形の動名詞を使わないこともある。
① I remember visiting Nara when I was a child.
（私は子どものころに奈良を訪れたことを覚えている）
② Sue regrets saying something terrible to him.
（スーは彼にひどいことを言ってしまったのを後悔している）

①では visiting Nara（奈良を訪れること）が remember（覚えている）よりも、②では saying something terrible（ひどいことを言うこと）が regrets（後悔している）よりも以前の出来事であることは、文脈から明らかである。このような場合は、動名詞を完了形にしなくても、時間的に前の事柄を表すことができる。

3 動名詞の慣用表現

1 「前置詞＋動名詞」を含む表現

Clip 133

(1) I'm **looking forward to seeing** you again.　　242
あなたにまたお会いすることを楽しみにしています。

(2) He **is used to riding** a crowded train. 　　243
彼は混雑した電車に乗ることに慣れている。

(3) I don't **feel like traveling** very far today. 　　244
今日は遠出をしたい気分じゃない。

「前置詞to＋動名詞」に注意

例文(1)、(2)のように、**前置詞toの後ろに動名詞を続けて「〜すること」を示す表現**には注意しよう。不定詞のtoと混同して、ついtoに動詞の原形を続けてしまわないよう、代表的な表現は覚えておくとよい。なお、これらの表現では、**toの後ろに動名詞ではなく名詞が来ることもある。**

look forward to -ing

(1)に使われているlook forward to -ingは「〜することを楽しみにする」を表す。

- I **look forward to hearing** from you.
  （ご連絡をお待ちしています）

be used to -ing

(2)ではbe used to -ing（〜することに慣れている）という表現が使われている。5章で取り上げた「used to＋動詞の原形」（▶p.187）と混同しないように注意しよう。usedの部分をaccustomedにしてもほぼ同じ意味となる。また、次のようにbe動詞をbecomeやgetに変えると、「〜することに慣れる」という「変化」を表現することができる。

- We **got used to playing** soccer in the rain.
  （私たちは雨の中でサッカーをすることに慣れた）

このほか、when it comes to -ing（〜することにかけては、〜する話になると）や、What do you say to -ing?（〜するこ

266　8章　動名詞

とをどう思いますか）なども「前置詞to＋動名詞」を使った表現である。

- When it comes to camping in the wild, nobody is better than Rick. （自然の中でキャンプをすることになると、リックにかなう者はいない）
- What do you say to having a break?
（休憩するのはどう？）

その他の前置詞と結びつく動名詞の表現

動名詞はto以外にもさまざまな前置詞と一緒に用いられ、慣用表現を作る。例文(3)の feel like -ing （～したい気分である）は前置詞のlikeに動名詞を続けた表現である。このほか make a point of -ing （必ず～するようにする、努めて～する）や、提案や勧誘をするときの表現である How about -ing? （～するのはどうですか）（●p.401）などは覚えておくと便利である。

- I make a point of leaving home before 7:00.
（私は必ず7時前に家を出るようにしている）
- How about having lunch together?
（一緒に昼食をどうですか）

on -ingとin -ing

また、on -ing （～するとすぐに）や、in -ing （～するときに、～しているときに）といった表現もある。

- On seeing the dog, the man ran away.
（犬を見たとたんに、その男性は逃げて行った）
- You should be polite in talking to strangers.
（見知らぬ人に話しかけるときは礼儀正しくすべきだ）

「前置詞 to ＋動名詞」を含む表現の例

be opposed to -ing （～することに反対している）
be used[accustomed] to -ing （～することに慣れている）
look forward to -ing （～することを楽しみにする）
object to -ing （～することに反対する）
What do you say to -ing? （～することをどう思いますか）
when it comes to -ing （～することにかけては）
with a view to -ing （～する目的で）

2 It や There で始まる表現

Clip 134

(1) **It is no use trying** to explain the reasons. 245
理由を説明しようとしてもむだである。

(2) **There is no postponing** our final decision. 246
最終決定を先送りすることはできない。

Itで始まる文に動名詞を使う形

(1)の It is no use -ing は「〜してもむだである」という意味になる。

- **It is no use crying** over spilt milk.
（こぼれた牛乳を嘆いてもむだである［覆水盆に返らず］）

このほか、**It is worth -ing**（〜することには価値がある）や、**It goes without saying that 〜**（〜は言うまでもない）などの表現もある。

- **It is worth reading** this book repeatedly.
（この本は繰り返し読む価値がある）
= This book **is worth reading** repeatedly.

- **It goes without saying that** we should do our best.（私たちが最善を尽くすべきなのは言うまでもない）

Thereで始まる文に動名詞を使う形

(2)の There is no -ing は「〜することはできない」という意味になる。

- **There is no telling** what will happen in the future.（私たちの未来には何が起こるか分からない）
- **There is no accounting** for taste.
（人の好みを説明することはできない［蓼食う虫も好き好き］）

このほか、**There is no point in -ing**（〜することはむだである）という表現もある。

- **There is no point in depending** on someone else.（ほかの誰かを頼ってもむだである）

9章 分詞
Participles

Step 1 基本

1 分詞の限定用法
- ① 名詞の後ろに置かれる分詞　270
- ② 名詞の前に置かれる分詞　271

2 分詞の叙述用法
- ① SV ＋分詞　274
- ② SVO ＋分詞　275

3 分詞を have[get] や知覚動詞とともに用いる
- ① have[get] ＋ O ＋現在分詞　276
- ② have[get] ＋ O ＋過去分詞　276
- ③ 知覚動詞＋ O ＋分詞　278

4 分詞構文の基本
- ①「同時にしていること（付帯状況）」を表す分詞構文　279
- ②「〜すると、〜している時に」を表す分詞構文　280
- ③「〜して、そして…」という「動作の連続」を表す分詞構文　281
- ④「理由」を表す分詞構文　281

Step 2 発展

1 分詞構文のさまざまな形
- ① 完了形の分詞構文　283
- ② 否定の分詞構文　283
- ③ 接続詞＋分詞構文　284

2 独立分詞構文
- ① 独立分詞構文の基本形　285
- ② 独立分詞構文の慣用表現　205

3 分詞を用いたさまざまな表現
- ① 同時に起こっていること（付帯状況）を表す「with ＋名詞＋分詞」　286
- ② その他の注意すべき表現　287

Close Up! 準動詞の働き　289

Step 1 基本

分詞には using のような**現在分詞**と、used のような**過去分詞**とがある。現在分詞は進行形（⊙p.127、p.130）を、過去分詞は完了形（⊙p.144）や受動態（⊙p.204）を作る際に用いる。

分詞には、名詞を修飾したり、主語や目的語を説明したり、あるいは文に情報を加えたりする働きもある。現在分詞および過去分詞の持つ基本的な意味と、分詞のさまざまな使い方を見ていこう。

1 分詞の限定用法

現在分詞や過去分詞には、前や後ろにある名詞に情報を加える、つまり**名詞を修飾する**用法がある。この用法を**「限定用法」**と呼ぶ。

1 名詞の後ろに置かれる分詞

Clip 135

(1) Do you know that man **reading** a newspaper?　247
新聞を読んでいる、あの男性を知っていますか。

(2) This is a table **made** in the 19th century.　248
これは19世紀に作られたテーブルです。

「名詞＋現在分詞」の形　　分詞には、**名詞の後ろに置いて、その名詞に情報を加える（名詞を修飾する）用法**がある。(1)では that man（あの男性）の後ろに、現在分詞の reading に導かれた reading a newspaper（新聞を読んでいる）が続いて、「あの男性」についてより詳しい情報を加えている。現在分詞は、このように**「～している、～しつつある」**という意味で用いられる。

現在分詞は「能動」の意味　　現在分詞には**「能動」**の意味があり、修飾される名詞を主語にして能動態の文を作ることができる。(1)の場合は That man is reading a newspaper. という状況が成り立つ。

270　9章 分詞

「名詞＋過去分詞」の形	例文(2)では、a table（テーブル）の後ろに過去分詞madeに導かれたmade in the 19th century（19世紀に作られた）を続けることで、どのようなテーブルかがより詳しく分かる。過去分詞は、このように「～された、～される」または「～させられた→～した」といった意味で用いられる。
過去分詞は「受動」の意味	過去分詞にはこうした「受動」の意味があるため、修飾される名詞を主語にして受動態の文を作ることができる。(2)の場合にはA table was made in the 19th century.という状況が成り立つ。
分詞が後ろから名詞を修飾する	これらの例文のように、情報を加える部分が**2語以上のまとまりのとき、分詞は通常、名詞の後ろに置かれる**。このように名詞を後ろから修飾する形を「**後置修飾**」と呼ぶ。

- Those boys **playing** soccer on the field are my friends.
  （グラウンドでサッカーをしている少年たちは私の友人です）
- The novel **written** by the student became a big hit. （その学生によって書かれた小説は大ヒットとなった）

2 名詞の前に置かれる分詞

Clip 136

(1) The mother picked up her **sleeping** baby.　249
　　母親は眠っている赤ちゃんを抱き上げた。

(2) I cut my finger on a **broken** glass.　250
　　私は割れたグラスで指を切った。

「現在分詞＋名詞」の形	分詞には、**名詞の前に置いて、その名詞に情報を加える（名詞を修飾する）用法**がある。例文(1)、(2)のような1語の分詞は、名詞の前に置くことができる。 　(1)では、baby（赤ちゃん）の前に**現在分詞**のsleeping（眠っている）を置き、「眠っている赤ちゃん」であることを伝えてい

271

る。現在分詞は、このように名詞の前でも「〜している、〜しつつある」という「能動」の意味で用いられる。

- That **steaming** soup looks good.
  (あの湯気を立てているスープはおいしそうだ)

また、次のように「(人を)〜させる」といった意味で用いられることもある。

- We enjoyed an **exciting** performance by the dancers.
  (私たちは、ダンサーたちによるわくわくする演技を楽しんだ)

　　　　　　　　　　　　＊ exciting は「人をわくわくさせる」

「過去分詞+名詞」の形

(2)では glass（グラス）の前に broken（割られた→割れた）という意味の過去分詞を置き、このグラスが「割れたグラス」であることを伝えている。過去分詞は、このように、名詞の前でも「〜された、〜される」または「〜させられた→〜した」といった「受動」の意味で用いられる。

- Mike had a **pleased** look when he saw Jane.
  (マイクはジェーンに会ったとき、うれしそうな表情をした)

　　　　　　　　　　　　＊ pleased は「喜ばされた→喜んだ」

なお、**自動詞の場合**には過去分詞は「受動」ではなく「**完了**」を表す。例えば fallen（落下した）、retired（引退した）などがそれに当たるが、このような過去分詞は数が限られている。

- She swept up the **fallen** leaves.
  (彼女は落ち葉を掃き集めた)

◆ 現在分詞と過去分詞の意味

	自動詞	他動詞
現在分詞	〜している、〜しつつある、〜する	…を〜している、人を〜させる
過去分詞	〜し終わった	〜された、〜される

「名詞＋分詞1語」の形

分詞1語で名詞を修飾するときには必ず「分詞＋名詞」の語順になるというわけではない。例えば、一時的な動作や状況などを表す場合には、分詞は1語であっても名詞の後ろに置かれる。

- The boy **singing** is my brother.（歌っている少年は私の弟です）

また、the information **given**（与えられた情報）や the people **concerned**（関係者）などのように、よく使われる「名詞＋分詞1語」の表現もある。

- The information **given** was far from enough.
（与えられた情報は、とても十分とは言えなかった）

形容詞として使われる分詞（分詞形容詞）

分詞は「名詞に情報を加える」という形容詞のような働きをすることができるが、品詞上も「形容詞」として使われる分詞を「分詞形容詞」と呼ぶことがある。

例えば、以下の例における interesting（興味深い）と interested（興味を持った）は、もともとは interest（〜に興味を持たせる）という動詞の現在分詞と過去分詞であるが、いずれも辞書などでは「形容詞」に分類される。

- Mr. Murakami's books are **interesting**.（村上氏の本は興味深い）
- I am **interested** in Mr. Murakami's books.（私は村上氏の本に興味がある）

次の surprising と surprised も同様で、surprise（〜を驚かせる）という動詞の現在分詞と過去分詞である。

- Her song was **surprising**.（彼女の歌は驚きだった）
- We were **surprised** at her song.（私たちは彼女の歌に驚いた）

ちなみに、p.271の broken や、p.272の exciting なども形容詞として定着しており、分詞形容詞と考えることができる。

「the ＋過去分詞」で「〜な人々」を表す

「the ＋形容詞」が「〜な人々」の意味で使われることがある（▶ p.495）が、それと同様に、「the ＋過去分詞」も「〜な人々」を表すことがある。

- **The injured** were quickly carried to the local hospital.
（負傷者たちは直ちに地元の病院に運ばれた）

2 分詞の叙述用法

分詞が**補語**として使われる、さまざまな表現のパターンを見てみよう。

1 SV＋分詞

現在分詞や過去分詞には、**SVC**（主語＋動詞＋補語）**の文における補語**の位置で、動詞の前にある**主語について説明を加える**用法がある。

> **Clip 137**
>
> (1) The prices of computers **kept dropping** for 10 years. 251
> コンピューターの価格は10年間下がり続けた。
>
> (2) The movie star **stood surrounded** by his fans. 252
> その映画スターはファンたちに囲まれて立っていた。

主語を説明する分詞

例文(1)のkeepは「〜し続ける」を表し、kept droppingで「下がり続けた」という意味になる。このkeepをbe動詞にしても文として成り立つことから、現在分詞droppingは、**主語の説明をする語（補語）**としてとらえる。

keepは後ろに現在分詞を続けた場合は「〜し続ける」といった能動の意味になり、過去分詞を続けた場合は「〜され続ける」といった受動の意味になる。同じような使い方ができる動詞に「〜のままである」を意味するremainがある。次の文はremainに過去分詞seatedを続けた例で、「着席させられた状態のままでいる→着席したままでいる」のように考えればよい。

● Please **remain seated** during the performance.
（上演中は着席したままで［席を離れないで］いてください）

例文(2)に使われているstandのような動詞に分詞を続けると、**主語がどのような状態なのか**を表すことができる。(2)のstood surroundedは「囲まれた状態で立っていた」という意味である。

standと同じような使い方ができる動詞にsit、lie、come、walkなどがある。いずれも後ろに続く語が現在分詞の場合は「〜している状態で」という能動の意味になり、過去分詞の場合

274　9章　分詞

は「〜された状態で」という受動の意味になる。
- We **sat chatting** on the bench.
(私たちはおしゃべりをしながらベンチに座っていた)

2 SVO ＋分詞

現在分詞や過去分詞には、**SVOC**（主語＋動詞＋目的語＋補語）**の文における補語**の位置で、動詞の後ろの**目的語の説明をする**用法がある。

> **Clip 138**
>
> (1) I **kept** him **waiting** for about an hour. 253
> 私は彼を約1時間待たせておいた。
>
> (2) They **left** the problem **unsolved** for weeks. 254
> 彼らはその問題を何週間も解決されないまま放っておいた。

目的語を説明する分詞

例文はいずれも**SVOC**（主語＋動詞＋目的語＋補語）の形で、分詞は**補語として目的語の名詞について説明**している。(1)の動詞keepは、補語の位置に現在分詞が来る場合は「〜を…している状態にしておく」、過去分詞が来る場合は「〜を…された状態にしておく」を表す。
- **Keep** the door **closed**. (ドアを閉めておきなさい)

(2)の動詞leaveは、補語の位置に現在分詞が来る場合は「〜を…しているままで放置する」、過去分詞が来る場合は「〜を…されたままで放置する」を表す。
- She **left** the phone **ringing**.
(彼女は電話を鳴りっぱなしにしておいた)

3 | 分詞を have[get] や知覚動詞とともに用いる

❶ have[get] ＋ O ＋現在分詞

> **Clip 139**
>
> The doctor **had** us **waiting** for two hours. 255
> その医師は私たちを 2 時間待たせた。

「〜を…している状態にする」

「have[get] ＋ O ＋現在分詞」は、**「〜を…している状態にする」**つまり**「〜を…させる」**を表す。have と get のどちらを使ってもほぼ同じことを表せるが、**get** を使った場合は**「変化させる」**または**「働きかけてそう仕向ける」**ニュアンスが強くなる。

- She **got** the conversation **going**.
 （彼女は会話を進めた）　＊「会話が進むように仕向けた」ニュアンス

❷ have[get] ＋ O ＋過去分詞

> **Clip 140**
>
> (1) I **had** my photo **taken**. 256
> 　　私は写真を撮ってもらった。
> (2) We **had** our password **stolen**. 257
> 　　私たちはパスワードを盗まれた。
> (3) She **got** her job **done** by noon. 258
> 　　彼女は正午までに自分の仕事を済ませた。

「してもらう」と「される」

「have[get] ＋ O ＋過去分詞」は、(1) のように**「〜を…してもらう」**を表したり、(2) のように**「〜を…される」**を表したりする。どちらの意味になるかは文脈（してほしいことか、されると困ることか）による。

- He **got** his computer **repaired**.
 （彼はコンピューターを修理してもらった）

276　9 章　分詞

分詞が表す行為を「誰にしてもらうのか」「誰にされるのか」を示す場合には、by ～を用いる。
- I **had** my room **cleaned** by my sister.
  (私は姉に部屋を掃除してもらった)

「～し終える」

「人に～してもらう、される」という文脈ではなく、(3)のように主語が自分で何かをする場合には、「～を…し終える、～を…してしまう」という意味になる。
- **Get** the assignment **finished** by tomorrow.
  (その課題は明日までに仕上げるように)

「(人に)～される」を英語にするときの注意点

「誰かに自転車を盗まれた」という内容を英語で表現するとき、英語学習者がつい次のような文を作ってしまうことがある。
(×) I was stolen my bike by someone.
この文が間違いであると指摘されても、すぐには理解できないかもしれないが、能動態にしてみると問題点が分かりやすくなる。
byの後ろのsomeoneを主語にして能動態の文にすると、Someone stole me my bike. という文が出来上がる。しかし、動詞stealにはこのように目的語を2つ続ける用法がないので、この英文は間違いである。この英文が間違っている以上、先ほどの文も間違いということになる。
「人にOを～される」は、「have[get]＋O＋過去分詞」を使って表現することを覚えておこう。
- I **had** my bike **stolen** by someone.

make＋O＋過去分詞

haveやgetは「使役動詞」（▶ p.238）と呼ばれる動詞であるが、同じく使役動詞のmakeも、「make＋O＋過去分詞」の形で使われ「～を…されるようにする」を表す。
- It was difficult to **make** myself **understood** in English.
  (英語で自分の言うことを理解されるようにするのは難しかった→私の英語はなかなか通じなかった)

3 知覚動詞＋O＋分詞

> **Clip 141**
>
> (1) We **saw** the kitten **playing** with a ball. 259
> 　私たちはその子猫がボールにじゃれているのを見た。
>
> (2) Have you ever **heard** this song **sung** in Japanese? 260
> 　この歌が日本語で歌われるのを聞いたことがありますか。

分詞と一緒に使われる知覚動詞　　(1)で使われている動詞のseeは、「see＋O＋現在分詞」の形で「Oが～しているのを見る」、「see＋O＋過去分詞」の形で「Oが～されるのを見る」を表す。このような使い方のできる動詞には、(2)のhear（～を聞く）のほかにfeel（～を感じる）、look at ～（～を見る）、listen to ～（～を聞く）などがある。これらの動詞は知覚動詞（● p.239）と呼ばれる。

- She **felt** her baby **moving** inside her.
　（彼女は、おなかの中で赤ちゃんが動いているのを感じた）
- I **saw** a bike **chained** to the fence.
　（私は自転車がフェンスにチェーンでつながれるのを見た）

「知覚動詞＋O＋現在分詞」と「知覚動詞＋O＋動詞の原形」の違い

知覚動詞は「知覚動詞＋O＋動詞の原形」の形でも使われ、例えば「see＋O＋動詞の原形」は「～が…するのを見る」を意味する。次の2つの文を比べてみよう。
① I **saw** the cat **drink** the milk.（私はその猫がミルクを飲むのを見た）
② I **saw** the cat **drinking** the milk.（私はその猫がミルクを飲んでいるのを見た）
　動詞の原形を使った①の文の場合、猫がミルクを飲むのを最初から最後まで見届けたことが想起されやすい。一方、現在分詞を使った②の文は、進行中の動作を見たという意味合いになる。つまり②は、猫がミルクを飲み始めるところや、飲んでいる最中など、どこかの1時点を見たというニュアンスになる。

「find＋O＋分詞」の形

「find＋O＋現在分詞」の形で、「〜が…しているのを見つける、〜が…しているのに気づく」を表す。過去分詞を使う場合は受動の意味になる。

- I found the boy hiding behind the curtains.
  （私はその少年がカーテンの後ろに隠れているのを見つけた）
- We found the roof of our house blown away.
  （私たちは家の屋根が風に吹き飛ばされたことに気づいた）

4 分詞構文の基本

現在分詞や過去分詞が文中で**副詞的に働き、「同時にしていること」などさまざまな情報を加える**ことがある。こうした表現を**分詞構文**と呼ぶ。分詞構文は会話よりも書き言葉によく用いられる。また、分詞構文では現在分詞や過去分詞が単独で用いられることはまれで、目的語や修飾語句を伴うことが多い。

1 「同時にしていること（付帯状況）」を表す分詞構文

Clip 142

Smiling brightly, she extended her hand for a handshake.
明るくほほ笑みながら、彼女は握手を求めて手を伸ばした。

261

「〜しながら」　　例文の Smiling brightly（明るくほほ笑む）という部分は、後ろの she extended her hand for a handshake（彼女は握手を求めて手を伸ばした）の部分（主節）との関係から、「明るくほほ笑みながら」の意味だと解釈できる。このように、分詞構文には**「その時していること」**を伝える用法がある。「主節の動作と同じ時にしていること」の情報を**「付帯状況」**と呼ぶ。付帯状況を表す分詞構文は使用頻度が高く、多様な場面で使われる。

分詞構文の意味のとらえ方　　分詞構文の表す事柄はさまざまなので、**分詞構文と主節との関係から意味を考える**必要がある。どのような意味になるかは文脈次第であり、明確に分類することが難しい場合も多い。

なお、分詞構文においては通常、その行為をするのは主節の主語（例文の場合はshe）になる。

過去分詞を用いる分詞構文

分詞構文には次のように過去分詞を用いるものもある。
- She entered the room, **accompanied** by her secretary.（彼女は秘書につき添われて部屋に入ってきた）

過去分詞は「受動」を表すので、この文の分詞構文は「**つき添われて**」という意味になる。

2　「〜すると、〜している時に」を表す分詞構文

Clip 143

Seeing me, the dog began barking.　262
私を見ると、その犬はほえ始めた。

「〜すると、〜している時に」

例文のSeeing meは、主節のthe dog began barking（その犬はほえ始めた）との関係から、「私を見ると」という意味だと考えられる。このように、分詞構文には**「〜すると、〜している時に」**といった意味で用いられるものがある。このような意味の分詞構文は、接続詞whenやwhileを使った文でも表すことができる。例文をwhenを使って表現すると、次のようになる。
- When the dog saw me, it began barking.

分詞構文が文中に置かれる場合

分詞構文は多くの場合、文頭や文尾に置かれるが、文中に置かれることもある。
- The girl, **seeing** me, smiled sweetly.（その少女は私を見ると優しくほほ笑んだ）

この文では、The girlで文を始め、そのThe girlに情報（seeing me）をつけ加えて、smiled sweetlyで文を完成させている。このように、文中（主語の直後など）に分詞構文をコンマで挟んで入れることがある。

3 「～して、そして…」という「動作の連続」を表す分詞構文

> **Clip 144**
>
> I ran all the way to the station, **arriving** just in time for the train.
> 263
> 駅までずっと走って、電車にちょうど間に合うように着いた。

「～して、そして…」

この文の分詞構文は、前半のI ran all the way to the station（私は駅までずっと走った）という部分からのつながりを考えると、「**そして[だから]**電車にちょうど間に合って着いた」のように解釈すればよいと分かる。このように、分詞構文には**「動作が連続していること」**を表す用法もある。

例文は、接続詞のandを使った文にすることもできる。
- I ran all the way to the station and arrived just in time for the train.

4 「理由」を表す分詞構文

> **Clip 145**
>
> **Chosen** as captain, I was proud of myself.
> 264
> キャプテンに選ばれたので、私は自分を誇りに思った。

「～なので」

例文では、Chosen as captain（キャプテンに選ばれた）は、I was proud of myself（自分を誇りに思った）という部分の**「理由」**を表していると考えられる。このように、分詞構文は**「…なので」**という意味で用いることができる。「理由」を表す分詞構文は通常、文頭に置かれる。

例文は、理由を表す接続詞のbecauseやsince、asなどを使った文にすることもできる。
- Since I was chosen as captain, I was proud of myself.

過去分詞の前にbeingを置く	例文の分詞構文には過去分詞chosenが使われており、「選ばれる」という「受動」を表している。なお、この文のように<u>過去分詞で「理由」を表す場合</u>には、過去分詞の前にbeingを置くこともある。 ● <u>Being chosen</u> as captain, I was proud of myself.
現在分詞で「理由」を表す	次のように<u>現在分詞で「理由」を表す</u>こともできる。 ● <u>Having</u> a bad headache, I don't want to go out today.（ひどい頭痛がするので、今日は外出したくない）

形容詞や名詞で始まる分詞構文

　Being cold and hungry, we had a hard time.（寒くて空腹だったので、私たちはつらかった）のような、Beingで始まる分詞構文では、次のように<u>文頭のBeingが省略される</u>ことがある。
● Cold and hungry, we had a hard time.
　形容詞や名詞で文が始まっていて意味が取りにくい場合は、文頭にbeingを補ってみるとよいだろう。
● Tired from work, I soon fell asleep.
（仕事で疲れていたので、私はすぐに眠ってしまった）
● A well-known artist, he is asked by many people to paint portraits.
（有名な画家なので、彼は多くの人から肖像画を描いてほしいと頼まれる）

「条件・譲歩」を表す分詞構文

　頻繁に用いられるわけではないが、分詞構文が「〜すると、〜ならば」という「条件」や、「〜だけれども」という「譲歩」（▶p.599）を表すこともある。「譲歩」の意味の場合は、「それでも」を意味するstillなどの語が文中で使われることが多い。
● Going straight for two blocks, you will see the post office on the left.
（2ブロック真っすぐ行くと、左に郵便局が見えます）　　　　　　　　　〔条件〕
● Accepting that he didn't mean it, I still think he was in the wrong.
（彼に悪気がなかったことは認めるが、それでも私は彼が間違っていたと思う）〔譲歩〕

Step 2 発展

1 分詞構文のさまざまな形

① 完了形の分詞構文

> **Clip 146**
>
> **Having finished** his work, he went to the concert. 265
> 仕事を終えてしまうと、彼はコンサートに行った。

「having＋過去分詞」で時の前後関係を示す

例文ではhaving finished his workという形が使われており、「彼が仕事を終えた」のがwent to the concert（コンサートに行った）よりも時間的に前の行為であることを示している。このように、**主節の内容よりも前の事柄であることを明確にしたい場合**は、完了形の分詞構文**「having＋過去分詞」**を使う。ただし、時の前後関係を強調する必要が特にない場合や、文脈から分かる場合には、完了形の分詞構文を使わずに、通常の分詞構文で表現すればよい。

② 否定の分詞構文

> **Clip 147**
>
> **Not knowing** his address, I couldn't send the package to him. 266
> 彼の住所を知らなかったので、彼に小包を送ることができなかった。

分詞構文の内容を否定する

分詞構文の内容を否定する場合は、**「not＋分詞」**のように、**分詞の直前にnotやneverなどの否定語を置く**。完了形の分詞構文の場合は**「not[never] having＋過去分詞」**となる。

- **Not having learned** the equation, the boy couldn't solve the math problem.
  （その方程式を習っていなかったので、少年はその数学の問題を解くことができなかった）

notではなくneverを用いる場合は、「never having＋過去分詞」以外に「having never＋過去分詞」の形を使うこともできる。

- **Never having[Having never] lived** alone, I was a little nervous.
（一度も1人暮らしをしたことがなかったので、私は少し不安だった）

3 接続詞＋分詞構文

> **Clip 148**
>
> **While staying** in New York, I had a chance to see a famous actor. 267
> ニューヨークに滞在している間に、ある有名な俳優を見かける機会があった。

意味を明確にするための接続詞

分詞構文が複数の意味に解釈できるような場合、その**意味を明確にする**ために、例文のWhile stayingのように、分詞の前に接続詞を置くことがある。while以外にwhenやifなども分詞構文の前に置かれることがある。

なお、例文のような場合には、接続詞Whileの後ろの「主語＋be動詞」（例文ではI was）が省略されている（▶p.446）と考えることもできる。

- **When traveling** abroad, you should be at the airport at least two hours before your departure.
（海外旅行をしているときには、［飛行機の］出発の少なくとも2時間前には空港にいるべきだ）

2 独立分詞構文

分詞構文の中には、**分詞の意味上の主語が、主節の主語と異なる**ものもある。このような分詞構文を「**独立分詞構文**」と呼ぶ。

1 独立分詞構文の基本形

> **Clip 149**
>
> **The room being** hot, I opened the window.　268
> 部屋が暑かったので、私は窓を開けた。

分詞の前に主語を置く

例文ではbeing hotの直前に、The roomが置かれている。このことはbeing hotの主語に当たるものがThe roomであり、主節の主語Iと異なることを意味する。

分詞構文では通常、分詞の意味上の主語と主節の主語は一致するが、この例文のようにそれらが**一致しない場合、分詞の直前にその分詞の主語に当たる名詞を置く**。こうした分詞構文を「独立分詞構文」と呼ぶ。

● **It being** fine, we went on a picnic yesterday.
（天気がよかったので、私たちは昨日ピクニックに出かけた）

＊It being fineのitは「天候」を指す。

2 独立分詞構文の慣用表現

> **Clip 150**
>
> **Judging from** the look of the sky, it may rain in the afternoon.　269
> 空模様から判断すると、午後には雨が降るかもしれない。

主語を示さない独立分詞構文

例文の**judging from ~（~から判断すると）**のように、**意味上の主語を示さない独立分詞構文**もある。これらはいわゆる**慣用表現**ととらえればよい。「話し手」を指すIや「一般の人々」を指すyouやwe、theyなどが主語として考えられるが、この

ような主語をあえて示さない形である。よく使われるものは覚えておこう。

- **Generally speaking**, people buy gold for investment. (一般的に言うと、人は投資のために金を買う)
- **Strictly speaking,** the earth is not round.
  (厳密に言うと、地球は丸くない)
- **Speaking of** television, what's your favorite program? (テレビと言えば、どの番組がお気に入りですか)
- **Considering** his age, he has a lot of experience.
  (年齢を考慮すると、彼は経験豊かだ)

3 分詞を用いたさまざまな表現

1 同時に起こっていること(付帯状況)を表す「with＋名詞＋分詞」

Clip 151

(1) She rode her bike **with her long hair waving** in the wind. 270
彼女は長い髪を風になびかせながら自転車を走らせた。

(2) I sat on the sofa **with my legs crossed**. 271
私は脚を組んでソファに座っていた。

withで付帯状況を示す

「with＋(代)名詞＋分詞」の形で、主節の出来事と同時に起こっていること、つまり付帯状況を追加的に説明することができる。よく使われる形なので、定型表現のように覚えておくとよい。

「with＋名詞＋現在分詞」

例文(1)では、「with＋名詞＋現在分詞」の形で、her long hair (彼女の長い髪) がwaving in the wind (風になびいている) という状態、つまり「〜が…している状態で」を表現している。withに続く部分では、Her long hair was waving. という能動態の文の内容が表されている。

- John was listening to the music **with his head nodding.**(ジョンは頭を上下に動かしながら音楽を聞いていた)

286　9章 分詞

「with＋名詞＋過去分詞」	例文(2)は「with＋名詞＋過去分詞」の形で、my legs（私の両脚）がcrossed（組まれていた）という状態、つまり「〜が…されている状態で」を表現している。withに続く部分では、My legs were crossed.という受動態の文の内容が表されている。次の文はwithの後ろに代名詞を使った例である。

- We should start the project with everything prepared.
（私たちはすべてが準備された状態でその事業を始めるべきだ）

「with＋名詞」の後ろに分詞以外が続く場合

「with＋名詞」の後ろには、分詞以外にも、形容詞や副詞、または前置詞句が続いて付帯状況を表すことがある。

① 「with＋名詞＋形容詞」
- Don't speak with your mouth full. （口に物をほおばって話さないで）

② 「with＋名詞＋副詞」
- You must not enter the room with your shoes on.
（土足でその部屋に入ってはいけない）

③ 「with＋名詞＋前置詞句」
- She was watching the movie with tears in her eyes.
（彼女は目に涙を浮かべてその映画を見ていた）

2 その他の注意すべき表現

Clip 152

(1) **There was** a rat **running** across the floor. 272
ネズミが床を横切って走っていた。

(2) My brother **is busy doing** his homework. 273
弟は宿題をするのに忙しい。

(3) We **went shopping** in Shibuya last Sunday. 274
この前の日曜日、私たちは渋谷に買い物に行った。

「There＋be動詞＋名詞＋分詞」	例文(1)は「There＋be動詞＋名詞＋現在分詞」で「…が〜している」を表したもの。「There＋be動詞＋名詞＋過去分詞」とすると、「…が〜されている」という意味になる。

● **Are there** any seats **left**?
(まだ席は残されて［残って］いますか)

「be 動詞＋busy ＋現在分詞」　(2)の「**be 動詞 ＋busy ＋現在分詞**」は「〜するのに忙しい」という意味になる。
　このほか、「〜して（時間を）過ごす」を表す「**spend＋時間＋現在分詞**」という表現もある。

● I **spent** hours **browsing** websites.
(私はウェブサイトを見て回って何時間も過ごした)

「go＋現在分詞」　(3)に使われている「**go＋現在分詞**」は、「〜しに行く」を意味する。ただし、すべての動詞をこの表現（現在分詞の部分）に使えるわけではない。使える動詞はshoppingやskiingなどの、気晴らしのための活動やスポーツなどに関するものが多い。

――（「go＋現在分詞」の例 ）――

go camping（キャンプに行く）　go dancing（踊りに行く）
go fishing（釣りに行く）　go hiking（ハイキングに行く）
go shopping（買い物に行く）　go skiing（スキーに行く）
go sightseeing（観光に行く）　go snowboarding（スノーボードに行く）
go swimming（泳ぎに行く）　go walking（散歩に行く）

「渋谷に買い物に行く」の表し方

　「渋谷に買い物に行く」と言うとき、(×) go shopping to Shibuyaとしてしまいがちだが、(○) go shopping in Shibuyaが正しい。
　この表現は、go to Shibuyaではなく、shop in Shibuyaというまとまりから理解すべきなのである。go shopping in Shibuyaは「『渋谷での買い物』という活動に向かう」ことを意味している。「蔵王にスキーに行く」も同様に考えて、go skiing in Zaoと表現する。

Close Up! 準動詞の働き

不定詞、動名詞、分詞のことをまとめて「**準動詞**」と呼ぶことがある。準動詞は**動詞的な性質を備えながら**、文中で名詞や形容詞、副詞といった**ほかの品詞の働き**をする。

1 準動詞が持っている「動詞の性質」

準動詞は動詞が姿を変えたものであるが、主語の**人称や数によって形が変化しない**点と、**現在・過去という時制を持たない**点が、動詞とは異なる。しかし、もともと動詞なので、以下のような「動詞らしい性質」を持っている。

①**目的語を続けたり、副詞（句）で修飾したりできる**

　to consider the plan carefully　　　　　　　〔不定詞〕186
　　　　　　　　Ｏ　　　　副詞
　（その計画について注意深く検討すること）

　chatting online with friends　　　　　　　　〔動名詞〕226
　　　　　　副詞　　副詞句
　（友達とオンラインでチャットをすること）

　that man **reading** a newspaper　　　　　　　〔現在分詞〕247
　　　　　　　　　　Ｏ
　（新聞を読んでいる、あの男性）

②**主語に当たるもの（意味上の主語）が存在する**

　It is important for him **to keep** regular hours.　〔不定詞〕199
　（彼が規則正しい生活を送ることが重要だ）

　I don't mind his **practicing** the guitar here.　〔動名詞〕237
　（彼がここでギターの練習をすることを、私は気にしませんよ）

　The room **being** hot, I opened the window.　〔独立分詞構文〕268
　（部屋が暑かったので、私は窓を開けた）

　　　　＊ただし、意味上の主語が示されない場合や、特定できない場合もある。

③否定語とともに用いたり、完了形や受動態を作ったりできる

Sometimes **not looking** back is a good thing. 〔動名詞〕 239
（[過去を] 振り返らないことは時にはよいことだ）

Having finished his work, he went to the concert. 〔分詞構文〕 265
（仕事を終えてしまうと、彼はコンサートに行った）

I want her works **to be known** by more people. 〔不定詞〕 216
（彼女の作品がもっと多くの人に知られてほしい）

2 準動詞が文中で果たす「ほかの品詞」の役割

準動詞は、文中で名詞、形容詞、副詞の働きをすることができる。ただし、動名詞には名詞の働きしかなく、逆に分詞は名詞の働きをしない。

①名詞として働く

To study for hours is hard. 〔不定詞〕 185
（何時間も勉強することは大変だ）

Her hobby is **making** leather accessories. 〔動名詞〕 227
（彼女の趣味は革のアクセサリーを作ることだ）

②形容詞として働く

I want a book **to teach** me practical English grammar. 190
（実用的な英文法を教えてくれる本が欲しい） 〔不定詞〕

The mother picked up her **sleeping** baby. 〔現在分詞〕 249
（母親は眠っている赤ちゃんを抱き上げた）

③副詞として働く

Tom gets up early **to walk** his dog. 〔不定詞〕 194
（トムは犬の散歩をするために早起きをしている）

Seeing me, the dog began barking. 〔分詞構文〕 262
（私を見ると、その犬はほえ始めた）

10章 関係詞
Relatives

Step 1 基本

1 関係代名詞の限定用法
- ① who と whom　292
- ② which　294
- ③ that　296
- ④ whose　297
- ⑤ 関係代名詞と前置詞　299

2 関係代名詞 what
- ① what の使い方　300
- ② what の慣用表現　301

3 関係副詞の限定用法
- ① where　303
- ② when　305
- ③ why　306
- ④ how　307

4 関係詞の非限定用法
- ① 関係代名詞の非限定用法　308
- ② 前の部分の内容を受ける which　311
- ③ 関係副詞の非限定用法　312

Step 2 発展

1 複合関係詞
- ① 複合関係代名詞（whoever など）　314
- ② 複合関係副詞（whenever など）　316
- ③ 「譲歩」を表す複合関係代名詞　317
- ④ 「譲歩」を表す複合関係副詞　318

2 関係代名詞を用いたさまざまな表現
- ① 関係代名詞の後ろに I think などを続ける　320
- ② some of whom などの表現（非限定用法）　321

3 関係代名詞のように用いられる語
- ① as　322
- ② than　323

Close Up!　句と節の働き　324

Step 1 基本

日本語で名詞を修飾する際には、「英語を上手に話す生徒」のように**「修飾語句＋名詞」という語順**になるが、英語では a student who speaks English well のように、**「名詞＋修飾語句」という語順**になり、修飾語句の先頭には who などの関係詞が用いられることが多い。英語において名詞の修飾に重要な役割を果たす関係詞について、その種類と働き、用法を見ていこう。

1 関係代名詞の限定用法

名詞が表すものを限定し、その名詞がどんなものなのかを説明する際によく用いられるのが**関係代名詞**である。関係代名詞にはいくつかの種類がある。それらを使えるようになるためには、名詞が「人」か「人以外」か、また、その関係詞が節の中でどんな役割を果たすかをまず意識するようにしよう。

1 who と whom

Clip 153

(1) I know a student **who** speaks English well. 275
私は英語を上手に話す生徒を知っている。

(2) The girl **who(m)** Ken often sees on the train talked to him today. 276
ケンが電車でよく見かける女の子が今日、彼に話しかけてきた。

「名詞←説明」：
英語の修飾は
後ろから

例文(1)では、a student（生徒）を who speaks English well（英語を上手に話す）が修飾していて、a student who … well という「名詞のまとまり」を作っている。(2)では、The girl（女の子）を who(m) Ken often sees on the train（ケンが電車でよく見かける）が修飾していて、The girl who(m) … train という「名詞のまとまり」を作っている。それぞれ、日本語と比べたときの大きな違いは、「修飾する部分」と「修飾される名詞」の位置関係である。日本語では「修飾する部分」を名詞

の前に置くが、英語では反対に、「修飾する部分」が名詞の後ろに位置し、「名詞＋修飾語句」という形を取っている（● p.29）。

　(1)、(2)の「修飾する部分」の先頭には、それぞれwho、whomがあるが、名詞の説明にこうした語が必要である点も、日本語と比べたときの大きな違いである。このwhoやwhomのような語を「**関係代名詞**」と呼ぶ。また、関係代名詞が導く部分によって**修飾される名詞**（ここではa studentとThe girl）を「**先行詞**」と呼ぶ。さらに、関係代名詞以降の「修飾する部分」は、SV（主語＋動詞）を含むため、この部分を「**関係代名詞節**」または、単に「**関係詞節**」と呼ぶ。

「人」を説明する

例文(1)、(2)の**whoまたはwhomは、先行詞が「人」を表す名詞のときに用いられる関係代名詞**である。これらは、例文のように**関係詞節の先頭**に置かれる。

whoとwhomの働き

　(1)では、関係詞節のwho speaks English wellの中で、whoは**主語**として働いている。このように節の中で主語として働く関係代名詞を、**主格の関係代名詞**と言う。

　なお、ここで関係詞節中の動詞speakに-sがついているのは、先行詞のa studentが3人称単数で、現在のことだからである。

　一方(2)では、関係詞節の**who(m) Ken often sees on the train**の中で、who(m)は動詞seesの**目的語**として働いている。このような関係代名詞を**目的格の関係代名詞**と言う。

　目的格はwhomが本来の形だが、現在は**代わりにwhoが用いられる**のが普通である。さらに、**目的格のwhomやwhoは省略されることが多い**。つまり、例文(2)は、実際にはしばしば次のような形を取る。

- The girl Ken often sees on the train talked to him today.

10 関係詞

先行詞の前に a と the のどちらを置くか

関係代名詞節の先行詞となる名詞の前に a と the のどちらを置くかは文脈や話し手の判断による（◯ p.488）。

p.292 の例文(1)に出てくる a student who speaks English well（英語を上手に話す生徒）という表現では、関係詞節の who speaks English well によって、対象とする生徒像を限定している。ただし、いきなり「英語を上手に話す生徒」と言われても、聞き手は1人に特定することはできないと考えられるため、不定冠詞の a を用いて不特定の誰かであることを示している。

一方、例文(2)の The girl who(m) Ken often sees on the train（ケンが電車でよく見かける女の子）の場合、「ケンが（気になって）よく見かける女の子」は、特定の1人だと聞き手に判断可能であるため、このように定冠詞の the を用いている。

なお、a girl who Ken often sees on the train とした場合、「ケンが電車でよく見かける女の子たちのうちの1人」という意味になる。

2 which

Clip 154

(1) We visited a company **which** makes eco-friendly products. 277
私たちは環境に優しい製品を作っている会社を訪ねた。

(2) This is the math problem **which** I can't solve. 278
これが、私が解けない数学の問題です。

「人以外」を説明する

　which は、先行詞が「人以外」を表す名詞のときに用いられる関係代名詞である。これらは、who や whom と同様に関係詞節の先頭に置かれる。

　例文(1)では、先行詞の a company（会社）を関係詞節 which makes eco-friendly products（環境に優しい製品を作っている）が修飾し、(2)では、先行詞の the math problem（数学の問題）を関係詞節の which I can't solve（私が解けない）が修飾している。

whichの働き

(1)のwhichはwhich makes eco-friendly productsという関係詞節の中で**主語**として働いているので**主格の関係代名詞**であり、(2)のwhichはwhich I can't solveという関係詞節の中で動詞solveの**目的語**として働いているので、**目的格の関係代名詞**である。whichは主格と目的格が同じ形なので、主格であるか目的格であるかはwhichの後ろの語順で判断する（**◯ p.297**）。さらに、**目的格のwhichは省略されることが多い**。つまり、例文(2)はしばしば次のような形を取る。

● This is the math problem I can't solve.

「先行詞＋関係詞節」は、文の中でさまざまな働きをする

a student who speaks English wellといった「先行詞＋関係詞節」のまとまりは、**文中で名詞と同じ役割を果たす**。つまり、**主語**や**補語**、**目的語**といった英文の骨組み（文の要素）になることができる。これまでに出てきた例文を見てみよう。

● I know a student who speaks English well. 〔動詞knowの目的語〕
　S　V　　　　　　O
（私は英語を上手に話す生徒を知っている）

● The girl who(m) Ken often sees on the train talked to him today.
　　　　　　　　　S　　　　　　　　　　　　V　　　　　　　　　〔主語〕
（ケンが電車でよく見かける女の子が今日、彼に話しかけてきた）

● We visited a company which makes eco-friendly products. 〔動詞visitの目的語〕
　S　V　　　　　　　　O
（私たちは環境に優しい製品を作っている会社を訪ねた）

● This is the math problem which I can't solve. 〔補語〕
　S　V　　　　C
（これが、私が解けない数学の問題です）

なお、文の主語や補語、動詞の目的語として働く以外に、**前置詞のすぐ後ろで、その目的語の働きをすることもできる**。

● He works for a company which makes eco-friendly products.
　S　V　前置詞　　　　　　　　　　　　　　　　　　　〔前置詞forの目的語〕
（彼は環境に優しい製品を作っている会社で働いている）

10 関係詞

3 that

> **Clip 155**
>
> (1) We went to a restaurant **that** opened last week. 279
> 　私たちは先週開店したレストランに行った。
> (2) This is the ring **that** my grandmother gave me. 280
> 　これが、祖母が私にくれた指輪です。

thatの働き　　関係代名詞のthatは、「人」も「人以外」も先行詞にできるが、先行詞が「人」の場合にはwhoを用いることが多い。

　例文(1)では、先行詞のa restaurant（レストラン）を関係詞節that opened last week（先週開店した）が修飾し、(2)では、先行詞のthe ring（指輪）を関係詞節のthat my grandmother gave me（祖母が私にくれた）が修飾している。また、(1)のthatは主格、(2)のthatは目的格である。

　thatは会話でよく用いられる。また、目的格のthatは、目的格のwho(m)やwhichと同様、省略されることが多い。

- This is the ring my grandmother gave me.

🏵 関係代名詞thatがよく用いられる場合

次のような場合には、関係代名詞thatが好んで用いられる。
①先行詞が「人」以外で、前に最上級の形容詞、the first、the secondなどの序数詞、the only、the sameなどがあり、「特定の1つ」であることを示している場合

- This is the first film **that** he directed.（これは彼が監督した最初の映画です）
- We looked for the best tour **that** was within our budget.
  （私たちは、予算内の最高のツアーを探した）

②先行詞が「人」以外で、前にall、every、any、noなどの語がある場合

- Make a list of all the things **that** you have to do.
  （あなたがしなければならないすべてのことを一覧にしなさい）

③疑問詞whoが先行詞になる場合

- Who **that** has common sense would do such a thing?
  （常識がある人で、そんなことをする人がいるだろうか）

④先行詞が人の性質・状態などを表し、関係代名詞が節の中で補語になる場合

- I'm not the person **that** I was before.（私は以前の私とは違います）
  ＊このthatは省略されることが多い。

⑤ 「人＋人以外」が先行詞になる場合
- The ancient people and their culture <u>that</u> she describes in her book made a big impression on me.
 （彼女が著書で描写している古代の人々とその文化は、私には大変印象的だった）

◆ 関係代名詞の種類と格変化

先行詞	主格	所有格	目的格
人	who	whose	who(m)
人以外	which	whose	which
人・人以外	that	—	that

関係代名詞の格の見分け方

　現在の英語では、目的格のwhomの代わりにwhoを用いることが多い。また、whichやthatは主格と目的格が同じ形である。つまり、同じ形の関係代名詞を主格にも目的格にも用いるため、どちらなのかは後ろの語順で判断することになる。
　原則として、関係代名詞の直後に動詞（V）が続いていれば、その関係代名詞は主格である。一方、関係代名詞の直後に「主語＋動詞」（SV）が続いていれば、その関係代名詞は目的格である。これまでに出てきた例文で確認しておこう。
　なお、目的格の関係代名詞は省略されることも多く、その場合には逆に「名詞（＝先行詞）＋主語＋動詞」という語順から、そこに本来あるはずの関係代名詞（目的格）が省略されていることを見抜く必要がある。

- This is the ring my grandmother gave me.
　　　　　先行詞　　　　S　　　　　V
＊ my grandmother gave という「主語＋動詞」の直前にthe ringがあるので、それが先行詞で、目的格の関係代名詞（thatまたはwhich）が省略されていると判断する。

4 whose

Clip 156

(1) I met a man **whose** mother is a famous novelist. 281
　私は、母親が有名な小説家である男性に会った。

(2) The song **whose** melody I like the best is *Jupiter*. 282
　私がメロディーを一番気に入っている歌は、「ジュピター」です。

所有格の関係代名詞

　whoseは**所有格の関係代名詞**で、his mother（彼の母親）、its melody（そのメロディー）のhisやitsと同じように、直後の名詞と結びついて「**whose＋名詞**」という形で用いられる。
　whoseは**「人」も「人以外」も先行詞にすることができる**。(1)のwhoseは先行詞がa manという「人」で、「その人の～」を表している。(2)のwhoseは先行詞がThe songという「人以外」で、「その～」を表している。

「whose＋名詞」の働き

　関係詞節の構造を考える場合は、**「whose＋名詞」が関係詞節の中でどう働いているか**に注目するとよい。(1)のwhose motherは関係詞節の中で**主語**の働きをしており、(2)のwhose melodyは関係詞節の中で動詞likeの**目的語**の働きをしている。それぞれ「whose＋名詞」の後ろに、(1)ではisという「動詞」が、(2)ではI likeという「主語＋動詞」が続いていることに注意しよう。

✚ whose を用いずに所有を表現する

　所有格の関係代名詞whoseを用いた文は複雑になりがちで、回りくどい印象を与えるので、より簡単な別の表現を使うことも多い。
- Lend me the book **whose** cover is yellow.
  （黄色い表紙のあの本を貸してください）
➡ Lend me the book **with** a yellow cover.

⬆ 「人以外」の所有を表す of which

　whoseは、先行詞が「人」でも「人以外」でも用いることができる関係詞だが、「人以外」の場合は **of which** を用いることもできる。例えば、p.297の例文(2) The song whose melody I like the best is <u>Jupiter</u>. は、of whichを用いて、次のようにも表せる。
①The song **of which** I like **the melody** the best is *Jupiter*.
②The song **the melody of which** I like the best is *Jupiter*.
　①は of whichという「前置詞＋関係代名詞」の部分を関係詞節の先頭に持ってきた形である（◯ p.300）。一方②は、of whichで修飾される名詞the melodyを関係詞節の先頭に持ってきた形である。
　ただし、of whichは文構造が複雑になるので、実際にはあまり使われない。またwhoseも堅苦しい印象の語なので、別の表現が可能な場合はそちらが好まれる。

5 関係代名詞と前置詞

> **Clip 157**
>
> (1) We need to protect the society **which** we belong **to**.
> 　私たちは、自らが所属している社会を守る必要がある。　283
>
> (2) The friend **who(m)** I traveled **with** sent me some photos.
> 　私が一緒に旅行した友人が、写真を送ってきた。　284

前置詞の目的語になる関係代名詞

　例文(1)は先行詞 the society を、関係詞節 which we belong to が修飾している。また、(2)は先行詞 The friend を関係詞節 who(m) I traveled with が修飾している。いずれも、**関係詞節の末尾に** to や with という**前置詞が置かれている**。

　関係詞節の構造をつかむために、まず次のような文を考えてみよう。

- We belong **to** the society.
  （私たちはその社会に所属している）
- I traveled **with** the friend. （私はその友人と旅行した）

belong to 〜は「〜に所属する」という意味、前置詞 with は「〜と一緒に」という意味で、いずれもこれらの文には不可欠な要素である。これらの文における前置詞の目的語が、例文(1)と(2)では先行詞になっている。そして、それぞれの関係詞節では、**関係代名詞**の which や who(m) **が、前置詞** to、with **の目的語の働きをしている**。なお、このような which や who(m) の代わりに that を用いることもできる。

　実際には次のような、**関係代名詞を省略した形**がよく使われる。

- We need to protect the society we belong **to**.
- The friend I traveled **with** sent me some photos.

「前置詞＋関係代名詞」の形

関係代名詞が前置詞の目的語になる場合、次のように前置詞を関係代名詞の前に置き、**「前置詞＋関係代名詞」の語順**にすることも可能である。
- We need to protect the society **to which** we belong.
- The friend **with whom** I traveled sent me some photos.

ただし、この形においては、関係代名詞は省略できないし、thatを用いたり、whomの代わりにwhoを用いたりすることもできない。つまり、**「前置詞＋which」と「前置詞＋whom」の形のみ**が使われる。

なお、「前置詞＋関係代名詞」の形は、文語的表現で、かなり硬い印象を与える。

2 関係代名詞 what

❶ what の使い方

> **Clip 158**
>
> (1) We should focus on **what** is important.　　285
>   私たちは、重要なことに焦点を合わせるべきだ。
>
> (2) **What** you need now is plenty of rest. 　　286
>   今あなたに必要なのは、十分な休息だ。

先行詞なしで用いる関係代名詞

関係代名詞whatは**先行詞なしで用い**、「**〜すること［もの］」を表す**。(1)のwhat is importantは、the thing that is importantと考えることができ、「重要なこと」という意味になる。関係詞節の中で、whatは**主語**の働きをしている。

(2)のWhat you need nowは、The thing that you need nowと考えることができ、「あなたが今必要とするもの」を表している。関係詞節の中で、Whatは動詞needの**目的語**の働きをしている。

what ~の関係詞節の文中での働き

関係代名詞whatに導かれる節は**名詞節**である。つまり先行詞なしで「名詞の働きをするまとまり」となるので、関係詞節の部分が、**文中で主語や補語、目的語、前置詞の目的語**として働くことができる。(1)のwhat is importantは前置詞onの目的語の働きをしており、(2)のWhat you need nowは文中で主語の働きをしている。

> **「what ＋名詞」の形**
>
> 関係代名詞whatは直後に名詞を伴って「what＋名詞」の形で、「~するすべての…」という意味でも用いられる。「少ないながらも」という意味を表すために、「ほとんどない」を表すlittleやfewが名詞の前に置かれることもある。
> なお、このwhatは形容詞のような働きをすることから**関係形容詞**と呼ばれる。
> ● I gave her **what little money** I had.
> 　（私は、少ないながらも持っていたすべてのお金を彼女にあげた）

2　whatの慣用表現

Clip　159

(1) She is different from **what she was**.　　　287
　　彼女は昔の彼女とは違う。

(2) He is **what is called** a go-getter.　　　288
　　彼はいわゆる、やり手だ。

(3) She is very smart, and **what is more**,
　　she studies hard.　　　289
　　彼女はとても頭がよく、その上、一生懸命勉強する。

「what＋主語＋be動詞」

例文(1)の what she was とは、「彼女が過去にそうであったもの」といった意味で、「**昔の彼女の性質・人格**」を表す。現在形で what she is とすると「現在の彼女の性質・人格」という意味になる。

「**what＋主語＋be動詞**」の主語の部分とbe動詞の部分にはさまざまな語句を入れることができる。例えば、what he is（現在の彼）、what they used to be（以前の彼ら）、what it is

301

today（今日のそれ）のような使い方ができる。

また、「what＋主語＋be動詞」は全体で**名詞として働く**ので、さまざまな「文の要素」となる。(1)の文中では前置詞fromの目的語の働きをしているが、主語や補語、あるいは次のように動詞の目的語の働きをすることもできる。

- She owes what she is to you.
 (現在の彼女があるのはあなたのおかげだ)

what is called ～

例文(2)の what is called ～ は直訳すると「～と呼ばれるもの」で、「**いわゆる～**」という意味で用いられる。what you call ～ や what they call ～ もほぼ同じ意味となる。

- This is what you call volunteer work.
 (これがいわゆるボランティア活動だ)

「what is＋比較級」

例文(3)の what is more は「**さらには、その上**」を表す。「**what is＋比較級**」は「さらに～なことには」という意味の表現で、what is more 以外にも、what is worse（さらに悪いことには）、what is better（さらによいことには）、what is more important（さらに重要なことには）などの形でよく使われる。

この表現は、(3)のように**副詞的に用いられる**ことが多く、その場合、しばしば and とともに文中に挿入され、コンマに挟まれる形を取る。

- It was getting dark, and what was worse, I couldn't find the hotel. (暗くなってきて、さらに悪いことに、ホテルを見つけることができなかった)

✚ A is to B what C is to D

A is to B what C is to D は「AのBに対する関係は、CのDに対する関係と同じだ」という意味で、C is to D の部分では、A is to B を説明するためのより分かりやすい例が述べられる。

- Reading is to the mind what exercise is to the body.
 (読書の精神に対する関係は、運動の肉体に対する関係と同じである)

3 関係副詞の限定用法

場所や時、理由などを表す名詞を修飾するために用いられるのが**関係副詞**である。関係副詞が作る節は、関係代名詞の who や which、that などが作る節と同様に、名詞を後ろから修飾して「名詞のまとまり」を作る。関係副詞は**節の中で副詞の働きをする**点が関係代名詞とは異なる。

◆ 関係副詞の種類

先行詞	場所を表す語	時を表す語	reason(s)	なし
関係副詞	where	when	why	how

1 where

Clip 160

The city **where** my parents first met was Kanazawa.
私の両親が初めて出会った街は金沢だった。

290

「場所」を説明する

　関係副詞の where は、場所を表す名詞の後ろに置かれて、「その場所で〜（する）」という意味の節を作る。例文では、The city が先行詞であり、それがどんな場所なのかを where my parents first met が説明して、The city where ... met という「名詞のまとまり」を作っている。

　where を使った文では、関係詞節の中の語順は「where＋主語＋動詞」となり、where は関係詞節中で**副詞の働き**をする。My parents first met there（→ where）. と考えると分かりやすい。

前置詞と関係代名詞を使って表す

　なお、例文は、関係代名詞 which と前置詞 in を使った次のような文にすることもできる。
- The city **in which** my parents first met was Kanazawa.
- The city **which** my parents first met **in** was Kanazawa.

303

このように関係代名詞と前置詞を使って表現する際、**前置詞に何を用いるかは内容により異なる**。例文の場合は、My parents first met in the city.（私の両親はその街で初めて出会った）という文が作れることからinが適切だと分かる。なお、1つ目のThe city in which ...はかなり硬い文語的な表現である。

先行詞なしのwhere

whereは先行詞なしで使われることもある。

- This is **where** he was born.
  （ここは彼が生まれた所だ）

なお、先行詞が(the) placeやsomewhereなどの-whereがつく語の場合、whereの代わりにthatを用いたり、whereやthatを省略したりできる。

- This is **the place where** he was born.
  （ここは彼が生まれた場所だ）
  ＝ This is **the place that** he was born.
  ＝ This is **the place** he was born.

場所の説明に関係代名詞を用いる場合

関係詞を使った英文を作る際、先行詞が「場所」であれば常に関係副詞whereを用いるわけではない。次の文を見てみよう。

- The city **which** my parents visited last year was Kanazawa.
  （私の両親が昨年訪れた街は金沢だった）

この文では、先行詞がThe cityという「場所」であるにもかかわらず、関係代名詞のwhichが用いられている。このwhichは関係詞節の中で、動詞visitedの目的語の役割を果たしている。

一方、関係副詞whereは、関係詞節の中で場所を表す副詞の働きをするので、「場所を表す前置詞＋関係代名詞」に置き換えることができる。例えばp.303の例文は、whereの代わりにin whichを使って次のように表せる。

- The city **in which** my parents first met was Kanazawa.
  （私の両親が初めて出会った街は金沢だった）

このように、関係詞節が「場所を表す前置詞＋関係代名詞」の節で表される場合に限り、関係副詞whereを用いることができるのである。最初に挙げた文は、関係詞節に前置詞inなどが不要であるため、whereではなくwhichを用いる。

先行詞によってwhichとwhereを使い分けるのではなく、決め手は関係詞節の構造である点に注意しよう。

関係副詞 where の先行詞

関係副詞の where は、場所を表す名詞以外に、case（場合）、situation（状況）、point（点）なども先行詞にすることができる。
- I will keep rewriting my report to the point where I feel satisfied.
（私は満足のいくところまで報告書の書き直しを続けよう）

2 when

Clip 161

The spring **when** we entered this school was very cold. 291

私たちがこの学校に入学した春は、とても寒かった。

「時」を説明する

関係副詞の when は、時を表す名詞の後ろに置かれて、「その時~（する）」という意味の節を作る。例文では、The spring が先行詞であり、それがどんな時なのかを when we entered this school が説明している。

when を使った文では、関係詞節の中の語順は**「when＋主語＋動詞」**となり、when は関係詞節の中で**副詞の働き**をする。

前置詞と関係代名詞を使って表す

例文は、関係代名詞 which と前置詞 in を使った次のような文にすることもできる。
- The spring in which we entered this school was very cold.
- The spring which we entered this school in was very cold.

ここでは、We entered this school in the spring.（私たちは春にこの学校に入学した）という文が作れることから前置詞 in を用いているが、**使用する前置詞は内容により異なる**。なお、1つ目の The spring in which ... はかなり硬い文語的な表現である。

先行詞なしの when

whenは先行詞なしで使われることもある。
- April is **when** we begin a new school year.
 （4月は新しい学年を始める時だ）
- That was **when** I was 5 years old.
 （あれは私が5歳の時だった）

なお、whenの代わりにthatを用いることもできる。また、whenやthatは省略することも多い。
- The spring **(that)** we entered this school was very cold.

先行詞とwhenが離れる場合

関係副詞のwhenが先行詞の直後に続かず、離れた位置に来ることがある。このような場合、whenは省略することができない。
- The time will come **when** you will be able to laugh about this trouble.
 （この困難を笑える時が来るだろう）

3 why

Clip 162

(1) Nobody knows the reason **why** she is absent today.
 彼女が今日欠席している理由を誰も知らない。　　292

(2) I have hay fever. **That's why** I can't stop sneezing.
 私は花粉症です。そういうわけで、くしゃみが止まらないんです。　　293

「何の理由か」を説明する

関係副詞のwhyは、the[a] reasonまたはreasonsを先行詞とし、「〜（する）理由」という意味の節を作る。例文(1)では、先行詞the reasonについて、何の「理由」であるかをwhy she is absent todayが説明している。

306　10章　関係詞

先行詞の省略、whyの省略	関係副詞whyを使った文においては、the reasonなどの先行詞を省略することができる。 ● Nobody knows **why** she is absent today. あるいは、関係副詞whyを省略することもできる。 ● Nobody knows **the reason** she is absent today. whyの代わりにthatを用いることも可能である。 ● Nobody knows the reason **that** she is absent today. なお、次のような関係代名詞を用いた文にすることもできるが、硬い文語的表現であり、実際にはあまり使われない。 ● Nobody knows the reason **for which** she is absent today.
that's why ～などの表現	(2)では、**That's the reason why** I can't stop sneezing. という文のthe reasonが省略されていると考えることができる。この **that's why ～**（そういうわけで～）は決まり文句のように使われる表現なので、「こういうわけで～」を表す **this is why ～** と一緒に覚えておくとよい。 ● He once got food poisoning from fish. **This is why** he doesn't eat fish.（彼は以前、魚で食中毒になりました。こういうわけで、彼は魚を食べないのです） なお、that's the reason ～やthis is the reason ～という形でも使うことができる。 ● I didn't go to work today. **That's the reason** I am here now.（今日は仕事に行きませんでした。そういうわけで、私は今ここにいるのです）

4 how

> **Clip 163**
>
> He says English words aloud many times.
> **That's how** he remembers them. 294
> 彼は英単語を何度も声に出して言う。そのようにして単語を覚えるのだ。

「どうやって」を説明する	関係副詞のhowは、例文のようなthat's how ～（そのようにして～）か、this is how ～（このようにして～）という形で用いられることが多い。
how＋SV、the way＋SV	howは先行詞なしで用いる。「方法」を説明するからといって（×）the way how ～とするのは間違いである。 しかしhowの代わりにthe wayを用い、直後に「主語＋動詞」を続けるのはよい。 ● That's **the way** he remembers English words. 　なお、the wayの後ろにthatを用いることは可能である。 ● That's **the way that** he remembers English words. 　また、硬い文語的表現になるが、次のような関係代名詞を用いた文にすることもできる。 ● That's **the way in which** he remembers English words.

4 関係詞の非限定用法

関係詞の用法には、これまで見てきたような、「～する…」と範囲を絞り込み特定する形で名詞を説明する方法（限定用法）以外にも、「そして～」「それ（その人）は～なのだが」のように名詞に説明を補足・追加する方法（非限定用法）がある。非限定用法では、原則として関係詞の前にコンマ（,）を置く。

1 関係代名詞の非限定用法

Clip 164

(1) I'm planning to visit my sister, **who** is working in Beijing.　　　　　　　　　　　　　　　　295
　私は姉を訪ねる予定なのですが、彼女は北京で働いています。

(2) This article, **which** I find very interesting, is about music.　　　　　　　　　　　　　　296
　この記事は、私はとても面白く感じるのですが、音楽に関するものです。

名詞に補足説明をする

例文(1)は、I'm planning to visit my sister.（私は姉を訪ねる予定だ）という文に、「姉」がどういう人かという情報を, **who is working in Beijing**（その人は北京で働いている）で追加している。このように、**名詞に関して補足的に説明を加える関係代名詞の用法**を**「非限定用法」**（または「非制限用法」）と呼ぶ。非限定用法では、原則として**関係代名詞の前にコンマ (,) を置く**。また、発話する際には、コンマのところでいったん間を置く。

限定用法と非限定用法

一方、これまでに見てきたような、コンマを置かない関係代名詞の用法は**「限定用法」**と呼ばれる。限定用法は、**名詞の表す範囲を限定して、それがどんなものかをはっきりさせる**ために用いられる。次の例を見てみよう。

- I have a sister **who** is working in Beijing.
 （私には北京で働いている姉がいます）　　　　〔限定用法〕
- I have a sister**, who** is working in Beijing.
 （私には姉が1人いて、彼女は北京で働いています）〔非限定用法〕

限定用法では、a sister が who is working in Beijing で限定されている。つまり「1人の姉は北京で働いている人だ」と限定されており、このように sister の範囲を絞り込む以上、ほかに（北京で働いていない）姉がいる可能性が考えられる。一方、非限定用法の文では、I have a sister, で一度文が区切れているので、姉は1人だけであることが分かる。つまり誰のことを話しているか明らかなので、特に限定せずに説明を追加すればよいことになる。

「人」について説明を追加

人について情報を追加する際は、主格の場合は(1)のようにwhoを用い、目的格の場合は次のようにwhoまたはwhomを用いる。ただし、実際には**目的格でもwhoを用いることが多い**。

- She married Mr. Watanabe, **who(m)** everyone respected.
 （彼女は渡辺さんと結婚したが、渡辺さんを誰もが尊敬していた）

なお、非限定用法の関係代名詞は、目的格であっても**省略することはできない**。

「人以外」について説明を追加	例文(2)のように、人以外の名詞について補足説明をする場合にはwhichが用いられる。また、この文のように、非限定用法の関係詞節は**文中に挿入される**場合もある。(2)は、This article is about music. (この記事は音楽に関するものだ)という文の主語This articleの補足情報として**, which** I find very interesting, (私はそれをとても面白いと感じる)を挿入したものである。挿入部分は「それは～なのだが」くらいに解釈すればよい。
非限定用法で使える関係代名詞	また、whoやwhom、which以外に、所有格の**whose**も非限定用法で用いることができる。 ● The teacher**, whose** son is my classmate, invited me to his house. (その先生は、彼の息子が私のクラスメートなのだが、私を家に招待してくれた) 　なお、関係代名詞**that**は非限定用法で使うことができない。

非限定用法における先行詞の特徴

　I know a man. (ある男性を知っている)と言われただけでは、「え、どんな男性？」と聞き返したくなるが、関係代名詞(限定用法)でI know a man who we can trust. (信頼できる男性を知っている)と言われれば、「では紹介してください」などと話を進められる。このように、**名詞だけではよく分からない人や物について、「どんな人か」「どんな物か」を説明して限定する**のが限定用法である。

　一方、非限定用法の関係詞は、「～な…」などと限定しなくても、**誰[何]について話しているのかがすでにほぼ明らかな場合**に用いる。つまり、そのままでも文としては意味を成すのだが、さらに名詞に情報を追加したいときの表現方法が非限定用法なのである。したがって、非限定用法における先行詞は、次のように**それだけで特定できる(説明して限定する必要がない)**ものであることが多い。

①固有名詞や「父」「母」「妻」「夫」「地球」など
● We learned about Steve Jobs**, who** founded Apple Inc.
　(私たちはスティーブ・ジョブズについて学んだが、彼がアップル社を創立した)
　＊Steve Jobsは固有名詞なので、名詞だけで特定できる。ここでは「アップル社の創立者」以外のSteve Jobsは想定されないので、非限定用法が適切。

②状況や話の流れからそれと分かるもの
● This article**, which** I find very interesting, is about music.
　(この記事は、私はとても面白く感じるのですが、音楽に関するものです)
　＊相手に記事を見せながら話している状況なので、どの記事かが特定できる。「私が面白く感じていないこの記事」があるわけではないので、非限定用法が適切。

非限定用法の意味

非限定用法は文脈によって、以下のようなさまざまな意味となる。ただし実際には、**分類しがたい場合や、何通りかに解釈できる場合が多い**。

① 「そして、それは～」 ➡ and を使った文でも表現できる
- I'm planning to visit my sister, **who** is working in Beijing.
  （私は姉を訪ねる予定なのですが、彼女は北京で働いています）
  ＝ I'm planning to visit my sister, **and** she is working in Beijing.

② 「しかし、それは～」 ➡ but を使った文でも表現できる
- My uncle lent me this book, **which** was too difficult for me.
  （叔父がこの本を貸してくれたけれど、その本は私には難しすぎた）
  ＝ My uncle lent me this book, **but** it was too difficult for me.

③ 「というのも、それは～」 ➡ because を使った文でも表現できる
- I did away with some socks, **which** had holes in them.
  （私はいくつかの靴下を処分した。穴が開いていたから）
  ＝ I did away with some socks **because** they had holes in them.

④ 「～だけれども」 ➡ though や although を使った文でも表現できる。
- This computer, **which** cost me a lot, has already broken down.
  （このコンピューターは、高かったのに、もう故障した）
  ＝ This computer has already broken down, **though** it cost me a lot.

2 前の部分の内容を受ける which

Clip 165

(1) He kept silent, **which** made her angry. 297
彼は黙り続けたが、そのことが彼女を怒らせた。

(2) She asked me to write a song, **which** was very difficult. 298
彼女は私に作曲してほしいと頼んだが、それはとても難しかった。

前の文を先行詞とする which

非限定用法の関係代名詞 which は、名詞だけでなく、**直前に述べられた内容を先行詞にすることもできる**。例文(1)では、He kept silent.（彼は黙り続けた）という**前の文の内容**を関係代名詞 which で受けて、「そのこと（＝彼が黙り続けたこと）が彼女を怒らせた」と情報を追加している。(1)は、接続詞 and を用いて次のように表現することもできる。

- He kept silent, **and** it made her angry.

＊it は He kept silent を指す。

前の文中の句や節を先行詞とする which

例文(2)では、to write a song（作曲すること）という前の文の一部である句の内容を関係代名詞 which で受けて、「それはとても難しかった」と情報を追加している。(2)は、接続詞 but を使って次のように表現することもできる。

- She asked me to write a song, **but** it was very difficult.　＊it は to write a song を指す。

which は前の文中の節の内容を受けることもできる。次の文の which の先行詞は、she wasn't angry という節である。

- She said <u>she wasn't angry</u>, **which** didn't sound true.

（彼女は怒っていないと言ったが、そのようには聞こえなかった）

なお、限定用法の関係代名詞には、こうした「前の内容（文や文の一部）を受ける」使い方はない。

⬆ **「which＋名詞」の非限定用法**

「which＋名詞」あるいは「前置詞＋which＋名詞」という形を、前の文全体またはその一部を先行詞として、非限定用法で用いることがある。

- I was told <u>to go there by bus</u>, **which advice** I followed.
（私はそこにはバスで行くように言われ、その助言に従った）
- <u>We might miss the deadline</u>, **in which case** we should apologize to him.（私たちは締め切りに遅れてしまうかもしれない。その場合は彼に謝らなくては）

なお、このような which は、直後に名詞を続けて形容詞のような働きをするので**関係形容詞**と呼ばれる。

3　関係副詞の非限定用法

Clip 166

(1) I have never visited Sapporo, **where** my grandfather was born.　299
私は札幌を訪れたことはないのだが、そこで祖父は生まれた。

(2) In 1995, **when** she was born, a big earthquake hit Kobe.　300
1995年に、それは彼女が生まれた年なのだが、大地震が神戸を襲った。

場所や時について説明を追加

関係副詞のwhereとwhenは、非限定用法で使うことができる。whereは場所を表す名詞の後ろで「そこで〜」といった情報を追加し、whenは時を表す名詞の後ろで、「その時〜」といった情報を追加する。関係代名詞の非限定用法の意味（ p.311）と同様、関係副詞の非限定用法の意味もさまざまであり、文脈から考える必要がある。

例文(1)はI have never visited Sapporo.（私は札幌を訪れたことはない）という文のSapporoに関して、, where my grandfather was born（そこで私の祖父は生まれた）という情報を追加したもので、次のような文で表すこともできる。

- I have never visited Sapporo, and my grandfather was born there.

(2)は、In 1995, a big earthquake hit Kobe.（1995年に大地震が神戸を襲った）という文の「1995」の補足情報として, when she was born, を挿入したものである。挿入部分は「それは〜なのだが」のような意味になる。

なお、whyとhowには非限定用法はない。

Step 2 発展

1 複合関係詞

関係代名詞や関係副詞に **-ever** がついたものを **複合関係詞** と呼ぶ。複合関係詞には、whoever、whichever、whatever などの **複合関係代名詞** と、whenever、wherever、however といった **複合関係副詞** があり、いずれも **先行詞なし** で用いられる。

1 複合関係代名詞（whoever など）

Clip 167

(1) I will invite **whoever** wants to come.　　　301
　　私は、来たい人は誰でも招待しますよ。

(2) We have three history courses. You can take
　　whichever you need.　　　302
　　歴史のコースは3つある。あなたはどれでも必要なものを取ることができる。

(3) **Whatever** he cooks is tasty.　　　303
　　彼が料理するものは何でもおいしい。

whoever　　whoever は「〜する人は誰でも」という意味を表す。例文(1)のwhoever wants to comeは「来たい人は誰でも」という意味になる。ここでは、関係詞節の中でwhoeverが主語の働きをしている。
　　whoeverが関係詞節の中で目的語の働きをする場合は、whoeverまたはwhomeverを用いる。ただしwhomeverは硬い表現なので、あまり使われない。以下のwho(m)everは動詞likeの目的語の働きをしている。

● In this project, you can work with **who(m)ever** you like.
　（このプロジェクトでは、あなたは誰でも好きな人と組める）

whichever	whicheverは「〜するものはどれでも」または「〜するものはどちらでも」を表し、例文(2)のwhichever you needは「あなたが必要とするものはどれでも」という意味になる。ここでは、関係詞節の中でwhicheverが動詞needの目的語の働きをしている。
whatever	whateverは「〜するものは何でも」を表し、(3)のwhatever he cooksは「彼が料理するものは何でも」という意味になる。ここでは、関係詞節の中でwhateverが動詞cooksの目的語の働きをしている。 なお、whicheverがいくつか選択肢がある中で「どれでも、どちらでも」を表すのに対し、whateverは選択肢を前提にせずに「何でも」と述べる際に使われる。
文の要素として働く関係詞節	これらの複合関係代名詞は先行詞なしで用いるので、これらに導かれる節は**名詞節**であり、文中で主語や補語、目的語、前置詞の目的語として働くことができる。(1)のwhoever wants to comeと、(2)のwhichever you needは、それぞれ文中で動詞inviteおよびtakeの目的語の働きをしている。また(3)のwhatever he cooksは、文の主語として働いている。
anyoneなどを使った文への書き換え	なお、複合関係代名詞は、**anyoneやany one、anythingなどに関係代名詞を続けた表現**に置き換えることができる。例文(1)〜(3)は次のようにも表現できる。 ● I will invite **anyone who** wants to come. ● You can take **any one (that)** you need. ● **Anything (that)** he cooks is tasty
「whichever＋名詞」「whatever＋名詞」	whicheverとwhateverは、直後に名詞を続けることもできる。「whichever＋名詞」は「どの〜でも、どちらの〜でも」、「whatever＋名詞」は「どんな〜でも」という意味になる。 ● You can take **whichever course** you need. 　（あなたは、必要とするどのコースでも取ることができる） ● He solved **whatever problem** I gave him. 　（彼は、私が与えたどんな問題でも解いた）

10 関係詞

2 複合関係副詞（whenever など）

> **Clip 168**
>
> (1) He uses a red pen to correct it **whenever** he makes a mistake.　304
>   彼は間違えた時にはいつも、訂正するために赤ペンを使う。
>
> (2) My dog follows me **wherever** I go.　305
>   私の犬は、私が行く所はどこにでも後をついてくる。

wheneverと wherever

wheneverは「～する時はいつも」を表し、例文(1)の関係詞節whenever he makes a mistakeは「彼が間違えた時はいつも」という意味になる。なおwheneverは「いつでも～の時に」という意味でも用いることができる。

- You can ask a question **whenever** you want to.
  （いつでも好きな時に質問ができます）

whereverは「～する所はどこでも」を表し、(2)の関係詞節wherever I goは「私が行く所はどこでも」という意味になる。

副詞節を導き情報を加える

これらの複合関係副詞に導かれる関係詞節は副詞節となり、主節に情報を加える。したがって、複合関係代名詞の節のように、文の中で主語や目的語といった働きをすることはない。

「複合関係副詞＋主語＋動詞」

複合関係副詞を使った文では、関係詞節の中の語順は「whenever＋主語＋動詞」や「wherever＋主語＋動詞」となり、wheneverやwhereverは関係詞節中で副詞の働きをする。

every timeなどを使った文への書き換え

なお、複合関係副詞は、every timeやany time、any placeなどを使った表現に置き換えることができる。例文(1)、(2)は次のようにも表現できる。

- He uses a red pen to correct it **every time (that)** he makes a mistake.
- My dog follows me **to any place (that)** I go.

3 「譲歩」を表す複合関係代名詞

Clip 169

(1) **Whoever** tries, the door won't open. 306
誰が試みても、そのドアはどうしても開かない。

(2) **Whichever** you choose, there is no difference. 307
どちらを選んでも、違いはない。

(3) **Whatever** happens, do not give up hope. 308
何が起きても、希望を捨てるな。

副詞節を導く複合関係代名詞	複合関係代名詞は、「譲歩」（▶p.599）の意味で用いられることがある。その場合、複合関係代名詞で導かれる節は名詞節ではなく副詞節になることに注意しよう。
譲歩を表す whoever	例文(1)に使われているwhoeverは「誰が[を]～しても」という「譲歩」を表し、whoever triesで「誰が試みても」という意味になる。この部分が副詞節として、主節のthe door won't openに情報を加えている。また、関係詞節の中では、whoeverは主語の働きをしている。
譲歩を表す whichever	(2)のwhichever は「どれが[を]～しても」または「どちらが[を]～しても」を表し、whichever you chooseで「あなたがどちらを選んでも」という意味の副詞節になる。関係詞節の中では、whicheverは動詞chooseの目的語の働きをしている。
譲歩を表す whatever	(3)のwhatever は「何が[を]～しても」を表し、whatever happensは「何が起きても」という意味の副詞節になる。関係詞節の中では、whateverは主語の働きをしている。
「whichever＋名詞」「whatever＋名詞」	whicheverとwhateverは、**直後に名詞を続けて**「譲歩」の意味の副詞節を作ることもできる。 ● **Whichever plan** you choose, there is no difference. (どちらの案を選んでも、違いはない)

- **Whatever trouble** happens, do not give up hope.（どんな困難が起きても、希望を捨てるな）

no matterを使った文への書き換え

「譲歩」を表すwhoever、whichever、whateverは、それぞれ **no matter who**、**no matter which**、**no matter what** に置き換えることができる。例文(1)〜(3)は次のようにも表現できる。

- **No matter who** tries, the door won't open.
- **No matter which** you choose, there is no difference.
- **No matter what** happens, do not give up hope.

4 「譲歩」を表す複合関係副詞

Clip 170

(1) **Whenever** I call the support center, the line is busy. 309
いつサポートセンターに電話しても、話し中だ。

(2) **Wherever** you go, we will still be friends. 310
あなたがどこへ行くにしても、私たちは友達のままだよ。

(3) **However** tired my father is, he always smiles at me. 311
父はどんなに疲れていても、いつも私に笑顔を向けてくれる。

譲歩を表すwheneverとwherever

複合関係副詞にも、「譲歩」の意味の用法がある。例文(1)、(2)のwheneverは「いつ〜しても」、whereverは「どこへ〜しても」という意味で、副詞節を導いている。wheneverやwhereverが「譲歩」を表しているかどうかは、文脈から判断する。

譲歩を表すhowever

例文(3)のhoweverは「どれほど〜でも」を意味する。「譲歩」を表し、副詞節を導く点や、関係詞節の中で副詞の働きをする点はwheneverやwhereverと共通するが、これらを使った節とは**語順が異なる**ことに注意しよう。howeverは形容詞や副詞を

伴って用いられ、「however＋形容詞［副詞］＋主語＋動詞」という語順になる。
- **However** hard we work, we can't get this job done today. (私たちがどんなに一生懸命働いても、この仕事を今日終わらせることはできない)

no matterを使った文への書き換え

「譲歩」を表すwhenever、wherever、howeverは、それぞれ **no matter when**、**no matter where**、**no matter how** に置き換えることができる。
- **No matter when** I call the support center, the line is busy.
- **No matter where** you go, we will still be friends.
- **No matter how** tired my father is, he always smiles at me.

「however＋主語＋動詞」の形

howeverの後ろに形容詞や副詞を続けずに、「however＋主語＋動詞」の形で「譲歩」を表すこともある。その場合「どんな方法で～しても」という意味になる。
- **However you do** it, the result will be the same.
  (どんなやり方でそれをやっても、結果は同じでしょう)

「譲歩」の副詞節で用いられる may

複合関係代名詞や複合関係副詞に導かれた「譲歩」を表す副詞節の中で、助動詞のmayが用いられることがある。ただしこの表現は文語的で硬い印象を与える。
- **Whichever** you **may** choose, there is no difference.
  (どちらを選ぼうと、違いはない)
- **Whatever may** happen, do not give up hope.
  (何が起ころうと、希望を捨てるな)
- **However** tired my father **may** be, he always smiles at me.
  (父はどんなに疲れていようと、いつも私に笑顔を向けてくれる)

2 | 関係代名詞を用いたさまざまな表現

1 関係代名詞の後ろに I think などを続ける

Clip 171

Charlie is the person **who I think** can help you.　312
チャーリーが、あなたを助けられると私が思っている人物だ。

関係詞節に I think を挟む

例文の the person who I think can help you は、the person who can help you（あなたを助けられる人物）という「先行詞＋関係詞節」のまとまりに I think を挿入し、「あなたを助けられると私が思う人物」という内容を表したものである。

このように、**関係代名詞の直後に I think などを続ける**ことがある。こうした文を理解するには、まず挿入された部分を見抜くことが大切である。

表現のバリエーション

同じように挿入できる表現として、**I believe** や **I hear**、**I'm sure**、**they say** などがある。また、これらの主語には文脈次第で I 以外にもさまざまなものが用いられる。さらに、目的格の関係代名詞は省略されることも多いので、先行詞の直後に I think や I hear が続く形にも慣れておこう。

- The pictures **(that) I hear** she painted are beautiful.（彼女が描いたと私が聞いている絵は美しい）
- This is the training **which our team believes** will be very effective.（これが、うちのチームがとても効果的だろうと思っているトレーニングだ）
- I don't know the man **who they say** stole the car.（その車を盗んだと言われている男性を、私は知らない）

2 some of whom などの表現（非限定用法）

Clip 172

(1) There were 30 children, **some of whom** started crying. 313
30人の子どもたちがいたが、そのうちの一部は泣き出した。

(2) He lent me two books, **neither of which** I have read yet. 314
彼は本を2冊貸してくれたが、私はそのどちらもまだ読んでいない。

「そのうちの何人かは〜」	(1)も(2)も**関係代名詞の非限定用法**の一種で、**先行詞を構成しているものに対して**「そのうちの〜は…」と**説明を追加する**表現である。 　(1)は、先行詞である30 childrenに対して、「そのうちの何人か」ということを some of whom で表している。whomを用いるのは、この関係代名詞が前置詞ofの直後に来ておりofの目的語になるためである。「人以外」については some of which を用いる。 　この文は、次のように表現することもできる。 ● There were 30 children, **and some of them** started crying.
「そのうちのどれも〜ない」	(2)も同様に、two booksという先行詞に対して、「そのうちのどれも〜ない」ということを neither of which を用いて表したものである。「人」については neither of whom を用いる。 　この文は、次のように表現することもできる。 ● He lent me two books, **but** I have read **neither of them** yet.
その他のさまざまな表現	some や neither のほかにも、**all**、**most**、**many**、**both** といった数量に関する表現に **of which** や **of whom** を続け、非限定用法で用いることがある。

- I saw her works at the museum, **most of which** were oil paintings.
  (美術館で彼女の作品を見たが、そのほとんどは油絵だった)

3 関係代名詞のように用いられる語

as や than などの語が関係代名詞のように用いられ、節の中で主語や目的語の働きをすることがある。

1 as

Clip 173

I will buy **the same** notebook **as** you have. 315
あなたが持っているのと同じノートを買おう。

the same ~ as ...

例文中のasが導く節であるas you haveは、先行する名詞notebookを後ろから修飾している。また、asは節の中でhaveの目的語の働きをしている。このことから、例文のasは関係代名詞のように使われていると考えられる。

こうした、**限定用法の関係代名詞のように働くas**は、the same ~ as ... 以外にも、such ~ as ...（…するような~）や、as ~ as ...（…するのと同じくらいの~）などの形で用いられる。

- Read **such** books **as** will help you.
  (あなたに役立つような本を読みなさい)
- We have **as** much money **as** is necessary.
  (私たちには必要なだけのお金がある)

⬆ 非限定用法の関係代名詞のように用いられるas

asは、非限定用法の関係代名詞のように用いられることもある。次の文を見てみよう。

- **As is often the case with** him, he overslept this morning.
  (彼にはよくあることだが、彼は今朝も寝坊した)

この文のasが導く節As is often the case with himは「彼にはよくあることなのだが」という意味である。このAsは節の中で主語の働きをしており、この節は

後ろの主節の内容を補足的に説明している。次のように、節の順序を入れ換えてみると分かりやすい。
- He overslept this morning, as is often the case with him.

これは、前の文の一部の内容を受ける非限定用法のwhich（◯p.311）と同じ用法である（先行詞がHe overslept）。ただし，whichは必ず説明する内容の後ろで用いられるが、**asは先行詞の前後どちらにも置くことができる**。

非限定用法の関係代名詞のように働くasは、ほかにも **as is usual with ～**（～にはいつものことだが）、**as is expected**（予想されているように）といった表現の中で用いられる。

2 than

Clip 174

We met more people **than** we had expected. 316
私たちは予想していたよりも多くの人に会った。

関係代名詞のようなthan

例文でthanが導く節 than we had expected は、先行する名詞 more people を後ろから修飾している。また、thanは節の中でhad expectedの目的語の働きをしている。このように、**比較表現の中で、thanが関係代名詞のように用いられる**ことがある。

次の文ではthanがare neededの主語の働きをしている。
- There are more chairs **than** are needed.
  （必要な数よりも多くのいすがある）

関係代名詞のように用いられるbut

butが、否定語を含む語句を先行詞として、否定の意味を表す関係代名詞のように用いられることがある。
- There is no rule **but** has exceptions.（例外のない規則はない）

ただし古風な表現であるため、現在の英語ではこのようなbutの用法はあまり見られない。

Close Up! 句と節の働き

　2つ以上の語が「**意味を持ったまとまり**」を作り、文中で1つの**名詞**や**形容詞**、**副詞**と同じように働くものを「**句**」あるいは「**節**」と呼ぶ。「**句**」とは「**まとまり**」の中にSVつまり「**主語＋動詞**」を**含まないもの**を指し、「**節**」とは「**主語＋動詞**」を**含むもの**を指す。次の例を見てみよう。

① This is a picture **of my grandparents**. （これは私の祖父母の写真です）
② This is a picture **that I found in my drawer**.
　（これは私が引き出しの中に見つけた写真です）

　①の of my grandparents は「主語＋動詞」を含まないので「句」、②の that I found in my drawer は、I found という「主語＋動詞」の部分を含むので「節」である。

1 句の種類

　「句」は、文中でどの品詞のように働くかによって、「**名詞句**」「**形容詞句**」「**副詞句**」に分類することができる。

①名詞句

　名詞と同じ働きをする句を「**名詞句**」と呼ぶ。名詞句は、名詞と同じように、文中で主語、動詞の目的語、補語として働くほか、前置詞の後ろに置かれてその目的語としても働く。

　不定詞（名詞的用法）や、「疑問詞＋不定詞」、動名詞などは、名詞句を作ることができる。

My dream is **to own a mansion in Hawaii**.　〔不定詞の名詞的用法〕　187
（私の夢はハワイに豪邸を所有することだ）　　＊ to 以下が文中で補語の働きをしている。

I didn't know **what to say** when I met him.　〔疑問詞＋不定詞〕　208
（私は彼に会ったとき、何と言ったらよいか分からなかった）
　　　　　　　　　　　＊ what to say が文中で動詞 know の目的語の働きをしている。

Chatting online with friends is fun.　　　　〔動名詞〕　226
（友達とオンラインでチャットをすることは楽しい）
　　　　　　　　　＊ Chatting online with friends が文中で主語の働きをしている。

324　10章　関係詞

②形容詞句

　形容詞と同じ働きをする句を「**形容詞句**」と呼ぶ。形容詞句は、形容詞と同じように**名詞を修飾**する。ただし、形容詞1語のときは名詞の前に来るのが普通だが、形容詞句は**名詞の後ろに置かれ、後ろから名詞を修飾する**（▶p. 29、p. 77）。この修飾の形を「名詞の**後置修飾**」と呼ぶ。

　「前置詞＋名詞」や、不定詞（形容詞的用法）、現在分詞、過去分詞などは形容詞句を作ることができる。　　＊例文では下線部の語句が形容詞句によって修飾されている。

The girls **on the stage** are famous dancers.	〔前置詞＋名詞〕	689
（ステージに立っている少女たちは、有名なダンサーだ）		
I want a book **to teach me practical English grammar**.		190
（実用的な英文法を教えてくれる本が欲しい）　〔不定詞の形容詞的用法〕		
Do you know that man **reading a newspaper**?	〔現在分詞〕	247
（新聞を読んでいる、あの男性を知っていますか）		
This is a table **made in the 19th century**.	〔過去分詞〕	248
（これは19世紀に作られたテーブルです）		

③副詞句

　副詞と同じ働きをする句を「**副詞句**」と呼ぶ。副詞句は、副詞と同じように、動詞をはじめとする文中のさまざまな語句、もしくは文全体を修飾する。

　「前置詞＋名詞」や、不定詞（副詞的用法）、分詞構文などは、副詞句を作ることができる。

The girls danced **on the stage**.	〔前置詞＋名詞〕	690
（少女たちはステージで踊った）		
Tom gets up early **to walk his dog**.	〔不定詞の副詞的用法〕	194
（トムは犬の散歩をするために早起きをしている）		
Seeing me, the dog began barking.	〔分詞構文〕	262
（私を見ると、その犬はほえ始めた）		

2 節の分類

「節」は、文中でどの品詞のように働くかによって、「**名詞節**」「**形容詞節**」「**副詞節**」に分類することができる。

①名詞節

名詞と同じ働きをする節を「**名詞節**」と呼ぶ。名詞節は、名詞と同じように、文中で主語、動詞の目的語、補語として働くほか、前置詞の後ろに置かれてその目的語としても働く。

接続詞 that や、「～かどうか」という意味の whether や if、疑問詞、関係代名詞 what などに導かれる節などは、名詞節になることができる。

The problem is **that I've forgotten my password**.　〔that節〕　737
(問題は、私が自分のパスワードを忘れたことだ)
　　　　　　　　　　　　　＊ that 以下が文中で補語の働きをしている。

I don't know **if there is a test today**.　〔if節（～かどうか）〕　434
(今日、テストがあるかどうか分からない)
　　　　　　　　　　　　＊ if 以下が文中で動詞 know の目的語の働きをしている。

I want to know **who that man is**.　〔疑問詞節〕　432
(あの男性が誰かを知りたい)
　　　　　　　　　　　　＊ who 以下が文中で動詞 know の目的語の働きをしている。

What you need now is plenty of rest.　〔関係代名詞 what の節〕　286
(今あなたに必要なのは、十分な休息だ)
　　　　　　　　　　　　＊ What you need now が文中で主語の働きをしている。

②形容詞節

形容詞と同じように名詞を修飾する節を「**形容詞節**」と呼ぶ。形容詞節は**名詞の後ろに置かれ、後ろから名詞を修飾する**（▶p.29、p.79）。つまり**後置修飾**の形を取る。関係代名詞や関係副詞に導かれる節は、形容詞節になることができる。

　　　　　　　　＊以下の例文では下線部の語句が形容詞節によって修飾されている。

I know <u>a student</u> **who speaks English well**.　〔関係代名詞節〕　275
(私は英語を上手に話す生徒を知っている)

<u>The city</u> **where my parents first met** was Kanazawa.　290
(私の両親が初めて出会った街は金沢だった)　　　　〔関係副詞節〕

③副詞節

副詞と同じ働きをする節を**「副詞節」**と呼ぶ。副詞節は、文中の動詞などの語句や、主節全体を修飾する。

従属接続詞や複合関係詞に導かれる節などが、副詞節になることができる。

I first went skiing **when I was 12**. 〔whenの節（時）〕 743
(私は12歳の時に初めてスキーに行った)

If they pay 1,000 yen an hour, I'll work for them. 〔if節（条件）〕 751
(時給1000円払ってくれたら、彼らのところで働くよ)

Whoever tries, the door won't open. 〔関係詞節（譲歩）〕 306
(誰が試みても、そのドアはどうしても開かない)

11章 比較
Comparison

Step 1 基本

1 原級、比較級、最上級の基本
- ❶ -er, -est 型の規則変化　330
- ❷ more, most 型の規則変化　331
- ❸ 不規則変化　331

2 原級を用いた比較
- ❶ as ＋原級＋ as ～　332
- ❷ not as ＋原級＋ as ～　333
- ❸ 「as many[much] ＋名詞＋ as ～」などの表現　334
- ❹ 倍数表現　335

3 比較級を用いた比較
- ❶ 比較級＋ than ～　336
- ❷ 差の表現　338
- ❸ 比較する対象の示し方　339

4 最上級を用いた比較
- ❶ 最上級の使い方　341
- ❷ 最上級の強調　342
- ❸ 「one of the ＋最上級」と「the ＋序数＋最上級」　343

5 原級や比較級で最上級の意味を表す　344

Step 2 発展

1 原級を用いたさまざまな表現　346

2 比較級を用いたさまざまな表現　349

3 no や not を用いた表現　356

4 最上級を用いたさまざまな表現　360

> Step 1 基本

英語における比較の文は、形容詞や副詞の**原級**、**比較級**、**最上級**のいずれかを用いるのが基本である。これらの３つに関連した表現のパターンと、注意すべき用法を見ていこう。

1 原級、比較級、最上級の基本

英語の形容詞や副詞の多くは、原級、比較級、最上級という３つの形を持つ。日本語の場合と異なり、英語では基本的に、状態や程度の比較を表すときに**形容詞や副詞の形が変化**する。これを**比較変化**と呼ぶ。英語の形容詞や副詞の比較変化のパターンは、巻末付録を参照しよう（▶p.626）。

1 -er, -est 型の規則変化

> **Clip 175**
>
> (1) Los Angeles is a **large** city. 317
>   ロサンゼルスは大きな都市だ。
> (2) Los Angeles is **larger** than San Francisco. 318
>   ロサンゼルスはサンフランシスコよりも大きい。
> (3) Los Angeles is the **largest** city in California. 319
>   ロサンゼルスはカリフォルニアで一番大きな都市だ。

比較変化：語尾が変化するタイプ

上の３つの文の中で、形容詞largeはそれぞれ意味に応じて形が異なっている。例文(1)のlargeは**原級**で、**変化していない元の形**である。(2)のlargerは**比較級**で、**２つを比べてより程度が高いこと**を表す。(3)のlargestは**最上級**で、**３つ以上の中で最も程度が高いこと**を表す。

2 more, most 型の規則変化

> Clip 176
>
> (1) Monaco is a **crowded** country. 320
> モナコは人口密度の高い国だ。
> (2) Monaco is **more crowded** than Singapore. 321
> モナコはシンガポールよりも人口密度が高い。
> (3) Monaco is the **most crowded** country in the world. 322
> モナコは世界で一番人口密度の高い国だ。

比較変化：more と most がつくタイプ

　2音節の語の大多数と、3音節以上の語および語尾が -ly で終わる副詞には、比較級を作るためには more を前につけ、最上級を作るためには most を前につける。ただし、early は形容詞、副詞とも early-earlier-earliest のように変化する。

　2音節の語の中には、-er, -est 型と more, most 型のどちらでもよいものもある。例えば quiet や polite などは、どちらの型の比較級・最上級も使うことができる。

　なお、例文の crowded のように語尾が -ed の場合や、-ing、-ful、-less などの場合は、必ず more, most 型となる。

3 不規則変化

> Clip 177
>
> (1) This movie is **good**. 323
> この映画はよい。
> (2) This movie is **better** than the one I saw last month. 324
> この映画は私が先月見たものよりもよい。
> (3) This movie is the **best** of all. 325
> この映画はすべての映画の中で一番よい。

比較変化：変化が不規則なタイプ

例文の形容詞goodのように、原級と比較級と最上級が、それぞれまったく違った形になる比較変化もある。このように**不規則に変化する**形容詞や副詞は数も限られているので、巻末付録（▶p.627）で確認して覚えておこう。

2 原級を用いた比較

1 as ＋原級＋ as ～

Clip 178

(1) Children are **as creative as** adults (are). 326
　子どもは大人と同じくらい創造的だ。

(2) She plays the guitar **as well as** her father (does). 327
　彼女は、父親と同じくらい上手にギターを弾く。

「～と同じくらい…」

　例文(1)は、children are creativeとadults are creativeを比べ、「同じくらい創造的である」ということを「**as＋形容詞の原級＋as ～**」で表している。**英語での比較は2つの文を組み合わせることで表現するのが基本**なので、(1)の文末はadults areのように動詞を入れるのが正式な形である。しかし、adultsの後ろのareはなくても文意が明確なので、省略することができる。このように、なくても誤解が生じなければ、こうしたbe動詞は省略してよい。また、asの後ろに代名詞1語を置く場合には、目的格を使うことが多い（▶p.337）。

「～と同じくらい…に」

　例文(2)では、「同じくらい上手にギターを弾く」ということを、「**as＋副詞の原級＋as ～**」で表している。ここでもher fatherの後ろのdoesは省略可能である。このようなdo[does]なども、なくても理解に支障がなければ省略してよい。

as old as 〜や as tall as 〜の意味

oldやtallなどの原級を用いた as old as 〜や as tall as 〜といった表現は、意味に注意する必要がある。

- He is **as old as** my brother. (彼は私の弟と同じくらいの年齢だ)

この例文において、as old as 〜は「〜と年齢が同等」という意味であって、「同じくらい高齢である」という意味では必ずしもない。つまりこの文は、「彼」と「私の弟」が両方幼児である場合にも使うことができる。

同様に、as tall as 〜は「〜と身長が同じくらい」という意味で、身長が低い2人を比べる際にも使われる。

これらのように、asで挟んで「年齢・寸法などが同程度である」ことを表すことのできる形容詞には、ほかにbig、long、highなどがある。

一方、例えばyoungやshortなどにはこのような用法はなく、as young as 〜は「〜と同じくらい若い」、as short as 〜は「〜と同じくらい背が低い」という意味である。

- He is **as young as** my brother. (彼は私の弟と同じくらい幼い)

「ちょうど同じ」や「ほとんど同じ」の表し方

比べているもの同士が、「ちょうど同じ」であることを表す時にはjustを用い、「ほとんど同じ」であることを表す時にはalmost、nearlyやaboutなどを用いる。

- Ian can swim **just as fast as** Mike.
  (イアンはマイクとちょうど同じくらいの速さで泳げる)
- Silence is **nearly as important as** speech.
  (沈黙は発言とほとんど同じくらい重要だ)

2 not as ＋原級＋ as 〜

Clip 179

(1) Copper is**n't as strong as** steel. 328
銅は鋼鉄ほど強くない。

(2) I ca**n't** speak French **as fluently as** you. 329
私はあなたほど流ちょうにフランス語を話せない。

「〜ほど…ではない」

例文(1)、(2)ではともに、「as＋原級＋as 〜」をnotで否定しており、比較する対象と「同じくらいではない」、つまり「〜ほど…ではない」ということが述べられている。

(1)は「銅は鋼鉄と同じくらい強くはない」、つまり「鋼鉄ほど強くない」、(2)は「あなたと同じくらい流ちょうには話せない」、つまり「あなたほど流ちょうに話せない」という意味になる。なお、asの代わりにsoを用いた「**so＋原級＋as ~**」を**not**で否定しても同じことを表せる。

- Copper isn't **so** strong **as** steel.
- I can't speak French **so** fluently **as** you.

3 「as many[much]＋名詞＋as ~」などの表現

Clip 180

(1) I have **as much money as** you. 330
   私はあなたと同じくらいのお金を持っている。

(2) Too much rain can be **as big a problem as** too little rain. 331
   雨が多すぎることは、雨が少なすぎるのと同じくらい大きな問題になり得る。

「~と同じくらいの数量の」

「**many＋名詞**」や「**much＋名詞**」を2つのasで挟み、「**as many[much]＋名詞＋as ~**」の形で使うと「~と同じくらいの数[量]の…」という意味を表せる。例文(1)の「お金の額」のような「量」には**much**を、次の例のような「数」には**many**を用いる。

- I'm taking **as many classes as** you.
  （私はあなたと同じ数の授業を受けている）

このようなmanyやmuchは名詞を修飾しており、名詞から切り離すことができない。例えば例文(1)を (×) I have **money as much as** you. とすることはできないので注意しよう。

「~と同じくらい…な」

(2)では、problemという名詞に形容詞bigがついており、「**as＋形容詞＋a[an]＋名詞＋as ~**」の語順で「~と同じくらい…な≈」という意味を表している。冠詞を形容詞の前に出して (×) Too much rain can be **as a big problem as** too little rain. のような文にすることはできないので、注意が必要である。

4 倍数表現

Clip 181

(1) Turkey is about **twice as large as** Japan. 332
トルコは、日本の約2倍の大きさだ。

(2) Japan is about **half as large as** Turkey. 333
日本は、トルコの約半分の大きさだ。

(3) The new wind turbine produces **three times as much energy as** the old one. 334
新しい風力タービンは、古いものの3倍のエネルギーを作り出す。

「〜のX倍」
「〜のX分のY」

これらの文のように、2つを比べて片方がもう一方のX倍やX分のYであることを表すときは、「as＋原級＋as 〜」の前に倍数や分数を表す語句を置く。(3)のmuch energyのような「数量を表す形容詞＋名詞」をasで挟む場合も同様である。

倍数・分数の表し方

①倍数の表し方
「〜の2倍…」なら「as＋原級＋as 〜」の前に**twice**を置く。それ以外は、three[four, five ...] timesのように「**数＋times**」を置けばよい。

②分数の表し方
「〜の半分…」「〜の3分の1…」「〜の4分の1…」は、それぞれ**half**、**one-third**、**one-quarter**を「as＋原級＋as 〜」の前に置く。それ以外は、one-fifth、one-sixthのように分母を序数にする。**two**-fifthsのように分子が2以上になる場合は、分母の序数も複数にする（▶p.621）。

名詞を使って「X倍の人ささだ」などを表す

size（大きさ）、height（高さ）、length（長さ）、number（数）、weight（重さ）などの名詞を用いて「X倍の大きさだ」「X倍の高さだ」といった内容を表せる。

- Hokkaido is about **one-third the size of** Honshu.
  （北海道は、本州の約3分の1の大きさだ）
- The statue is **five times the height of** you.
  （その像は、あなた［の身長］の5倍の高さだ）

11 比較

3 比較級を用いた比較

1 比較級＋ than ～

> **Clip 182**
>
> (1) Tokyo Skytree is **taller than** Tokyo Tower.　　335
> 東京スカイツリーは東京タワーよりも高い。
>
> (2) The math test was **less difficult than** the history test.　　336
> 数学のテストは歴史のテストよりも難しくなかった。
>
> (3) Last night I went to bed **earlier than** my little sister.　　337
> 昨夜、私は妹よりも早く寝た。
>
> (4) Bob has **more comic books than** me.　　338
> ボブは私よりもたくさん漫画の本を持っている。

「～よりも…である」	例文(1)では、「東京スカイツリー」と「東京タワー」を比べ、tallの比較級であるtallerとthanを用いて、前者が「より高い」ことを表している。
「～よりも…でない」	(2)では、「数学のテスト」と「歴史のテスト」を比べて、前者が「より難しくない」ということをless difficultで表している。このように、**「より～でない」**、つまり**「程度がより低い」**ことはlessを用いて表す。
副詞の比較級	(1)と(2)は形容詞の比較級を用いた文であるが、(3)では、副詞earlyの比較級を用いて、「私」と「妹」の就寝時間を比べている。
「～より多くの…」	数や量を比較して、「～より多くの…」と言う場合には、**「more＋名詞＋than ～」**を用いる。(4)の文は、「ボブ」と「私」に関して、「持っている漫画の本の数」を比べたもので、has more comic books than ～という表現を用いている。

以下は量を比べる場合の例である。
- This minivan has **more space than** that sedan.
  (このミニバンのほうが、あのセダンよりもスペースがある)

「より少ない～」の場合は、moreの部分を数なら**fewer**に、量なら**less**にすればよい。
- I have **fewer comic books than** Bob.
  (私はボブよりも漫画の本を持っていない)
- That sedan has **less space than** this minivan.
  (あのセダンのほうが、このミニバンよりもスペースが少ない)

than や as の後ろの代名詞は目的格？　主格？

p.336の例文(4)の Bob has more comic books than **me**. のように、thanや as の後ろに代名詞だけを置く場合、たとえそれが主語であっても目的格で表すのが一般的である。この文の基になる形が Bob has more comic books than I do. であれば Bob has more comic books than I. となりそうだが、現在、このような形はあまり使われない。ただし、代名詞1語でなく動詞や助動詞を続ける場合には、I do のように主格を使う。

- He is taller than **me**. (彼は私よりも背が高い)
  ＝ He is taller than **I am**.
- I can't run as fast as **him**. (私は彼ほど速く走れない)
  ＝ I can't run as fast as **he can**.

なお、次のような文は2通りに解釈できるので注意が必要である。
- I like her better than you.

この文は、「私はあなたより彼女のほうが好きだ」という意味と、「あなたが彼女を好きでいる以上に、私のほうが彼女のことを好きだ」という意味のどちらにも取ることができる。前者は I like の対象として her と you を比較している場合で、後者は I like her と you like her とを比較していることになる。後者の意味であることを明確にしたい場合は、I like her better than **you do**. のようにすればよい。

11 比較

2 差の表現

> **Clip 183**
>
> (1) Electronic books are **much cheaper than** paper books. 339
> 電子書籍は紙の書籍よりずっと安い。
>
> (2) The new plan is **far better than** the old one. 340
> 新案のほうが旧案よりもはるかによい。
>
> (3) My brother is **two years older than** me. 341
> 私の兄は私よりも2歳年上だ。

muchやfarで「差の大きさ」を強調

(1)や(2)のように、2つを比べた際に**差が大きい場合**、**much**や**far**, **a lot**を比較級の前に置いて**強調**することで、「〜よりずっと…だ」「〜よりはるかに…だ」という意味を表すことができる。

逆に、**差が小さいこと**を表す場合には、**a little**や**a bit**、**slightly**（わずかに）などを用いる。

- Venus is **a little smaller than** Earth.
  （金星は、地球よりも少し小さい）

具体的な「差」の示し方

(3)の文では、「2歳」という差を具体的に表すため、(1)、(2)と同様に**比較級の前に two years を置き**、どのくらいの差があるのかを示している。なお、この文は次のようにしても同じ意味となる。

- My brother is **older than me by two years**.

「not ＋比較級＋ than 〜」で「〜よりも…ということはない」を表す

「比較級＋than 〜」の前に否定語notを置くと、どのような意味になるだろうか。次の文を見てみよう。

- Men are **not stronger than** women.

この文は、Men are stronger than women.（男性は女性よりも強い）を否定する文であり、「男性が女性よりも強いということはない」という意味になる。つまり「女性と同じくらいの強さか、あるいは女性よりも弱い」と述べているのであり、「男性は女性よりも弱い」を表す Men are less strong than women. や Men are weaker than women. と同じ意味ではない。

3 比較する対象の示し方

Clip 184

(1) <u>The population of China</u> is much **larger than** <u>that of Japan</u>.　　　342
中国の人口は日本の人口よりもはるかに多い。

(2) <u>Living costs</u> are **more expensive** in Tokyo **than** in Bangkok.　　　343
生活費は、バンコクより東京のほうが高い。

(3) <u>The actor</u> looks **taller than** <u>he really is</u>.　　　344
その俳優は実際よりも背が高く見える。

(4) <u>The meeting</u> took **longer than** <u>I thought (it would)</u>.　　　345
その会議は、思っていたよりも長くかかった。

比較するものをきちんと示す

例文(1)では、The population of China と that (= the population) of Japan とを比べている。that を使わずに表すと次のようになる。

- The population of China is much larger than the population of Japan.

英語の比較の文では、**何と何を比べているのかを明示する**必要がある。(1)の文で that of を省略すると、「中国の人口」と「日本」を比べた文になってしまう。

日本語では「中国の人口は日本よりもはるかに多い」のように言ってもさほど違和感はないが、英語では比べる対象をきちんと示すのが原則である。

比べるものを表す名詞が**複数形の場合**は、that の代わりに **those** を用いる。

- In the 1960s, automobiles were much **simpler than those of today**.
（1960年代、自動車は今日のものよりもはるかに簡素だった）

また、所有代名詞を用いて比較の対象を示すこともある。

- Emma's test score was **higher than mine**.
（エマのテストの点数は私のよりも高かった）

何と何とを比較しているか把握

例文(2)では、副詞句の in Tokyo と in Bangkok とを比べている。このように、名詞以外の要素同士を比べるときも、何と何の比較かをきちんと示すことが必要である。

(3)では、「外見から判断される俳優の身長」と「実際の俳優の身長」とを比較している。

(4)の文では、「会議で実際にかかった時間」と「このくらいかかるだろうと私が思っていた時間」とを比較している。

このほか、**than (～ was) expected**（予想していたよりも）や **than (～ was) planned**（計画していたよりも）といった表現もある。

- Our boss retired **earlier than expected**.
  （私たちの上司は、予想よりも早く退職した）
- We arrived in New York five hours **later than planned** due to the heavy snow.
  （大雪のために、計画より5時間遅れてニューヨークに到着した）

---

than 以降が省略される場合

比較の文では、than ～の部分がいつも存在するわけではない。**文脈から明らかな場合**などには、than以降の部分は省略されることもある。

- After the exam was over, I decided to study **harder**.
  （試験が終わった後、もっと一生懸命勉強しようと決めた）

この文では、harderの後ろのthan before（以前よりも）といった語句が、言わなくても文脈から明らかであるため省略されている。

4 最上級を用いた比較

1 最上級の使い方

> **Clip 185**
>
> (1) The Nile is **the longest river in** the world. 346
> ナイル川は世界で最も長い川だ。
>
> (2) I like sushi **(the) best of** all Japanese dishes. 347
> 私は日本食の中で、すしが一番好きだ。
>
> (3) Our team was **the least successful in** the competition. 348
> 私たちのチームは、その競技会で最も成績が悪かった。
>
> (4) This is **the most interesting anime that I've ever seen**. 349
> これは私が今までに見た中で最も面白いアニメだ。

形容詞の最上級と副詞の最上級

例文(1)では、形容詞longの最上級longestの前にtheをつけて、「最も〜な」ということを表している。一方、(2)のように副詞の最上級を用いる場合には、前にtheをつけてもつけなくてもよい。

「〜の中で」を示す前置詞

最上級の後ろには、**「〜の中で」**といった**比較の範囲を示す**前置詞句が来ることが多いが、(1)のようにinを用いる場合と、(2)のようにofを用いる場合とがある。

inは、場所や組織・団体など、**単数の「まとまり」を表す名詞**の前で使う。in the world（世界で）、in the school（学校で）、in the group（グループで）などである。それに対してofは、of the three（3つの中で）、of them all（それらすべての中で）など、**複数形の名詞**や、**複数あることを示す名詞**の前で使う。また、of the year（その1年で）や、of your life（あなたの人生で）といった**期間を表す語句**の前では通常ofを用いる。

- My wedding day was **the happiest day** of my life.（結婚式の日は私の人生の中で一番幸せな日だった）

「最も〜でない」を表す	(3)のように、「最も〜でない」、つまり「最も程度が低い」ことを表すには、「the least＋形容詞」または「the least＋副詞」を用いる。
「最上級＋名詞＋関係代名詞節」	(4)のように、「最上級＋名詞」の後ろに関係代名詞節を続けることもできる。この場合、関係代名詞はthatを用いることが多い（▶p.296）。

副詞の最上級に the をつけなくてもよい理由

形容詞の最上級にtheをつけるのは、形容詞の場合、その後ろに名詞が来ることが想定されているからである。実際には後ろに名詞が続かない場合もあるが、それでも、とりあえずの前提として、話し手と聞き手の間に「形容詞＋名詞」というパターンが共有されているのである。

- "Which river is **the longest**?" "The Nile is **the longest (river)**."
  （「どの川が一番長い？」「ナイル川が一番長い（川だ）」）

一方、副詞の場合には、後ろに名詞が来るという前提がないので、最上級の前にtheをつけなくてもよい。

2　最上級の強調

Clip 186

(1) The company introduced **the very latest technology**.　350
その会社は、まさに最新のテクノロジーを導入した。

(2) He is **by far the best pitcher** on our team.　351
彼は私たちのチームでずば抜けて優れた投手だ。

(3) She is **much the most famous actress** in Europe.　352
彼女はヨーロッパで飛び抜けて有名な女優だ。

veryによる強調	最上級を強調するときには、(1)のように副詞のveryを用いることができる。最上級の形容詞の直前に置き、「まさに、まったく」といった意味を加えることができる。

veryで形容詞の最上級を強調する際には、次のように、very の前にtheではなく代名詞の所有格を置くこともある。
- Wear **your very best dress**. It's a special party.
  (飛び切りのドレスを着なさい。特別なパーティーなのだから)

by far、much　「飛び抜けて、抜群に」という意味を最上級に加える場合、(2) や(3)のように**by far**や**much**を「**the＋最上級**」の前に置く。

3　「one of the ＋最上級」と「the ＋序数＋最上級」

Clip　187

(1) He is **one of the best tennis players** in the world. 353
彼は世界で最も優れたテニスプレーヤーの1人だ。

(2) Los Angeles is **the second largest city** in the United States. 354
ロサンゼルスはアメリカで2番目に大きな都市だ。

「最も〜なものの1つ」　例文(1)のように、「**最も〜なものの1つ**」であることを表すとき、「**one of the ＋最上級＋名詞の複数形**」という形を用いる。最上級の後ろに続く名詞を複数形にするのは、「最も優れたテニスプレーヤー」が複数存在し、その中の1人であるということを表すためである。

「X番目に〜な…」　例文(2)では、「2番目に大きい」ということをthe second largestを用いて表している。「3番目に大きい」のであればthe third largest、「4番目に大きい」のであればthe fourth largestとする。このように、「**X番目に〜な…**」は「**the＋序数＋最上級＋名詞**」で表す。

5 原級や比較級で最上級の意味を表す

形容詞や副詞の原級または比較級を用いて、「最も～である」という意味の表現を作ることができる。

> **Clip 188**
>
> (1) **No other flower** is **as big as** the rafflesia. 355
> ほかのどの花も、ラフレシアほどの大きさではない。
>
> (2) **No other flower** is **bigger than** the rafflesia. 356
> ほかのどの花も、ラフレシアより大きくない。
>
> (3) The rafflesia is **bigger than any other flower**. 357
> ラフレシアはほかのどの花よりも大きい。

原級や比較級で「最も～」を表現する

例文(1)～(3)はいずれも、次の最上級を使った文とほぼ同じ意味になる。
- The rafflesia is **the biggest flower** (in the world).
  （ラフレシアは［世界で］最も大きい花だ）

「no other+名詞」を主語に

(1)は「no other+名詞」を主語にして、「as+原級+as ～」を用いて「ほかのどれも～ほど…ではない」ということを述べた文で、伝えている内容は最上級の文とほぼ同じになる。

(2)は同じく「no other+名詞」を主語にして、後半に「比較級+than ～」を用いて「ほかのどれも～より…ではない」ということを述べた文で、やはり最上級の文とほぼ同じ意味になる。なお、これらの表現では、no otherの後ろの名詞は単数形にする。また、otherは省略することもできる。
- No flower is **as big as** the rafflesia.
- No flower is **bigger than** the rafflesia.

比較級の後ろに「any other+名詞」を用いる

(3)は「ラフレシア」を主語にして、「比較級+than」の後ろに「any other+名詞」を続けたもので、やはり意味は最上級の文とほぼ同じである。この表現でも、any otherの後ろの名詞は単数形にする。

最上級の意味になるさまざまな表現

「no other + 名詞」や「any other + 名詞」の代わりに nothing (else) や anything else を用いて、最上級と同じ内容を伝えることもできる。

- Nothing (else) is as precious as health.（健康ほど貴重なものはほかにない）
- Nothing (else) is more precious than health.
（健康よりも貴重なものはほかにない）
- Health is more precious than anything else.（健康はほかの何よりも貴重だ）
これらは、最上級を使った次の文とほぼ同じことを表している。
- Health is the most precious thing (in the world).
（健康は［この世で］最も貴重なものだ）

また、「物」ではなく「人」を対象とする場合は、nobody[no one] (else) や anybody[anyone] else を用いる。

- Nobody (else) is as pretty as my daughter.
（私の娘ほどかわいい者は誰もいない）
- Nobody (else) is prettier than my daughter.
（私の娘よりもかわいい者は誰もいない）
- My daughter is prettier than anybody else.（私の娘はほかの誰よりもかわいい）
これらは、最上級を使った次の文とほぼ同じことを表している。
- My daughter is the prettiest (person) (in the world).
（私の娘は［世界で］一番かわいい［人物だ]）

Step 2 発展

1 原級を用いたさまざまな表現

1 as ＋原級＋ as possible

> **Clip 189**
>
> Will you send me the information **as soon as possible**?　358
> その情報をできるだけ早く私に送ってくれますか。

「できるだけ〜」

「as＋原級＋as possible」で「できるだけ〜」という意味になる。「as＋原級＋as＋人＋can」でも同じ意味となり、例文は次のようにすることもできる。
- Will you send me the information **as soon as you can**?

2 as ＋原級＋ as any 〜

> **Clip 190**
>
> She is **as friendly as any** of you.　359
> 彼女はあなた方の誰にも劣らず優しい。

「ほかのどの〜にも劣らず…」

例文は、直訳すると「彼女はあなた方の誰とも同じくらい優しい」となり、そこから「あなた方の誰にも劣らず優しい」ということを表している。このように、「as＋原級＋as any 〜」で、「ほかのどの〜にも劣らず…」という意味になる。
　次のように、anyの後ろにotherが入る形もある。
- Swimming is **as effective as any other** exercise I've tried.
（水泳は、私がやってみたほかのどの運動にも劣らず効果的だ）

3 not so much A as B

> **Clip 191**
>
> He was **not so much** a genius **as** a hard worker. 360
> 彼は天才というよりはむしろ努力家だった。

「AというよりもむしろB」

例文は、「彼」にはa genius（天才）の要素がa hard worker（努力家）の要素ほどは備わっていなかったことを示している。このように、not so much A as Bは、Aの度合いはそれほど高くないことを示しつつ、Bであることを明言する表現で、**「AというよりもむしろB」**という意味になる。なお、**not A so much as B**という語順にすることも可能である。

- He was **not** a genius **so much as** a hard worker.

A、Bに入るもの

AとBの位置には、名詞だけでなくさまざまな要素を入れることができる。

- I was **not so much** angry **as** sad.
（私は怒っていたというより、むしろ悲しかった）
- She tried to **not so much** control them **as** lead them.（彼女は彼らを管理するというより、むしろ導こうとした）

1つ目の例のangryとsadは形容詞、2つ目の例のcontrolとleadは不定詞を構成する動詞の原形である。

同じ意味の表現

なお、比較級を用いた**more B than A**や、**B rather than A**でも、同じことを表現できる（▶p.352）。ただし、これらの表現では**Bに当たる要素が先に来る**ことに注意しよう。

- He was **more** a hard worker **than** a genius.
- He was a hard worker **rather than** a genius.

⬆ **「not so much as＋動詞の原形」で「～さえしない」を表す**

「not so much as＋動詞の原形」で「～さえしない」という意味になる。

- He did **not so much as say** thanks to us.
（彼は私たちにありがとうさえも言わなかった）

11 比較

347

この文は、He did not say thanks to us. に so much as を加えて、「私たちにありがとうを言うという程度のことさえしなかった」ことを表現したもの。このとき「動詞の原形」の部分には、「するのが当然の行為」が来る。

なお、似た表現に without so much as -ing があり、「～さえしないで」という意味になる。

- They left the room **without so much as saying** goodbye.
  (彼らは、さよならさえも言わずに部屋を出て行った)

4 「as many as ＋数詞」と「as much as ＋数詞」

Clip 192

There were **as many as 50,000 people** in the stadium.

361

競技場には、5万人もの人がいた。

「～もの」と数量の多さを表す

例文のように、**数が多いこと**を「**as many as ＋数詞**」で表すことができる。

量が多いことを表すときは、「**as much as ＋数詞**」を用いる。次の文では「金額」という「量」の多さが as much as で表現されている。

- The shoes cost me **as much as** $200.
  (その靴は200ドルもした)

直前に話題にした数量を表す as many や as much

as many で「それと同数」、as much で「それと同量」を表すことができる。many や much の後ろに名詞を続けると、「それと同数の～」「それと同量の～」という意味になる。

- The athlete won five medals in **as many** years.
  (その運動選手は5年で5個のメダルを獲得した)
  ＊ five medals という数が前で述べられているため、as many years は「5年間」を表す。
- The girl has $10 in her piggy bank and **half as much** in her wallet.
  (その少女は、貯金箱に10ドル、財布に5ドル持っている)
  ＊ $10という金額が前で述べられているため、as much だと「10ドル」を表すが、half as much（その半分）となっているので、10ドルの半分の「5ドル」が財布にあることになる。

⬆ 「〜も同然」という意味の as good as 〜

as good as 〜で「〜とほぼ同じ、〜も同然」を表すことができる。almost とほぼ同じ意味になる。
- He says that his research is **as good as** done.
（彼は研究をほぼ終えたと言っている）
- The machine was **as good as** new after repair.
（その機械は修理の後、新品同然だった）

2 比較級を用いたさまざまな表現

① 比較級＋and＋比較級

Clip 193

(1) Your English is getting **better and better**. 362
あなたの英語はますますよくなってきている。

(2) **More and more** people gathered around the outdoor stage. 363
野外ステージの周りに、人がどんどん集まった。

「ますます〜」

例文(1)のように、比較級をandでつないで繰り返した**「比較級＋and＋比較級」**という形で、「ますます〜」という、何かの**程度が増していく様子**を表すことができる。

前にmoreをつけて比較を示す形容詞や副詞の場合には、**more and more**の後ろに原級を続ける。

- We were walking **more and more slowly**.
（私たちの歩みはどんどんゆっくりになっていった）

more and more slowly の部分を（×）more slowly and more slowly などとしないように注意しよう。

なお、「ますます〜でなくなる」は less and less を用いて表す。

- I'm getting **less and less interested** in dieting.
（私はますますダイエットに関心がなくなりつつある）

「ますます多くの～」

(2)のように「more and more＋名詞」の形で、「ますます多くの～」という意味になる。数に対しても量に対しても使うことができ、以下は量の例である。

- We are paying **more and more attention** to solar energy. (私たちは太陽光エネルギーにますます注目している)

「ますます少ない数の～」は「fewer and fewer＋名詞」、「ますます少ない量の～」は「less and less＋名詞」で表す。

- **Fewer and fewer people** are using a home telephone. (固定電話を使う人はますます少なくなっている)
- These days, I'm spending **less and less time** on my hobbies.
  (最近、私は趣味にますます時間を費やしていない)

2 the ＋比較級＋ SV, the ＋比較級＋ SV

Clip 194

(1) **The younger** you are, **the easier** it is to learn foreign languages. 364
若ければ若いほど、外国語を学ぶのは容易である。

(2) **The sooner, the better.** 365
早ければ早いほどよい。

「～すればするほどますます…」

(1)のような「the＋比較級＋SV, the＋比較級＋SV」の形で、「～すればするほどますます…」という「比例」の関係や状況を表現できる。この表現は、2つのSV (主語＋動詞) で表される事柄が同時に変化したり、その2つの変化が互いに関連したりしているときに用いる。ここでのtheは、「その分だけ」といった意味の副詞のような働きをしている。

次のように、比較級の直後に名詞を続ける形も使われる。

- **The more** sweets I eat, **the more** weight I put on. (甘いものを食べれば食べるほど、私は太る)
- **The more** money you earn, **the more** tax you'll have to pay.
  (お金を稼げば稼ぐほど、税金を払わなくてはならなくなる)

| SVが省略された形 | (2)のように、「the＋比較級」の後ろに続くSVは省略されることもある。また、この場合、以下のようにコンマも省略される場合がある。
● The sooner the better. |
|---|---|

3 all the ＋比較級

Clip 195

I like Dan **all the better** because he is honest. 　　366
ダンが誠実だからこそ、私はいっそう彼が好きだ。

| 「それだけいっそう〜」 | 「all the＋比較級」で、「それだけいっそう〜」という意味になる。「それだけ」に当たる事柄（理由など）が何なのかについて、**because SV**や「**for＋名詞**」などで具体的に示す。例文は、次のように言い換えることができる。
● I like Dan **all the better** for his honesty.
　（ダンの誠実さのため、私はいっそう彼が好きだ）
なお、この表現におけるtheは「その分だけ」を意味する副詞のような働きをしている。 |
|---|---|

none the ＋比較級

「none the＋比較級」の形で、「それだけいっそう〜ということはまったくない」を表すことができる。
● He seemed **none the worse** for the accident.
　（彼は、事故に遭ったからといって、どこか悪くなったようにはまったく見えなかった）
この文は、「事故に遭った分だけ悪くなったかというと、まったくそんなことはない」ということ、つまり「事故に遭っても以前とまったく変わりないように見えた」ことを表している。
同じ内容を、「not 〜 any the＋比較級」を用いて表すこともできる。
● He didn't seem **any the worse** for the accident.

「2つの中で、より～である」の表し方

2つの物事を比べて「2つの中で、より～である」を表すとき、「the ＋比較級＋of the two」を用いる。比較級の前にtheをつけるのは、「より～なほう」ということで1つに特定するためである。
- This blue shirt is **the better of the two**.
  （その2枚のシャツの中では、この青いシャツのほうがよい）
- I'd like **the faster of the two** services.
  （その2つのサービスの中だと、早いほうにしたいです）

4 more B than A

Clip 196

He is **more** lazy **than** foolish.　367
彼は愚か者というよりもむしろ怠け者なのだ。

「AというよりもむしろB」

例文では、「彼」に関して、lazy（怠惰な）という度合いがfoolish（愚かな）という度合いを上回っていることを示している。このように、more B than A で「AというよりもむしろB」という意味になる。例文は、B rather than Aを使って次のように表現することもできる。
- He is lazy **rather than** foolish.

また、**not so much A as B**を使って同じ内容を表現することもできる（⊙ p.347）。
- He is **not so much** foolish **as** lazy.

more of B than Aの形

AとBの部分には、形容詞以外にも名詞をはじめさまざまな要素を入れることができるが、名詞を入れる場合、**more of B than A**の形になることもある。
- She is **more of** a comedian **than** an actor.
  （彼女は俳優というよりむしろコメディアンだ）

5 much less ～

Clip 197

I'm not good at speaking English, **much less** German. 368
私は英語を話すことが得意ではない。ましてやドイツ語など（話せやしない）。

「ましてや～でない」

例文は、「英語を話すことが得意でない」という前半の内容を受け、much less ～ で「ましてや～でない」と次に続く内容をさらに否定している。このように、much less は**否定文の後ろに続けて次のものの程度をさらに否定する表現**である。much の代わりに still が用いられることもある。

- He cannot even cook spaghetti, **still less** risotto.（彼はスパゲティすら作れない。ましてやリゾットなど［作れるわけがない］）

6 superior to ～、prefer A to B

Clip 198

(1) Your computer is **superior to** mine. 369
あなたのコンピューターは私のよりも性能がいい。

(2) I **prefer** grilled fish **to** raw fish. 370
私は生の魚よりも焼き魚のほうが好きだ。

to を使った比較表現

(1) の superior to ～ は「～よりも優れている」、(2) の prefer A to B は「B よりも A を好む」を意味する。これらのように**2つを比較するときに than を用いず、to を用いる表現**がある。例えば inferior to ～（～よりも劣っている）、senior to ～（～よりも立場［地位］が上である、先輩である）、junior to ～（～よりも立場［地位］が下である、後輩である）などである。

- Many people feel **inferior to** others for various reasons.（多くの人が、さまざまな理由で他者よりも自分が劣っていると感じている）

比較

- In Japan, it is rude to call someone **senior to you** by his or her first name.（日本では、自分より目上の人をファーストネームで呼ぶのは非礼である）

couldn't be better と couldn't agree more の意味

　couldn't be better は、「これ以上よくなることはない」という意味から、「最高だ」ということを表す。
- "How are things going?" "**Couldn't be better!**"（「調子はどう？」「最高だよ！」）

　上の応答は Things couldn't be better! の Things が省略されたものだが、このように Couldn't be better! という形で決まり文句のように使われることも多い。
　また、couldn't agree more は、「これ以上さらに賛成できない」という意味から、「大賛成だ」ということを表す。
- I **couldn't agree more.**（大賛成です）

know better than to do で「〜するほど愚かではない」を表す

　比較級の better を用いた know better than to do という表現は、「〜するほど愚かではない」という意味になる。than の後ろには不定詞（to ＋動詞の原形）を続けることに注意しよう。
- My son **knows better than to play** on the road.
 （私の息子は、道路で遊ぶなんてことをするほど愚かではない）

　この文は、「道路で遊ぶよりも物事を分かっている」、つまり「道路で遊ばないくらいの分別がある」という意味である。
　また、この表現は次のように should と組み合わせて忠告などに用いられることもある。
- You **should know better than to turn in** an incomplete essay.
 （君は未完成の作文を提出するような愚かなことをすべきではない）

7 more or less、sooner or later

Clip 199

(1) The trip cost **more or less** $2,000. 371
その旅行はおよそ2000ドルかかった。

(2) **Sooner or later**, you will have to tell her the truth. 372
遅かれ早かれ、君は彼女に真実を話さなければならないだろう。

「およそ」「ほぼ」	例文(1)のmore or lessは、「およそ、だいたい」という、approximatelyやaboutと似た意味で用いられている。 また、more or lessは、「ほぼ、ほとんど」というalmostと似た意味でも用いることができる。 ● I've **more or less** finished the work. （私はほぼ仕事を終えた）
「いずれそのうちに、遅かれ早かれ」	(2)のsooner or laterは、「いずれそのうちに、遅かれ早かれ」という意味で、「(いつかははっきりとは分からないが) 近い未来に」という文脈で用いられる。

具体的な比較の対象がない「絶対比較級」

比較級を用いているものの、何かと比べているわけではなく、漠然と「～なほう」であることを示す比較表現がある。
● A long time ago, it was difficult to receive higher education.
（昔は高等教育を受けるのは困難だった）
上の文中のhigher educationは、「高度なほうの教育」つまり「高等教育」を意味する。比較級を用いているが、具体的な何かと比べているわけではなく、後ろにthan ～も続いていない。the upper class（上流階級）、the younger generation（若い世代）、the lower animals（下等動物）なども同様で、こうした比較級の表現を「絶対比較級」と呼ぶ。

3 no や not を用いた表現

1 「no ＋比較級＋ than ～」と「not ＋比較級＋ than ～」

Clip 200

The world's smallest frog is **no bigger than** your nail.
世界最小のカエルは、爪と同じくらいの大きさしかない。

373

「~と同じくらいしかない」

　この例文は、The world's smallest frog is bigger than your nail.（世界最小のカエルは、爪よりも大きい）という文の中のbiggerを**noで強く否定**したもので、「爪より大きいなんてことはあり得ない」ということから、「爪と同程度の大きさしかない」つまり「それほど小さい」ことを表現している。このように、「**no ＋比較級＋ than ～**」は「**~と同じくらいしか…でない**」という意味になる。
　一方、「not ＋比較級＋ than ～」は「~よりも…ということはない」を意味する（●p.338）。The world's smallest frog is not bigger than your nail. は「世界最小のカエルは、爪より大きくはない（爪と同じくらいの大きさか、あるいは爪より小さい）」という意味である。ただし、「**no ＋比較級＋ than ～**」が、「not ＋比較級＋ than ～」の意味で用いられることもある。

2 「no more than ＋数量」と「no less than ＋数量」

Clip 201

(1) My mother gave me **no more than** 500 yen for lunch.
母は昼食代に500円しかくれなかった。

374

(2) The repair cost us **no less than** 80,000 yen.
その修理には8万円もかかった。

375

「たった〜だけ」	(1)の no more は、more を no で強く打ち消していると考えればよい。この場合は、「500円を超える金額」を強く否定し、「500円よりも多いなんてとんでもない→ぴったり500円しか」という意味になる。「**no more than ＋数量**」は、**少なさを強調**して「**たった〜だけ、〜しか**」と述べる表現である。
「〜ほども多く」	一方、(2)の no less は、less を no で強く打ち消したものである。「8万円を下回る金額」を強く否定し、「8万円よりも安いなんてとんでもない→ぴったり8万円にも達して」という意味になる。「**no less than ＋数量**」は、**多さを強調**して「**〜ほども多く、〜も**」と述べる表現である。

3 「not more than ＋数量」と「not less than ＋数量」

Clip 202

(1) They will pay me **not more than** 4,000 yen for the work.　376
　彼らはその仕事に、せいぜい4000円しか払ってくれないだろう。

(2) This diamond ring is worth **not less than** one million yen.　377
　このダイヤの指輪は少なくとも100万円の価値がある。

「多くとも〜、せいぜい〜」	(1)の「**not more than ＋数量**」は、「more than ＋数量」を not で否定する表現である。この場合は、「4千円を超える金額」を否定するため、4千円が上限となる。つまり、「**多くとも〜、せいぜい〜**」という意味になる。not more than は **at (the) most** で言い換えることができる（● p.361）。
	● They will pay me **at (the) most** 4,000 yen for the work.
「少なくとも〜」	(2)の「**not less than ＋数量**」も同様に、「less than ＋数量」を not で否定している。この文の場合は、「100万円より少ない金額」を否定するため、100万円が下限となる。したがって、「**少なくとも〜**」という意味になる。not less than は **at (the)**

leastで言い換えることができる（▶p.361）。
- This diamond ring is worth **at (the) least** one million yen.

「no more than＋数量」と「not more than＋数量」

「no more than＋数量」が「多くとも〜、せいぜい〜」という意味で使われることもある。
- There were **no more than** 10 people in the room.
（その部屋には、せいぜい10人しかいなかった）

同様に「no less than＋数量」が「少なくとも〜」という意味で使われることもある。つまり、実際には「no more than＋数量」と「not more than＋数量」、「no less than＋数量」と「not less than＋数量」はあまり区別されずに使われることも少なくない。ただし、noを使うほうが、より強調している印象になる。

「no fewer than＋数」と「not fewer than＋数」

lessは「量」について用いる語なので、「数」について述べる場合は、no less than 〜や not less than 〜ではなく **no fewer than** 〜や **not fewer than** 〜を用いるのが文法的には正しいが、実際には「数」に関しても no less than 〜や not less than 〜がしばしば使われる。
- He keeps **no fewer[less] than** seven cats.（彼は7匹もの猫を飼っている）

more than 100は「100よりも多い」

日本語の「〜以上」は、厳密にはその数を含む。つまり、日本語で「100以上」と言えば、100を含んでいることになる。一方、英語の「more than＋数量」という表現は、「〜よりも多い数量」を意味する。日本語の「〜以上」とは厳密には異なるので、注意が必要な場合もある。
- **More than 100 guests** came to the party.
（100人を超える客がパーティーに来た）

この文でのmore than 100 guestsは、「100人よりも多い数の客」ということになる。「100よりも多い」ということは100を含まないので、正確には「100人以上」ではない。同様に、more than oneは「2以上の、複数の」を意味する。
- They speak more than one language.（彼らは複数の言語を話す）

一方、fewer than 100は、厳密には「100以下」ではなく「100未満」という意味になる。

「100を含む」という意味で「100以上」「100以下」と言いたい場合は、**100 or more**、**100 or fewer**のように表現する。

4 no more ~ than ...、no less ~ than ...

Clip 203

(1) He is **no more** a hero **than** I am. 378
　私がヒーローでないのと同じように、彼はヒーローではない。

(2) Water is **no less** important **than** air. 379
　空気が大切であるのと同じように、水は大切である。

「…と同じように~ではない」

例文(1)では、「彼は決してヒーローではない」と述べるために、than以下で「明らかに事実ではないこと」（この場合「自分がヒーローであること」）を引き合いに出している。noはmoreを強く否定し、no more ~ than ...は、「…（でないことが明らかなの）と同じように、（決して）~ではない」という意味を持つ。

● I can **no more** lie to you **than** a rock (can).
（岩がうそをつくことなんてできないのと同じように、私はあなたにうそをつくことなんてできません）

なお、no more ~ than ...の代わりに、**not any more ~ than ...** や **not ~ any more than ...** を用いることもできる。

● He is **not any more** a hero **than** I am.
● He is **not** a hero **any more than** I am.

「…と同じように~である」

一方、(2)に使われている no less ~ than ...は、「…（がそうであることが明らかなの）と同じように、（まったく）~である」を意味する。noでlessを強く打ち消し、「より~でないなんてあり得ない」と述べる表現である。(2)では「水が大切である」ことを明らかなこととして述べるために、than以下で「明らかな事実」として「空気が大切である」ことを引き合いに出している。no more ~ than ...と同様に、さまざまな要素を「~」や「　」の位置に置くことができる。

● She can **no less** write songs **than** you can.
（あなたが作曲することができるのと同じように、彼女も作曲することができる）

11 比較

4 | 最上級を用いたさまざまな表現

1 同一の人や物の中で比べるときの最上級

> **Clip 204**
>
> She looks **happiest** when she is with her children. 380
> 彼女は、自分の子どもたちといる時が一番幸せそうだ。

theがつかない最上級

この文では、「彼女」とほかの人を比較しているのではなく、「彼女」の中での、異なる状況における比較をしている。このように、**同一の人や物の中で異なる状況同士を比べる**ような場合には、**the をつけない**。
- This pond is **deepest** here.（この池はここが一番深い）
- The snow was **heaviest** last night.
 （雪は昨夜が最もひどかった）

絶対最上級

most が very よりも程度が高いことを示すために用いられることがある。以下の例を見てみよう。
- I hope you have a most happy new year.（よいお年をお迎えください）
- They are most talented musicians.（彼らはとても才能のある音楽家だ）
- You've been most helpful.（本当に助かりました）

これらのように、比較の対象を明確にせず、程度が極めて高いことを表す時に用いる最上級のことを「絶対最上級」と呼ぶ。絶対最上級では、「a most ＋形容詞＋単数名詞」や「most ＋形容詞＋複数名詞」、あるいは「most ＋形容詞［副詞］」の形で、「非常に～」という意味を表す。この場合、たとえ最上級が -est の形になる語でも、「most ＋原級」を用いることが多い。

2 at (the) most ~、at (the) least ~

> **Clip 205**
>
> This job will take me **at (the) most** three hours. 381
> この仕事には、せいぜい3時間しかかからないだろう。

「多くとも~」
「少なくとも~」

例文のat (the) most ~は上限を表し、「多くとも~、せいぜい~、最大で~」などを意味する。一方、at (the) least ~は下限を表し、「少なくとも~、最小で~」といった意味になる。
- This job will take me **at (the) least** three days.
  （この仕事には、少なくとも3日はかかるだろう）

at (the) most ~はnot more than ~と、at (the) least ~はnot less than ~とほぼ同じ意味である（▶p.357）。

3 at (the) best

> **Clip 206**
>
> They will advance to the semifinals **at (the) best**. 382
> 彼らは最高でも準決勝に進むくらいだろう。

「最高でも」

at (the) bestは「最高でも、よくても、せいぜい」といった意味の上限を表す表現である。「それ以上はない」ということなので、否定的な文脈で用いることが多い。

なお、at (the) worstは「最悪でも、どんなに悪くても」を表し、at (the) bestと反対の意味となる。
- She will win the bronze medal **at (the) worst**.
  （彼女は最悪でも銅メダルは取るだろう）

at one's best

　at one's best は、「最高の状態である」ことを示す表現である。at (the) best（最高でも）と混同しないように注意しよう。
- The cherry blossoms in the park are now **at their best**.
　（その公園の桜は今が一番よい時期だ）
　この文の場合は、「桜が満開で見ごろを迎えている」ことを示す。

make the most of 〜と make the best of 〜

　make the most of 〜と make the best of 〜 は、どちらも「〜を最大限に利用する、生かす」という意味だが、ニュアンスが異なる。make the most of 〜は「与えられたチャンスや有利な条件を大切に使う」ことを表す。一方 make the best of 〜には、「困難な状況や条件を乗り切る」という意味合いがある。
- **Make the most of** your time.（時間を最大限に利用しなさい）
- We had to **make the best of** the small room.
　（私たちは、小さな部屋を最大限活用してやりくりしなければならなかった）

12章 仮定法
Subjunctive Mood

Step 1 基本

1 if を用いた仮定法
- ❶ 直説法の if と仮定法の if　364
- ❷ 「現在の仮定」を表す仮定法過去　365
- ❸ 「過去の仮定」を表す仮定法過去完了　367
- ❹ 「(過去に)もし～だったら、(現在は)…だろう」の表し方　368

2 wish を用いた仮定法　369

3 as if、as though を用いた仮定法　372

Step 2 発展

1 仮定法を用いたその他の表現
- ❶ if it were not for ～、if it had not been for ～　374
- ❷ it's time ～　375
- ❸ 「未来の仮定」を表す were to と should　376

2 if の代わりをするさまざまな表現
- ❶ but for、without　377
- ❷ with　378
- ❸ otherwise　379
- ❹ 不定詞や分詞構文が if 節の代わりとなる場合　380
- ❺ 文の一部が if 節の代わりとなる場合　381

3 if の省略　382

4 動詞の原形を用いる表現(仮定法現在)　383

Close Up! 「丁寧な表現」と仮定法　385

Step 1 基本

仮定法とは、「もし〜だったら」と現実の世界とは異なる仮想世界の事柄を述べる表現である。仮定法の基本的な考え方や表現のパターンをつかもう。

1 ifを用いた仮定法

「もし〜」を意味するifには、**「直説法のif」**と、**「仮定法のif」**の2通りの使い方がある。両者の違いをしっかり理解しよう。

1 直説法のif と仮定法のif

Clip 207

(1) If it **is** fine tomorrow, we **will go** swimming in the sea. 383
もし明日天気がよければ、海水浴に行くだろう。

(2) If we **had** a swimming pool, we **would swim** every day. 384
もしプールがあったら、毎日泳ぐだろうに。

ifを使う文には2種類ある

例文(1)と(2)を比べてみると、(1)ではif節でisという**現在形**を用いているのに対し、(2)ではhadという**過去形**を用いている点が異なる。ただし、(2)は過去の事柄を表しているわけではなく、**今の時点での「もし〜なら…だろう」という気持ち**を述べている。

両者の違いは、**話し手にとって「現実（に起こり得る）かどうか」**という点である。(1)の「もし明日天気がよければ」は、**現実に起こり得る**と話し手が考えている事柄である。それに対して、(2)の「もしプールがあったら」は、現実にはプールがないことを前提に話し手が述べた内容であり、**現在の事実に反する**ことを想定している。

| 仮定法 vs. 直説法 | 英語では、(2)のように、**現在の事実に反する、または起こりそうにないことについての「もし～なら」**という「**仮定**」を表すときは、動詞の**過去形**を用いる。このような、**現実とは異なること**を述べる際の動詞の使い方を「**仮定法**」と呼ぶ。
一方、(1)のように**現実に起こり得ると話し手が認識している**「**もし～なら**」を表す際は、状況に合わせた動詞の形を用いる。こうした**現実の話**をする際の動詞の使い方を「**直説法**」と呼ぶ。 |

2 「現在の仮定」を表す仮定法過去

Clip 208

(1) If I **were** you, I **would carry out** the plan.　　385
　　もし私があなただったら、その計画を実行するだろう。

(2) What **would** you **do** if you **got** 100 million yen?　　386
　　もしも1億円を手にしたら、何をしますか。

(3) If animals **could talk** with us, they **might give** us good advice.　　387
　　もし動物が私たちと話せたら、私たちによい助言をくれるかもしれない。

| 現在の仮定（もし～なら）の表現 | 上の例文ではいずれも、**現在の事実に反する、または起こりそうにない**事柄を表す仮定法が用いられている。例文(1)では、「（現実には**私はあなたではないが**）もし私があなただったら」と事実に反する仮定をしている。また例文(2)では、「（現実には**1億円を手にすることはない**［と思っている］が）もし手にしたら」と「起こりそうにないこと」を仮定して尋ねている。例文(3)では、「（現実には、**動物は私たちと話すことができないが**）もし話せたら」と事実に反する仮定をして、その仮想の世界での話を続けている。 |

| 「現在」のことを「過去形」で表す | 英語では、**現在の事実に反すること**や、**起こりそうにないこと**を仮定する場合には、現在の話であっても**if節**の動詞に**過去形**を使う。これを**仮定法過去**と呼ぶ。なお、例文(3)のIf animals could talk with usのようにif節の中で助動詞が用いられる場合は、助動詞を過去形にする。 |

If節のbe動詞はwere

(1)の If I were you では、主語がIであるにもかかわらずwereが使われている。このように仮定法過去では、if節のbe動詞には主語が何であってもwereを使うのが原則である。ただし、口語では、主語がIまたは3人称単数（he、she、itなど）のときにはwasも使われる。

- How **would** you **feel** if Ken **were[was]** your brother?
（ケンがあなたのお兄さんだったとしたら、どんな気持ち？）
- If it **were[was]** Monday today, she **would come** to the office.
（今日が月曜日なら、彼女はオフィスに来るだろうに）

主節の助動詞も過去形にする

仮定法の文では、仮定した世界で起こることを主節（if節でないほうの節）で表すとき、助動詞の過去形を使う。主に使われる助動詞は、would（〜だろう）や might（〜かもしれない）、could（〜できるだろう）などである。

- If I **were** Anpanman, I **could fly** freely in the sky.（もし私がアンパンマンだったら、空を自由に飛べるのに）

◆ 仮定法過去の文の基本パターン　「もし〜なら…だろう」

If ＋主語＋動詞の過去形 , 主語＋	would could might	＋動詞の原形

主節の助動詞に should を使うこともある

主語が1人称（I または we）のときは、主節の助動詞に should（〜だろう）を使うこともあるが、主にイギリス英語での用法である。

- If I **were** you, I **should** not do it.
（もし私があなただったら、それはしないだろう）

現在の話であっても過去形を使う理由は？——過去形が表すもの

なぜ仮定法過去では、現在の話であっても過去形を使うのだろう？　そもそも過去形とは、よく知られている「現在と過去との時間的な隔たり」のほか、「現実世界と仮想世界との心理的な隔たり」も表す形なのである。つまり、仮定法過去で動詞または助動詞が過去形なのは、話し手の時間的な視点ではなく心理的な視点が関係している。現実から隔たった仮想世界を表すために過去形が使われていることが分かれば、動詞の形が過去形であっても、過去の事柄を表しているわけではないことが納得できるはずである。

3 「過去の仮定」を表す仮定法過去完了

Clip 209

(1) If she **had gotten up** earlier this morning, she **could have caught** the 6 o'clock train.　388
もし今朝もっと早く起きていれば、彼女は6時の電車に間に合っただろう。

(2) If he **had been** a little more patient then, he **would have succeeded**.　389
もし彼が当時もう少し我慢強かったら、成功を収めていただろうに。

過去の仮定（もし～だったら）の表現

例文(1)、(2)はそれぞれ、文中のthis morningとthenから察することができるように、過去の事実に反する「もし～だったら」を表している。また、動詞の形に注目すると、if節ではhad gotten (up)やhad beenといった過去完了形が使われ、主節ではcould have caughtやwould have succeededと、「助動詞の過去形＋have＋過去分詞」が使われている。
このように、過去の事実とは異なることを仮定する場合には、if節では過去完了形を用いる。この表現を仮定法過去完了と呼ぶ。

◆ 仮定法過去完了の文の基本パターン　「もし～だったら…だっただろう」

If＋主語＋had＋過去分詞 , 主語＋	would could might	＋have＋過去分詞

4 「(過去に) もし〜だったら、(現在は) …だろう」の表し方

Clip 210

If she **had studied** abroad, her life **would be** quite different now.
もし留学していたなら、今の彼女の人生はまったく違っているだろう。

390

過去の仮定をして現在のことを想像する

例文では、if節には had studied という仮定法過去完了が使われており、「(あの時) 〜だったら」と**過去の事実に反する仮定**を述べている。主節では would be という仮定法過去に対応する形が使われており、現在のことについて「〜だろう」と話している。このように、「(過去に) もし〜だったら、(現在は) …だろう」と仮定する場合には、**if節に仮定法過去完了を用い、主節には、仮定法過去に対応する** (would be といった)「**助動詞の過去形＋動詞の原形**」を用いることになる。

- If he **hadn't started** soccer at the age of 6, he **wouldn't be** such a good player now.
  (彼がもし6歳でサッカーを始めていなかったら、今これほどよい選手にはなっていないだろう)

「(現在) もし〜なら、(過去に) …だっただろう」と仮定する場合

if 節に仮定法過去を用いながら、主節には仮定法過去完了に対応する形 (助動詞の過去形＋have＋過去分詞) を用いることもある。例えば次のような場合で、「(現在) もし〜なら、(過去に) …だっただろう」という意味になる。

- If I **were** you, I **could not have stood** his bad manners.
  (もし私が君なら、彼の行儀の悪さには耐えられなかっただろう)

2 wish を用いた仮定法

現在の事実に反して「〜だったらいいのに」と願ったり、実現しなかった過去の事実に対して「〜していたらよかったな」と思ったりした経験は、誰しもあるだろう。英語ではそれを、**動詞 wish と仮定法**を用いて表す。

> **Clip 211**
>
> (1) I **wish** my house **were** as big as a castle. 391
> 私の家がお城ぐらい大きければいいのになあ。
>
> (2) She **wishes** she **had not refused** his proposal yesterday. 392
> 彼女は、昨日彼のプロポーズを断らなければよかったと思っている。

現在の事実に反する願望

現在の事実に反することや起こり得ないことに対して「〜だったらいいのに」と願望を表す際、英語ではwishの後の節に仮定法過去を続ける。例文(1)では、「私の家はお城のように大きくはない」という事実に反する「家がお城ぐらい大きかったら」という願望を述べるために、wishの後ろに仮定法過去（my house were as big as a castle）を続けている。

なお口語では、主語がIまたは3人称単数の場合は、wishの後ろのbe動詞には **was** も使われる。

- I wish my house **was** as big as a castle.

願望の内容によっては、wishに続く部分にcouldやwouldなどの助動詞の過去形が使われることもある。

- I **wish** I **could speak** English well.
  （英語を上手に話せたらなあ）
- I **wish** he **would give** me a ride.
  （彼が私を車で送ってくれたらなあ）

過去の事実に反する願望

例文(2)では、「昨日彼のプロポーズを断った」という過去の事実に反する、「彼のプロポーズを断らなかったら」という願望を述べるために、wishの後ろに仮定法過去完了 (she had not refused his proposal yesterday) を続けている。

このように、**過去に実現しなかったことに対し「〜していたらよかったのに」**という願望を表すときは、wishの後ろに仮定法過去完了を続ける。

wishの表す「時」と、続く部分の動詞の形

　wishを用いた仮定法で気をつけたいのは、wishが現在形であろうと過去形であろうと、「願望の時点」を基準に、それと同じ時点のことなのか、それより前の時点のことなのかで仮定法過去と仮定法過去完了を使い分ける、ということである。特にwishが過去形のときは混乱しやすいので注意が必要である。次の4つの例文を、それぞれ「いつの事実に反することか」を確認しながら見てみよう。
①現在の願望 (1)：現在の事実に反すること
- I wish I **had** enough money to buy the bike.
  （その自転車を買う十分なお金があればなあ）

②現在の願望 (2)：現在より前の事実に反すること
- I wish I **had had** enough money to buy the bike.
  （あの自転車を買う十分なお金が［当時］あったらなあ）

③過去の願望 (1)：願望した時点の事実に反すること
- I **wished** I **had** enough money to buy the bike.
  （その自転車を買う十分なお金があればなあと思った）

④過去の願望 (2)：願望した時点よりも前の事実に反すること
- I **wished** I **had had** enough money to buy the bike.
  （あの自転車を買う十分なお金が［当時］あったらなあと思った）

　つまり、過去形のwishedを用いる場合も、願望と同じ時点の仮定であれば仮定法過去を使い、時間的に前の仮定であれば仮定法過去完了を使うことになる。

wish と hope

　wish が**事実に反する**、または**起こり得ない**（と話し手が考える）ことへの願望を述べる際に使われるのに対し、hope は**実現の可能性を信じて**願うことを述べる際に使われる。hope を使った文では、実現を期待しているため、**直説法**が使われる。つまり、「wish ＋仮定法」と「hope ＋直説法」との使い分けには、「話し手の気持ち・判断」が表れる。

- I **wish** I **were** as tall as him.（彼ぐらい背が高ければいいのになあ）
  * 「彼のように背が高くない」という前提がある。
- I **hope** you **feel** at home.（くつろいだ気持ちになってもらえればと思います）
  * 「相手がくつろいだ気持ちになる」可能性があると思っている。

wish よりも強い願望を表す if only を用いた仮定法

　If only と**仮定法**を用いて、wish よりも強い願望を表すことができる。以下の例を見てみよう。

- **If only** I **could** fly!（空を飛ぶことさえできたらなあ！）
- **If only** he **had read** my letter!（彼が私の手紙を読んでくれてさえいたら！）

　これらはそれぞれ、If only I could fly, I would … や If only he had read my letter, he would … という文の if 節の部分だけが残ったものと考えることができる。only（ただ〜だけ）という語が使われていることや、主節が省略されて**仮定（願望）の内容のみ**が端的に述べられていることにより、wish を使った文よりも強い願望を表す。文末に感嘆符（！）をつけるのもそのためである。

　ただし、実現の可能性がある状況下では、if only は次のように直説法の文で用いられる。

- **If only** it **stops** raining!（雨さえやめばなあ！）

3 | as if、as though を用いた仮定法

日本語でも、「まるで～であるかのように」といった表現でたとえ話をすることがあるが、英語でそうした話をする際は、**as if** や **as though** と**仮定法**を用いる。

> **Clip 212**
>
> (1) She looks **as if[as though]** she **were** a college student. 393
> 彼女はまるで大学生のように見える。
>
> (2) He talks about Shanghai **as though[as if]** he **had lived** there. 394
> 彼は上海について、まるで住んでいたかのように話をする。

「まるで～であるかのように」	例文(1)では、彼女を「大学生」にたとえているが、「実際には彼女は大学生ではない」ことが前提になっている。このように、**現在の事実に反して「まるで～であるかのように、まるで～するかのように」と述べる**際、英語では **as if** または **as though** の後ろに**仮定法過去**を続ける。 主語が I または 3 人称単数のときは、be 動詞には was も用いられる。
「まるで～であったかのように」	例文(2)では、「彼は、まるでそこ（＝上海）に住んでいたかのように」とたとえているが、「実際には彼は上海に住んでいたわけではない」と話し手は考えている。**過去の事実に反して「まるで～であったかのように、まるで～したかのように」と述べる**ときは、**as if** または **as though** の後ろに**仮定法過去完了**を続ける。

> ❗ **主節の動詞と、as if[though] の後ろの動詞の形**
>
> wish を用いた仮定法と同様に、as if や as though に続く部分でも、**主節の動詞の「時」を基準に、それと同じ時点のことなのか、それより前の時点のことなのかで仮定法過去と仮定法過去完了を使い分ける**（▶ p.370）。次の 4 つの例文を、それぞれ「前提としている事実は何か」に注意しながら見ていこう。

① 「現在プロ選手ではない」ことが前提
- He **plays** soccer <u>as if</u> he **were** a professional player.
（彼はまるでプロ選手であるかのように、サッカーをプレーする）

② 「以前にプロ選手ではなかった」ことが前提
- He **plays** soccer <u>as if</u> he **had been** a professional player.
（彼はまるで[以前に]プロ選手だったかのように、サッカーをプレーする）

③ 「プレーした時点において、プロ選手ではなかった」ことが前提
- He **played** soccer <u>as if</u> he **were** a professional player.
（彼はまるでプロ選手であるかのように、サッカーをプレーした）

④ 「プレーした時点より以前にプロ選手ではなかった」ことが前提
- He **played** soccer <u>as if</u> he **had been** a professional player.
（彼はまるで[以前に]プロ選手だったかのように、サッカーをプレーした）

「like ＋名詞」で「まるで～であるかのように」を表す

「まるで～であるかのように」という内容を、「like ＋名詞」を使って表すことができる場合もある。
- They sing **like birds**. （彼らはまるで鳥のように歌う）
  ＝ They sing **as if** they **were** birds. （彼らはまるで鳥であるかのように歌う）

as if の後ろに続くその他の形——直説法、不定詞

① as if の後ろに直説法を続ける場合

話し手が「事実であろう」と思っている場合や、「そうなる可能性がありそうだ」と判断している場合には、as if の後ろに仮定法ではなく直説法を続ける。
- The story sounds **as if** it **is** true. （その話は本当のように聞こえる）
- It looks **as if** it **is** going to snow this afternoon.
（午後は雪になりそうな気配だ）

② as if の後ろに不定詞を続ける場合

as if の直後に不定詞を続ける場合がある。これは as if の後ろに「主語＋be動詞＋不定詞」が使われるときに、その「主語＋be動詞」が省略されたもので（▶p.446）、「まるで～するかのように」という意味になる。
- My father looked at me **as if to say** I was wrong.
（父は、まるで私が間違っていると言わんばかりに私を見た）
  ＝ My father looked at me **as if** (he were) **to say** I was wrong.

12 仮定法

Step 2 発展

1 仮定法を用いたその他の表現

1 if it were not for ~、if it had not been for ~

> **Clip 213**
>
> (1) **If it were not for** our club activities today, we **could** go to the movie. 395
> 部活動が今日なければ、その映画に行くことができるのに。
>
> (2) **If it had not been for** her help, my presentation **would have been** a failure. 396
> 彼女の助けがなかったら、私の発表は失敗していただろう。

「もし~がなければ」という仮定	現在の事実に反して「もし~がなければ」と仮定するときはif it were not for ~という表現を用いる。例文(1)は「現実には今日は部活動がある（ので、映画に行くことはできない）」という事実に反して「部活動が今日なければ」という仮定を述べる**仮定法過去**の文である。なお、口語ではwereの代わりにwasを用いたif it was not for ~の形も使われる。
「(過去に)もし~がなかったら」	一方、**過去の事実に反して「もし~がなかったら」と仮定**するときはif it had not been for ~を用いる。(2)は「実際には彼女の助けがあった（ので、私の発表はうまくいった）」という過去の事実に反して「彼女の助けがなかったら」という仮定を述べる**仮定法過去完了**の文である。 なお、**but for ~** や **without ~** を用いても、if it were not [had not been] for ~と同様のことを表現できる（●p.377）。
「(過去に)もし~がなかったら、(現在は)…だろう」	if節で仮定法過去完了のif it had not been for ~を用いて、主節では仮定法過去に対応する**「助動詞+動詞の原形」**を用いることもある。この場合、**「(過去に)もし~がなかったら、(現在は)…だろう」**という意味になる。

- If it had not been for the war, he **would be** a great musician now. (あの戦争がなかったら、今ごろ彼は偉大な音楽家になっているだろう)

2　it's time ～

Clip 214

It's time you **started** studying for the next exam.　397
君は次の試験の勉強を始めてよいころだ。

「現実にはされていないが、～してよいころだ」

　it's time の後ろに**仮定法過去**を続けると「**(現実にはされていないが)～してよいころだ**」という意味の表現になる。「**とっくに～すべき時期だ**」という**強い言い方をする**ときは、time の前に high を置き、**it's high time ～** という形にする。また、time の前に about を置いて **it's about time ～** とすると「**そろそろ～してもよいころだ**」という意味になる。
- It's **high time** you **went** to bed.
（もうとっくに寝る時間だよ）
- It's **about time** I **got** a new computer.
（そろそろ新しいコンピューターを買ってもよいころだ）

「it's time + 不定詞」

It's time の後ろに不定詞を続ける形もある。例えば「カーテンを替えてよい時期だ」は、不定詞を用いて次のように表すこともできる。
- It's time (for us) to change the curtains.

ただし、仮定法過去を続けて It's time we changed the curtains. とした場合は「もう替えるべき時期なのに、替えられていない」という意味合いを含むが、不定詞を続けた場合はその意味合いは含まない、という違いがある。

3 「未来の仮定」を表す were to と should

> **Clip 215**
>
> (1) If you **were to see** the earth from the moon, you **would have** no words for its beauty. 398
> もし月から地球を見たとしたら、その美しさは言葉で表せないだろう。
>
> (2) If you **should get** a perfect score on the next English exam, I **would** buy you a new camera. 399
> 次の英語の試験で満点を取るようなことがあったら、新しいカメラを買ってあげよう。

「未来の仮定」を表す were to

「if ＋主語＋ were to ＋動詞の原形」は、未来に実現する可能性がまったくないことにも、**実現する可能性がわずかにあることにも使える表現**である。例文 (1) は、「もし月から地球を見たとしたら」という、(今のところ) 起こり得ない事柄を仮定している。一方、次の文では、実現の可能性が低いと話し手が考えつつ、「仮に北極地方に行ったとしたら」と仮定している。

● If I were[was] to go to the Arctic, I would take hundreds of pictures.
(仮に北極地方に行ったとしたら、何百枚もの写真を撮るだろう)

なお、口語では、主語が I または 3 人称単数のときには was も使われる。

「万が一〜ならば」を表す should

if 節の中で should を用いた「if ＋主語＋ should ＋動詞の原形」の形は、「(ほとんどあり得ないと思うが) 万が一〜ならば、〜するようなことがあれば」ということを表す。この should は **実現する可能性が低いと話し手が考えていることを伝えるものの、まったく実現不可能なことを仮定する表現ではない**。つまり、実現の可能性がゼロの事柄に should を用いることはできないのだ。

should のこうした性質のため、**主節の助動詞**は、話し手のとらえ方次第で **過去形** になったり **現在形** になったりする。例文 (2) で主節の助動詞が過去形 (would) なのは、カメラを買ってあげる条件 (次の英語の試験で満点を取ること) が実現する可能性は

低いと考えているためである。
　一方、次の例文で主節にwillの現在形が使われているのは、「条件がそろえば起こり得る」と話し手が考えているためである。

- If the typhoon **should come** tomorrow, the school **will be** closed.
（明日もし台風が来たら、学校は休校になるだろう）

　また、「if＋主語＋should＋動詞の原形」は、次の例文のように命令形とともに使われることもある。

- If Meg **should call** me while I'm out, **tell** her I'll call her back. （留守中にもしメグから電話があったら、後でかけ直すと伝えてください）

2 ifの代わりをするさまざまな表現

ifを使わずに、「もしも〜なら」という**仮定法と同じような内容**を伝えることができる表現がいくつかある。文中にifがないため、仮定法のニュアンスに気づきにくいかもしれないが、文中の述語動詞や文脈を手がかりに理解していくとよい。

1 but for、without

Clip　216

(1) **But for** school, **could** you **keep** studying?　400
　もし学校がなかったら、あなたは勉強を続けることができますか。

(2) We **might have lost** the game **without** you.　401
　君がいなかったら、その試合に負けていたかもしれない。

「〜がなければ」を句で表す

　but forやwithoutは、後ろに名詞（句）を伴って、「（もし）〜がなければ、〜がなかったら」という仮定法と同様の意味を表すので、文の述語動詞は仮定法過去で使われる**「助動詞の過去形＋動詞の原形」**や、仮定法過去完了で使われる**「助動詞の過去形＋have＋過去分詞」**となる。したがって、この部分を手がかりに、現在のことなのか過去のことなのかを判断すればよい。
　例文(1)にはcould (you) keep、例文(2)にはmight have lostという表現が使われており、それぞれ仮定法過去、仮定法

過去完了の文だと分かる。(1)では「現実には学校がある」という**現在の事実**に対して「もし学校がなければ」と仮定しており、(2)では「実際には君がいた」という**過去の事実**に対して「もし君がいなかったら」と仮定していることになる。

なお、(1)と(2)は、それぞれ if it were not for 〜 と if it had not been for 〜（▶p.374）を用いて、次のように表すこともできる。

- **If it were not for** school, could you keep studying?
- We might have lost the game **if it had not been for** you.

2 with

Clip 217

(1) **With** water, I **could cool** myself off.　　　402
　　水があれば、体を冷やすことができるのに。

(2) **With** more money, we **would have bought** the newest printer.　　　403
　　もっとお金があったら、私たちは最新式のプリンターを買っていただろう。

「〜があれば」を句で表す

with は後ろに名詞（句）を伴って、「（もし）〜があれば、〜があったら」という意味の仮定を表す。現在のことなのか過去のことなのかは、文の述語動詞の形と文脈を手がかりに判断する。

例文(1)では「現実には水がない」という**現在の事実**に対して「もし水があれば」と仮定している。(2)では「実際にはお金が足りなかった」という**過去の事実**に対して「もっとお金があったら」と仮定している。

なお、(1)と(2)はそれぞれ、次のような文でも表現できる。

- **If** I **had** water, I **could cool** myself off.
〔仮定法過去〕
- **If** we **had had** more money, we **would have bought** the newest printer.　〔仮定法過去完了〕

3 otherwise

Clip 218

(1) My foot is injured; **otherwise** I **would run** with you. 404
私は足にけがをしている。もしそうでなければ、君と一緒に走るだろう。

(2) I was busy that night; **otherwise** I **could have gone** to the party. 405
あの夜は忙しかった。もしそうでなかったら、パーティーに行けたのに。

「もしそうでなければ」と仮定する

　otherwiseは、その前の部分で述べられた事実に対し、「もしそうでなければ［なかったら］」という意味で使うことができる副詞である。otherwiseの前後の部分の形や文脈を手がかりに、現在のことなのか過去のことなのかを判断すればよい。

　例文(1)では、「私は足にけがをしている」という**現在の事実**に対して「もしそうでなければ」と仮定しており、例文(2)では、「とても忙しかった」という**過去の事実**に対して「もしそうでなかったら」と仮定している。(1)と(2)はそれぞれ、次のような文でも表現できる。

- My foot is injured; **if** it **were** not injured, I **would run** with you. 〔仮定法過去〕
- I was busy that night; **if** I **had not been** busy, I **could have gone** to the party. 〔仮定法過去完了〕

12 仮定法

4 不定詞や分詞構文が if 節の代わりとなる場合

Clip 219

(1) **To hear** her talk, you **would think** she is our boss. 406
彼女が話すのを聞いたら、彼女を私たちの上司だと思うだろう。

(2) **Seeing** him perform, you **would become** a fan. 407
彼が演技するのを見たら、ファンになるだろう。

不定詞で「もし～なら」を表す

不定詞（to＋動詞の原形）は、例文(1)のように「もし～なら」という意味で用いて、**if節の代わりに仮定を表す**ことができる。(1)の不定詞句 To hear her talk は、後ろに仮定法過去の主節で使われる「助動詞の過去形＋動詞の原形」（ここでは would think）が続いていることから、仮定を表していることが分かる。To hear her talk, の部分は、if を用いて If you heard her talk, という仮定法過去の表現にすることもできる。

分詞構文で「もし～なら」を表す

分詞構文（▶p.279）も、**if節の代わりに仮定や条件の意味で用いる**ことができる。現在の事実に反する仮定の場合、後ろには例文(2)のように、仮定法過去の主節で使われる「助動詞の過去形＋動詞の原形」が続く。この文の分詞構文 Seeing him perform, の部分は、If you saw him perform, という仮定法過去の表現にすることができる。

また過去の事実に反する仮定の場合には、以下の例文のように、後ろには仮定法過去完了の主節で使われる「助動詞の過去形＋have＋過去分詞」が続く。

● **Warned** beforehand, I **would have changed** my travel plans.（もし前もって警告されていたら、旅行の計画を変えていただろうに）

この文の分詞構文 Warned beforehand, の部分は、If I had been warned beforehand, という仮定法過去完了の表現にすることもできる。

5 文の一部が if 節の代わりとなる場合

Clip 220

(1) **Our group could carry out** such a big project. 408
私たちのグループであれば、そのような大きな事業を実行できるだろう。

(2) **Three hundred years ago**, we **might have had** strange hairstyles. 409
300年前だったら、奇妙な髪形をしていたかもしれない。

主語や副詞句に込められた「もし〜なら」

主語や副詞句などの文の一部が、「(もし) 〜ならば、〜だったら」といった仮定の意味合いを含むことがある。文中に if や仮定を直接示す表現がないため、仮定を表していることに気づきにくいかもしれないが、述語動詞の形や文脈を手がかりに判断するようにしよう。

例文(1)では主語の Our group に「私たちのグループであれば」という仮定の意味が、例文(2)では副詞句の Three hundred years ago に「300年前だったら」という仮定の意味が込められている。

suppose や supposing と仮定法

動詞の suppose には「〜だと仮定する」という意味があり、suppose (that) 〜 と supposing (that) 〜 の形で「もし〜なら」という「条件」や「仮定」を表す。事実に反する仮定に用いる場合は、後ろに仮定法を続ける。

- Suppose (that) you were in your father's place, what would you do for your family?
  (もし君がお父さんの立場だったら、家族のために何をするだろうか)
- Supposing (that) you hadn't taken a taxi, you would have been late for the meeting.
  (もしタクシーに乗っていなかったら、あなたは会議に遅れていたでしょう)

実現の可能性がある条件として述べる場合には、直説法が用いられる。

- Suppose (that) he comes to see you, what will you say to him?
  (彼があなたに会いに来たら、彼に何と言うつもりなの?)

3 ifの省略

if節のifを省略して語順を変えて、「もし～なら」を表す形がある。ただしこれは**書き言葉**での表現法で、会話では使われない。文章中に出てきたときに、「もし～なら」という意味だと分かるようにしておこう。

> **Clip 221**
>
> (1) **Were she** on our team, we **would** win the championship. 410
> もし彼女が私たちのチームにいたら、私たちは優勝するだろう。
>
> (2) **Had I taken** my dictionary with me, I **could have looked up** the word. 411
> 辞書を持っていっていたら、その単語を調べられたのに。
>
> (3) **Should Paul lose** his job, he **would be** in trouble. 412
> ポールは万が一職を失ったら、困ったことになるだろう。

ifを省略し疑問文の語順で表す「もし～なら」

　例文(1)～(3)はいずれも仮定法の文語表現で、if節の部分のifが省略されており、かつ文頭が疑問文と同じ語順になっている。このように、if節のifを省略し、その後ろの**「主語＋動詞」を倒置して疑問文と同じ語順にした形**が、if節の代わりに用いられることがある。(1)～(3)でifを省略しない場合は、**If she were** on our team、**If I had taken** my dictionary with me、**If Paul should lose** his jobとなる。

　次の英文も、ifが省略され倒置が行われている例である。

- **Were it not for** the rainy season, many farmers would be in trouble.
  （梅雨がなければ、大勢の農業を営む人が困るだろう）
  ＝ **If it were not for** the rainy season, many farmers would be in trouble.
- **Had it not been for** their support, our plan would have failed.
  （彼らの援助がなかったら、私たちの計画は失敗していただろう）

= **If it had not been for** their support, our plan would have failed.
- **Were he** to go to her, she would not see him.
  (もし彼が彼女のところへ行ったとしても、彼女は彼には会わないだろう)
= **If he were** to go to her, she would not see him.

> **if を省略できるのは？**
>
> ifを省略できるのは、if節にwere、had、shouldが使われ、それらが倒置により文頭に出る場合に限られる。例えば、If I knew his name（もし彼の名前を知っていたら）を（×）Knew I his nameのような形にすることはできない。
> また、仮定法のwasは口語表現なので、wasを使った場合には、文語表現であるifの省略と倒置は通常起こらない。
> （○）**Were** I rich enough, I would buy all the jewels in the shop.
> 　　　（私がお金持ちなら、その店の宝石をすべて買うだろう）
> （×）**Was** I rich enough, I would buy all the jewels in the shop.

4 動詞の原形を用いる表現（仮定法現在）

アメリカ英語では、**提案や要求などの表現に続くthat節で動詞を原形にする**が、こうした動詞の原形の使い方が仮定法と呼ばれることがある。

Clip 222

(1) I **proposed** that we **build** a new library.　　　413
　　私は、新しい図書館を建てることを提案した。

(2) I **advised** that he **be** more careful next time.　　　414
　　彼には、次回はもっと気をつけるよう忠告した。

(3) It is **necessary** that she **tell** everything she knows.　　　415
　　彼女は知っていることを全部話す必要がある。

| that節で動詞の原形を用いる | アメリカ英語では通常、**提案や要求、命令を意味する動詞や、必要性や重要性を表す形容詞を用いた「It is＋形容詞」に続くthat節の中では、動詞の原形を用いる**。例文(1)〜(3)のよう |

12 仮定法

383

に「相手の行動を促す」文脈になることが多い。

　この用法は、提案や要求をしても**実行されるかどうかは分からない**という点で、まだ事実ではない（事実に反する）ことを仮定する仮定法と似ているため、**「仮定法現在」**と呼ばれる。「仮定法現在」という呼び名にもかかわらず、that節内の動詞は現在形ではなく**原形**を用いることに注意しよう。なお、イギリス英語では「should＋動詞の原形」が使われることもある（▶p.200）。

- The doctor **recommended** that my father **(should) walk** to his office.
（医師は父に、会社まで歩くことを勧めた）

後ろの that 節に動詞の原形を用いる動詞・形容詞の例

動詞
　advise（〜を忠告する）　propose（〜を提案する）　suggest（〜を提案する）
　recommend（〜を勧める）　demand（〜を要求する）
　insist（〜を要求する）　request（〜を要求する）　order（〜を命令する）

形容詞
　important（重要な）　necessary（必要な）　essential（不可欠な）
　desirable（望ましい）

Close Up! 「丁寧な表現」と仮定法

　日本語で誰かに依頼などをする際、丁寧な表現を使ったり、相手のことを気遣って遠回しな言い方をしたりするが、英語ではそのような場合、仮定法を用いて丁寧さを表すことが多い。それは、これまでも見てきたとおり、**仮定法が「心理的な距離感」を示す過去形を用いた表現である**ことと関係している。

1 仮定の if を用いた遠回しな依頼表現

　次の3つの表現では、いずれも仮定法過去を用いて、遠回しに相手に頼みごとをしている。話し手は、仮定法を用いることで実現の可能性を当然視していないことを表し、謙虚さを示していると考えることができる。

① It **would** be helpful if you **lent** me your phone.
　（あなたの電話を貸していただけると助かるのですが）
② **I'd** appreciate it if you **could** take care of my pet.
　（ペットの面倒を見ていただけるとありがたいのですが）
③ **Would you mind if** I **used** this table?
　（このテーブルを使わせていただいても構いませんか）

　①と②は、if 節で仮定法を用い、「（難しいとは思うが）もし~してもらえたら（助かる、ありがたい）」ということを控えめに述べたものである（②の I'd は I would の短縮形）。

　③の Would you mind if ~ ?（●p.400）は、もともと遠回しな表現である Do you mind if ~ ?（~したら気にしますか）を、仮定法によってさらに丁寧にしたもので、「もしこのテーブルを使えたなら」という控えめな気持ちが込められている。仮定法は**遠回しで控えめ**な印象を与えるため、丁寧に許可を求めたり依頼をしたりする必要のある場面などで、よく用いられる。

　同様に、次の例文のような助動詞の過去形を用いた依頼表現（●p.172、p.185）なども、if 節はないが、「もしできたら」という「控えめさ」を暗に伝える表現だと考えることができる。

Could you move the desk out of my way?
　（私の通り道から机を動かしていただけますか）

2 wish を用いて丁寧に断る

　wishを仮定法と組み合わせたI wish I could ～という表現も、相手への気遣いを示す丁寧な表現として使われることがある。次の例を見てみよう。

　I wish I could go shopping with you.（買い物にご一緒できればよいのですが）

　I wish I could ～は、相手からの誘いを断る際によく使われる表現で、「行くことができない」という拒絶の内容を、仮定法で遠回しに述べたものである。肯定文で述べることで、単刀直入にI can't go shopping with you.（あなたと一緒に買い物に行けません）と否定して言うよりも、**相手を気遣った丁寧な断り**の表現になる。次の例のように「理由」を続けると、さらに上手な断り方となる。

　I wish I could go shopping with you, but, I'm sorry I have an appointment.
（買い物にご一緒できればよいのですが、あいにく約束がありまして）

3 I was wondering if ～で丁寧に切り出す

　依頼などを切り出すときにはI was wondering if ～という表現も使われる。

　I was wondering if I **could** sit next to you.
（隣に座ってもよろしいでしょうか）

　この文は、I wonder if I can sit next to you.（隣に座ってもいいかな）という許可を求める表現を、**過去進行形**を用いることで遠回しにしたものである。直訳すると「隣に座ることができるかどうかと思っていたのですが」となることからも、かなり相手を気遣った表現であると分かる。文中のif節は名詞節で、仮定法が直接使われているわけではないが、couldという**助動詞の過去形を用いて現在のことを述べている**という点で、仮定法と重なる部分がある。つまり仮定法と同様、過去形にすることで「心理的な隔たり」を表していると言えるのだ。さらには、**進行形**を用いることで「そんなこともちょっと考えています」と、**結論に達していない、つかの間の考え**であることを示している。これらの効果で、I wonder if ～よりもかなり控えめで丁寧度が増した表現となる。

　wonder以外にhopeやthinkといった動詞を過去進行形で用いた形も、思惑や希望を丁寧に切り出す表現として使われる。

　I was hoping you **could** help us.（私たちを助けていただければと思うのですが）

13章 疑問文
Interrogative Sentences

Step 1 基本

1 疑問詞を使う疑問文
- ❶ who、what、which（疑問代名詞） 388
- ❷ whose、who、whom（who の所有格と目的格） 389
- ❸ when、where、why、how（疑問副詞） 390
- ❹ what、which、whose（疑問形容詞） 391
- ❺ how のさまざまな用法 392

2 文に疑問文を組み込む
- ❶ 疑問詞を使った疑問文を組み込む（間接疑問） 393
- ❷ Yes/No 疑問文を組み込む 394

Step 2 発展

1 否定疑問文 395

2 付加疑問 397

3 修辞疑問文 399

4 疑問文の慣用表現
- ❶ 許可を求める表現 400
- ❷ what を使った表現 401
- ❸ how を使った表現 401

Close Up! 会話における質問と受け答えのコツ 403

Step 1 基本

英語の疑問文には、1章で取り上げた **Yes/No 疑問文**（▶p. 97）や**疑問詞を使う疑問文**（▶p. 99）、**選択疑問文**（▶p. 104）以外にもさまざまなものがある。この章では、疑問文の種類や形、作り方、表す内容などについて、さらに詳しく見ていこう。

1 疑問詞を使う疑問文

「誰が」「何を」「いつ」「どこで」「なぜ」「どうやって」のように相手から具体的な情報を引き出したいときには**疑問詞**を使う。基本的な語順やイントネーションについてはp.99を参照しよう。

1 who、what、which（疑問代名詞）

疑問代名詞には who、what、which があり、文の主語や補語、目的語など**名詞で表される事柄**を尋ねるときに使う。

Clip 223

(1) "**Who** wrote this note?" "Erika did."　　　　　　　　416
　　「誰がこのメモを書いたのですか」「エリカです」

(2) "**What** can you see?" "I can see a tall tower."　　　417
　　「何が見えますか」「高い塔が見えます」

(3) "**Which** do you want, the red pen or the yellow pen?" "I want the red one."　　　　　　　　　　　418
　　「赤のペンと黄色のペン、どちらが欲しい?」「赤が欲しいな」

who：「誰」　　日本語の「誰（が、を、に）」に当たるのがwhoである。例文(1)は**主語**について尋ねているが、この場合whoの後ろは**平叙文の語順のまま**になる。補語について尋ねる場合はWho is that man?（あの男性は誰ですか）、目的語について尋ねる場合はWho(m) did you meet?（誰に会ったのですか）のような語順になる（▶p.99）。この語順はほかの疑問代名詞の場合でも同様である。

what:「何」	日本語の「何（が、を、に）」に当たるのがwhatである。例文(2)のwhatは、動詞seeの目的語について尋ねている。
which:「どれ、どちら」	複数ある選択肢の中から相手に選んでもらうときにはwhichを使う。「AとBのどちらか」と言いたいときには、(3)のように選択肢をA or Bの形で述べる。イントネーションはAの部分で上げ調子(↗)にし、Bの部分で下げ調子(↘)にする（◯p.104）。

2 whose、who、whom（whoの所有格と目的格）

疑問代名詞のwhoには、「誰のものか」を尋ねる所有格のwhoseという形と、「誰を」「誰に」を尋ねる目的格のwhoまたはwhomという形がある。

Clip 224

(1) "**Whose** are these shoes?" "They are Naoki's."　419
「これらの靴は誰の？」「ナオキのだよ」

(2) "With **whom** did you fight?" "With Laura."　420
「誰とけんかしたの？」「ローラとよ」

(3) "**Who** did you fight with?" "With Laura."　421
「誰とけんかしたの？」「ローラとよ」

whose:whoの所有格	whoseはwhoの所有格で、「誰のものですか」と尋ねるときに使う。例文(1)では補語の部分について尋ねている。またwhoseは直後に名詞を続けて「誰の～」という意味でも用いることができるため、(1)はWhose shoes are these?（これらは誰の靴ですか）のようにすることもできる（◯p.391）。
whoの目的格は？	whoの目的格は本来whomであり、(2)の形の疑問文が正式だとされるが、現在ではwhomはあまり使われず、(3)のようにwhoを用いて尋ねることが多い。ただし、(2)のWith whom ～?のように前置詞の直後に続ける場合は、必ずwhomを使い、(×) With who ～?のようにはできない。
前置詞が文末に来る疑問文	whoが前置詞の目的語の場合には、通常、(3)のように前置詞が文末に来る。これは疑問詞がwhatのときも同様である。

● **What** are you talking **about**?
（あなたは何の話をしているのですか）

3　when、where、why、how（疑問副詞）

疑問副詞には when、where、why、how があり、「いつ」「どこで」「なぜ」「どうやって」といった**副詞、または副詞の働きをする語句で表されることを**尋ねるときに使う。

> **Clip 225**
>
> (1) "**When** does the class begin?" "In five minutes."　422
> 「授業はいつ始まるの？」「5分後だよ」
>
> (2) "**Where** can I get my baggage?"
> "On the second floor."　423
> 「荷物はどこで受け取れますか」「2階です」
>
> (3) "**Why** were you late?" "I overslept."　424
> 「どうして遅刻したの？」「寝坊したんです」
>
> (4) "**How** did you contact Mr. Smith?" "By e-mail."　425
> 「どうやってスミス先生に連絡したの？」「Eメールで」

when：「いつ」　　日本語の「**いつ**」に当たるのが when である。(1)の返答は It begins in five minutes. の主語と動詞が省かれたもの。このように、会話では when を使った質問には、At 9:00.（9時に）、On Wednesday.（水曜日に）、In 2015.（2015年に）といった「前置詞＋名詞」の句（前置詞句）などで簡潔に答えることが多い。

where：「どこ」　　日本語の「**どこ（で・に・へ）**」に当たるのが where である。(2)の返答は You can get it on the second floor. を短くしたもの。where を使った質問には、On East Street.（イースト通りです）、In the City Office.（市役所です）といった場所を表す前置詞句などで簡潔に答えることが多い。

why:「なぜ」　　　日本語の「なぜ、どうして」に当たるのがwhyである。(3)の返答はI was late because I overslept.を短くして、「理由」として必要な情報だけを答えた形である。

how:「どうやって」　　日本語の「どうやって、どのように」に当たるのがhowである。(4)は連絡の「手段」を尋ねているが、How do you use these sticks? (これらの棒はどのように使うのですか) のように**物事のやり方を漠然と尋ねる**場合にも使える。

4　what、which、whose（疑問形容詞）

what、which、whose は、形容詞のように直後に名詞を続けて、「何の〜」「どの〜」「誰の〜」と尋ねる疑問文を作ることもできる。

Clip　226

(1) "**What** color is your coat?" "It's brown."　　426
「あなたのコートは何色？」「茶色よ」

(2) "**Which** racket is yours?" "The blue one is."　　427
「どのラケットが君の？」「青いのだよ」

(3) "**Whose** notebook did you borrow?" "Keita's."　　428
「誰のノートを借りたの？」「ケイタのよ」

「what＋名詞」　　(1)の質問では、whatの直後に名詞colorを続け、「**何色**」なのかを尋ねている。このようにwhatは、**What time** is it? (何時ですか)、**What sports** do you like? (どんなスポーツが好きですか) のようにさまざまな名詞を続けて疑問文にすることができる。また、whatと名詞の間に**kind of**や**sort of**を挟んで、「**種類**」を尋ねることも多い。

● **What kind[sort] of books** do you like?
（どんな種類の本が好きですか）

「which＋名詞」　　(2)はいくつかの限られた選択肢の中で「**どのラケット**」なのかを尋ねているため、whatではなくwhichを使っている。

「whose＋名詞」　　(3)はwhoseの後ろに名詞notebookを続けて、「誰のノート」を借りたのか尋ねている。この場合のwhoseは「誰の」を表す。

5 how のさまざまな用法

howの使い方には、方法や手段を尋ねる以外にも、次のようなものがある。

> **Clip 227**
>
> (1) "**How** was your weekend?" "It was a lot of fun."　429
> 「週末はどうだった？」「すごく楽しかった」
>
> (2) "**How** soon can he return?"
> "About noon at the earliest."　430
> 「彼はどれくらいで戻ってこられるの？」「早くても正午ごろです」
>
> (3) "**How much** is this cup?" "It's 700 yen."　431
> 「このカップはいくらですか」「700円です」

様子を尋ねる

howを使って「どうですか、どうでしたか」と物事の「様子」や「状態」などを尋ねることができる。
- **How** is your uncle?（伯父さんの調子はどう？）
- **How** did you like the book?（その本は気に入った？）

程度を尋ねる

(2)のhow soonは「どれくらいすぐに」の意味。このようにhowの後ろに副詞や形容詞を続けて「どれくらい〜」という「程度」を尋ねることができる。
- **How old** is your brother?（お兄さんは何歳ですか）
- **How long** have you lived in Japan?
（どれくらいの間、日本に住んでいますか）

値段・量を尋ねる

(3)のhow muchは「値段」を尋ねるときの決まり文句だが、「どのくらいの量」なのかを尋ねるときにも用いられる。
- **How much** did you eat?（どのくらいたくさん食べたの？）
「どのくらいの数」なのかを尋ねるときには、how manyを用いる。なお、how muchやhow manyは、直後に名詞を続ける形もよく使われる。

● **How many classes** do you have today?
（今日はいくつ授業があるの？）

主語が「how much[many] ＋名詞」の疑問文と「数」

「How much[many]＋名詞～？」の名詞が主語の働きをしている場合、「how much＋名詞」の場合は単数扱い、「how many＋名詞」の場合は複数扱いとなる。
- "How much money was stolen?" "Almost one million yen (was)."
（「どれくらいの金額が盗まれたのですか」「100万円近くです」）
- "How many cars are exported from here every day?" "Over 1,000 (cars are)."（「ここから毎日何台の車が輸出されますか」「1000台以上です」）

2 文に疑問文を組み込む

疑問文は、文中（主に目的語の部分）に組み込んだ形で用いることもある。その際、もともとの疑問文とは語順を変える必要がある。

1 疑問詞を使った疑問文を組み込む（間接疑問）

Clip　228

(1) I want to know **who that man is**. 　　　432
あの男性が誰かを知りたい。

(2) Do you remember **when we first met**? 　　　433
私たちがいつ最初に会ったか覚えていますか。

平叙文と同じ語順にする

　(1)は Who is that man?、(2)は When did we first meet?という疑問文が、それぞれ I want to know ～という平叙文、Do you remember ～?という疑問文の目的語の位置に入り込んでいる。このような疑問の形を「間接疑問」と呼ぶ。間接疑問では、**疑問詞の後ろの語順を平叙文と同じにする必要が**ある。(2)のように、When did we first meet?が when we first met になるなど、一般動詞の形にも注意しよう。

　間接疑問で疑問詞に導かれる節は名詞節（● p.326）であり、文中で主語、補語、目的語の働きをする。ただし実際には、(1)、(2)のように目的語の位置で使われることが多い。

- May I ask **why you gave up the plan**?
  （なぜその計画をあきらめたのか、尋ねてもいいですか）
- Can you tell me **where you took this picture**?
  （どこでこの写真を撮ったか教えてもらえますか）

2 Yes/No 疑問文を組み込む

> **Clip 229**
>
> (1) I don't know **if[whether] there is a test today**.　　　434
>   今日、テストがあるかどうか分からない。
>
> (2) Can you tell me **whether[if] the library is open now**?　　　435
>   今、図書館が開いているか教えてくれますか。

接続詞と語順に注意

　(1)は Is there a test today?、(2)は Is the library open now? という疑問文が、それぞれ I don't know ～という平叙文、Can you tell me ～? という疑問文の目的語の部分に入り込んでいる。このように、Yes/No 疑問文を文中に組み込む場合は、接続詞の **if** か **whether** を使い（▶p.589）、その後ろに疑問文を**平叙文と同じ語順**にして続ける。

　この場合の if 節や whether 節は名詞節（▶p.326）である。whether 節は文中で主語、補語、目的語の働きをするが、if 節は原則として動詞の目的語の働きのみをして、口語ではwhether 節の代わりによく使われる。

Step 2 発展

1 否定疑問文

否定形を使って「〜ではないのですか」と尋ねる疑問文を**「否定疑問文」**と呼ぶ。

> **Clip 230**
>
> (1) "**Didn't you** talk with him?" "No, I didn't." 436
> 「彼と話さなかったの？」「うん、話さなかった」
>
> (2) "**Isn't your brother** in Paris?" "Yes, he is." 437
> 「君の弟はパリにいるんじゃない？」「うん、いるよ」

否定の内容を確認する

否定疑問文は、**「〜ではないという理解でよいですか」**といった**否定の内容を確認する**意味で用いることができる。その場合、「〜ではないのですね？」というニュアンスになる。さらに、「(てっきりそうだと思っていたのに) 〜じゃないの？」のような、**意外なことへの驚き**を表す場合もある。

このような場合、否定疑問文に対する**返答のYes/No**は、例文(1)の返答のように、**日本語にした場合の「はい」「いいえ」とは反対になることが多い**。

日本語では、相手の言っていることに同意するなら「はい」、同意しないなら「いいえ」と答えるが、**英語では内容が肯定であればYes、否定ならばNoで答えるのが原則**である。

● "**Don't you** have a smartphone?" "No, I don't."
（「スマートフォンを持っていないのですか」「はい、持っていません」）

なお、**否定の平叙文や否定の形の付加疑問**（▶p.397）で念を押された場合の返答も、同様に日本語と英語とでは逆転するので注意が必要である。

肯定の内容を確認する

否定疑問文は、**「〜であるという理解でよいですね」と肯定の内容を確認する**ときに使うこともできる。これは、「〜じゃない？」「〜じゃなかったっけ？」などと、**相手の肯定的な返答を**

期待して尋ねるような場合である。

例えば床にペンが落ちていて、そのペンが近くにいる人のものだと思った場合に、Isn't this your pen?と尋ねることができるが、これは、「このペン、君のじゃない？」という意味である。このときの返答の仕方は、ペンが自分のものであればYes, it is.であり、違えばNo, it isn't.である。

このような、「肯定の内容を確認する」否定疑問文に対する**返答のYes/No**は、例文(2)の返答のように、**日本語にした場合の「はい」「いいえ」**と一致することが多い。

同じ否定疑問文でも2つの解釈ができる

否定疑問文は、話し手の意図次第で**「否定の内容の確認」**と**「肯定の内容の確認」**のいずれの意味でも用いられる。つまり以下のように、例文(1)の質問で「肯定の内容を確認する」場合もあれば、(2)の質問で「否定の内容を確認する」場合もある。

- "**Didn't you** talk with him?" "No, I didn't."
  （「彼と話したんじゃない？」「いや、話さなかった」）
- "**Isn't your brother** in Paris?" "Yes, he is."
  （「君の弟はパリにいないの？」「いや、いるよ」）

短縮形を用いない否定疑問文

短縮形を用いない場合、否定疑問文は「助動詞＋主語＋not」や「be動詞＋主語＋not」という語順になる。
- Did they not agree?（彼らは賛成しなかったのですか）
= Didn't they agree?
- Is he not busy?（彼は忙しくないのですか）
= Isn't he busy?

この形で尋ねられたときの答え方は、**短縮形を用いた否定疑問文**（Didn't they agree?やIsn't he busy?）**への答え方と同じ**である。

why を使った否定疑問文

疑問詞whyを使った疑問文に否定形が使われ、提案や勧誘を表すことがある。
- Why don't you come with us?（私たちと一緒に来たらどうですか）

こうした質問に対しては、OK.（いいですよ）やSure.（もちろん）などを使って同意するか、Sorry, but I can't.（すみませんが、無理なんです）などの表現で断ることになる。

2 付加疑問

「~ですよね」「~しますよね」などと**相手に同意を求めたり、念押しの確認をしたり**するために、文末に追加する短い疑問表現を**「付加疑問」**と呼ぶ。

> **Clip 231**
>
> (1) "English is fun, **isn't it?**" "Yeah, it really is."　438
> 「英語は楽しいよね」「うん、本当に」
>
> (2) "You haven't finished your homework, **have you?**"
> "Actually, I have."　439
> 「まだ宿題を終わらせていないよね」「実は、終わらせたんだ」

付加疑問の作り方

(1)の English is ~のような**肯定文には**、「, isn't it?」という**否定の形の疑問**を短縮形で続け、(2)の You haven't ~のような**否定文には**、「, have you?」という**肯定の形の疑問**を続ける。主語は it や you のように代名詞にする。また、付加疑問の形は、文の主語と動詞にそれぞれ対応させる必要がある。

- Carl doesn't like sweets, **does he?**
  (カールは甘いものは好きじゃないですよね)
- You will help me, **won't you?** (助けてくれるよね)
- We can still buy tickets, **can't we?**
  (まだチケットは買えるよね)

なお、付加疑問は、文末のイントネーションを上げ調子(↗)にすると、相手に尋ねたり確認したりする表現に、文末を下げ調子(↘)にすると同意を求める表現になることが多い。

答え方に注意

付加疑問に答える際には、否定疑問文のときと同様に、付加疑問の形が肯定でも否定でも**通常の疑問文の場合と同じように、答えの内容に合わせて Yes か No かを選ぶ**。例えば(1)で仮に No, it's not. と答えた場合、「いいえ、英語は楽しくありません」という意味になる。

- "You weren't home last night, **were you?**"
  "Yes, I was."
  (「昨日の夜は家にいなかったよね」「いや、いたよ」)

注意すべき付加疑問

① I am ~の文の付加疑問
　否定の形の付加疑問では動詞部分に短縮形を使うのが普通だが、am notの短縮形はないため、**, aren't I?**や**, am I not?** を用いる。
- I'm a good singer, **aren't I?** (私、歌がうまいでしょ？)
- I am always on time, **am I not?** (私はいつも時間を守るでしょ？)

②主語が nobody や no one の文の付加疑問
　nobody や no one は否定表現なので、付加疑問は肯定の形となる。また、これらは単数扱いだが、人称代名詞で受けるときは複数のtheyを用いる。
- Nobody is angry, **are they?** (誰も怒っていませんよね)

③ There is[are] ~の文の付加疑問
　肯定文の場合は、**, isn't[aren't] there?**、否定文の場合は**, is[are] there?** を用いる。
- There is no milk left, **is there?** (牛乳は残っていないよね)

④ have[has] got ~や had better ~を使った文の付加疑問
　have[has] got ~（~を持っている）や、had better ~（~したほうがいい）などを使った文の付加疑問には、**haven't[hasn't]**や**hadn't**を用いる。
- She's got a camera, **hasn't she?** (彼女はカメラを持っていますよね)
- I'd better apologize to him, **hadn't I?** (私は彼に謝ったほうがいいよね)

　会話では、付加疑問の代わりに、単に**, right?** (ですよね？)をつけるだけのことも多い。
- We had a good time, **right?** (楽しかったよね？)

「命令文＋付加疑問」のさまざまな意味

　命令文については、肯定・否定にかかわらず**, will you?** という付加疑問を続けて「**依頼**」の意味を加えることが多い。
- **Speak** more slowly, **will you?** (もっとゆっくりと話してくれますか)
- **Don't leave** the door open, **will you?**
　（ドアを開けっ放しにしないでもらえますか）

　命令文の付加疑問として、**, won't you?** を続ける形もあるが、その場合は「**勧誘**」の意味合いで使われることも多い。
- Just **come** with me, **won't you?** (ちょっと私と来てもらえますか)

　また、Let'sで始まる勧誘の文には、**, shall we?** を続けて付加疑問とする。
- **Let's** have a break now, **shall we?** (では休憩にしましょうか)

　こうした勧誘を表す命令文やLet's ~に続く付加疑問に答える際には、Why don't you ~?の文（▶p.396）の場合と同様、YesやNoではなく、OK. (いいですよ)やSure. (もちろん)、あるいはSorry, but I can't. (すみませんが、無理なんです)などで返答するのが普通である。

3 修辞疑問文

「〜であろうか、いや〜ではない」と**自分の強い意見を述べる**ために**反語的**に表現した疑問文を**「修辞疑問文」**と呼ぶ。

> **Clip 232**
>
> (1) **Who knows** what will happen next? 440
>   次に何が起こるか誰に分かるというのか（誰にも分からない）。
> (2) **How can I** finish this long report by tomorrow? 441
>   どうやったら明日までにこの長い報告書を仕上げられるというのか（そんなことは無理だ）。

疑問文だが「質問」ではない

(1)や(2)は疑問文の形をしているが、話し手の意図はむしろ**断定**に近く、会話で使われた場合にも、**相手に求めているのは具体的な答えではなく、同意**である。前後の文脈を手がかりに修辞疑問文であることを見極め、通常の質問と区別をしていく必要がある。

- **Am I** that boring? ➡ I'm not that boring.
  （僕ってそんなに退屈？→僕はそんなに退屈じゃないよ）

notを含まない疑問文は否定の意味で使われ、notを含んだ疑問文は肯定の意味で使われる。

- **Who cares?** ➡ No one cares.
  （誰が気にするのか→誰も気にはしない）
- **Who doesn't** like ice cream?
  ➡ Everybody likes ice cream.
  （誰がアイスクリームを好きじゃないというんだ→誰もが好きだ）

4 疑問文の慣用表現

会話などでよく使われる疑問文の慣用表現のうち、代表的なものを見ていこう。

1 許可を求める表現

> **Clip 233**
>
> (1) "**Do you mind** my taking this chair?"
> "Not at all." 442
> 「このいすに座っても構いませんか」「いいですよ」
>
> (2) "**Is it all right if** I use your phone?"
> "Sure. Go ahead." 443
> 「電話をお借りしてもいいですか」「もちろん。どうぞ」

Do you mind ~?

(1)のmindは「~を気にする、嫌がる」という意味で、myは動名詞takingの意味上の主語（▶p.262）である。つまり、この文は「私がこのいすに座ることをあなたは気にしますか」ということを表している。また、以下のようにmindの後ろにif節を続ける形も使われる。2番目のWould you mind ~?の文は仮定法過去を用いて、より遠回しに尋ねたものである（▶p.385）。

- **Do you mind if** I take this chair?
- **Would you mind if** I took this chair?

(1)の質問に「いいですよ」と答える場合は、「私は気にしません」という意味になるように、noやnotを用いて、No, I don't mind.のような否定する表現にしなければならない。Yes, I do.と答えてしまうと、「私は気にします（＝嫌です）」という拒否の意味になってしまう。

Is it all right if ~?

(2)のIs it all right if ~?は許可を求める表現である。Is it OK if ~?としてもよい。また、この表現も、以下のように仮定法過去を用いて、より遠回しに言うことができる。

- **Would it be all right if** I used your phone?

2 what を使った表現

> **Clip 234**
>
> (1) **What** did you call me **for**?　　　　　　　　　　444
> どうして電話してきたの？
>
> (2) **What is** the weather in Vancouver **like**?　　　　445
> バンクーバーの天気ってどんな感じですか。

What ~ for?　(1)のWhat ~ for?は「何のために~」と尋ねる決まり文句。Why ~?で尋ねる場合と比べて、「目的」を尋ねるニュアンスがより強い。

What is ~ like?　(2)のWhat is ~ like?は「どんな感じか、何のようであるか」を尋ねる決まり文句。(2)の文はhowを使って、How is the weather in Vancouver?のようにすることもできるが、What ~ like?は「特徴や性質」を尋ねるニュアンスがより強い。なお、(×) How is the weather in Vancouver like?とするのは間違いである。

3 how を使った表現

> **Clip 235**
>
> (1) **How come** you didn't return my call?　　　　446
> どうして私の電話に折り返しかけてこなかったの？
>
> (2) **How about** studying for the exam together?　　　447
> 試験に向けて一緒に勉強するのはどう？

How come ~ ?　(1)のHow come ~?はWhy ~?と同じく「どうして~」という意味の「理由を尋ねる」表現である。ただしHow comeを用いた場合、後ろは平叙文の語順になることに注意しよう。またこの表現は「驚き」や「意外さ」を表すこともも多く、状況や言い方によっては相手を責めているように聞こえることもある。

13 疑問文

401

How about 〜？

日本語には「〜するのはいかがですか」という表現があるが、英語にも How about 〜？（〜はどうですか）という**「提案」**や**「勧誘」**の表現がある。aboutの後ろには名詞、代名詞、動名詞が来る。類似の表現に Why don't we 〜？、What do you say to 〜？などがあり、(2)は次のように言い換えることもできる。

- **Why don't we** study for the exam together?
- **What do you say to** studying for the exam together?

Why don't we 〜？の後ろには動詞の原形が、What do you say to 〜？の後ろには名詞、代名詞、動名詞が来る。

なお、こうした勧誘表現に **Why not?** という疑問文で返答することがある。その場合の Why not? は、**「いいね」**と**誘いを受け入れる**表現である。

Close Up! 会話における質問と受け答えのコツ

　質問や受け答えのちょっとしたコツをつかむと、会話がスムーズに進むことが多い。コミュニケーションを円滑にするための表現とテクニックを、いくつか見ておこう。

1 Yes. や No. だけでなく、もうひと言

　現実の会話では、Do you ski?（スキーをしますか）といった質問に、ただYes.やNo.と答えて終わり、ということはあまり起こらない。会話を途切れさせないためにYes, I do. **How about you?**（はい、します。あなたは？）と相手に同様の質問を返したり、No, **I don't like to go to cold places.**（いいえ、寒い場所に行くのが好きじゃないんです）とスキーをしない理由を補足したりして発言を足していくことが、会話上手への道である。さまざまな質問への返答にYesやNo以外の発言を続けられるよう、意識して会話をつなぐようにしよう。

"Do you like the Beatles?"
"Yes, I do. **I especially like John Lennon's songs.**"
（「ビートルズは好きですか」「はい、好きです。特にジョン・レノンの曲が好きです」）

2 相づちの表現

　会話中に相手に「いいですね」「そうなんですか」などと相づちを打ってもらえると、「自分の話を理解してもらっている」という気持ちになる。英語の会話でもそれは同じだ。相手の話を聞く時には、黙ってうなずくだけでなく、意識的に**相手の顔を見るようにして、言葉による相づちで反応を示そう**。相づちには疑問文が活用できる。

"I bought the CD you mentioned the other day." "**Oh, did you?**"
（「君が前に言ってたCDを買ったよ」「へえ、買ったの？」）
"I like to watch soccer." "**Oh, do you?**"
（「サッカーを見るのが好きなんです」「あら、そうなんですか」）

　上記のように相手の発言に問い返すことには「興味を持って聞いている」ことを示す効果があり、相手が話を続けやすくなる。相手の発言に対応させて疑問文を作る（▶p.35）のが難しかったら、**Really?**（本当に？）などを使うこともできる。

3 聞き取れなかった部分を疑問詞にして問い返す

例えば、I played *shogi* with Daniel.（ダニエルと将棋をした）という発言の一部が聞き取れなかった場合は、You played what with Daniel?（ダニエルと何をしたって？）やYou played *shogi* with whom?（誰と将棋をしたって？）のように、**相手の発言を**（必要に応じて主語を変えて）**尋ねたい語句の部分を疑問詞にして繰り返せばよい**。状況によっては You played what? や With whom? などと短く返すだけでも通じるだろう。

What did you play with Daniel? や Who did you play *shogi* with? といった疑問文を作るのではなく、相手の発言をほぼ繰り返せばよいので、会話では断然使いやすい。

14章 否定文
Negative Sentences

Step 1 基本

1 否定の基本表現
- ❶ not を使った否定文　406
- ❷ never を使って「一度も～ない、決して～ない」を表す　408
- ❸ no を使って「～がない」を表す　409

2 否定的な意味を持つ語
- ❶ 副詞を使って「ほとんど～ない」「めったに～ない」を表す　410
- ❷ few、little を使って「ほとんどない」を表す　411

Step 2 発展

1 部分否定
- ❶ 「すべて～というわけではない」　413
- ❷ 「あまり～でない」「あまり多くない」　414

2 二重否定　415

3 否定の慣用表現
- ❶ but を使う慣用表現　416
- ❷ cannot を使う慣用表現　417
- ❸ 不定詞を使う慣用表現　418
- ❹ 時の表現を使う慣用表現　419
- ❺ 副詞、形容詞、前置詞などを使う慣用表現　420

Step 1 基本

日本語では通常、「〜ない」「〜ありません」のように文末で否定を表す。一方、英語では否定語の not や never、no などを使って、**文の初めのほうで「否定文」であることを明らかにする。**

1 否定の基本表現

否定語の not や never、no に関し、使い方を見ていこう。文中での位置と、どの部分を否定するのかに注意することが重要である。

① not を使った否定文

> **Clip 236**
>
> (1) I'm **not** a good photographer. 　　　　　　　　448
>   私は写真を撮るのがうまくない。
> (2) You **don't** have to worry. 　　　　　　　　　　449
>   心配することはないよ。
> (3) Mr. Sato told the students **not** to worry about making mistakes. 　　　　　　　　　　　　　　450
>   佐藤先生は生徒たちに、失敗を恐れないようにと言った。

文全体を否定の内容に変える
　(1)と(2)はそれぞれ、I'm a good photographer. (私は写真を撮るのがうまい)、You have to worry. (心配するべきだ) という文を否定文にしたもの。否定文の作り方や、否定語notを含む短縮形の作り方は、1章のp. 96〜97を参照しよう。

notの後ろの部分だけを否定する
　(3)の場合、文自体は肯定文である。notがない場合 Mr. Sato told the students to worry ... (佐藤先生は生徒に……恐れるように言った) となることから分かるように、否定したいのはto worry about making mistakesの部分だけである。このように文の一部だけを否定したい場合は、**否定したい部分の直前にnotを入れる。**

- I'm from Japan, not China. 〔単語を否定〕
 （私は中国ではなく日本出身です）
- He cried not because he lost but because he didn't play well. 〔副詞節を否定〕
 （彼は負けたからではなく、よいプレーをしなかったから泣いたのです）
- Not knowing what to say, they remained silent. 〔分詞構文を否定〕
 （何と言えばよいか分からず、彼らは黙っていた）

thinkやhopeを用いた文における否定

that節で表した内容について「〜ではないと思う」という否定的な考えや推測を述べる際には、普通は主節の動詞を否定してdon't thinkのようにする。
- I don't think (that) they will win the next game.
 （彼らが次の試合に勝つとは思わない→勝たないと思う）

thinkに似た意味のsuppose（〜と推測する）、believe（〜と思う）、expect（〜と予想する）、imagine（〜と想像する）などの動詞が使われた文の場合も同様である。またseem（〜と思われる）を使った文の内容を否定する際も、don't [doesn't] seem 〜の形になることが多い。

一方、動詞hopeを使って「〜でないことを望む、〜でないとよいのだが」と希望を述べる際には、次のようにhopeの後ろのthat節内の動詞を否定する。
- I hope (that) they don't win the next game.
 （彼らが次の試合に勝たなければいいが）

I'm afraid 〜を使って「〜ではないかと心配する、残念ながら〜だろうなあ」と不安を述べる場合も同様に、that節中の動詞を否定する。
- I'm afraid (that) they will not win the next game.
 （残念ながら彼らは次の試合に勝たないだろうなあ）

For Communication　節の内容をnotだけで表す

会話などでは、話の流れから明らかであれば、否定語を含む節の内容をnotだけで表すことができる。例えば次のような場合である。
- "Do you think it will rain tomorrow?" "I hope not."
 （「明日雨だと思う？」「そうでないことを願うよ」）

上のnotはthat it will not rain tomorrowを簡潔に表したものである。一方、肯定的な節の内容を1語で表すことができるのがso（▶p.549）である。
- "Do you think it will be sunny tomorrow?" "I hope so."
 （「明日晴れると思う？」「そう願うよ」）

2 never を使って「一度も〜ない、決して〜ない」を表す

> **Clip 237**
>
> (1) I have **never** been to Europe. 451
> ヨーロッパには一度も行ったことがない。
>
> (2) I will **never** be late again. 452
> もう絶対に遅刻はしない。

never = not ever

副詞 never は、「これまでに、一度でも」を意味する **ever の否定形**で、**「一度も〜ない」**を表す。例文(1)は経験について「これまでに一度も〜したことがない」と述べている。また never は(2)のように「決して〜ない」という意味も表す。never を使うと、not を使った単純な否定文よりも**強い否定**を表すことができる。

never の位置

never は sometimes や always などと同じ「頻度」を表す副詞（▶p.537）であり、**助動詞や be 動詞の後ろ、あるいは一般動詞の前**に置くのが普通である。例えば「彼は（習慣として）決して遅刻をしない」は He is never late. または He never comes late. と表現することができる。

完了形の文における not と never の違い

完了形の文における not と never のニュアンスの違いに注意しよう。I have not seen the movie (yet). と I have never seen the movie. は、どちらも「現時点で、まだその映画を見ていない」という意味を表している点では共通している。しかし、**前者は１回の行為について「まだやっていない」と言っている**のに対して、**後者は行為の頻度について「現時点でゼロ回である」と言っている**という点が異なる。

3 no を使って「～がない」を表す

Clip 238

(1) I have **no** time. 453
私には時間がない。

(2) **No** student in his class can run faster than him. 454
彼のクラスで彼より速く走れる生徒はいない。

no = not any

noは「ゼロの、1つもない」を意味する形容詞である。これを名詞の前につけて文を作ると、「～（というもの）は1つ[1人]もない[いない]」という意味になる。(1)と(2)はそれぞれ、「私はゼロ時間を持っている→時間をまったく持っていない」「ゼロ人の生徒が～できる→生徒は1人も～できない」を意味している。

名詞の可算・不可算を問わず使える

(1)のtimeは数えられない名詞、(2)のstudentは数えられる名詞だが、noはいずれの名詞の前でも使うことができる。noに可算名詞を続ける場合、話し手の意識次第では、(2)のように単数形にすることもあれば、no studentsのように複数形にすることもある。「1つだけあること」が普通の状況では単数の名詞が後ろに続き、「複数あること」が普通の状況では複数の名詞が続く、と考えればよい。

- There is no library in this small town.
  （この小さな町には、図書館というものがない）
- There were no cars in the parking lot.
  （駐車場には車は1台もなかった）

nobody や nothing

nobodyや nothingなども否定の表現である。nobodyと同じ意味のno oneという表現があることからも、これらは「no＋名詞」が1語になったものと考えると分かりやすい。なお、これらの語は単数扱いとなる。
- **Nobody** volunteered for the job.
  （その仕事に立候補した人はいなかった［ゼロ人が立候補した］）
- **No one** knows the answer.（答えは誰にも分からない［ゼロ人が分かっている］）
- Ms. Okada said **nothing**.（岡田さんは何も言わなかった［ゼロのことを言った］）

「no＋名詞」と「no＋形容詞」

noは「be動詞＋no＋名詞（句）」の形で、「〜ではまったくない」を表すことができる。
- He is **no** scholar.（彼は学者ではまったくない）

また、noは名詞（句）の前に置かれるのが普通だが、次の例のように「be動詞＋no＋形容詞」の形で使われ、「まったく〜でない」を表すこともある。
- He's **no** good.（彼はまったくよくない→まったくだめだ）

この文では、形容詞goodの前の否定語がnotでなくnoであることに注意しよう。noを使う場合、本来なら後ろには名詞（句）が来るはずだが、no goodは慣用表現として定着しており、not goodを強調したような意味になる。

noが形容詞を修飾する例としては、このほかにno different（ちっとも違わない）や「no＋比較級＋than」（▶p.356）の形が挙げられる。

2 否定的な意味を持つ語

notやnever、noなどの「〜ない」を表す否定語以外に、「ほとんど〜ない」「めったに〜ない」などを表す語を使って、否定的な内容を表現することもある。

❶ 副詞を使って「ほとんど〜ない」「めったに〜ない」を表す

Clip 239

(1) I could **hardly** hear what Jeff said.　　　　　455
　私には、ジェフの言ったことがほとんど聞こえなかった。

(2) Amy **rarely** shows up for tennis practice.　　　456
　エイミーはめったにテニスの練習に顔を出さない。

hardly[scarcely]： 「ほとんど〜ない」	hardlyは「程度」を表す副詞の1つで、「ほとんど〜ない」と程度の小ささを表現するために使う。scarcelyにも類似の意味があるが、やや硬い言い方になる。 ● They **scarcely** knew what was going on. 　（彼らには、何が起きているのかほとんど分からなかった）
rarely[seldom]： 「めったに〜ない」	rarelyは「頻度」を表す副詞の1つで、「めったに〜ない」と頻度の低さを表現するために使う。seldomにも類似の意味があるが、やや硬い言い方になる。

● My parents **seldom** get sick.
（私の両親はめったに体を壊さない）

⬆ 「めったに〜ない」を表すhardly[scarcely] ever

hardly[scarcely] everという表現があるが、これは「頻度」の副詞everを打ち消すためにhardlyが使われたもので、まとまりで「めったに〜ない」という「頻度の低さ」を表す。
● Dad **hardly ever** yells at me. （父さんはめったに私のことを怒鳴らない）

✣ barelyの用法

hardlyやscarcelyに似た「程度」の副詞にbarelyがあるが、これは「かろうじて〜する」の意味で、程度の小ささよりはむしろ「何とかやれた」ということに焦点を置く表現である。
したがって、例えば「私はぎりぎりで試験に合格した」と述べる場合はI barely passed the test.が適切だが、実際にはbarelyの代わりにhardlyやscarcelyが使われることもある。

2　few、littleを使って「ほとんどない」を表す

Clip 240

(1) **Few** students passed the speech test on their first try.　　　457
1回目の挑戦でスピーチテストに合格した生徒はほとんどいなかった。

(2) I have **little** experience in computer programming.　　　458
私にはコンピューターのプログラミングの経験がほとんどない。

数や量の「少なさ」を強調　　例文(1)では、**数えられる名詞の複数形**にfewをつけることで**数の少なさを表現**している。一方(2)では、**数えられない名詞**にlittleをつけることで**量の少なさを表現**している。いずれの場合も「少なさ」が強調され、「ほとんどない」といった意味になる。
fewの後ろには必ず複数形や複数扱いの名詞が来る。

- **Few people** understand her theory.
  (彼女の理論を理解している人はほとんどいない)
- There is **little information** about the case.
  (その事件についての情報はほとんどない)

　hardly や rarely、また few や little のような語を、「否定語に近い意味の語」という意味で「**準否定語**」と呼ぶことがある。

few と a few、little と a little

　few と a few、little と a little の違い（▶p.532）をきちんと整理しよう。few と little は、数や量の「少なさ」を強調することによって否定的な文を作る語だが、それぞれ前に a がつくと「少しある」といった意味になり、文も肯定的な意味合いになる。p. 411 の例文 (1) と (2) の few、little に a をつけると、それぞれ次のようになる。a がない場合との意味の違いに注意しよう。

① **A few** students passed the speech test on their first try.
　（1回目の挑戦でスピーチテストに合格した生徒が少しいた）
② I have **a little** experience in computer programming.
　（私にはコンピューターのプログラミングの経験が少しある）

Step 2 発展

1 部分否定

　every、allなどの「全部、全体」を指す表現やvery、soなどの強調表現、many、muchなど「数量の多さ」を意味する表現などを否定することで「部分的な否定」を表現することができる。このような表現を「**部分否定**」と呼ぶ。

1 「すべて〜というわけではない」

Clip 241

(1) **Not every** member is interested in the plan. 459
すべてのメンバーが、その計画に興味があるわけではない。

(2) We do**n't always** play soccer during lunch breaks. 460
私たちは昼休みにいつもサッカーをするわけではない。

「すべて」「常に」などの表現を否定

　(1)では、「すべての」を意味するeveryがnotで否定されて「すべて〜というわけではない」を表現している。(2)では、「いつも」を意味するalwaysがnotで否定されて「いつも〜というわけではない」を表現している。これらは「すべて[いつも]〜ない」と完全に否定する「全体否定」ではなく、「すべて」や「いつも」という部分だけが否定された「部分否定」である。このように直前にnotを置いて部分否定の表現にできる語には、ほかにもall（すべての）、both（両方とも）、necessarily（必ず）、quite（すっかり）、completely（完全に）、entirely（完全に）などがある。

notの位置に注意

　(1)はEvery member is not interested 〜という通常の否定文にすることも可能だが、それでは「部分否定」なのか「全体否定」なのかがあいまいになってしまう。主語にeveryのような「全体」を指す表現が使われている場合、**その直前にnotをつけて部分否定を表現**するのが原則である。

　一方「メンバー全員がその計画に興味がない」と言いたい場合

14 否定文

413

には、否定語のnoを使って次のように表せば意味がはっきりする。
- **No** member is interested in the plan.
(その計画に興味があるメンバーはいない)

2 「あまり〜でない」「あまり多くない」

Clip 242

(1) I do**n't** like dogs **very much**. 461
私は犬があまり好きではない。

(2) My aunt does**n't** play golf **so** well. 462
叔母はゴルフがそれほど上手ではない。

(3) There are**n't many** countries where only one language is used. 463
1つの言語しか使用されない国はあまり多くない。

「あまり〜でない、それほど〜ではない」

(1)のnot 〜 very much、(2)のnot ... so 〜はいずれも「**あまり〜でない、それほど〜ではない**」といった意味である。それぞれvery muchや soで示された「**とても、非常に**」という**部分だけを否定している**。「まったく〜でない」と強く否定しているわけではないので注意が必要だ。

「数や量があまり多くない」

(3)では数の多さを示すmanyがnotで否定され、「**あまり多くない**」を表している。量の多さを示すmuchが否定された場合も同様に考えればよい。
- He does**n't** have **much** stamina.
(彼はあまりスタミナがない)

2 二重否定

否定的な表現を2つ重ねることで、結果的に肯定文のような意味を表現することがある。

> **Clip 243**
>
> (1) Koji **never** finishes his meal **without** saying *gochiso-sama*. 464
> コウジは「ごちそうさま」を言わずに食事を終えることがない。
>
> (2) Nowadays, it's **not uncommon** among the Japanese to prefer bread to rice. 465
> 今日では、日本人の間で米飯よりパンが好まれることが珍しくない。
>
> (3) There was **nothing improper** in his speech. 466
> 彼のスピーチの中には、何も不適切な点はなかった。

「否定の否定」→「肯定」

(1)～(3)のどの例文でも**2つの否定的な表現が一緒に用いられて、結果的には肯定的な内容を表現**している。(1)ではnever（決して～しない）とwithout（～なしで）が、(2)では否定語notとcommon（よくある）をun-で打ち消したuncommon（珍しい）が、(3)ではnothing（何も～ない）とproper（適切な）をim-で打ち消したimproper（不適切な）が使われている。(1)は「食事の終わりには『ごちそうさま』を必ず言う」、(2)は「米飯よりもパンを好むことがよくある」、(3)は「すべてが適切だった」ということを表している。

3 否定の慣用表現

英語の否定表現にはさまざまな慣用表現がある。代表的なものをいくつか見ておこう。

1 but を使う慣用表現

> **Clip 244**
>
> (1) What Jody said was **nothing but** a joke. 467
> ジョディが言ったことは、ただの冗談だった。
>
> (2) The English exam was **anything but** a piece of cake. 468
> その英語の試験はまったく簡単ではなかった。
>
> (3) With the exam coming, the students **do nothing but study**. 469
> 試験が近づき、生徒たちは勉強ばかりしている。

nothing but ~
anything but ~

but には「~を除いて、~以外」という意味があり、(1) の nothing but ~ は「~以外の何でもない」、(2) の anything but ~ は「~以外の何でも」ということを表す。そこから (1) には「ただの~でしかない (= only)」、(2) には「まったく~でない (= not ~ at all)」といった意味が生まれる。

また、not と anything but ~ の組み合わせで、nothing but ~ とほぼ同じことを表せる。

● I **can't** think of **anything but** my vacation.
（休暇のことしか考えられない）
= I can think of **nothing but** my vacation.

なお、anything but の後ろには形容詞が来ることも多く、(2) は次のようにも表現できる。

● The English exam was **anything but** easy.

「do nothing but + 動詞の原形」

(3) のように do nothing but の後ろに**動詞の原形**を続けることで「~以外の何もしない→**~ばかりする**」といった意味にな

416　14章　否定文

る。do nothing but を don't do anything but としても、ほぼ同じことを表せる。
- With the exam coming, the students **don't do anything but study**.

2　cannot を使う慣用表現

> **Clip 245**
>
> (1) You **cannot be too** careful when you are working on math problems.　470
> 数学の問題に取り組んでいるときは、いくら注意してもしすぎることはない。
>
> (2) We **couldn't help** cry**ing** when we listened to the war survivor's story.　471
> 私たちは、戦争を生き抜いた人の話を聞いて泣かずにはいられなかった。

cannot be too ~

(1)の cannot be too ~ は「~すぎるということはあり得ない→**非常に~であるべきだ**」という意味になる。cannot be ~ enough（十分に~であることはあり得ない）を使っても、ほぼ同じことが表現できる。
- You **cannot be** careful **enough** when you are working on math problems. (数学の問題に取り組んでいるときは、いくら注意しても十分ということはない)

cannot help -ing

(2)の help には「~を避ける」という意味があり、cannot help -ing で「~することを避けられない→**思わず~してしまう、~せずにいられない**」を表す。help の後ろの -ing の部分には、**感情や思考・認識**を表す動詞が使われることが多い。
- I **couldn't help laughing** when I saw his funny face. (彼のおかしな顔を見たら、思わず笑ってしまった)

「**cannot (help) but + 動詞の原形**」でも同じことを表せる。
- Talk with Dan for just a few minutes, and you **can't help but like** him. (ダンとほんの数分でも話をしてごらん。彼のことを好きにならずにいられないから)

3 不定詞を使う慣用表現

> **Clip 246**
>
> (1) I was **too** embarrassed **to** say a single word. 472
> 私は恥ずかしすぎて一言も発することができなかった。
>
> (2) Yuki is **the last** person **to** forget to do her homework. 473
> ユキは決して宿題をするのを忘れない人だ。
>
> (3) Ms. Kondo **never fails to** check attendance at the beginning of her lessons. 474
> 近藤先生は授業の開始時に必ず出席を取る。
>
> (4) I **have yet to** meet the new exchange student. 475
> 新しい交換留学生にまだ会っていない。

too ~ to do　　(1)のtoo ~ to doは「…するには~すぎる、~すぎて…できない」を表す。

the last person to do　　(2)のthe last person to doの文字どおりの意味は「~する最後の人」だが、そこから、「決して~しない人」の意味になる。

never fail to do　　(3)のfail to doは「~しそびれる」を表すので、never fail to doは「~しそびれることは決してない→（習慣的に）必ず~する」という意味になる。

have yet to do　　(4)のhave yet to doは「まだ~していない、これから~する必要がある」という意味である（▶p.178）。haveの代わりにbe動詞を使うこともあり、(4)は次のようにも表現できる。
● I **am yet to** meet the new exchange student.

418　14章　否定文

4 時の表現を使う慣用表現

Clip 247

(1) **It will not be long before** robots <u>do</u> most of the housework.　476
ロボットが家事のほとんどをする日も近いだろう。

(2) I was**n't** informed of the accident **until** this morning.　477
私はその事故のことを今朝になって初めて知らされた。

(3) **No sooner** had I left the shop **than** it started to rain.　478
店を出たとたんに雨が降り始めた。

(4) **Hardly** had Kevin sat down **when** he started feeling ill.　479
ケビンは座ったとたん、具合が悪くなり始めた。

---

it will not be long before ～

(1)のit will not be long before ～は「～するまでに長くはかからないだろう」、つまり「近いうちに～だろう」という意味の表現で、この部分を丸ごと覚えておくとよい。**beforeで導かれる節内の動詞は現在形にすることに注意しよう**（▶p.137）。なお、soonあるいはbefore longでも類似の内容を表せる。

● Robots <u>will do</u> most of the housework **soon [before long]**.
（もうじきロボットが家事のほとんどをするだろう）

not ～ until ...

(2)のnot ～ until ...は「…まで～しない」、つまり「　　になって初めて～する」を表す。次のように**強調構文の形で使われる**ことも多い（▶p.440）。

● **It was not until** this morning **that** I was informed of the accident.
（私がその事故のことを知らされたのは、今朝になってからだった）

no sooner ～ than ...

(3)のno sooner ～ than ...は「…するより先には～しない」ということから、「**～するやいなや…する、～したとたん…する**」

という意味を表す。この文はI had **no sooner** left the shop **than** it started to rain.のno soonerが強調のために文頭に出て、I hadの語順に倒置が起こったものである（●p.442）。

なお、以下のようにas soon as（●p.606）を使うと、ほぼ同じ意味を、よりくだけた言い方で表すことができる。

● **As soon as** I left the shop, it started to rain.

hardly ~ when ...　　(4)のhardly ~ when ...は(3)のno sooner ~ than ...とほぼ同じ意味の表現。この例文は、Kevin had **hardly** sat down **when** he started feeling ill.のhardlyが強調のために文頭に出て、Kevin hadの語順に倒置が起こったものである。「具合が悪いと感じ始めた時、ほとんど座ってもいなかった」、つまり「座った」と「感じ始めた」という2つの事柄の時間差がほとんどないことを示している。なお、この表現はhardlyの部分をscarcelyに置き換えることもできる。

5 副詞、形容詞、前置詞などを使う慣用表現

Clip 248

(1) I am **no longer** a little boy who sucks his thumb.　　480
私はもはや、親指しゃぶりの小さな男の子ではない。

(2) My recent test scores were **far from** satisfactory.　　481
私の最近の試験の点数は、満足からほど遠かった。

(3) I want to live in a town that is **free from** air pollution.　　482
私は大気汚染のない町に住みたい。

(4) The beauty of the scenery was **beyond** description.　　483
その景色の美しさは描写不可能だった。

no longer ~	(1)の no longer ~ は「**もはや~ない、もう~ない**」を意味し、not ~ any longer で言い換えることができる。 ● I'm **not** a little boy who sucks his thumb **any longer**. ● I can **no longer** remain silent. （私はもう黙っていることができない） ＝ I **can't** remain silent **any longer**.
far from ~	(2)の far from ~ は「~から遠い」だが、このように「**まったく~ではない**」という意味で使うことができる。
free from ~	(3)の free from ~ は「**~がない、~から逃れて**」を意味する。from の代わりに of を使うこともできるが、その場合は「あるはずのものがない」という意味合いになるため、例えば free of charge（料金がない→無料で）のような決まり文句で使うことが多い。
beyond	(4)の beyond は「~を越えて、~の向こうへ」表す前置詞で、そこから発展して「**（能力など）の範囲を超えて→~できない**」という意味でも用いることができる（●p.576）。above にも似たような用法がある。 ● This economic theory is **above** my understanding.（この経済理論は私には理解できない）

15章 話法
Speech

Step 1 基本

1 直接話法と間接話法 424

2 間接話法にする際の注意点
- ❶ 従属節の時制と時・場所の表現 426
- ❷ 「誰かが誰かに〜と言った」の表し方 427

Step 2 発展

1 平叙文以外の間接話法
- ❶ 疑問文を伝える 429
- ❷ 命令文を伝える 430
- ❸ 感嘆文を伝える 431

2 接続詞を使った発言の間接話法
- ❶ 従属接続詞を含む発言 432
- ❷ 等位接続詞を含む発言 433

Step 1 基本

　人の言葉や考えなどを伝える方法のことを「話法」と呼ぶ。人の発した言葉を伝えるときには、2種類の言い方がある。1つは人の言葉をそのまま、言われたとおりの形で伝える直接話法で、もう1つは、発言を聞いた人が、それを言い換えるようにして伝える間接話法である。

1 直接話法と間接話法

Clip 249

(1) Mary said, "**I am** busy with **my** homework." 484
　メアリーは「私は宿題で忙しい」と言った。

(2) Mary said **(that) she was** busy with **her** homework. 485
　メアリーは、自分は宿題で忙しいと言った。

直接話法　　例文(1)の"I am busy with my homework."は、メアリーの発言をそのまま引用したものである。このように誰かの発言を言ったとおりそのまま伝える言い方を、直接話法と呼ぶ。直接話法の表記には、コンマ(,)と引用符("…")を用いる。「そのまま」伝えればよいので、引用符の中の人称代名詞や動詞は、発言のとおりの形でよい。日本語でも人の発言はカギカッコ(「　」)に入れてそのまま引用するが、それと同じ表記方法だと考えることができる。
　文の主語と動詞を発言の後ろに回したり、さらにその主語と動詞の語順を入れ替えたりすることもできる。
- "I am busy with my homework," **Mary said**.
- "I am busy with my homework," **said Mary**.

　ただし、主語がsheのような人称代名詞になっている場合は、said sheとはあまり言わない。

間接話法　　一方、例文(2)は、メアリーの発言を「私」の視点で伝えたものである。このように発言した人のセリフを、伝える人の視点に

立った言葉に直して述べるのが**間接話法**である。間接話法では、コンマや引用符を用いずに、that節などの従属節を使って発言を伝える (thatは省略可能)。例文の訳からも分かるように、日本語で言えばカギカッコを取った表記方法である。

　(2)のような間接話法では、(1)の発言内のI (私) や my (私の) といった人称代名詞は、she (彼女) や her (彼女の) に変えなければならない。また、発言内の時制は、**伝える時点から見て過去であれば過去にする**。つまり、主節の動詞が過去形で、それと同じ時のことであれば従属節内の動詞も過去形にする、という**時制の一致**（◯ p.162）の原則に従う。

現在形のままで発言を伝える場合

　発言内で、現在形を用いて**普遍的な事実やことわざ、あるいは今でも該当することを述べている場合**は、主節の動詞の時制にかかわらず、間接話法においても**現在形のままでよい**（◯ p.164）。
- The teacher said (that) Saturn has rings.（先生は土星には輪があると言った）
- He said (that) he lives in Seattle.
（彼はシアトルに住んでいると言った［今もシアトルに住んでいる］）

　また、**発言内で仮定法が用いられている場合**も、主節の動詞に合わせて時制を変えるようなことはせず、**発言における時制をそのまま用いる**。
- Ryo said he would be a soccer player if he had the talent.
（リョウは、もし才能があったらサッカー選手になるのにと言った）

15 話法

2 間接話法にする際の注意点

1 従属節の時制と時・場所の表現

Clip 250

(1) Roy said, "The bus **left here** 10 minutes **ago**." 486
ロイは「バスは10分前にここを出発した」と言った。

(2) Roy said **(that)** the bus **had left there** 10 minutes **before**. 487
ロイは、バスは10分前にそこを出発したと言った。

(3) Karen said, "**We will** need a large desk for **this** room." 488
カレンは「私たちはこの部屋に大きな机が必要になる」と言った。

(4) Karen said **(that) they would** need a large desk for **that** room. 489
カレンは、自分たちはその部屋に大きな机が必要になると言った。

「伝える側」から時をとらえ直す

間接話法における発言（従属節で示される部分）内の動詞の形は、時制の一致（◯p.162）の原則に従って変化させる。主節の動詞が過去形の場合、発言の内容が直接話法において現在形なら間接話法では過去形にし、例文(1)のように過去形なら過去完了形にする。ただし、間接話法において**過去形のままでも前後関係が誤解なく伝わるような場合は、過去形が用いられる**ことも多い。以下がその例である。

● Fred said (that) he **went** to China in July.
（フレッドは7月に中国へ行ったと言った）

発言内容が直接話法において現在完了形の場合は、間接話法では過去完了形にする。

● Roy said, "The bus **has** already **left** here."
（ロイは「バスはもうここを出発した」と言った）

➡ Roy said (that) the bus **had** already **left** there.
（ロイはバスがすでにそこを出発したと言った）

(3)のような、発言内のwillなどの助動詞も、主節の動詞が過

去形なら、will→would、can→couldのように変化させる。

時・場所の表現や指示語に注意

時制のほかに注意が必要なのが、**時や場所を示す語句や、指示語を適切なものにする**ことである。例文(1)の直接話法におけるhereとagoは、間接話法ではthereとbeforeになっている。また(3)の指示語のthisは、間接話法ではthatに置き換えられている。以下に挙げるのはそうした語の代表例である（ただし、状況によってはこの表のとおりに置き換えられないこともある）。これらについても、**「伝える側の視点に立って述べる」**ことが大切である。

◆ 直接話法・間接話法における、時や場所の表し方

直接話法	間接話法
now（今）	then（その時）
today（今日）	that day（その日）
yesterday（昨日）	the day before（前日）　the previous day（前日）
tomorrow（明日）	the next day（翌日）　the following day（翌日）
last month（先月）	the month before（前月）　the previous month（前月）
next month（来月）	the next month（翌月）　the following month（翌月）
ago（〜前）	before（〜前）　earlier（〜前）
here（ここに）	there（そこに）
this（これ、この）	that（それ、その）
these（これら、これらの）	those（それら、それらの）

2 「誰かが誰かに〜と言った」の表し方

Clip 251

(1) The boy **said to** me, "I saw your father yesterday."
少年は私に、「昨日あなたのお父さんを見かけた」と言った。 490

(2) The boy **told** me **(that)** he had seen my father the day before.
少年は私に、前日に私の父を見かけたと言った。 491

「誰に言ったのか」を示す場合

(1)に使われている「say to＋人」のように、「言う」を表す動詞に「誰に」という「言う相手」に関する情報が加わっている場合は、間接話法では「tell＋人＋(that)～」の形で表現することが多い。ただし、「say to＋人」という表現を間接話法に使うことも可能である。

- The boy said to me (that) he had seen my father the day before.

さまざまな「伝える」動詞

sayやtell以外にも、「伝える」行為に関連したさまざまな動詞を使って、間接話法の表現を作ることができる。

例えば、以下のような動詞は、後ろにthat節を続けて人の発言や主張を伝えることができる。

admit（～ということを認める）　agree（～ということに同意する）
announce（～と発表する）　answer（～と答える）　claim（～と主張する）
complain（～と不満を訴える）　deny（～ということを否定する）
explain（～と説明する）　mention（～と述べる）　remark（～と述べる）
reply（～と答える）

✱ 前置詞を使って「誰に」を示すタイプ

上記の動詞のうち、complainやexplain、mention、remark、replyなどは、後ろに「to＋人」を続けて、「誰に」という「伝える相手」を示すことができる。

- She replied to her professor (that) she had not completed her essay.
（彼女は教授に、論文を完成していないと返答した）

to以外の前置詞を続ける動詞もある。例えばagreeには「with＋人」を続ける。

- I agreed with Kumi (that) we had a bigger problem.
（私は、もっと大きな問題があるというクミの意見に賛成した）

✱ 動詞の直後に目的語を続けて「誰に」を示すタイプ

advise（～に…を勧める）、inform（～に…を知らせる）、notify（～に…を通知する）、promise（～に…を約束する）、remind（～に…を思い出させる）、warn（～に…を警告する）などの動詞は、直後に目的語を続けて「伝える相手」を示すことができる。

- The shopkeeper notified me (that) the product had arrived.
（店主が私に、その製品が届いていると通知してくれた）
- I reminded him (that) he had to return the library book.
（私は彼に、図書館の本を返却しなければならないことを思い出させた）

Step 2 発展

1 平叙文以外の間接話法

❶ 疑問文を伝える

> **Clip 252**
>
> (1) Tom **said to** me, "**Where** do you want to go?" 492
>   トムは私に、「どこへ行きたい？」と言った。
> (2) Tom **asked** me **where** I wanted to go. 493
>   トムは私に、どこへ行きたいかを尋ねた。
> (3) My mother **said to** us, "**Will you** eat dinner at home?" 494
>   母は私たちに、「夕飯は家で食べるの？」と言った。
> (4) My mother **asked** us **if[whether]** we would eat dinner at home. 495
>   母は私たちに、夕飯を家で食べるかどうかを尋ねた。

疑問詞を使った疑問文を伝える

　疑問文を間接話法で伝える場合、動詞はaskを用い、その後ろに質問の内容を続ける。例文(1)の"Where do you want to go?"のような**疑問詞で始まる疑問文**の場合、「**ask＋人＋疑問詞**」の形を作り、**間接疑問**に関して説明したように、**疑問詞の後ろを平叙文と同じ語順（SV）にする**（⊙p.393）。how muchなどを使った疑問文も同様である。

- My father **said to** me, "**How much** do you need?"（父は私に、「いくら必要なんだ？」と言った）
➡ My father **asked** me **how much** I needed.
（父は私に、いくら必要かを尋ねた）

Yes/No疑問文を伝える

　例文(3)の"Will you eat dinner at home?"のような**Yes/No疑問文**を伝える場合は、「**ask＋人＋if**」または「**ask＋人＋whether**」の形を用いる。この場合も**if**や**whether**の後ろは**平叙文と同じ語順にする**（⊙p.394）ことに注意。

2 命令文を伝える

> **Clip 253**
>
> (1) The doctor **said to** her patient, "**Stay** home for two more days."　496
> 医師は患者に、「もう2日間家にいなさい」と言った。
>
> (2) The doctor **told** her patient **to stay** home for two more days.　497
> 医師は患者に、もう2日間家にいるように言った。
>
> (3) He **said to** me, "**Please show** me your ticket."　498
> 彼は私に「チケットを見せてください」と言った。
>
> (4) He **asked** me **to show** him my ticket.　499
> 彼は私に、チケットを見せてほしいと頼んだ。

命令文は「tell＋人＋to do」に

　例文(1)のような**命令文**を間接話法で伝える場合は、(2)のように「tell＋人＋to do」という形（⊙p.236）を用いる。Don't ～という**「禁止」を表す命令文**の場合は、「tell＋人＋not to do」の形にする。

- Our teacher said to us, "**Don't stay** at school after 5:00 today." (先生は私たちに「今日は5時以降、学校に居残らないように」と言った)
→ Our teacher **told us not to stay** at school after 5:00 that day. (先生は私たちに、その日は5時以降、学校に居残らないようにと言った)

　なお、より強い命令の場合には、tellの代わりに**order**（～に…を命令する）などの動詞を使うこともできる。

- Our teacher **ordered us not to stay** at school after 5:00 that day. (先生は私たちに、その日は5時以降、学校に居残らないように命じた)

pleaseのついた命令文は「ask＋人＋to do」に

(3)のようなpleaseを用いた命令文の内容を間接話法で伝えるときは、(4)のように「ask＋人＋to do」(▶p.236)を用いて、「依頼」を伝えていることを表す。

また、Would you show me your ticket?（チケットを見せていただけますか）のように、Would you ～?のような形の丁寧な依頼を伝える場合などにも、「ask＋人＋to do」を使うことができる。

助言などの場合は「advise＋人＋to do」に

例文(1)の発言内容がYou should exercise regularly.（定期的に運動したほうがいい）といった助言や忠告などである場合には、次のように「advise＋人＋to do」(▶p.237)を使った文にすることができる。

- The doctor **advised her patient to exercise** regularly. （医師は患者に、定期的に運動することを勧めた）

提案や勧誘を間接話法で伝えるには

提案や勧誘の表現である「Let's＋動詞の原形」は、間接話法では動詞suggest（～と提案する）を使って「suggest to＋人」にthat節を続ける形で表現する。発言の内容は動詞の原形を使って表す（▶p.383）。動詞の原形の前にshouldを置くこともある（▶p.200）。

- Roger said to me, "Let's keep it a secret."
  （ロジャーは私に「それは秘密にしておこう」と言った）
➡ Roger **suggested to me that** we **(should) keep** it a secret.
  （ロジャーは私に、それを秘密にしておくことを提案した）

3 感嘆文を伝える

Clip 254

(1) Ken **said**, "**How** expensive it is!"　　　500
ケンは「なんて高いんだ！」と言った。

(2) Ken **exclaimed how** expensive it was.　　　501
ケンは、なんて高いのだろうと驚きの声を上げた。

内容に合った動詞を用いる

感嘆文を間接話法で伝える際は、**内容に合った動詞**を用いる。(1)の場合はexclaim（～と［驚嘆して］叫ぶ）やcry (out)（～と叫ぶ）などで表現できる。sadly（悲しそうに）やin anger（怒って）などの語句を添えることで状況や文脈を表してもよい。

- Mark **cried out** in anger how unfair the referee was.
  （マークは怒って、審判はなんて不公平なんだと叫んだ）

また、内容次第ではtellなどが使えることもある。

- He **told** us what a boring task it was.
  （彼は私たちに、それがどんなに退屈な仕事かを語った）

なお、感嘆文の場合、**語順はそのままで間接話法にできる**点が疑問文とは異なる。

2 接続詞を使った発言の間接話法

1 従属接続詞を含む発言

Clip 255

(1) My sister said, "I **will** call you when I **finish** work." 502
　姉は、「仕事が終わったらあなたに電話する」と言った。

(2) My sister said (that) she **would** call me when she **finished** work. 503
　姉は、仕事が終わったら私に電話すると言った。

接続詞の後ろの動詞も適切な形に

(1)のようにwhenのような**従属接続詞**（▶p.591）を含む発言を間接話法で伝える場合、接続詞の後ろの動詞や助動詞も忘れずに適切な形にする必要がある。

なお、従属接続詞だけでなく、**関係代名詞**や**関係副詞**が使われた発言に関しても、同じようにすべての動詞や助動詞を適切な形にする必要がある。

- He said, "I **don't** know the reason why Joe **wants** to quit the club."
  （彼は「ジョーがクラブを辞めたい理由が分からない」と言った）

→ He said (that) he **didn't** know the reason why Joe **wanted** to quit the club.
(彼は、ジョーがクラブを辞めたい理由が分からないと言った)

2 等位接続詞を含む発言

Clip 256

(1) Yumi said, "I am busy, **but** I can see you."　504
ユミは、「忙しいけれどあなたに会える」と言った。

(2) Yumi said **(that)** she was busy, **but that** she could see me.　505
ユミは、忙しいけれど私に会えると言った。

等位接続詞の後ろにもthatを置く

(1)では I am busy と I can see you の2つのSVが接続詞のbutで並置されている。このようにandやbutのような等位接続詞（▶p.582）が使われている場合は、(2)のように**接続詞の後ろにもthatを入れて、発言内容の続きであることが分かるようにする**。その際、1つ目のthatは省略できるが、**2つ目のthatは通常省略しない**。動詞をすべて適切な形にするのは、従属接続詞の場合と同じである。

⬆ 直接話法と間接話法の中間の話法

小説などでは、直接話法でも間接話法でもない、以下のような独特の話法が用いられることがある。

● Judy felt nervous at the party. Was anyone going to ask her to dance? Were the other girls thinking that her new dress looked uncool?
(ジュディーはパーティーでびくびくしていた。誰かダンスに誘ってくれる？　ほかの女の子たちは、ジュディーの新しいドレスをかっこ悪いと思っている？)

これは登場人物が考えたり言ったりしたことを書き手の視点で伝える話法で、「描出話法」と呼ばれる。sayのような「伝える」動詞も引用符も用いず、疑問文などをそのままの語順で示しながらも、時制や人称代名詞、指示語などは間接話法と同様に変化させる。いわば、**直接話法と間接話法の中間的な伝え方**で、簡潔で鮮やかな心理描写が可能になる。

16章 強調・倒置・挿入・省略
Emphasis, Inversion, Insertion, Omission

Step 1 基本

1 強調
- ① 強調のための語句　436
- ② 疑問と否定の強調　437
- ③ 強調構文　439

2 倒置
- ① 否定語が文頭に来るとき　441
- ② 場所や方向を表す語が文頭に来るとき　443

3 挿入と省略
- ① 挿入　444
- ② 省略　445

Step 2 発展

1 さまざまな強調
- ① 強調構文の応用　447
- ② 関係詞を使った強調　448

2 さまざまな倒置　449

Close Up!　同格の表現　451

Step 1 基本

「特に伝えたいこと」を強調するために語順を変えたり、言わなくても分かることを省略したりすることは、日本語の場合と同様、英語の表現においても行われる。しかし、語順変更や省略の自由度が比較的大きい日本語と異なり、英語の文の形を変える際には、一定のルールを守る必要がある。

1 強調

伝えたいことを強調する際には、特定の語句や文の形を用いる。

1 強調のための語句

Clip 257

(1) I **do** like your paintings. 506
　私はあなたの絵が本当に好きです。

(2) This dress is **really** beautiful. 507
　このドレスは本当にきれいね。

(3) This is the **very** place I have always wanted to visit. 508
　ここはまさに私がずっと訪れたいと思っていた場所です。

助動詞のdoを用いる

　例文(1)は、likeを強調するために、助動詞のdoをその前に置いた形で、doは強く発音する。このようなdoは、例えば誰かに「これは嫌いなんじゃない?」と言われてI do like it.(好きだよ)と言い返すような場合にも使える。

　また、例えば、店などで支払い済みなのに未払いを指摘されたような場合には、I did pay you.(確かに払いましたよ)のようにdidを加えると「支払った」ことを強調することができる。I paid you.という過去形の文を強めるので、助動詞doの過去形didを用いる。

　このほか、doは命令文を「ぜひ」と強めるためにも使われる。

● **Do** come and see us. (ぜひ私たちに会いにきてください)

副詞を用いる　　(2)は、形容詞のbeautifulを副詞のreallyを使って強調した形。このような強調に使われる副詞にはほかに、veryやso、much、just、simplyなどがある。
　また、allも「まったく、大変」という意味の副詞として、形容詞を強調するのに使われることがある。
- I was **all** busy last week.
　（私は先週は大変忙しかった）

形容詞を用いる　　(3)はveryを形容詞として使い、「まさしくその～」ということを表現したものである。このように、「**the very＋名詞**」の形で名詞を強調することができる。

強調に使われる副詞用法の that と this
口語では、thatが形容詞を修飾する副詞として、「あんなに」という意味で使われることがある。thisにも「こんなに」という意味の副詞の用法がある。
- I didn't know he was **that** tall! （彼があんなに背が高いなんて知らなかった）
- I didn't think the test would be **this** hard.
　（テストがこんなに難しいだろうとは思わなかった）

2 疑問と否定の強調

Clip 258

(1) What **on earth** happened?　509
　いったい何があったの？
(2) How **in the world** did you do it?　510
　いったいどうやってやったの？
(3) I did**n't** enjoy reading this book **at all**.　511
　この本を読むのはちっとも楽しくなかった。

疑問詞の強調　　(1)のon earthと(2)のin the worldは、いずれも「**いったい、まったく**」という意味合いで、疑問詞のwhatとhowを強調する働きをしている。(1)はwhatが主語の疑問文だが、whatが目的語の場合も、これらの語句で強調することができる。

- What on earth are you talking about?
(いったい何のことを言っているの？)

なお、「そもそも、いったい」という意味のat allを加えることで疑問文を強調することもできる。

- Did the medicine work at all?
(その薬はそもそも効いたのですか)

否定表現の強調

一方、(3)のat allは「少しも、全然」という意味で否定文の強調に用いられている。at allは質問への否定的な返答に用いることも多い。

- "Did you enjoy the book?" "Not at all."
(「その本は面白かった？」「全然」)

やや硬い言い方になるが、in the leastやwhatever、whatsoeverなどを用いて否定表現を強調することもできる。

- She is not in the least interested in science fiction. (彼女はSFにまったく興味がない)
- He has nothing whatever[whatsoever] to do with the accident. (彼はその事故にまったく関わりがない)

andを使った繰り返しによる強調

again and again（何度も）やover and over（重ね重ね）のように、andを使って同じ語を繰り返すことで、その語の意味を強調することができる。

- He practiced singing the song again and again.
(彼はその歌の練習を何度も行った)
- He emphasized the importance of the project over and over.
(彼はそのプロジェクトの重要性を重ね重ね強調した)

同じ動詞を繰り返すことで強調することもできる。

- We laughed and laughed at his joke. (私たちは彼の冗談に笑い転げた)

また、比較級をandで繰り返した「ますます〜」という意味の表現も、類似の例と考えることができる。

- The hair dryer is getting hotter and hotter.
(ヘアドライヤーはますます熱くなっている)

3 強調構文

> **Clip 259**
>
> **It was** Ted **that** sang jazz songs at the concert yesterday.
> 昨日、コンサートでジャズの歌を歌ったのはテッドだった。
>
> 512

主語を強調する

例文は、Ted sang jazz songs at the concert yesterday.（テッドは昨日、コンサートでジャズの歌を歌った）という文の主語のTedを強調して、歌ったのは「ほかの誰でもなくテッドだ」ということを表現したものである。このように **It is[was] ～ that ...**の形で「～」の部分を強調した文を「強調構文」と呼ぶ。

なお、例文のように「**人**」**を強調する場合**には、thatの代わりに**who**を用いることもできる。

- **It was** Ted **who** sang jazz songs at the concert yesterday.

さまざまな要素を強調する

強調したい部分には、主語以外に、**目的語**や**副詞**、および**副詞の働きをする語句**を入れることもできる。

- **It was** jazz songs **that** Ted sang at the concert yesterday.
  （昨日テッドがコンサートで歌ったのはジャズの歌だった）
  * jazz songs のように複数形の語句を続ける場合でも was を用いる。
- **It was** at the concert **that** Ted sang jazz songs yesterday.（昨日テッドがジャズの歌を歌ったのは、そのコンサートでだった）
- **It was** yesterday **that** Ted sang jazz songs at the concert.
  （テッドがジャズの歌をコンサートで歌ったのは昨日だった）

強調構文の疑問文や否定文

強調構文は疑問文や否定文にすることもできる。

- **Was it** Ted **that** sang jazz songs at the concert yesterday?
  （昨日、コンサートでジャズの歌を歌ったのはテッドでしたか）

- **It wasn't** Ted **that** sang jazz songs at the concert yesterday.（昨日、コンサートでジャズの歌を歌ったのはテッドではなかった）

that の省略

口語では、強調する語句の後ろのthatが省略されることがある。
- **It was** at Christmas we first met.（私たちが最初に会ったのはクリスマスだった）

人称代名詞を強調するときの格

It is[was]の後ろに人称代名詞が来る強調構文で、人称代名詞が主語に当たる場合は、主格（I、he、she、theyなど）を用いるのが正式な形である。しかし、実際には目的格（meなど）を用いて、It is me that[who] 〜のように言うことが多い。
- **It is I who am** thankful for your offer.
  （あなたの申し出に感謝しているのは私です）
➡ **It is me that[who] is** thankful for your offer.

強調する語句が複数形のとき

強調構文では、強調する語句が名詞の複数形であっても、その前のbe動詞にはisやwasを用いる。ただし、その語句が主語に当たる場合には、後ろに用いる動詞はその名詞の数に対応して変化させる。
- **It is the students** who **are** telling the truth.
  （正しいことを言っているのはその生徒たちだ）

not 〜 until ... の強調

not 〜 until ...（…まで〜しない、…になって初めて〜する）という表現（▶p.419）を強調構文で強調する場合、not until ... を is[was] と that の間に挟む。
例えば I did **not** receive the news **until** yesterday.（私は昨日までその知らせを受けなかった）という文であれば、次のような形になる。
- **It was not until yesterday that** I received the news.
  （私がその知らせを受けたのは、昨日になってからだった）

2 倒置

「主語＋動詞」という基本語順が逆になり、**主語の前に動詞や助動詞が来る**ことを**「倒置」**と呼ぶ。倒置は、特定の語句を強調したり、リズムを整えたりするときに起きる。

1 否定語が文頭に来るとき

> **Clip　260**
>
> (1) **Never** have I watched such an exciting game.　513
>   私はこんなに興奮する試合を見たことがない。
>
> (2) **Little** did I imagine that the plan would succeed.　514
>   その計画がうまくいくとは、私はほとんど想像もしなかった。
>
> (3) **Not until today** did I notice the hole in the fence.　515
>   今日になって初めて、塀に穴があるのに気づいた。

neverやlittleなどの語が文頭に

(1)のnever（決して〜ない、一度も〜ない）のような**否定語を文頭に出す**ことで、否定の気持ちを強調することができる。続く部分は、**Yes/No疑問文と同じ語順**になる。(2)のlittle（ほとんど〜ない）や、hardly（ほとんど〜ない）、rarely（めったに〜ない）といった「程度の小ささや頻度の低さ」を表す副詞（▶p.410）に関しても同様である。否定的な事柄は強調したい場合が多いため、倒置も起こりやすい。

(1)と(2)を通常の語順の文にするとそれぞれ次のようになる。
- I have never watched such an exciting game.
- I little imagined that the plan would succeed.

「否定語＋副詞（句・節）」が文頭に

(3)はI did not notice the hole in the fence until today. という文のnotと副詞句until todayが文頭に出た形である。このように**文をNot until 〜で始める場合**にも、(1)や(2)と同じような倒置が起こる。until以降が節の場合も同様である。

- **Not until I worked in the garden** did I notice the hole in the fence.
  (庭仕事をして初めて、塀に穴があるのに気づいた)

  なお、onlyにも「〜しか（…ない）」という否定語に近い意味があるため、**only**を含む句が文頭に来る場合も、後続の部分に倒置が起こる。
- **Only in the morning** can you swim in this pool.
  (午前中しか、このプールで泳ぐことはできない)

not only A but also B の倒置

not only A but (also) B（AだけでなくBも）の形の文（▶p.603）で、not onlyを文頭に置くこともある。その場合も次の例のように倒置が起き、not onlyの後ろが疑問文と同じ語順になる。
- **Not only** does the library help you with books, **but** it **also** gives you a place to study.
  (図書館は本に関して助けてくれるだけでなく、勉強する場も与えてくれる)

  元の文は次のとおりである。
- The library **not only** helps you with books **but also** gives you a place to study.

no sooner 〜 than ... や hardly 〜 when ... の倒置

no sooner 〜 than ...（〜するとすぐに…した）という表現（▶p.419）のno soonerを文頭に置く場合には、その後ろの部分が疑問文の語順になる。
- **No sooner** had I left the building than I met my brother.
  (建物を出たとたん、私は兄に会った)

  ほぼ同じ意味のhardly[scarcely] 〜 when ...という表現（▶p.419）のhardly[scarcely]を文頭に置く場合も同じである。
- **Hardly** had I left the building when I met my brother.

2 場所や方向を表す語が文頭に来るとき

> **Clip 261**
>
> (1) **On the hill** stands an old tower. 516
> 丘の上に古い塔が建っている。
>
> (2) **Down** came the rain. 517
> 雨が降ってきた。
>
> (3) **Here** comes our train. 518
> ほら、私たちの（乗る）電車が来るよ。

「動詞+主語」の語順に

(1)のon the hillや(2)のdownのような**場所や方向を表す副詞（句）が文頭に来た場合、続く部分は「動詞+主語」の語順**になる。この場合、p.441の否定語が文頭に来るときの倒置のように疑問文の語順になるわけではなく、**単純に主語と動詞の語順を入れ替える**だけであることに注意しよう。

- Down the stairs escaped the cat.
  　　　　　　　　　　V　　　　　S
  （その猫は階段を下りて逃げた）

hereやthereが文頭に来る場合

(3)はhereを文頭に出して、**「ほら」と注意を引く**ような言い方である。このようにhereやthereが文頭に来る場合も、その後ろは「動詞+主語」の語順になる。

- There go more fireworks!
  　　　　V　　　S
  （ほら、もっと花火が上がるよ！）

主語が代名詞のときは倒置しない

(1)〜(3)のような倒置は、何かの存在や動きなどを初めて伝える場合に起きることが多く、後ろに回される名詞（主語）は通常、新情報（▶p.121）である。したがって、**すでに知っている情報を指す代名詞が主語のときには、このような倒置は起こらない**。

- On the hill it stands. （それは丘の上にある）
- Here it is. （はいどうぞ）

「There ＋ be 動詞＋名詞」の文

「場所＋動詞＋主語」の倒置の語順が定着したものが、次のような「There ＋ be 動詞＋名詞」の文（▶p.119）と考えられる。
- **There** is a bag on the desk. (机の上にバッグがある)

このような文では、「There ＋ be 動詞＋名詞」の形が構文として定着した結果、There が「場所」を表しているという感覚も弱くなっており、後ろに例文の on the desk のような「場所」を示す副詞（句）を必要とすることが多い。

3 挿入と省略

文の中に別の情報を追加したい場合は、語句や節を**挿入**する。一方、文中の言わなくても分かる情報は**省略**することができる。

1 挿入

Clip 262

(1) That is, **in a sense**, what I meant.　519
それは、ある意味では、私が言おうとしていたことだ。

(2) The important thing, **I think**, is to keep trying.　520
重要なことは、私が思うに、挑戦し続けることだ。

コンマで挟んで挿入する
(1) も (2) も 2 つのコンマ（ , ）で文の中を区切り、その間に情報を追加している。このように、挿入される語句や節は**コンマやダッシュ（──）などで挟まれる**ことが多い。

語句の挿入
(1) は、in a sense（ある意味では）という副詞句を挿入したもの。このように、挿入される語句は**副詞または副詞句**のことが多い。挿入によく使われる副詞（句）には、ほかにも moreover（その上）、however（しかしながら）、after all（結局）、for example（例えば）、in fact（実は）などがある。
　また、次の文のように、for example, 〜を名詞の後ろに挿入して説明を加えることもある。

- Japanese food, **for example, tofu,** is generally low in calories.
  (日本食、例えば豆腐は、一般的に低カロリーである)

節の挿入

(2)の I think のような「**主語＋動詞**」**の形の節**を挿入することも多い。ほかによく挿入される「主語＋動詞」には、I believe（私が思うに）、I hope（願わくば）、it seems（どうやら）などがある。

また、as far as I know（私の知る限り）、as far as ～ is concerned（～に関する限り）などの**副詞節**を挿入することもある。p. 614にas far as ～を用いた慣用表現のリストがあるので、表現を覚えておくとよい。

- Most of the problems, **as far as I know,** remain unsolved.
  (問題のほとんどは、私の知る限り、未解決のままである)

2 省略

Clip 263

(1) I wanted to visit my grandmother, but **I couldn't**.　521
　私は祖母を訪ねたかったが、無理だった。

(2) **Though tired**, she went to the gym.　522
　彼女は疲れていたが、ジムへ行った。

反復を避けるための省略

(1)では文末のcouldn'tの後ろのvisit my grandmotherが省略されている。このように、**反復によって文がむだに長くなる語句**や、**わざわざ言わなくても分かる語句**は、省略するのが普通である。会話などで、質問の応答の際には以下のような省略が頻繁に行われる。

- "Who can help me?" "**I can.**"
  (「誰が私を手伝ってくれる？」「私が」)

また、andやbutなどの接続詞を用いた文で、重複箇所が省略されることもある。次の文では、wasの前のheが省略されている。

445

- He applied to a college in San Francisco and **was** accepted.
(彼はサンフランシスコにある大学に出願して合格した)

「主語＋be動詞」の省略

(2)では、Though の後ろのshe wasが省略されている。このように、thoughやwhen、while、if といった**接続詞の後ろの「主語＋be動詞」**は、主節の主語と同じ場合には省略されることがある。
次の文ではwhileの後ろのI wasが省略されている。
- I got an excellent idea **while taking** a bath.
(入浴中に素晴らしいアイデアが浮かんだ)

to の後ろの動詞の省略

不定詞における、**toの後ろの動詞の原形（＋目的語）**も、繰り返しを避けるためにしばしば省略される。次の文では、toの後ろのmake a copyが省略されている。このようなtoは**代不定詞**と呼ばれる（▶p.252）。
- You can make a copy of it if you want **to**.
(そうしたければ、それのコピーを取ってもいいですよ)

If の後ろの「主語＋動詞」の省略

if節においては、例えば次のような**「主語＋動詞（＋その他の要素）」の省略**がよく起こる。
- I will be there by 5:00 **if necessary**. (必要なら5時までにそこへ行きます)
 ＊ if necessary → if (it is) necessary
- We can take questions, **if any**, at the end.
(もし質問があれば、最後に受けつけます)
 ＊ if any → if (there are) any (questions)[if (you have) any (questions)]
上記の例から分かるように、if節における省略は、主語が主節の主語と異なる場合もあり、また省略される語句も文脈次第である。if necessaryやif anyのような表現は**慣用表現**と考えたほうがしっくりくることも多い。
類似の表現にif possible（もし可能なら）、if so（もしそうなら）、if not（もしそうでなければ）などがある。

Step 2 発展

1 さまざまな強調

1 強調構文の応用

Clip 264

(1) **It was** because I had a fever **that** I didn't go swimming.
私が泳ぎに行かなかったのは、熱があったからだった。 523

(2) **Who was it that** you called yesterday? 524
昨日あなたが電話をしたのは誰なんですか。

節を強調する

強調構文では、節を強調することもできる。(1)はI didn't go swimming because I had a fever.(熱があったから、私は泳ぎに行かなかった)という文のbecause I had a feverという副詞節を強調したものである。

また、not ~ until ...が用いられた文（**○**p.440）で、until以降が節である場合にも、次のような強調構文でその節を強調することができる。

● **It was** not until I came back to Japan **that** I received the news.
（私がその知らせを受けたのは、日本に戻ってからのことだった）

疑問詞を強調する

(2)は疑問詞を使った疑問文であるWho did you call yesterday?の、疑問詞の部分を強調したもの。このように、強調構文で疑問詞を強調する場合は、thatの前までを「疑問詞＋is[was] it」のように疑問文の語順にし、thatの後ろは平叙文の語順にする。次の例のように疑問詞が主語に当たる場合も、同様に考えればよい。

● **Who was it that** answered my call?
（私の電話に出たのは誰なんですか）

＊元の文はWho answered my call?

2 関係詞を使った強調

> **Clip 265**
>
> (1) **What** impressed me most **was** the power of the music. 525
> 私が最も感動したのは、音楽の力だ。
>
> (2) **All** I have to do **is** (to) mix all the ingredients. 526
> すべての材料を混ぜさえすればよい。

whatを使った強調

例文(1)では、関係代名詞のwhatを用いて**what ~ was ...**(~なのは…だった) の形を作ることで、the power of the musicを強調している。この表現において、**強調されるのはbe動詞の後ろに来る要素である**ことに注意しよう。

● **What** I need **is** a new computer.
（私に必要なのは、新しいコンピューターだ）

allを使った強調

(2)の all I have to do is ~ は all that I have to do の that が省略された形である。「私がしなければならないすべてのことは~→私は~しさえすればよい」という意味になる。会話でもよく使われる表現で、会話においてはtoを入れない形がよく使われる。

● **All** you have to do **is** (to) add salt when you eat this. （これを食べるときには、塩を加えさえすればいい）

2 さまざまな倒置

> **Clip 266**
>
> (1) "I play tennis every week." "**So do I.**" 527
> 「私は毎週テニスをします」「私もします」
>
> (2) "I haven't finished reading the book."
> "**Neither have I.**" 528
> 「私はその本を読み終えていません」「私も終えていません」

soやneitherで「私も」と反応する

例文(1)と(2)では、いずれも人が言ったことに対して、「私もそうだ」と同意の反応をしている。(1)のような肯定文に対して「私も」と同意する場合は、**So do I.**、**So am I.**、**So have I.** といった「so＋助動詞＋主語」または「so＋be動詞＋主語」の表現を用いる（▶p.549）。(2)のような否定文に同意する場合は、**Neither do I.**、**Neither am I.**、**Neither have I.** のように「neither＋助動詞＋主語」または「neither＋be動詞＋主語」で返せばよい（▶p.548）。なお、neitherの代わりに **Nor have I.** のようにnorを用いることもできる。

これらの表現は会話における同意の応答以外にも用いることができる。

- Mr. Edwards was at the meeting last week, and **so was I**.
  (エドワーズ氏は先週の会議に出ていたが、私も出ていた)
- Kate didn't go out yesterday, and **neither[nor] did her sister**.
  (ケイトは昨日外出しなかったし、彼女の姉もしなかった)

⬆ soやsuchを使った「程度の表現」が文頭に来る場合

「とても~なので…」を意味する so ~ that … や such ~ that …（▶ p.608）の、so ~ や such ~ の部分を文頭に置くと、続く部分は次のように倒置される。

- **So loud** was the neighbors' quarrel **that** I couldn't sleep.
（隣人の口論があまりにうるさくて、私は眠れなかった）

なお、上の文は通常の語順では The neighbors' quarrel was so loud that I couldn't sleep. となる。

- **Such** is the heat **that** we can't stay outside.
（暑さがあまりにひどいので、外にいられない）

通常の語順は The heat is such that we can't stay outside. となる。

⬆ 補語が文頭に来る場合

主語が修飾語句などで長くなっているような場合に、文の補語である形容詞が文頭に出て、続く部分の主語と動詞の順序が入れ替わることがある。

- **Lucky** were the customers who came to the shop today.
（今日その店に来た客は幸運だった）
- **Happy** are those who give others so much happiness.
（他人にとても多くの幸せを与える人たちは幸せである）

ただし、主語が代名詞の場合には、補語になっている形容詞が前に出ても倒置が起こらない。

- **Happy** they were.（彼らは幸せだった）　　＊（×）Happy were they. とはしない。

Close Up! 同格の表現

名詞や名詞に相当する語句が2つ並んで、前者（A）の説明や補足を後者（B）がするとき、**AとBは「同格」である**と言う。

1 名詞（句）を並列することで説明・補足をする

文中の名詞（句）Aの直後に、名詞（句）Bを**挿入する形でつけ加え**、Aに**後ろから補足説明をする**ことができる。その場合は、Bの前後をコンマで区切って、同格の語句が挿入されていることを明確にすることが多い。

The biggest Japanese city, Tokyo, is famous for its crowded trains.（日本最大の都市、東京は混雑した電車で有名だ）

例文では、the biggest Japanese cityと、それに続くTokyoは同一の都市である。同格の関係にある名詞（句）A、Bは、先に出てくるAについてBが**後ろから説明などをつけ加える**という関係になっている。「日本最大の都市、すなわちそれは東京のことだけどね、混雑した電車で有名だ」という意味合いである。

2 of を使って「…という～」を表す

A of Bの形で、「**BというA**」を意味する同格の表現となることもある。Aに当たる名詞（句）には、通常theがつく。

The city of Kushiro is in the east of Hokkaido.
（釧路市は北海道の東部にある）

The cityとKushiroが同格で「釧路という市→釧路市」の意味になる。こうしたofは、the state of Ohio（オハイオ州）のような地名によく用いられるほか、the price of $10（10ドルという値段）、the age of 7（7歳という年齢）などの表現に使われる。

3 that 節を使って「…という～」を表す

「**名詞（句）＋that節**」の形で同格を示すこともできる。上のofの場合と同様、この表現も「…（that節）という～（名詞［句］）」を表し、説明される名詞（句）には通常theがつく。

I heard **the news that** she would get married.
（私は彼女が結婚するという知らせを聞いた）
I was surprised at **the fact that** he had moved abroad.
（彼が海外に移住したという事実に私は驚いた）

それぞれの例文において、the news（知らせ）とthe fact（事実）の内容は、どちらも**直後のthat節で補足説明**されている。このように、名詞句とthat節が同格になることがある。同格のthat節と結びつく主な名詞は以下のとおりである。

①**後ろにthat節を続ける動詞に関連した名詞**（例：believe that …）
assumption（仮定）　belief（信念）　claim（主張）　conclusion（結論）
decision（決意）　desire（願望）　explanation（説明）　feeling（気持ち）
hope（希望）　promise（約束）　suggestion（提案）　thought（考え）など
②**「事実」「意見」「考え」などを意味する名詞**
chance（見込み）　fact（事実）　idea（考え）　news（知らせ）　opinion（意見）
possibility（可能性）　rumor（うわさ）　truth（真実）　view（見解）など

なお、これらの名詞に**不定詞**や**「of＋動名詞」**を続けて同格を表すこともできる。

I have a desire **to be** an actor.（私には俳優になりたいという願望がある）
He didn't give up the idea **of moving** to Paris.
（彼はパリに移住するという考えをあきらめなかった）

4 その他の言い換え表現

コロン（：）やダッシュ（──）によって説明を加える方法もある。これらは**直前の内容を言い換えたり、具体例を挙げたりする**のに用いられる。

A rainbow has many colors: red, orange, yellow, green, blue, indigo and violet.（虹は多くの色を含む。赤、橙、黄、緑、青、藍、紫だ）

また、言い換えて説明する際に使われる **that is**（つまり、すなわち）や **or**（言い換えれば）などの表現もある。

Do you have any tickets for next Friday, **that is**, May 10?
（次の金曜日、つまり5月10日のチケットはありますか）
It prevents some viruses from invading WBCs, **or** white blood cells.（それはウイルスがWBC、言い換えれば白血球に侵入するのを防ぐ）

17章 名詞構文・無生物主語
Noun Construction and Inanimate Subjects

Step 1 基本

1 名詞構文
- ① 名詞を使って「主語＋自動詞」を表す　454
- ② 名詞を使って「主語＋他動詞＋目的語」を表す　455
- ③ 名詞を使って「主語＋be動詞＋形容詞」を表す　457

2 無生物主語
- ① 「何かが（強制的に）〜させる」という表現　458
- ② 「何かが〜をやめさせる、〜させない」という表現　459
- ③ 「何かが〜をできるようにする、可能にする」という表現　460
- ④ 「何かが連れていく」という表現　460
- ⑤ 「何かが示す」という表現　461

Step 2 発展

1 名詞を中心とした表現
- ① haveやgiveなどに名詞表現を組み合わせる　462
- ② 人を表す名詞表現を用いる　463

2 無生物主語の注意すべき表現　463

Step 1 基本

英語では、「文」で表現されるような内容を名詞（を使った語句）で表すことや、人や動物以外の無生物を主語にして、それが「（人に）～させる」といった言い方をすることがよく行われる。こうした表現は、そのまま日本語にすると少し不自然な印象を受けることもあるが、英語では日常的に使われている。

1 名詞構文

例えばYou assisted me.（あなたは私を助けてくれた）や、Our teacher is angry.（私たちの先生は怒っている）といった文は、your assistance（あなたの助力）、our teacher's anger（私たちの先生の怒り）のような名詞の表現にすることができる。このような名詞を中心にした表現を**名詞構文**と呼ぶ。

1 名詞を使って「主語＋自動詞」を表す

> **Clip 267**
>
> (1) We are hoping for **our captain's quick recovery**. 529
>   私たちはキャプテンの早期の回復を望んでいます。
>
> (2) I was late for the class because of **the late arrival of the bus**. 530
>   バスが遅れたために授業に遅刻してしまった。

「主語＋自動詞」を「所有格＋名詞」に

　(1)のour captain's quick recoveryは、Our captain will recover quickly.（私たちのキャプテンは早く回復する）という内容を名詞中心の表現にしたものだ。自動詞recoverの**名詞形**recoveryが使われ、主語の our captain は**所有格** our captain'sで表されている。また、動詞recoverを修飾する副詞quickly（すぐに）が、名詞recoveryを修飾する**形容詞** quick（すぐの、短時間での）に置き換えられている。

454　17章　名詞構文・無生物主語

- Our captain will recover quickly.
  　　主語　　　　　　　自動詞　　副詞
➡ our captain's quick recovery
　　所有格　　　　形容詞　　名詞

所有格の代わりに「of＋名詞」を用いる

(2)では、The bus arrived late.（バスが遅く着いた）の自動詞arriveを名詞形のarrivalで表しているが、その前に所有格を置くのではなく、後ろにof the busという「of＋名詞」を置いて主語を表現している。主語が人でない場合は、このようにofを用いることが多い。なお、(2)のlateは形容詞である。

- The bus arrived late.
  　　主語　　　　自動詞　　副詞
➡ the late arrival of the bus
　　形容詞　名詞　　of＋名詞

2　名詞を使って「主語＋他動詞＋目的語」を表す

Clip 268

(1) I was surprised at **his knowledge of French**.　531
　　私は彼のフランス語の知識に驚いた。

(2) **Protection of the environment** is our goal.　532
　　環境保護が私たちの目標です。

目的語の部分を「of＋名詞」で表す

(1)の文のhis knowledge of Frenchの部分は、He knows French.（彼はフランス語を知っている）という文を名詞を中心にして表したものだ。他動詞のknowをその名詞形knowledgeにし、目的語のFrenchを、of Frenchという「of＋名詞」の形で続けている。主語を所有格にして名詞形の前に置くのは、自動詞の場合と同じである。

- He knows French.　➡ his knowledge of French
  主語　他動詞　目的語　　　所有格　　名詞　　of＋名詞

主語が示されない場合も

(2)では、Protection（保護）の主語が示されていないが、our goalの部分によって、「保護」をするのが「私たち」だと分かる。このような場合は行為の主語を示さないことが多い。次の文のように、文の主語と、その行為の主語が同じになる場合も同様である。

- We have to reduce **the consumption of electricity**. (私たちは電力の消費を抑えなければならない)

    ＊青い文字の部分を文にした場合、We consume electricity. となる。

of 以外の前置詞を用いる場合

他動詞の名詞形の後ろに、of でない前置詞が続く場合もある。
- We welcome your decision **on** the matter.
 (その件についてのあなたの決定を歓迎します)

他動詞の目的語を表す所有格

他動詞の主語ではなく**目的語**が、**所有格**で表されることがある。
① The doctor changed the plan for **the patient's treatment**.
 (医師はその患者の治療計画を変更した)
② The news reported **the city's destruction** by the tornado.
 (ニュースはトルネードによるその都市の破壊を報道した)

①では、the patient's という所有格が treatment の意味上の目的語になっている。つまり、the patient's treatment は **treat the patient**(その患者を治療する)を名詞で表現したものである。同様に②も、the city's という所有格が destruction の意味上の目的語で、the city's destruction は **destroy the city**(その都市を破壊する)を名詞で表現したものと言える。

また、別の見方をすれば、例文①と②の青い文字の部分は、それぞれ **the patient was treated**(患者は治療された)、**the city was destroyed**(都市は破壊された)といった内容を示すとも説明できる。このように、動詞に由来する名詞は「受け身」の意味に解釈することもできる。

3 名詞を使って「主語＋be動詞＋形容詞」を表す

Clip 269

(1) We were disappointed at **Mika's absence from the meeting**. 533
私たちはミカが打ち合わせに欠席していたことにがっかりした。

(2) **Our teacher's anger** was obvious to everyone. 534
私たちの先生が怒っているのは、誰の目にも明らかだった。

形容詞を名詞で表現する

(1)のMika's absence from the meetingはMika was absent from the meeting.（ミカは打ち合わせに欠席していた）を名詞で表したものである。形容詞のabsentを、名詞absenceを用いて表し、was absentの主語のMikaを所有格にして名詞の前に置いた形である。

(2)のOur teacher's angerはOur teacher was angry.（私たちの先生は怒っていた）の形容詞angryを名詞angerにして表したものである。

⬆ 「名詞＋to do」の形の名詞構文

次の2つの文を見てみよう。
① He has a **tendency to avoid** discussion.（彼は議論を避ける傾向がある）
② They were moved by **her eagerness to study**.
（彼らは彼女の学びたいという熱意に感動した）

①の文は、He tends to avoid discussion.（彼は議論を避ける傾向がある）を名詞tendencyを使って表現したもので、②のher eagerness to studyは、She is eager to study（彼女は学びたいと熱望している）を名詞eagernessを使って表現したものである。①では「動詞＋to do」が、②では「(be動詞＋)形容詞＋to do」が「名詞＋to do」で表されていると言える。

17 名詞構文 無生物主語

2 無生物主語

　例えば日本語の「私たちは、彼女の言葉で自らの振る舞いを後悔した」という文は、人間を主語にした文である。日本語には、このような「人間や生き物を主語にした言い方」がとても多い。一方、英語では「彼女の言葉」という「人間でないもの」を主語にして Her words made us regret our behavior. のように表現することが多い。人間（などの生き物）を主語にしないで、「**何かが～させる**」といった内容を表す文を、「**無生物主語**」の文と呼ぶ。

1 「何かが（強制的に）～させる」という表現

Clip　270

(1) Her words **made** us regret our behavior.　　535
　　彼女の言葉で、私たちは自らの振る舞いを後悔した。

(2) What **forced** him to leave his country?　　536
　　なぜ彼は母国を去らなければならなかったのか。

「～させる」を意味する動詞	無生物主語の文でよく使われる動詞に「**（強制的に）～させる**」といった意味合いを持つ make、force、cause、compel などがある。例文(1)と(2)は、それぞれ Her words（彼女の言葉）と What（何）が主語で、それぞれ直訳すると「彼女の言葉が、私たちに自らの振る舞いを後悔させた」「何が彼に母国を去ることを強いたのか」となる。
目的語の後ろの動詞の形は？	make の場合は目的語の後ろに**動詞の原形**を、force、cause、compel の場合は目的語の後ろに「**to＋動詞の原形**」を続ける。 ● The heavy traffic **caused** me to be late for the movie.（渋滞のせいで、私は映画に遅れた）

2 「何かが〜をやめさせる、〜させない」という表現

Clip 271

(1) Your advice will **stop** him from wasting time. 537
あなたの助言で、彼は時間の浪費をやめるだろう。

(2) Her shyness **kept** her from joining the group. 538
彼女は内気なので、そのグループに加わることができなかった。

目的語の後ろに「from＋動名詞」を続ける

　stop、prevent、prohibit、keepなどの動詞も無生物主語の文でよく使われる。いずれも（人などの）目的語の後ろに「from＋動名詞」を続けて、「（人など）が〜するのをやめさせる、（人など）に〜させない」という意味を表す。この表現では、目的語と動名詞の間に、he wastes、she joinsのような、SV（主語＋動詞）の関係が成り立つ。

　例文(1)と(2)は、それぞれ直訳すると「あなたの助言は彼が時間を浪費するのを止めるだろう」「彼女の内気さが、彼女がそのグループに加わることを妨げた」となる。

　次は動詞preventを用いた例である。

- The typhoon **prevented** us from going on a field trip. （私たちは台風のせいで校外学習に行けなかった）
  = We couldn't go on a field trip because of the typhoon.

　なお、stopは無生物を主語にして、目的語の後ろに「from＋動名詞」をつけない形でもよく使われる。

- The sudden rain **stopped** our sports day.
（突然の雨で、私たちの運動会は中止になった）

3 「何かが〜をできるようにする、可能にする」という表現

Clip 272

(1) Her help **enabled** me to finish my homework quickly. 539
彼女の手助けのおかげで、私は宿題を素早く終わらせることができた。

(2) His pride didn't **allow** him to apologize. 540
彼はプライドのせいで謝罪することができなかった。

目的語の後ろに「to＋動詞の原形」を続ける

　動詞enable、allow、permit、helpなどは、(人などの) 目的語の後ろに「to＋動詞の原形」を続けて、「(人など) が〜できるようにする、〜することを可能にする」という意味を表す。
　(1)、(2)をそれぞれ直訳すると、「彼女の手助けは私が宿題を素早く終わらせることを可能にした」「彼のプライドが、彼が謝罪することを許さなかった」となる。
　なお、helpはtoを入れずに目的語の直後に動詞の原形を続けることもできる。

● This website **helped** her (to) find the job. (このウェブサイトのおかげで、彼女は仕事を見つけることができた)

4 「何かが連れていく」という表現

Clip 273

(1) This new way of training will **take** them to the finals. 541
この新しいトレーニング法により、彼らは決勝戦まで進めるだろう。

(2) Ten minutes' walk **brought** us to the stadium. 542
10分歩くと私たちは競技場に着いた。

目的語の後ろに「to＋場所・目的」を続ける

　(1)、(2)はそれぞれ「この新しいトレーニング法は彼らを決勝戦まで連れていくだろう」「10分の歩行が私たちを競技場に連れてきた」ということである。takeとbringは、後ろに「人＋to＋場所・目的」を続けて、「人を〜へ連れていく」「人を〜へ連れ

てくる」をそれぞれ表す。これら以外に、lead（～を導く）なども似た意味で使うことができる。

- This road will **lead** you to the concert hall.
  (この道を進めばコンサートホールに着きます)

5 「何かが示す」という表現

Clip 274

(1) Her report card **shows** that she studied hard this term. 543
彼女の通知表から、彼女が今学期によく勉強したことが分かる。

(2) His face **told** us that he had passed the entrance examination. 544
彼の顔から、私たちは彼が入学試験に合格したことが分かった。

「情報源が～を示す」

(1)、(2)はそれぞれ、「彼女の通知表は、彼女が今学期によく勉強したことを示している」「彼の顔は、彼が入学試験に合格したことを私たちに語った」ということである。こうした文では、主語は「情報源」を表し、動詞にはtellやshowのほかに、sayもよく使われる。

- The weather report **says** that we may have snowstorms this weekend.
  (天気予報によると、今週末は吹雪になるかもしれない)

17 名詞構文・無生物主語

461

Step 2 発展

1 名詞を中心とした表現

① have や give などに名詞表現を組み合わせる

Clip 275

(1) Let's **have a look at** her plan.　　545
彼女の案を見てみましょう。

(2) I'll **give** you **a call** later. 　　546
後で電話します。

「have[give]＋名詞表現」の形　　例文(1)は look at ～（～を見る）を have[take] a look at ～で表し、(2)では call ～（～に電話をする）を give ～ a call で表している。このような**名詞を中心とした表現**は主に会話で使われる表現で、have a quick look at A（Aを素早く見る）のように、**形容詞を一緒に使う**ことで、さまざまな内容を伝えることが可能となる。

◆ よく使われる名詞表現と、それらを形容詞とともに用いた例

名詞表現	形容詞とともに用いた例
have a chat（おしゃべりをする）	have a pleasant chat（楽しくおしゃべりをする）
have a sleep（眠る）	have a good sleep（ぐっすり眠る）
take a look（見る）	take a careful look（注意深く見る）
take a breath（息を吸う）	take a deep breath（深く息を吸う）
make a mistake（間違いをする）	make a careless mistake（不注意な間違いをする）
make an advance（進歩する）	make a great advance（大きく進歩する）
give a cry（叫ぶ）	give a loud cry（大声で叫ぶ）
give a push（押す）	give a little push（少し押す）

2 人を表す名詞表現を用いる

> **Clip 276**
>
> (1) He is the best **guitarist** in our school. 547
> 彼は私たちの学校で一番ギターがうまい。
>
> (2) My father is a good **cook**. 548
> 私の父は料理が上手だ。

「〜する人」を表す名詞を用いる

(1)は He plays the guitar (the) best in our school. のように、(2)は My father cooks well. のようにも言うことができるが、英語では guitarist（ギタリスト）、cook（料理する人）などの、**「〜する人」を表す名詞**を使って表現することがある。また、player（競技者）、speaker（話し手）、driver（運転手）のような、動詞に -er をつけて「〜する人」を表す形もよく用いられる。

こうした名詞は、例文のように形容詞と組み合わせて用いることが多い。

- Her brother is a good **speaker** of Chinese.
  （彼女の兄は中国語がうまく話せる）
  ＝ Her brother speaks Chinese well.
- My sister is a safe **driver**. （私の姉は安全運転をする）
  ＝ My sister drives safely.

2 無生物主語の注意すべき表現

> **Clip 277**
>
> (1) This uniform **reminds** me **of** our strict coach. 549
> このユニフォームを見ると、厳しかったコーチを思い出す。
>
> (2) In many countries, poverty **deprives** children **of** an education. 550
> 多くの国々で、貧困のために子どもたちが教育を受けられない。

| 「動詞＋人＋of ～」の形 | (1)は「remind＋人＋of ～」で「人に～のことを思い出させる」、(2)は「deprive＋人＋of ～」で「人から～を奪う」という意味を表している。このように、無生物を主語にして「動詞＋人＋of」を続ける形もよく用いられる。 |

cost や save を用いた無生物主語の文

「cost＋人＋費用・代償」や、「save＋人＋金銭・労力など」といった表現も、無生物主語の文で使われることが多い。それぞれ「人に～（の費用など）をかけさせる」「人に～を節約させる」といった意味になる。
- The dental care cost me a lot of money. (歯の治療にとてもお金がかかった)
- This software will save us a lot of trouble.
（このソフトウエアにより、私たちはかなりの手間を省くことができるでしょう）

18章 名詞
Nouns

Step 1 基本

1 数えられる名詞と数えられない名詞 466

2 名詞の種類
 ① 普通名詞 468
 ② 集合名詞 469
 ③ 物質名詞 470
 ④ 抽象名詞 471
 ⑤ 固有名詞 472

3 所有の表し方
 ① 名詞の所有格を使う形 473
 ② 前置詞 of を使う形 474

Step 2 発展

1 可算名詞と不可算名詞の用法の変化
 ① 固有名詞を可算名詞として使う 475
 ② 抽象名詞を可算名詞として使う 476
 ③ 物質名詞を可算名詞として使う 476
 ④ 可算名詞を物質名詞として使う 477

2 注意すべき複数形の名詞
 ① 2つの部分からできている物 478
 ② 学問名 478
 ③ 相手を要する行為や交換を表す動詞の後ろで 479

Step 1 基本

　名詞は、英語でも日本語でも**人や物、事柄を表す語**である。英語の名詞は、「数えられる名詞」と「数えられない名詞」に大きく分けられ、また意味と性質からいくつかの「種類」に分類できる。また、名詞は冠詞と密接な関係にあるので、必要に応じて冠詞（▶p. 482）の用法も確認しよう。

1 数えられる名詞と数えられない名詞

　英語の名詞は、**数えられる名詞（可算名詞）**と**数えられない名詞（不可算名詞）**に分けられる。

> **Clip 278**
>
> (1) I have one **sister** and two **brothers**. 551
> 　私には姉が1人と兄が2人います。
> (2) I like **orange juice** better than **coffee**. 552
> 　私はコーヒーよりもオレンジジュースが好きだ。

可算名詞（C）　「数えられる名詞」を**可算名詞**と呼ぶ。可算名詞は辞書などでは**C**と表記される（Cはcountableの略）。例文(1)のsisterやbrotherは1人、2人と数えられる名詞なので可算名詞であり、文中で単数・複数の区別をしなければならない。また、単数で使う場合は、a[an]、one、the、my、your、this、thatなどを前に置いて使わなければならない。

不可算名詞（U）　「数えられない名詞」を**不可算名詞**と呼ぶ。不可算名詞は辞書などでは**U**と表記される（Uはuncountableの略）。例文(2)のjuice、coffeeは飲み物（液体）の種類を表す語なので、数えられない名詞として考える。つまり、これらは**aやanをつけたり複数形にしたりできない名詞**であり、これらを数える場合には、**a glass of orange juice**、**a cup of coffee**のように容器に入っている状態などを想定した表現を用いる必要がある。

日本語の意味に引きずられないように！

英語の名詞には、日本語の意味からは可算名詞か不可算名詞かが判断しにくいものがある。日本語の感覚では可算名詞であってもおかしくない名詞が、英語では不可算名詞として使われることも多い。例えば次の名詞は不可算名詞である。

rice（米） hair（髪の毛） baggage（手荷物） homework（宿題）
furniture（家具） news（ニュース） advice（忠告）

名詞の複数形──規則変化

名詞の複数形は通常、単数形に -s または -es をつけて作るが、語尾のつづりや発音によってその作り方が異なる。以下は -es をつける場合の原則である。

①つづりが s、x、sh、ch で終わる語は、語尾に -es をつける
  bus（バス）→ buses glass（グラス）→ glasses box（箱）→ boxes
  dish（皿）→ dishes peach（桃）→ peaches watch（腕時計）→ watches

②つづりが「子音字※＋ o」で終わる語は、語尾に -es をつける
  potato（ジャガイモ）→ potatoes hero（英雄）→ heroes
  ＊ただし piano（ピアノ）→ pianos や photo（写真）→ photos など、例外もある。

③つづりが「子音字＋ y」で終わる語は、y を i に変えて語尾に -es をつける
  city（都市）→ cities baby（赤ちゃん）→ babies
  pharmacy（薬局）→ pharmacies

④つづりが -f または -fe で終わる語は、f を v に変えて語尾に -es をつける
  leaf（葉）→ leaves half（半分）→ halves knife（ナイフ）→ knives
  life（生活）→ lives
  ＊ただし次のような例外もある。
    roof（屋根）→ roofs safe（金庫）→ safes belief（信念）→ beliefs
    proof（証明）→ proofs
  ※「子音字」は「母音字」以外の文字のこと。「母音字」とは、アルファベットの中で、a、e、i、o、u の5文字を指す。

名詞の複数形──不規則変化

名詞の中には、次のように不規則な変化により複数形が作られるものもある。

①不規則に変化するもの
  man（男性）→ men woman（女性）→ women child（子ども）→ children
  tooth（歯）→ teeth foot（足）→ feet mouse（ネズミ）→ mice

②単数形と複数形が同じもの
  fish（魚） sheep（ヒツジ） deer（シカ） yen（円） Japanese（日本人）
  means（手段） series（連続） species（種）

③外来語
　datum（データ）→ data　medium（メディア）→ media
　analysis（分析）→ analyses　crisis（危機）→ crises
　stimulus（刺激）→ stimuli　phenomenon（現象）→ phenomena
　＊dataやmediaは単数扱いされることもある。

その他の注意事項
　数字、略語などの複数形は、そのまま-sをつけるか-'sをつける（-sをつけるほうが一般的）。
　the 1990s[1990's]（1990年代）　CDs[CD's]　DVDs[DVD's]
　複合名詞の複数形は、中心となる名詞に-sをつける。
　college student（大学生）→ college students
　passerby（通行人）→ passersby

2 名詞の種類

　名詞は、その意味により、**普通名詞**、**集合名詞**、**物質名詞**、**抽象名詞**、**固有名詞**の5種類に分けられる。

1 普通名詞

Clip　279

(1) I have a **picture** of my **dog** with her **puppies**.　553
　私の犬が、子犬たちと一緒に写った写真を持っている。

(2) It takes about 13 **hours** from Tokyo to New York.　554
　東京からニューヨークまでは約13時間かかる。

一般的な物や人・生物を表す名詞

　例文(1)のpicture、dog、puppyや、desk（机）、tree（木）、bean（豆）、father（父）、student（生徒）、movie（映画）、mountain（山）といった一般的な物や人・生物などを普通名詞と呼ぶ。可算名詞なので、単数・複数の区別をつけて使わなければならない。また(2)のhourや、day（日）、meter（メートル）などの単位を表す名詞も普通名詞として扱い、単数・複数の区別が必要である。

2 集合名詞

Clip 280

(1) There was <u>a</u> large **audience** in the hall.　　555
ホールにはたくさんの聴衆がいた。

(2) The **audience** <u>were</u> formally dressed.　　556
聴衆は正装していた。

(3) The **police** <u>are</u> looking for the child.　　557
警察はその子どもを捜している。

１つの集合体を表す名詞	集合名詞とは、人や物などの集合体を表す名詞で、例文のaudience（聴衆）、police（警察）以外に、family（家族）、class（クラス）、crew（乗組員）、staff（職員）、committee（委員会）、people（人々）などがそれに当たる。集合名詞には、可算名詞として単数・複数を区別して使うものと、常に単数形で複数として扱うものがあるので注意する必要がある。 　例文(1)のaudienceは「聴衆」を１つのまとまったグループとして扱っているので、単数扱いで不定冠詞aをつけて表現している。一方、例文(2)のaudienceでは聴衆の１人１人を意識しているので、単数形であるが複数扱いとなる。
常に単数形で複数扱いをするもの	例文(3)のpoliceは常に単数形で用いられ、文中では複数扱いとなる。したがってpoliceに不定冠詞aをつけることはない。policeは複数のメンバーで構成された集合体なので、全体を複数として考える。「１人の警官」を表す場合はa police officerを用いるのが一般的である。

❗ peopleが複数形で使われる場合

　peopleは、「人々」の意味のときは、常に単数形で複数扱いとなるが、「民族」の意味のときは普通名詞のように使われるので、peoplesという複数形が可能である。

- **People** were out walking.（人々は外に出て歩いていた）
- **Peoples** of different cultures live together there.
（そこでは、異なる文化を持つ複数の民族が共生している）

> **furnitureは常に単数形で単数扱い**
>
> furniture（家具）は**常に単数形で、文中でも単数扱い**となる。「家具」とは机、いす、テーブル、ソファなど具体的な名称を持つものの総称であり、これを複数で表すことはできない。「家具」を数えるときには **a piece of furniture** などと表現する。
> - What kind of **furniture** do you have in your room?
>   （あなたの部屋にはどんな家具がありますか）

3 物質名詞

Clip 281

(1) **Water** from this river is clean.　558
　この川の水はきれいだ。

(2) We have a lot of **rain** in Japan.　559
　日本は雨が多い。

液体、気体、材料などを表す名詞

液体、気体、材料など、一定の形や大きさを持たない物を表す名詞を**物質名詞**と呼ぶ。例文(1)、(2)のwaterやrain以外にも、gas（気体）、rice（米）、butter（バター）、bread（パン）、paper（紙）、grass（草）、wire（針金）などが物質名詞である。a（またはan）はつけず、**常に不可算名詞**として用いるので、複数形にはならず、**文中では単数扱い**になる。

「分量」の表し方

物質名詞は「1つ」「2つ」と数えることができないので、分量の多さ・少なさを表すには、例文(2)のa lot of や lots of（多くの）などを用いることになる。ほかにmuch（多くの）、any（少しでも）、some（いくらかの）、a little（少しの）、little（少しもない）、no（まったくない）なども、物質名詞の前で使うことができる。

物質名詞を「数える」場合

物質名詞を数えるためには、その物質を「容器」に入れたり、「形状のあるもの」にしたりして表すことが多い。次の例文の a glass of water は「コップ1杯の水」、two sheets of paper は「2枚の紙」で、それぞれ「容器」や「形状のあるもの」を数えている。

- Would you give me **a glass of water**?（水を1杯いただけますか）
- I use **two sheets of paper** when I make this origami cube.
（この折り紙の箱を作るのに2枚の紙を使います）

4 抽象名詞

Clip 282

(1) I think **education** is essential for all children. 560
私は、教育はすべての子どもにとって不可欠だと思う。

(2) Gold always holds its **value**. 561
金は常にその価値を保つ。

概念や感情など、抽象的な事柄を表す名詞

例文(1)、(2)のeducation（教育）やvalue（価値）のほかにも、honesty（正直）、work（仕事）、beauty（美）、progress（進歩）、information（情報）、fun（楽しみ）、peace（平和）、silence（沈黙）、happiness（幸福）といった、概念・感情・状態・動作・性質などの**抽象的な事柄**を表す名詞を**抽象名詞**と呼ぶ。

抽象名詞は**不可算名詞で、文中では単数扱い**となる。そのため抽象名詞に関して程度を表すには、物質名詞と同じようにa lot of、lots of、much、any、some、a little、little、no などを用いることになる。

「前置詞＋抽象名詞」

抽象名詞は、「前置詞＋抽象名詞」の形で、形容詞や副詞のような働きをすることがある。
- He is a man **of importance**. （彼は重要人物だ）
- I'm sure she can solve the problem **with ease**.
  （彼女はきっとその問題を楽に解ける）

of importance（重要な）は形容詞の importantとほぼ同じ意味で、with ease（容易に）は副詞の easilyとほぼ同じ意味である。

このほか、よく使われるものに of ability（有能な）、with care（注意して）、with difficulty（やっとのことで）、with success（首尾よく）、at will（意のままに）などがある。

5 固有名詞

Clip 283

(1) **Pompeii** is known as an ancient city.　　　562
ポンペイは古代の都市として知られている。

(2) He bought a new TV to watch **the World Cup**.　　　563
彼はワールドカップを見るために新しいテレビを買った。

特定の人、物、事柄の名称

特定の人、物、事柄につけられた名称で、文中では大文字で書き始める。Mr. Smith（スミス氏）、Japan（日本）、Mount Fuji（富士山）、May（5月）といった、人名、地名などの「名称」はすべて固有名詞である。固有名詞には原則として冠詞はつけず、また複数形になることもない。ただし、(2)の the World Cupのような行事や the British Museum（大英博物館）のような公共施設、the WHO（世界保健機関）のような組織、および一部の地名などには theをつけるものもある（▶p.495）。

3 所有の表し方

1 名詞の所有格を使う形

名詞の所有格は、日本語の「〜の」に当たる。所有格は原則として、人や生物を表す名詞に使われる。

> **Clip 284**
>
> (1) Where is **Mary's** racket?　　564
> メアリーのラケットはどこにありますか。
>
> (2) My sister goes to a **women's** college.　　565
> 私の姉は女子大学に通っています。
>
> (3) Have you read **today's** paper?　　566
> 今日の新聞は読みましたか。

'sで表す所有格　　例文(1)のMary'sのように、**名詞に'sをつけて、「〜の」という所有を表す**ことができる。-sで終わる複数形の場合は、アポストロフィ(')のみをつけてgirls'のようにする。

なお、所有格の後ろに来るはずの名詞は、前後関係や常識から明らかな場合は省略されることがある。

- This racket is **Mary's** (racket).
  (このラケットはメアリーのものです)
- I stayed at **my uncle's** (house).
  (私は叔父のところに泊まった)

所有格の使い方　　(2)のwomen's (女性の) は、複数形の所有格である。なお、ここでの所有格は「所有」ではなく、「女性のための大学」という**「対象」**を表している。

また、(3)のtoday's (今日の) のように、人や動物を表す名詞以外に、**時や距離、金額、あるいは国名などを表す名詞**は所有格にすることができる。

- I'll take **two weeks'** vacation.
  (私は2週間の休暇を取ろう)

- What do you think about **Japan's** future?
  （日本の将来をどう思いますか）

動作・行為の主語や目的語を示す所有格

所有格には、名詞が表す動作・行為の**意味上の主語や目的語**を示す用法がある（▶p.454、p.456）。

①意味上の主語を示す
- The reporters waited for **the minister's** arrival at the airport.
  （報道陣は大臣が空港に到着するのを待った）
  次のように、動名詞の意味上の主語を表す用法もある。
- Upon **the minister's** arriving at the airport, a press conference was held.（大臣が空港に到着するとすぐに、記者会見が開かれた）

②意味上の目的語を示す
- They announced the **bridge's** closure.（彼らはその橋の閉鎖を発表した）

2 前置詞 of を使う形

Clip 285

(1) Do you know **the title of the novel**? 567
その小説の題名を知っていますか。

(2) My new tennis coach is **a friend of my brother's**. 568
私の新しいテニスのコーチは、兄の友人だ。

of で所有を表す	**人や動物以外を表す名詞**に関して「所有」を表現する場合は、通常、(1)のように「**～ of ＋名詞**」の形で表す。
	● At **the foot of the candle** it is dark.（ロウソクの足元は暗い［灯台もと暗し］）
「兄の友人の1人」の表し方	「私の兄の友人の1人」を英語で（×）my brother's a friend や、（×）a my brother's friend などとは言えない。したがって、(2)のような **a friend of my brother's** という形を使う。my brother's friend（私の兄の友人）という表現も可能だが、この場合は兄の「特定の1人の友人」を指し、「複数いる友人の中の不特定の1人」を指すわけではない（▶p.502）。

Step 2 発展

1 可算名詞と不可算名詞の用法の変化

通常は不可算名詞に分類される名詞であっても、具体的な個別の事例を表す場合には、a や an をつけたり、複数形にしたりすることができる。さまざまなケースについて見てみよう。

❶ 固有名詞を可算名詞として使う

Clip 286

(1) There was a call from **a Ms. Kato** while you were out. 569
あなたの外出中に加藤さんという人から電話がありました。

(2) I'm sure he will be **a Newton** in the future. 570
彼はきっと将来ニュートンのような科学者になると思う。

固有名詞を「数える」　例文(1)では、**固有名詞**であるはずのMs. Katoが、「加藤さんという名前の人」の意味で**普通名詞のように**使われ、a Ms. Katoという形になっている。同様に、人名の固有名詞を複数形にして、three Katos（3人の加藤さんという名前の人）といった使い方をすることもできる。

- There are three Katos in this class.
（このクラスには加藤さんが3人います）

例文(2)の a Newtonは、「ニュートンのような偉大な科学者」という意味で使われている。

2 抽象名詞を可算名詞として使う

Clip 287

(1) Look at that picture! It's **a beauty**. 571
あの絵を見て！　見事なものだよ。

(2) Thank you for your **many kindnesses**. 572
いろいろお心遣いをいただきありがとうございます。

抽象名詞を「数える」　例文(1)のbeautyは「見事なもの、美しい作品」という**具体的なもの**、(2)のkindnessは「親切な行為」という**具体的な行為**を表している。このように、**抽象名詞**で具体的な個々の事物や事例を表す場合には、a[an]をつけたり、複数形にしたりできる。

3 物質名詞を可算名詞として使う

Clip 288

(1) He threw **a stone** into a pond. 573
彼は石を池に投げた。

(2) My father has a few gray **hairs**. 574
父は少し白髪がある。

物質名詞を「数える」　stone（石）のようにさまざまな大きさや形がある物や、hair（髪の毛）のように通常は1本1本を数えることがない物を指す名詞（**物質名詞**）は通常、不可算名詞として扱われる。しかし、例文のように、それらを**同じ種類のほかの物と区別される別個の「個体」**としてとらえるときには、a[an]をつけたり、複数形にしたりできる。

物質名詞が可算名詞として使われるそのほかの場合

p. 476のstoneやhairのような場合以外にも、次のように、物質名詞が可算名詞として使われる場合がある。

①種類を表す

品種や産地の別など、「種類」を指すときにはa[an]をつけたり、複数形にしたりすることができる。

- Can you tell the difference between **an Uji tea** and **a Shizuoka tea**?
  （宇治茶と静岡茶を区別できますか）

②製品や商品を表す

例えばガラスのような物質名詞で表される物を材料にしていても、**一定の形や大きさを持つ物**であれば、次の例文のようにa[an]をつけたり複数形にしたりすることができる。また、**一定の容器に入れて商品になっている物**などは、a[an]をつけたり複数形にしたり、数詞をつけたりすることができる。

- I've broken **a glass**.（グラスを割ってしまった）
- **Three coffees**, please.（コーヒーを3つください）

4 可算名詞を物質名詞として使う

Clip 289

(1) I ate a salad of **chicken**, **potato**, **onion**, and **apple**.　　　575
私はトリ肉、ジャガイモ、タマネギ、リンゴのサラダを食べた。

(2) Please write in **pen**.　　　576
ペンで書いてください。

可算名詞の物質名詞化

例文(1)のchicken、potato、onion、appleのように、料理などに使うために細かく切ったりすりつぶしたりした「**素材**」の意味で使う場合や、(2)のin pen（ペンで）のように、1つの物としてではなく**手段としての**penを意味する場合は、a[an]をつけず、また複数形にもせずに使う。

可算名詞が抽象名詞として使われる場合

penやswordのような**可算名詞にtheをつけて**、「ペンによって書かれる言葉の力」「剣によってもたらされる武力」のような**抽象的な意味**を表すことがある。

- **The pen** is mightier than **the sword**.（ペンは剣よりも強い）

2 注意すべき複数形の名詞

① 2つの部分からできている物

Clip 290

(1) I've got **a** new **pair of glasses**.　　　　　　577
　　私は新しい眼鏡を買った。

(2) **Those pants** look nice on you.　　　　　　　　578
　　そのズボンはあなたによく似合っている。

| 2つの部分で1つ | glasses（眼鏡）やpants（ズボン）のように、対の部分から成り、2つの部分を切り離さずに用いる物を表す名詞は**常に複数形**で使う。この場合、数えるときはa pair of glasses、two pairs of pantsのように**pair**を用いる。また、theseやthoseをつけて用いる場合、(2)のように主語として使うときには、動詞はlookのように複数に対応した形にする。
　こうした名詞としては、ほかにもtrousers（ズボン）、scissors（はさみ）、tights（タイツ）、compasses（[円を描く]コンパス）などがある。 |

② 学問名

Clip 291

(1) **Mathematics** is important to my future.　　579
　　数学は私の将来にとって大切である。

(2) These **statistics** show that the economy is improving.　　　　　　　　　　　　　　　　　　580
　　この統計は、経済が上向いていることを示している。

| -sのつく学問名は単数扱い | 例文(1)のmathematics（数学）のように、**学問を指す名詞**には**複数形**になるものが多い。例えばphysics（物理学）、economics（経済学）、statistics（統計学）などである。これ |

478　18章　名詞

らの「学問名」の名詞は**単数扱い**となるので、単数に対応した形の動詞を用いる必要がある。

学問名を表さない場合は複数扱い　例文(2)では、statisticsを学問名ではなく、「統計」の意味で用いている。このような場合には、**複数扱い**になる。

3　相手を要する行為や交換を表す動詞の後ろで

Clip　292

(1) I made **friends** with her. 　581
　　私は彼女と仲よくなった。

(2) We took **turns** to drive the car. 　582
　　私たちは交代でその車を運転した。

(3) At Shinjuku Station, I changed **trains** for Kofu. 　583
　　私は新宿駅で、甲府行きの列車に乗り換えた。

「相手」を意識した複数形　人と仲よくなるにも、交代で運転するにも、自分と相手が必要である。また、列車を乗り換える場合にも、乗ってきた列車とこれから乗る列車が必要である。このような**「相手を必要とする行為」や「交換」を表す動詞**の後ろに来る**目的語となる名詞**は、**複数形**で使われる。

● I shook **hands** with him. (私は彼と握手をした)

常に複数形で使う名詞

名詞の中には**常に複数形で使うもの**がある。**身体の部位、病気、ゲーム**などに関連した語に多い。例えば次のようなものである。
gums (歯茎)　measles (はしか)　surroundings (環境)　cards (トランプ)
savings (貯金)　valuables (貴重品)　remains (残り物)

19章 冠詞
Articles

Step 1 基本

1 冠詞の種類と発音
- ❶ 冠詞の種類　482
- ❷ 冠詞と名詞の組み合わせ方　482
- ❸ a と an の使い分け　483
- ❹ 発音　483

2 不定冠詞 a、an の用法
- ❶ 基本的な用法　484
- ❷ 「〜につき」を表す　485

3 定冠詞 the の用法
- ❶ すでに述べられた人、物、事柄を表す場合　485
- ❷ そこまでの話や文脈と、常識的に関連する場合　486
- ❸ その場の状況からそれと分かる場合　487
- ❹ 修飾されることによって（1つ・1人に）特定される場合　487

4 冠詞をつけない場合
- ❶ 形や輪郭がないもの　488
- ❷ 施設の機能　489
- ❸ 手段　489

5 冠詞の位置
- ❶ 感嘆文の what や、形容詞 such などを用いる場合　490
- ❷ 副詞 as や too などを用いる場合　491
- ❸ all や both などと「the ＋名詞」を用いる場合　492

Step 2 発展

1 不定冠詞を用いた慣用表現　493

2 定冠詞のさまざまな用法
- ❶ ただ1つしか存在しないもの　493
- ❷ 単位　494
- ❸ 身体の部位　494

Step 1 基本

　冠詞は後ろに名詞が来ることを表す語である。冠詞をつけるかつけないか、また冠詞をつけるとすれば a[an] をつけるか the をつけるかという選択は、**その名詞が表す人、物、事柄を、話し手がどのように認識しているかで決まる**。冠詞は日本語にはないので、名詞（▶p.466）の用法とともにしっかりと押さえておく必要がある。

1 冠詞の種類と発音

① 冠詞の種類

　冠詞とは a、an、the のことである。a と an は**不定冠詞**、the は**定冠詞**と呼ばれる。

不定冠詞	a、an
定冠詞	the

② 冠詞と名詞の組み合わせ方

　不定冠詞の a[an] は、複数形の可算名詞（▶p.466）にはつけない。また、単数・複数という区別がない不可算名詞（▶p.466）につくこともない。一方、定冠詞の the は、可算名詞の単数形、複数形、不可算名詞のいずれにもつけることができる。

◆ 後ろに来る名詞との組み合わせ

	可算名詞 単数形	可算名詞 複数形	不可算名詞
不定冠詞	an egg	－	－
定冠詞	the egg	the eggs	the water

✿ an の由来

　　anは歴史的に見るとone（1つの）からできた語であり、後ろに来る名詞（または名詞を修飾する形容詞）が母音で始まるとき、このanからnがなくなってaができていった。つまり、もともと「1つの」という意味を持つ語に由来するため、通常は可算名詞の単数形の前に置かれるということになる。

3　a と an の使い分け

直後の語が母音で始まる場合は an をつけ、**直後の語が子音で始まる場合**は a をつける。

an をつける例：an apple、an old house、an hour、an MVP
・hourのhは発音しないのでanとなる。
・アルファベットの略語は、子音字で始まる場合でも、上のMVPのM /em/ や、FBIのF /ef/ などのように発音が母音の場合にはanとなる。

a をつける例：a dictionary、a big city、a happy day、a university、
　　　　　　　　a one-way ticket
・universityのuやone-wayのoは母音字であるが、発音は母音ではない（/j/ や /w/ という母音に似た発音［半母音］）。そのためanはつけない。

4　発音

　aとanは、特に強調する必要がない場合には、それぞれ /ə/、/ən/ のように発音する。aやanの部分を強調して言う場合は、aは /ei/、anは /æn/ という発音になる。

　theの発音は、原則として以下のようになる。

① **特に強調する必要がなく、直後に子音が来るとき**：/ðə/
● Please tell me the way to his house. (彼の家に行く道を教えてください)

② **特に強調する必要がなく、直後に母音が来るとき**：/ði/
● Where did you buy the umbrella? (その傘はどこで買いましたか)

③ **the の部分を強調して言うとき**：/ðiː/
● I didn't say "a dog," I said "the dog."
　(「a dog」と言ったのではなく、「the dog」と言ったのです)
・強調して言うときの発音として、/ðiː/ 以外に /ðʌ/ が使われる場合もある。

2 不定冠詞 a、an の用法

不定冠詞 a、an は通常、初めて話題に上るような、聞き手に特定ができない人・物・事柄を表す可算名詞の単数形の前につけるが、それ以外の用法もある。

1 基本的な用法

> **Clip 293**
>
> (1) I saw **a** rainbow on my way home. 584
> 私は帰り道に虹を見た。
>
> (2) There isn't **a** dentist in this area. 585
> この地域には1人の歯科医もいない。

初めて話題になる名詞につける

不定冠詞のaは、初めて話題に上る（と話し手が認識する）可算名詞の単数形の人、物、事柄を指して使われ、漠然とした「ある1人[1つ]」を表す。例文(1)がその例である。

Thereで始まる文では、多くの場合、物の存在などが初めて伝えられるが、その際も There is a[an] 〜.の形で不定冠詞が用いられる（◯p.120）。

- There is **an** English dictionary on my desk.
  （私の机の上に英語の辞書があります）

「1つの、1人の」を表す

またaは、具体的な「1人の、1つの」という数詞oneの意味で用いることもできる。(2)はこの意味に重点を置き、「1人もいない」と強調した文である。

- He will finish his work in **a** day or two.
  （彼は1日か2日で仕事を終えるだろう）
- Rome was not built in **a** day.
  （ローマは1日にして成らず）

2 「〜につき」を表す

> **Clip 294**
>
> We play baseball once **a** week. 586
> 私たちは週に1回野球をする。

「〜につき」を意味する

例文のonce a week は「1週間につき1回」の意味で、不定冠詞aをperまたはeachの意味で用いたものである。こうしたaの用法としては、a day（1日につき）、twice a month（月に2回）、four times a year（年に4回）などがある。いずれも単位を表す名詞の前につける。

- My parents go shopping at the supermarket four times **a** month.
  （私の両親は月に4回、そのスーパーに買い物に行く）

3 定冠詞 the の用法

定冠詞theは通常、話し手と聞き手の両方が特定できる人・物・事柄を表す可算名詞・不可算名詞の前につけられて「その〜」を表す。

1 すでに述べられた人、物、事柄を表す場合

> **Clip 295**
>
> (1) A boy sat next to a girl on the bench. **The** girl was smiling. 587
> 男の子がベンチで女の子の隣に座った。その女の子はほほ笑んでいた。
>
> (2) Jill lent me a bike and a helmet. This is **the** bike. 588
> ジルが自転車とヘルメットを貸してくれたんです。これがその自転車です。

既出の名詞を繰り返すときのthe

「昨日、本を読んだんだけど、その本は面白かったよ」のように、話の中で同一の人、物、事柄について繰り返すことがある。その際、日本語では「その」という語を使うが、英語ではtheを

485

使って、**すでに出てきた人、物、事柄を指している**ことを示す。
　例文(1)では、a girl（ある1人の女の子）が2度目に出てくるときは The girl（その女の子）となっており、(2)では a bike（ある自転車）が2度目では the bike（その自転車）になっている。どちらの場合も a が漠然とした「ある1人[1つ]」を表す不定冠詞であることに注目すると、後に出てくる the との関係がはっきりする。

- We keep a goat and a sheep in the schoolyard. **The** goat likes watermelons.（私たちは校庭でヤギとヒツジを飼っている。そのヤギはスイカが好きだ）

2　そこまでの話や文脈と、常識的に関連する場合

Clip 296

(1) I visited Kyoto in autumn last year. I liked **the** beautiful city very much.　589
　私は昨年の秋に京都を訪れた。その美しい都市がとても気に入った。

(2) A truck ran into a building, and **the** driver was injured.　590
　トラックが建物に衝突して、運転手は負傷した。

既出の名詞を言い換えるときの the

　日本語でも、京都について話しているときに、京都のことを「その古都」などと言い換えることが可能であるように、例文(1)では Kyoto を the beautiful city と言い換えている。後に出てくる beautiful city に **the** がつけられることで、**前に出てきた**「京都」を指していると分かる。ここでは、the beautiful city と Kyoto の**関係は聞き手にも判断できる**と想定して、定冠詞 the が使われているのだ。

常識的な関連を示す the

　例文(2)では、driver が「事故を起こしたトラックの運転手」であることは文脈から明白である。このように、**すでに出てきた語に常識的に関連する語には the をつける**ことができる。

486　19章　冠詞

3 その場の状況からそれと分かる場合

Clip 297

(1) It's very hot. Will you open **the** window?　591
ひどく暑いですね。窓を開けてくれますか。

(2) Yesterday, I went to **the** airport to see her off.　592
昨日、彼女を見送りに空港に行った。

どれのことか了解済みのとき　例文(1)のように、同じ部屋の中にいて、話し手がwindowと言ったら、聞き手は通常、どこの窓か分かると考えられるのでtheをつける。(2)のthe airportは話し手にも聞き手にも見えない場所にあるが、話し手が想定している空港は最寄りの、あるいはよく利用したり話題に上ったりしている空港と考えられる。話し手は、**聞き手にもそれと分かるはずであると判断しているため、theをつけて伝えている**のである。

4 修飾されることによって(1つ・1人に)特定される場合

Clip 298

(1) **The** picture on the wall was painted in the 17th century.　593
壁にかけられている絵は17世紀に描かれた。

(2) This is **the** man who came to see you yesterday.　594
こちらが昨日あなたに会いに来られた男性です。

修飾関係によって特定できるとき　例文(1)でThe pictureにTheがついているのは、直後のon the wall（[特定の]壁にかけられている）という語句によってどの「絵」のことか**特定できる（それと分かる）**ためである。なお、wallについたtheは、周囲の状況から話し手にも聞き手にも容易に「どの壁か分かる」ことを示している。
　例文(2)の場合は、名詞manの後ろに関係詞節が続いており、その内容からどの男性か**十分に特定されている**ので、the manとすることができる。

> ⚠️ **「名詞＋修飾語句」の前は必ずthe？**
>
> 　名詞の後ろに修飾語句が続く場合でも、聞き手にとって「それと分かる」と判断しがたいものにはtheをつけない。あくまで「聞き手が（それを1つ・1人に）特定できる」と考えられるかどうかが基準となる。
>
> - He is **a** member of the school's finance committee.
>   （彼は学校の財政委員会の委員だ）
> - **A** woman (whom) I met the other day turned out to be my neighbor.
>   （先日出会った女性は近所の人だと分かった）

4 冠詞をつけない場合

　名詞が冠詞をつけずに用いられることがあり、そのような用い方を「**無冠詞**」と呼ぶ。名詞の単数形が無冠詞となる場合について、具体的に見ていこう。

① 形や輪郭がないもの

Clip 299

(1) **Water** boils at 100℃.　　　　　　　　　　　　　　595
　水は摂氏100度で沸騰する。

(2) I like **tea** with **lemon**.　　　　　　　　　　　　　596
　私はレモンティーが好きだ。

(3) She lives in a house made of **wood**.　　　　　597
　彼女は木造家屋に住んでいる。

形がないものや材料

　(1)のwaterのような**物質名詞**について一般的に述べるような場合は、無冠詞になる。また、(2)のlemon（レモン［の果汁］）のように、料理や食料・飲料などに使われている食材や、(3)のwood（木材）のような建築素材といった「**材料**」も、**冠詞をつけずに表す**。これらのような物質名詞のほか、**抽象名詞**（▶p.471）も無冠詞で使われることが多い。

2 施設の機能

> **Clip 300**
>
> (1) She went to **medical school**.　598
> 彼女は医科大学に通っていた。
> (2) He goes to **church** every Sunday.　599
> 彼は毎週日曜日に教会に行く。

建物それ自体でなく、本来の目的を表す

例文(1)と(2)はそれぞれ、medical school（医科大学）やchurch（教会）という具体的な建物ではなく、**そこで行うこと（施設の機能や本来の目的）に注目した表現**である。go to medical schoolは「医科大学に通う」つまり「医学を勉強する」、go to churchは「教会に行く」つまり「礼拝をする」ことを意味している。このような場合、**それぞれの建物を表す名詞に冠詞をつけない**。

建物の例ではないが、次の文も「ベッド」という物ではなく、その機能について言及しているため、bedは無冠詞となる。
- She went to **bed** at 11:00 last night.
（彼女は昨夜11時に寝た）

3 手段

> **Clip 301**
>
> (1) She went to the theater by **bus**.　600
> 彼女はその劇場にバスで行った。
> (2) Please send it to me by **e-mail**.　601
> それをEメールで私に送ってください。
> (3) This service is by **appointment** only.　602
> このサービスは、完全予約制です。

手段を表すbyに続ける場合

例文(1)〜(3)では、by以下の名詞で「（交通、通信、サービスを受けるための）手段」を表している。このような場合、byの

後ろには冠詞なしの名詞を続ける。一種の決まり文句と考えればよい。また、byではなくonを使ったon foot（徒歩）なども、同様の例と考えることができる。

無冠詞で用いる名詞の例

①補語として使う、役割・身分を表す名詞
　We elected him **chairperson**. （私たちは彼を議長に選んだ）

②「〜類」を意味する名詞
　laundry（洗濯物）　stationery（文房具）　furniture（家具類）
　baggage（手荷物）　software（ソフトウエア）　underwear（肌着類）　fruit（果物）
　grass（草）　wildlife（野生生物）　など

③学問名
　math（数学）　chemistry（化学）　philosophy（哲学）　など

④球技・遊戯名（「play＋球技・遊戯名」の形で）
　play soccer（サッカーをする）　play catch（キャッチボールをする）
　play tag（鬼ごっこをする）　など

⑤対句として使われるもの
　from flower to flower（花から花へ）　from head to toe（頭からつま先まで）
　arm in arm（腕を組んで）　hand in hand（手をつないで）
　face to face（面と向かって）　day after day（来る日も来る日も）　など

5 冠詞の位置

通常は a <u>very</u> <u>interesting</u> movie のように冠詞の後ろに修飾語が来るが、冠詞の前に修飾語が出る特殊な場合もある。

1 感嘆文の what や、形容詞 such などを用いる場合

Clip　302

(1) **What a cute kitten** it is!　　　　　　　　　　　603
　なんてかわいい子猫でしょう！

(2) We had **such a pleasant time**.　　　　　　　　604
　私たちはとても楽しい時を過ごした。

whatを使った感嘆文の語順	例文(1)はwhatを用いた感嘆文である。この場合、a cute kittenをwhatが修飾し、**What a ～!**という、**冠詞の前に修飾語がつく形**になる。ちなみに、複数形の名詞に関して述べる感嘆文では次のようになる。 ● **What cute kittens** they are! （なんてかわいい子猫たちでしょう）
「such a＋形容詞＋名詞」のパターン	例文(2)のように、such、rather、quiteなどが形容詞を伴う名詞を修飾する場合は、これらと形容詞との間に不定冠詞a[an]を入れて、**「such a[an]＋形容詞＋名詞」**のような語順にする。

2　副詞 as や too などを用いる場合

Clip　303

(1) This is **as good a book** as that one.　　605
これはあれと同じくらいよい本だ。

(2) It is **too difficult a problem** for us to solve.　　606
それはあまりに難しい問題で、私たちには解決できない。

「as＋形容詞＋a＋名詞」のパターン	副詞のas、too、so、how、howeverなどが形容詞を伴う名詞を修飾する場合は、それらの副詞の後ろに形容詞と「a[an]＋名詞」を続けて、**「as＋形容詞＋a[an]＋名詞」**や**「too＋形容詞＋a[an]＋名詞」**のような形にする。さらにその後ろに、(1)ではas ～が、(2)では(for us) to doが続いて、それぞれ「～と同じくらい…」、「～すぎて…できない」という表現を作っている。

19
冠詞

491

3 all や both などと「the ＋名詞」を用いる場合

> **Clip 304**
>
> (1) **All the children** like singing songs. 607
>   その子どもたちは皆、歌を歌うのが好きだ。
> (2) **Both the sisters** played the piano at the concert. 608
>   姉妹の2人とも、コンサートでピアノを弾いた。

「all＋the＋名詞」のパターン

例文(1)、(2)のように、all、both、half、doubleなどの形容詞と「the＋名詞」を一緒に用いる場合、「all＋名詞」、「both the＋名詞」のような語順となる。(1)の All the children、(2)の Both the sisters はそれぞれ「その子どもたち全員」「その姉妹の両方」という特定された名詞を指すことになる。また、allやbothを代名詞として用いた「all of the＋名詞」(⊃p.509) や「both of the＋名詞」(⊃p.510) という形も、ほぼ同じ意味で使われる。

- All of the children like singing songs.
- Both of the sisters played the piano at the concert.

なお、all children、both sistersのように定冠詞theをつけない場合、特定されない「すべての子どもたち」や、「(2人の)姉妹一般」を指すことになる。

- All children have the right to be loved.
  (すべての子どもたちは愛される権利を持っている)

Step 2 発展

1 不定冠詞を用いた慣用表現

Clip 305

(1) I stayed there **for a while**.   609
私はしばらくの間そこにいた。

(2) I can't handle two tasks **at a time**.   610
一度に2つの仕事はできません。

慣用表現の中の不定冠詞a

(1)の for a while（しばらくの間）では、不定冠詞aは「いくらかの」を表している。また、(2)の at a time（一度に、同時に）では、aは「1つの」から発展して、「同一の」つまり「同じ」という意味で使われている。次の文のaも同様である。

● Birds of a feather flock together.（類は友を呼ぶ）

不定冠詞aを用いた慣用表現にはほかに、as a rule（概して）、at a loss（途方に暮れて）、all of a sudden（突然に）、as a matter of fact（実際のところ）、in a sense（ある意味で）、in a hurry（急いで）などがある。

2 定冠詞のさまざまな用法

1 ただ1つしか存在しないもの

Clip 306

The sun set below **the** horizon.   611
太陽は水平線の下に沈んだ。

世界に1つしかない存在

the sun（太陽）、the horizon（水平線）のように、この世界に「1つしかない」ことがよく知られているものは、定冠詞theをつけて表す。このほか、the earth（地球）、the moon（月）、the world（世界）、the sky（空）、the universe（宇宙）、

the equator（赤道）、the North Star（北極星）、the right（右）、the left（左）、the east（東）、the west（西）、the south（南）、the north（北）なども同様である。

2 単位

> **Clip 307**
>
> (1) Flour is sold by **the** kilogram.　　　　　612
>   小麦粉はキログラム単位で売られている。
> (2) My father rents a parking space by **the** month.　　613
>   私の父は月極めで駐車場を借りている。

量や時間などの単位　　量や時間などの単位も、定冠詞theをつけて表現する。「by the ＋計量［期間］を表す名詞」で、「〜という単位で」という意味になる。by the meter（メートル単位で）、by the hour（時間単位で）、by the week（週単位で）などの表現が可能である。

3 身体の部位

> **Clip 308**
>
> He patted me on **the** shoulder.　　　　　614
>   彼は私の肩をポンとたたいた。

身体の部位　　例文のような、何らかの**動作の対象となるような身体の部位**を表す際には、定冠詞theをつける。on the head（頭を）、in the face（顔を）、on the hand（手を）、by the arm（腕を）などのほか、「身体」の一部ではないがby the sleeve（袖を）のような表現もある。

- She caught me by **the** sleeve.
  （彼女は私の袖をつかんだ）

さまざまなtheの用法

①国名
the United States of America（アメリカ合衆国）
the Philippines（フィリピン）　the Netherlands（オランダ）など

②国民
the Japanese（日本人）　the Vietnamese（ベトナム人）など

③地名・場所の名
the Pacific Ocean（太平洋）　the Mediterranean Sea（地中海）
the Persian Gulf（ペルシャ湾）　the Mississippi（ミシシッピ川）
the Suez Canal（スエズ運河）　the Arabian Peninsula（アラビア半島）
the Sahara（サハラ砂漠）など
＊広大な範囲のものに多い。

④競技会・行事
the World Cup（ワールドカップ）　the Olympics（オリンピック）
the Cannes International Film Festival（カンヌ映画祭）など

⑤賞
the Nobel Prize（ノーベル賞）　the Pulitzer Prize（ピューリツァー賞）など

⑥聖典・教典など
the Bible（聖書）　the Koran（コーラン）など

⑦流行性の病名
the flu（インフルエンザ）　the mumps（おたふくかぜ）　the measles（はしか）など
＊ただし、influenza（インフルエンザ）やcold（風邪）にはtheをつけない。
　また、mumpsやmeaslesはtheをつけずに用いられることもある。

⑧演奏・練習する楽器
play the piano（ピアノを演奏する）　play the violin（バイオリンを弾く）
practice the guitar（ギターを練習する）など
＊「play[practice] the＋楽器名」で「楽器を演奏[練習]する」を表す。

⑨「～な人々」
the aged（高齢の人々）　the rich（裕福な人々）　the sick（病気の人々）など
＊「the＋形容詞」で「～な人々」を表す。

⑩慣用的表現
in the morning（午前中に）　in the afternoon（午後に）
in the evening（夜に）　in the present（現在に）　in the past（過去に）
in the future（未来に）　the correct number（正しい番号）
the wrong number（間違った番号）など
＊現在・過去・未来や正誤など、対立・対照概念の１つであるものにtheをつける。

種類の総称の仕方

　ある種類、例えばある動物の種類の全体について述べるときには、何通りかの表現方法がある。例えば「イルカは知能の高い動物である」は、次のような表現が可能である。
　① **Dolphins** are intelligent animals. 〔無冠詞の複数形を用いる〕
　② **A dolphin** is an intelligent animal. 〔不定冠詞aをつける〕
　③ **The dolphin** is an intelligent animal. 〔定冠詞theをつける〕
　①～③のdolphins、a dolphin、the dolphinはどれも「**イルカという動物全体**」を表している。このような1つの種類全体をまとめて言う、つまり総じて称することを「**総称**」と呼ぶ。ただし、同じ総称の用法でも、①～③はそれぞれ意味合いが異なる。
　①のように無冠詞の複数形を使うと、「特定のイルカではなくすべてのイルカ」について一般化する表現となる。この用法が最も一般的に使われる。
　②のようにa[an]を使うのは、イルカの中から任意の1頭を選んで述べるような場合である。つまり、「イルカをどれでもいいので1頭選ぶと、イルカとは知能の高い動物だと分かる」という意味合いになる。「1頭のイルカに当てはまる特徴は、イルカ全体にも当てはまる」ということである。
　ただし、この意味でのa[an]は文頭の主語に使われるのが普通であり、次の例のように動詞の後ろの目的語には使われない。動詞の後ろで「総称」の意味で用いる場合には、複数形にする。
　（×）I like a dolphin. → （○）I like dolphins. （私はイルカが好きだ）
　③のようにtheを使うと、「ほかの動物とは違って、イルカという動物にはこのような特性がある」という意味合いとなる。抽象的な表現であり、事典などでよく使われる。

20章 代名詞
Pronouns

Step 1 基本

1 人称代名詞
- ① 人称代名詞の主格と目的格　499
- ② 「一般の人」を指す you、we、they　500
- ③ 人称代名詞の所有格　501
- ④ 所有代名詞　501
- ⑤ 再帰代名詞　502

2 it の用法
- ① 前に出てきた語・句・節を指す it　503
- ② 天候や状況を指す it　504

3 指示代名詞
- ① 具体的な何かを指し示す this、that　505
- ② 前に出てきた内容を指す this、that　506

4 不定代名詞
- ① one　507
- ② all　509
- ③ both　510
- ④ each　511
- ⑤ some　512
- ⑥ any　513
- ⑦ either　514
- ⑧ neither　515
- ⑨ none　516
- ⑩ another、other　517
- ⑪ someone、everything など　519

Step 2 発展

1 形式主語・形式目的語の it
- ① 形式主語の it　520
- ② 形式目的語の it　520

2 指示代名詞のさまざまな用法
- ① 名詞の反復を避けるための that や those　521
- ② 「人々」を指す those　522

Close Up! 限定詞　523

> **Step 1** 基本

次の例を、日本語訳にも注意して見てみよう。
"Do you know Mr. Sato?" "Yes, I know him well."
(「佐藤さんを知っていますか」「はい、彼のことはよく知っています」)

日本語で「佐藤さん」を「彼」と呼ぶことがあるように、英語でも、人や物が本来持つ名称の代わりに別の呼び方を使うことがある。こうした**「名詞の代わりをする語」**を**「代名詞」**と呼ぶ。

1 人称代名詞

代名詞のうち、主に「人」を表すものを**「人称代名詞」**と呼ぶ。人称とは、「話し手（私・私たち）」＝ **1人称**、「聞き手（あなた・あなたたち）」＝ **2人称**、「それ以外の人や物」＝ **3人称**の区別のことである。人称代名詞は基本的には「人」を指すが、3人称には人以外のものを指す it や they も含まれる。

人称代名詞は、人称以外に、性や数、そして格（文中での使われ方［主語として使われるか、目的語として使われるかなど］）によって形が異なる。

◆ 人称代名詞・所有代名詞・再帰代名詞の形

人称	数	人称代名詞 主格	人称代名詞 所有格	人称代名詞 目的格	所有代名詞	再帰代名詞
1人称	単数	I	my	me	mine	myself
	複数	we	our	us	ours	ourselves
2人称	単数	you	your	you	yours	yourself
	複数	you	your	you	yours	yourselves
3人称	単数	he	his	him	his	himself
		she	her	her	hers	herself
		it	its	it	—	itself
	複数	they	their	them	theirs	themselves

1 人称代名詞の主格と目的格

> **Clip 309**
>
> (1) **I** received a phone call from someone. Did **you** call **me**? 615
> 誰かが電話してきたんです。あなたは私に電話しましたか。
>
> (2) **You** can go first. **I'll** follow **you**. 616
> 先に行っていいですよ。私があなたを追いかけますから。

主語になる主格、目的語になる目的格

　主語として使われる形を**主格**、**目的語**として使われる形を**目的格**と呼ぶ。(1)はIとyouが主格で、meが目的格である。(2)は1つ目のYouとIが主格で、2つ目のyouが目的格である。youは主格と目的格が同じ形になる。

　代名詞は基本的に**名詞と同じ働きをする**ので、補語として使われることもあれば、前置詞の後ろに続くこともある。**補語になる場合**は主格を用いるのが正式な形とされているが、現代の英語では**目的格**を使うことが多い。

- Hi, Mom. It's **me**. （[電話で] ママ、僕だよ）

　前置詞の後ろに続く（前置詞の目的語になる）場合は**目的格**を用いる。

- Look at **him**. （彼を見なさい）

目的格1語での応答

口語では、主格を用いるべき場面でも目的格を用いることがある。

- "Who broke the window?" "**Him**." (「誰が窓を割ったの？」「彼です」)

本来、応答の部分は "He did." などとすべきところだが、このように目的格1語で答える場合もある。

20 代名詞

2 「一般の人」を指す you、we、they

Clip 310

(1) **You** should be careful when **you** use a knife.　　617
ナイフを使うときは気をつけるべきだ。

(2) **We** had a severe winter last year. 　　618
昨年の冬は寒さが厳しかった。

(3) **They** sell handmade crafts at the shop. 　　619
その店では手作りの工芸品を売っている。

一般の人を指す you、we、they のニュアンス

　例文(1)は、「ナイフを使うときは気をつけるべきだ」ということを一般論として語っており、you は聞き手だけではなく、聞き手も含めた「一般の人」を指している。

　you のほかに、we や they にも「一般の人」を指す用法がある。ただしニュアンスは少しずつ異なる。you には、一般論に聞き手を含めることで、内容を聞き手に近しく感じさせる効果がある。

　we は通常、「話し手と聞き手を含むグループに属する人たち」を指す。例文(2)の we は「この地域に住む私たち」である。ただし文脈によっては、we には話し手が属するグループと聞き手が属するグループを区別するニュアンスが生じる。例えば次の文は、「あなたの属するグループはどうか知らないが」という含みを感じさせる。

● **We** do things differently here.
　（ここでのやり方はほかとは違います）

　they は「話し手と聞き手が属さないグループの人たち」を漠然と指す。例文(3)の they は具体的な店員の誰かではなく、漠然と「お店の人たち」を指している。次の文の they は「ブラジルに住む人々」を指す。

● **They** speak Portuguese in Brazil.
　（ブラジルではポルトガル語を話す）

　なお、こうした例から分かるように、「一般の人」を指す you や we や they は、日本語には訳さないことが多い。一方、英語には主語が必要（ p.32）なので、こうした主語を使っておくのである。

3 人称代名詞の所有格

> **Clip 311**
>
> **My** camera broke yesterday. 620
> 私のカメラが昨日壊れました。

後ろの名詞を修飾する所有格

代名詞は名詞の代わりをするものであるから、基本的には名詞と同様の働きをする。しかし例文のMy（私の）はcameraという名詞を修飾する**形容詞のような働き**をしている。このように「私の」「あなたの」「彼女の」などの意味で、人称代名詞が**後ろの名詞を修飾する**ときに使う形を**「所有格」**と呼ぶ。

- Leave **your** bag here.
  （あなたのバッグをここに置いていきなさい）

所有格の後ろにownを置くと、「～自身の、独自の」という意味合いを強調することができる。

- He tends to stick to **his own** views.
  （彼は彼自身の見解にこだわる傾向がある）

なお、yourには次のような使い方もある。

- He's not **your** average professor.
  （彼は普通の教授じゃないからね）

ここでのyourは「あなたが想像するような」を意味する。

4 所有代名詞

> **Clip 312**
>
> (1) "Whose book is this?" "It's **mine**." 621
> 「これは誰の本ですか」「私のです」
>
> (2) My umbrella is here. Where's **yours**? 622
> 私の傘はここにあります。あなたのはどこ？

「～のもの」を表す人称代名詞

例文(1)ではmy book（私の本）と言う代わりにmine（私のもの）を用いている。このように**「～のもの」を表す人称代名詞**を**「所有代名詞」**と呼ぶ。所有代名詞は、人称代名詞の所有格と

異なり、**後ろに名詞を続けずに単独で用いる**ことができる。

所有代名詞は人称代名詞の所有格に-sをつけて作るのが基本だが、mineとhis（彼のもの）は異なる。所有代名詞のhisは、所有格と同じ形となる。

所有代名詞は次のような使われ方もする。

● Jane is a friend of **mine**.（ジェーンは私の友人です）

my friendが特定の1人の友人を指すのに対し、a friend of mineは「複数いる友人の中の不特定の1人」を表し、初めて話題にする場合に用いる（▶p.474）。

5 再帰代名詞

Clip 313

(1) She calls **herself** Susie.　　　　　　　　　　　623
　　彼女は自分のことをスージーと呼んでいる。

(2) I want to do it **myself**.　　　　　　　　　　　624
　　私はそれを自分自身でやりたい。

「〜自身を」を表す人称代名詞

例文(1)で「彼女 (She)」が「呼んでいる (calls)」対象は彼女自身である。このように動詞の目的語が主語と同じ人や物であるとき、つまり「**〜自身を**」と言いたい場合、人称代名詞に-selfをつけた形を用いる。こうした形を、「自らの行為が自らに帰ってくる」という意味で「**再帰代名詞**」と呼ぶ。

-selfは人称代名詞の所有格または目的格につける。複数の場合はthemselvesのように-selvesをつける。(1)のherselfをherにして、She calls her Susie.とした場合、彼女がスージーと呼ぶのは彼女自身ではない別の女性、ということになる。

再帰代名詞は、前置詞の後ろに続く場合もある。

● Kenneth talked about **himself**.
　（ケネスは自分自身について話した）

強調に使われる再帰代名詞

再帰代名詞は**名詞や代名詞を強調する**場合にも用いられる。(2)では「私が自分自身で」ということが強調されている。次の例も同様である。

502　20章　代名詞

- I have been there **myself**.
（私自身そこに行ったことがある）

この文は次のような語順にすることもできる。
- I **myself** have been there.

なお、このような再帰代名詞の用法を「強調用法」、(1)のような用法を「再帰用法」と呼ぶことがある。

（ 再帰代名詞を使った表現の例 ）

by oneself（1人だけで、独力で）　for oneself（自分自身で、自分のために）
enjoy oneself（楽しく過ごす）　introduce oneself（自己紹介をする）
help oneself to 〜（〜を自分で［自由に］取って食べる）
make oneself at home（くつろぐ）

2 it の用法

1 前に出てきた語・句・節を指す it

Clip　314

I bought a picture at a gallery. I'll show **it** to you.　625
ギャラリーで絵を買ったんだ。それを君に見せてあげるよ。

すでに話題に上った名詞を指す

上の例では、最初の文で「1枚の絵を買った」と述べ、次の文でその絵をitと表現している。この場合、itを使わずにthe picture（その絵）と言ってもいいのだが（●p.485）、繰り返しを避けるためにitに置き換えている。

このように、itは**すでに話題に上った単数名詞を指して**、「the＋単数名詞」の代わりに用いる代名詞である。複数名詞に対してはtheyを用いる。

- I brought some guidebooks for you. **They** may be helpful.（ガイドブックを何冊か持ってきてあげたよ。それらは役に立つかもしれない）

itは基本的に**人以外のものを指す**が、性別が不明な場合や、性別が重要でない場合には、人についてもitが用いられる。

- She's having a baby. She says it's a boy.
  （彼女は赤ちゃんが生まれる予定なの。男の子だそうよ）
  このitは「赤ちゃん」を指す。a boyという情報を文の最後で述べるので、主語にitを使っている。

句や節の内容を指す

itは、すでに聞き手が知っている情報であれば、名詞だけではなく句や節の内容を指すこともできる。
- We don't have time to talk now. We'll do it later. （今は話している時間はない。[話すのは] 後にしよう）
  上の2文目のitは、to talk（話すこと）を指している。
- If he joins our team, it'll help us win the race.
  （彼がうちのチームに加われば、レースに勝つ助けになるだろう）
  この文のitは、コンマの前の節の内容、つまりhe joins our team（彼が私たちのチームに加わること）を指している。

2 天候や状況を指す it

Clip 315

It's raining outside. 626
外は雨降りだ。

周囲の状況を指す代名詞

itは周囲の状況を指すことがある。「状況」とは、具体的には「時、日付」「天候、明暗」「距離」などである。何を指しているかは文脈から判断する。例文のitは天候を表している。なお、日本語にする際はitを訳さないのが普通である。
- It's already 3 o'clock. （もう3時だ） 〔時〕
- It's a national holiday today. （今日は祝日だ） 〔日〕
- It's about two kilometers from here to the station. （ここから駅まで約2キロです） 〔距離〕

itは次のように、より漠然とした状況を指す場合もある。
- I like it here. （ここが気に入っています）
  このitは、例えば職場の雰囲気など、周囲の状況全般を漠然と指すと考えられる。

● We hurried to the airport, but we didn't make it. (われわれは空港へ急いだが、間に合わなかった)

このitも状況を指す。make it で「うまくやり遂げる」を意味し、具体的には「間に合うように空港に到着する」ことを表す。

3 指示代名詞

人や物を直接的に指し示す代名詞を「指示代名詞」と呼ぶ。指示代名詞には this、these、that、those の4つがある。

1 具体的な何かを指し示す this、that

Clip 316

(1) Is **this** your bag? 627
これはあなたのバッグですか。

(2) **That**'s the car he was driving. 628
あれが彼が運転していた車です。

this (これ) と that (それ、あれ)

例文(1)はバッグを指で示したり、手に取ったりして尋ねている場面での発言である。thisは日本語の「これ」に相当する。日本語の「これ」と同様、thisは**空間的・心理的に話し手に近い**ものを指す。話し手の縄張りの中にあるものにthisを使うと考えてもよい。例えば、自分の隣にいる人について次のように言うことができる。

● **This** is Mr. Robert Smith.
(こちらはロバート・スミスさんです)

thatは「それ」または「あれ」に相当する語で、**話し手から空間的・心理的に遠いもの**、話し手の縄張りの外にあるものを指す。(2)は、やや離れた場所にある車を示しながらの発言である。

these (これら) と those (それら、あれら)

thisの複数形がthese (これら)、thatの複数形がthose (それら、あれら) である。

● **These** are the pictures I took yesterday.
(これらは私が昨日撮った写真です)

- **Those** are the new shoes that came in last week. (あれらが先週入荷した新着の靴です)

形容詞として使われる場合　thisは「この」、thatは「その、あの」という意味の形容詞としても使われる。theseとthoseも同様で、theseは「これらの」、thoseは「それらの、あれらの」を表す。
- **That** house is my uncle's.
  (あの家は私の伯父のものです)
- Take **these** boxes upstairs.
  (これらの箱を上の階に持っていきなさい)

2　前に出てきた内容を指す this、that

> **Clip 317**
>
> Oh, the engine has stopped! I can't believe **this**!　629
> あっ、エンジンが止まっちゃった！　こんなこと(が起こるなんて)信じられない！

直前の事柄を指す　thisは**今起こったばかり**の、または**現在進行中の事柄**を指すことができる。話し手にとって心理的に近いと感じられる事柄をthisで指し示すのである。

また、thisは**その前に話題にした事柄**を指すこともある。
- He ignored her, and she found **this** offensive.
  (彼は彼女を無視した。そして彼女はこのことを不愉快に思った)

一方、thatにも似た用法があるが、thisよりも話し手にとって心理的に遠い事柄を指す。
- Our teacher suddenly started to dance. **That** was funny.
  (突然先生が踊りだしたんだ。あれはおかしかったね)

⬆ 次に述べることを指す this

thisには「これから述べること」を指す用法もあり、注意を引いたり、話題を切り出したりするのに使われる。
- Remember **this**: I'll always be on your side.
  (このことは覚えておいてください。私はいつもあなたの味方です)

- I hate to bring this up, but the rumor is true.
（このことは言いにくいのですが、そのうわさは本当です）

4 不定代名詞

特定の対象を「これ」「それ」などと具体的に指し示すのではなく、**不特定の物や人を指す代名詞**を**「不定代名詞」**と呼ぶ。

1 one

Clip 318

I don't have a pen. Do you have **one**?
ペンがない。あなたは持っていますか。

630

すでに出た名詞の繰り返しを避ける

上の例では、oneはone pen（= a pen）の意味で使われている。oneは、**前に話題に出た名詞の繰り返しを避け、「1つの物」を表すために使われる**。

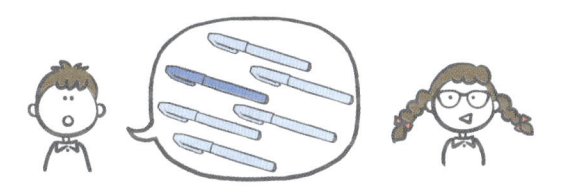

この場合、1本のペンであれば**どのペンでもよい**ことに注意しよう。もし特定のペンを指すのであれば、次のようにitを用いる。

- I like this pen. I'll take **it**.
（このペンが気に入りました。買います）

「冠詞＋形容詞＋one」の形

oneはそれ自体が「1つの」という意味を含んでおり、数えられる名詞を指して用いる。形容詞と一緒に用いるときは、a large oneのように前に冠詞を置く。

- This jacket is too small. I want **a larger one**.
（この上着は小さすぎます。もっと大きいのが欲しいのですが）

onesを使う場合

複数の物を指すにはonesを用いる。onesは単独ではなく、形容詞などとともに用いる。

- These jeans are too tight. I want looser ones.
  (このジーンズはきつすぎます。もっとゆるいのが欲しいのですが)

特定の物を指す the one

oneは単独で使った場合には不特定の物を指すが、theをつけて特定の物を指すこともできる。

- I don't like this purse. Can I see the one on that shelf? (このハンドバッグは好みじゃありません。あの棚にあるのを見てもいいですか)

thisやthatなどをつけて特定の物を指すこともある。

- This watch is too expensive. Can I see that one? (この腕時計は高すぎます。あれを見てもいいですか)

oneは、数えられない名詞の代わりには用いられない。数えられない名詞は、oneに置き換えずそのまま用いるか、省略する。

- (×) Write in black ink rather than red one.
- (○) Write in black ink rather than red (ink).
  (赤ではなく黒のインクで書きなさい)

人を表す one

oneは人を表すこともある。

- He is the one who founded this school. (彼がこの学校を創立した人です)

また、oneは「一般の人」を表すこともある。

- When one speaks in public, one should deliver a clear message.
  (人前で話すときは、明確なメッセージを伝えなくてはならない)

2 all

> **Clip 319**
>
> <u>All</u> of the students clapped their hands.
> すべての生徒が拍手をした。

「すべて」

allは「すべて」を意味する代名詞で、後ろに例文のような前置詞句や、次の例のような関係詞節などを置いて修飾することが多い。

- That is <u>all</u> that happened.
  (それが起こったことのすべてです)

単独で用いる場合は、次のように単数扱いにする。

- <u>All</u> is well in my home. (私の家ではすべて順調です)

allに修飾語句が続く場合は、その修飾語句によって単数扱いか複数扱いかが決まる。

- <u>All</u> of the money <u>is</u> his. (そのお金はすべて彼のものだ)
- <u>All</u> of us <u>are</u> fine. (私たちは全員元気です)

人称代名詞にallを続けて、「同格」の意味で用いることもある。

- We <u>all</u> agreed with his plan.
  (私たちは全員、彼の計画に賛成した)

形容詞として使われるall

allは代名詞として使われる以外に、形容詞として使われることも多い。

- <u>All</u> human beings are equal.
  (すべての人間は平等である)

また、「all the＋名詞」のような形で使うこともできる (●p.492)。例文は次のようにも表せる。

- <u>All the</u> students clapped their hands.

つまり、allは「all of the＋名詞」の形でも、「all the＋名詞」の形でも使うことができる。theの部分には、所有格やthese、thoseなど、ほかの限定詞 (●p.523) が来ることもある。ただし、限定詞をつけない「all of＋名詞」という形では使うことができない。

- (×) <u>All</u> of students clapped their hands.

3 both

> **Clip 320**
>
> **Both** of the boys were 10 years old. 632
> その男の子たちは両方とも10歳だった。

「両方とも」

bothは「**両方とも**」を意味する代名詞で、2つの物や2人の人に対して使われる。

また、次のように人称代名詞にbothを続けて、「同格」の意味で用いることもある。

- We both were tired. (私たちは2人とも疲れていた)

この文は、We were both tired.の語順にすることも可能である。

形容詞として使われるboth

allと同じように、bothも形容詞として使われることがあり、その場合は「両方の」という意味になる。

- Hold this box with both hands.
  (両手でこの箱を持ちなさい)

また、allと同様に「both the＋名詞」のような形でも使うことができる (▶p.492)。theの部分には、所有格やthese、thoseなどが来ることもある。例文は次のようにも表現できる。

- Both the boys were 10 years old.

「both A and B」の形

bothは等位接続詞andと一緒に、both A and B (AもBも両方とも) という形でもよく使われる (▶p.602)。この場合のbothは副詞である。

- Both Cathy and Susan are married.
  (キャシーもスーザンも結婚している)

4 each

> **Clip 321**
>
> **Each** of these paintings was drawn by a local artist. 633
> これらの絵はそれぞれ、地元の芸術家によって描かれました。

「1つ1つがそれぞれ」

例文のeachは、複数ある絵の1つ1つが地元の芸術家による作品であることを表している。eachはすでに話題に出た、あるいは状況から分かる複数の物や人について、その**「1つ1つ[1人1人]がそれぞれ」**を意味する代名詞である。

eachは「この絵も、この絵も、あの絵も」のように、**それぞれについて個別に注目する表現**であるため、**単数扱い**となる。

形容詞として使われるeach

eachは「それぞれの」という意味の形容詞としても使われる。eachが修飾する名詞は可算名詞の単数形である。

- **Each** person has his or her own room.
  （各人が個室を持っています）

副詞として使われるeach

eachは「それぞれに[が]」を表す副詞としても使われる。

- We paid $5 **each**. （私たちはそれぞれ5ドル払った）

形容詞のeachとevery

eachと似た単語にeveryがあるが、everyには代名詞としての用法がなく、**常に形容詞として用いられる**点が異なる。また、everyもeachと同様に**名詞の単数形の前**で使うが、everyは**全体をひとまとまりのものと見なす**点が、1つ1つに着目するeachとは異なる。また、eachは2つ以上のものについて使うが、everyは**3つ以上**のものについて使う。

- **Every** country has its own customs. （すべての国に独自の慣習がある）

- His **every** word and act has a great influence on young people.
  (彼のあらゆる言葉と行為は若者に大きな影響力を持っている)

5 some

> **Clip 322**
>
> **Some** of the books were very old. 634
> それらの本のいくつかは非常に古かった。

「いくつか、いくらか」

例文のsomeは、複数ある本のうちの「何冊か」という意味である。このように、**ある程度の数[量]のものを、漠然と「いくつか、いくらか」のように示す**のがsomeである。someには、具体的に示さずにぼかすニュアンスがある。someは可算名詞に対しても不可算名詞に対しても使うことができる。

- I spent **some** of the money on comic books.
  (私はそのお金のうちいくらかを漫画の本に使った)

形容詞として使われるsome

someは「いくつかの、いくらかの」という意味の形容詞としても使われる。

- She baked **some** cookies.
  (彼女はいくつかのクッキーを焼いた)
- I need **some** time to think.
  (いくらか考える時間が必要です)

なお、someはallやbothと異なり、「some the＋名詞」の語順では使われない。

- (×) I spent **some** the money on comic books.

疑問文や否定文で使われる some

「疑問文や否定文にはanyを使い、someは肯定文でのみ使う」と思っている人もいるかもしれないが、それは誤解である。「(いくらかでも) あるかどうか」ではなく、**「ある程度の数量がある」**ことを前提としている場合は、疑問文でも否定文でもsomeが使われる。

- Could I have **some** water, please? (水を少々いただけますか)

- I didn't like some of their proposals.（彼らの提案のいくつかは気に入らなかった）
  * 「1つも気に入らなかった」のではなく、気に入らなかった提案は全体の中の一部であることを示している。

someの意味の広がり

someは、その根底にある「具体的な情報をぼかす感じ」から発展した、さまざまな意味で用いられる。

例えば、次の文のsomeは「誰だか具体的には分からないが」という意味合いで使われている。

- Some guy was looking for you.（君を探していた人がいたよ）

また、「ちょっとした」という意味が、逆に「大した」という意味に転化することもある。

- You are some carpenter!（君はなかなかの大工だねえ）

次の文のsomeは「およそ」の意味だが、数量が多いことを示唆しており、「50人もの人が」という意味合いを含んでいる。

- Some 50 people joined the party.（約50人の人がパーティーに参加した）

6 any

Clip 323

I forgot to bring my colored pencils. Do you have any?
色鉛筆を持ってくるのを忘れた。君は持っている？

635

「どんな〜も」

例文のanyはany colored pencilsの意味で使われており、「どんな色鉛筆でもよいのだが」というニュアンスを持つ。anyは「どんな〜も」が基本的な意味である。

anyは疑問文や否定文で使われることが多い。疑問文では、「何か［誰か］少しでも」という意味で用いられる。その場合も、

20 代名詞

513

「具体的にどれかは問わない、どれでもよい」という意味が含まれる。
- Did you see **any** of the students?
 (誰か生徒を見ましたか)

形容詞として使われるany

anyは形容詞としても使われる。
- Did you see **any** students? (誰か生徒を見ましたか)

否定文で

否定文ではnotの後ろで用いられ、「どんな〜もない、まったく〜ない」の意味となる。
- I didn't have **any** money on me.
 (私はお金をまったく持っていなかった)

肯定文で

anyは肯定文で使われることもある。その場合には、単数形の名詞を修飾することが多い。
- **Any** pen will do. (どんなペンでもいいんです)

> **anyはnotの前で使わない**
> 「まったく〜ない」と否定するとき、any 〜 not ...の語順は使えない。そのためanyの代わりにnoneなどを用いることになる（▶ p.516）。
> (×) **Any** of the runners **didn't** break the record.
> (○) **None** of the runners broke the record.
> (ランナーの誰も記録を破らなかった)

7 either

Clip 324

Either of my parents will pick you up. 636
私の両親のどちらかが、あなたを迎えに行くでしょう。

「どちらか一方」
「どちらでも」

eitherは、2つの物や2人の人について、「どちらか一方」または「どちらでも」と述べるのに使われる代名詞である。bothが両者をまとめてとらえるのに対して、eitherは一方と他方それぞれに注目する。したがって単数扱いが原則である。

- **Either** of the two plans sounds good.
  （2つのうち、どちらの計画でもよさそうですね）
  なお、否定文で使われた場合には「どちらも～ない」を表す。
- I don't like **either** of the two plans.
  （私は2つの計画のどちらも気に入らない）

形容詞として使われるeither

eitherは「どちらかの」または「どちらの～でも」を意味する形容詞としても使われる。その際、eitherの後ろには単数形の名詞を続ける。また、後ろにsideやendなどを続けて、「両方の」という意味で使うこともできる

- How about this Wednesday or Friday? You can choose **either** day.
  （今週の水曜か金曜はどう？　どちらかの日を選んでいいよ）
- Many shops line **either** side of the road.
  （多くの店が道の両側に並んでいる）

副詞として使われるeither

eitherは副詞としても使われる。否定文の文末などで、「～もまた…ない」という意味を表す（▶p.548）。

- I don't want to do that, **either**.
  （私もそんなことはしたくない）

8 neither

Clip 325

I asked Bob and Jake for help, but **neither** of them was free.
私はボブとジェイクに手伝ってくれるよう頼んだが、どちらも暇でなかった。

637

「どちらも～ない」

neitherは、2つの物や2人の人について、「どちらも～ない」と述べるのに使われる。neitherもeither同様、単数扱いが原則である（ただし、内容次第では複数扱いになることもある）。

- **Neither** of the two offers was attractive.
  （2つの申し出のどちらも魅力的でなかった）

| 形容詞として使われるneither | neitherは「どちらの〜も…ない」を意味する形容詞としても使われる。この場合もeitherと同様、名詞の単数形を続ける。
● Size L is too large, and size M is too small. <u>**Neither** shirt</u> fits me. (Lサイズは大きすぎて、Mサイズは小さすぎる。どちらのシャツも私には合わない) |
|---|---|
| 副詞として使われるneither | neitherは副詞としても使われ、「neither＋助動詞＋主語」または「neither＋be動詞＋主語」の形で「〜もまた…ない」を表す (▶p.449、p.548)。
● "I don't play golf." "**Neither** do I."
（「私はゴルフをしないんです」「私もですよ」）
また、副詞のneitherはnorとの組み合わせでも使われる (▶p.602)。
● **Neither** Mom **nor** Dad was home.
（母さんも父さんも家にいなかった） |

9 none

Clip 326

None of the math problems seems easy.　638
どの数学の問題も簡単には思えない。

| 「何も〜ない、誰も〜ない」 | noneはnoとoneが組み合わさった語で、3つ以上の物や3人以上の人のうち「何も〜ない、誰も〜ない」と述べるのに使われる代名詞である。
　noneは基本的に**代名詞としての用法のみ**で、形容詞としては使われない。単独で、あるいはnone of 〜の形で使われ、単数と複数、どちらの扱いも可能である。
● The store has many accessories and <u>**none** is</u> expensive.
（その店にはアクセサリーがたくさんあって、どれも高くはない） |
|---|---|

10 another、other

> **Clip 327**
>
> (1) This cup is broken. Please show me **another**. 639
> このカップは割れています。ほかのを見せてください。
> (2) I have two brothers. One lives in Tokyo, and **the other** lives in Osaka. 640
> 私には2人の兄弟がいます。1人は東京に、もう1人は大阪に住んでいます。

another：ほかの不特定の1つ

例文(1)のanotherは、手元にあるカップではない、「ほかのカップの1つ」を表している。anotherは特定の物や人ではなく、**「ほかの不特定の1つ[1人]」**を指す代名詞である。つまり、ほかの物[人]であればどれでもよいことになる。

the other：ほかの特定の1つ

otherをそのままの形で単独で用いることはほとんどなく、例文(2)のようなthe other、またはthe othersの形か、無冠詞の複数形のothersの形で用いる。

(2)のthe otherは**「ほかの特定の1つ[1人]」**を表す。(2)のように2人のうち1人について述べた後で残っているのは、もう1人だけである。話し手と聞き手の間で特定できるため、定冠詞theをつける（●p.485）。

the others：ほかのすべて

3つ以上の物や3人以上の人のうちの一部について述べた後、「ほかのすべて、残り全部」を指す場合はthe othersを用いる。「ほかのすべて」であれば話し手と聞き手の間で特定できるので定冠詞theをつける。

- I have three dogs. One is very old and the others are puppies. (私は犬を3匹飼っています。1匹はとても年を取っていて、あとの2匹は子犬です)

others：ほかの不特定の複数

複数形のothersは、「ほかの不特定の物［人］」が複数存在する場合に用いる。例えば次の文のsome othersは、「ほかのカップのいくつか」という意味である。

- I don't like this cup. Please show me some others. (このカップは好きではありません。ほかのをいくつか見せてください)

形容詞として使われるanother、other

anotherやotherは形容詞として用いることもできる。

- May I have another cup of coffee?
  (コーヒーをもう1杯いただけますか)

anotherの後ろの名詞は単数形になる。ただし、複数を「ひとまとまり」としてとらえる場合は、後ろに複数形の名詞が来ることもある。

- We have to wait another 10 minutes for the bus. (私たちはあと10分、バスを待たないといけない)

形容詞のotherは、theをつけた場合は「特定のほかの～」を

意味する。theがない場合は後ろに複数形の名詞を続けて「不特定のほかの～」を表す。
- Walk to the other side of the station.
  (駅のもう一方の側［反対側］まで歩いてください)
- He teaches Japanese to students from other countries.
  (彼はほかの国［外国］から来た生徒たちに日本語を教えている)

11 someone、everything など

Clip 328

(1) I need **someone** to help me copy the documents. 641
書類のコピーをするのを手伝ってくれる人が必要です。

(2) **Everything** is going well. 642
すべてはうまくいっています。

「some+one」のような形の代名詞

　some、any、every、noに-one、-body、-thingなどをつけて1語にした形の代名詞がある。このタイプの代名詞には、前につけるsomeなどの語の基本的な意味が含まれることになる。また、-oneと-bodyは「人」を、-thingは「物」を表す。
　例文(1)ではsomeの「具体的なことを言わない」というニュアンスが、「誰とは特定しないが、誰か(someone)」という感覚を生んでいる。(2)では、everyの「すべての、あらゆる」というニュアンスが、「あらゆる物事、何もかも」を表すeverythingにつながっている。
　このような代名詞にはほかに、anythingやnobodyなどがある。これらはいずれも**単数扱い**である。
- If anything happens, just call this number.
  (何か起こったら、この番号に電話すればいいです)
- Nobody was there except Michael and me.
  (マイケルと私以外は、誰もそこにいなかった)

形容詞は後ろに置く

　これらの代名詞を形容詞で修飾する場合は、**形容詞を後ろに置く**。
- I wanted to drink something hot.
  (私は何か温かいものを飲みたかった)

Step 2 発展

1 形式主語・形式目的語の it

① 形式主語の it

Clip 329

It is well known that summer in Japan is very humid.
日本の夏は湿気が非常に多いということはよく知られている。

643

後ろにある本来の主語を指す it

　例文の文頭にあるItが表す内容は、後半に出てくるthat節である。このthat節は本来That summer in Japan is very humid is well known.という形で主語の位置にあるべきものだが、それでは主語が長すぎてバランスが悪いので後ろに回し、代わりにitを置いた形である。このように**本来の主語を後ろに回し、主語の位置に代わりに置いたitを「形式主語」**（または「仮主語」）と呼ぶ。また、本来の主語を**「真の主語」**と呼ぶ。
　形式主語のitはthat節のほか、不定詞や動名詞、疑問詞節などの代わりに主語となることができる。

- **It** is impossible to do this task in two hours.
  （この業務を2時間でこなすのは不可能だ）
- **It** was nice seeing you.（お会いできてうれしかったです）
- **It** is not clear who did it.
  （誰がそれをしたのかは明らかでない）

② 形式目的語の it

Clip 330

I found **it** difficult to read his handwriting.
彼の手書きを読み解くのは難しかった。

644

後ろにある本来の目的語を指す it	例文の it は to 以下の部分を指している。to 以降の不定詞句は本来 found の目的語であり、found の直後に来て I found to read his handwriting difficult. の形になるはずだが、長いので後ろに回し、目的語の位置に it を代わりに置いた形である。このように、**本来の目的語の代わりに用いる it** を「**形式目的語**」と呼ぶ。また、本来の目的語を「**真の目的語**」と呼ぶ。

形式目的語の it は、不定詞のほか、that 節や動名詞などの代わりに目的語になることができる。

- I considered it natural that he would complain about such treatment.
 （彼がそのような扱いに文句を言うのは当然だと思った）
- I thought it pointless worrying about the mistakes we had already made. （すでにしてしまったミスについてくよくよ悩むのは意味がないと私は思った）

強調構文の it

形式主語の it を that 節の代わりに使った文とよく似た形の文に、次のような**強調構文の it** を使った文（▶ p.439）がある。

- It was yesterday that my father met John.
 （私の父がジョンに会ったのは昨日のことだった）

この文は、My father met John yesterday. の yesterday が It was ... that の「...」の位置に来ており、強調されている。強調構文とは、このように it is[was] と that の間に、強調したい部分を抜き出して挟む形の文である。

2 指示代名詞のさまざまな用法

1 名詞の反復を避けるための that や those

Clip 331

The population of Egypt is about the same as **that** of Germany.　　645
エジプトの人口はドイツのそれとほぼ同じです。

前に出てきた名詞を指す

例文では「エジプトの人口はドイツの人口とほぼ同じ」のような繰り返しを避けるために、that of Germany（ドイツのそれ）と述べている。このthatは前に出てきた名詞のThe populationの代わりに用いられている。

なお、itにも似た用法がある（▶p.503）が、このthatをitで置き換えて（×）it of Germanyとすることはできない。

このようなthatやthoseの用法は、比較の文においてよく見られる（▶p.339）。

2 「人々」を指す those

Clip 332

I have a question for **those** who have read this book.　　　　　　　　　　　　　　　　　　　　　　646
この本を読んだ人たちに質問があります。

後ろに説明を伴い「どのような人々か」を表す

例文のthose who 〜は「〜である人々」という意味である。このようにthoseが「人々」の意味で使われるときは「どのような人々か」を説明する修飾語句が後ろに続く。

● His remarks offended **those** present.
　（彼の発言は出席者を怒らせた）

この文では、thoseを、形容詞present（出席して）が後ろから修飾している。関係代名詞を用いて、those以降をthose who were presentとすることもできる。

Close Up! 限定詞

辞書や文法書で、「限定詞」という用語を目にすることがある。「限定詞」とは、**名詞の前に置かれ、その名詞が表すものの範囲を限定する語**(the、my、thisなど)をまとめた呼び名である。「限定詞」の基本的な働きと用法について見てみよう。

1 限定詞は名詞に情報を与え、範囲を限定する

I love dogs.と言えば「世の中に存在する複数の犬一般が好き」ということであり、特に「どの犬」と指し示しているわけではない。しかしI love this dog.と言えば、「目の前にいるこの犬が好き」と、**好きな犬の範囲を限定することになる**。同様に、I love your dogs.と言えば「**あなたの飼っている複数の犬が好き**」と、やはり好きな犬の範囲を限定することになる。

こうしたthisやyourのように、**名詞の前に置かれて「名詞が表すものの範囲」を限定する**、つまり**その名詞がどんなものかを範囲で示す働きをする語を「限定詞」**と呼ぶ。「限定詞」とは、名詞の前でその名詞についての情報を与える語のうち、「限定」の意味を持つものをまとめた呼び方である。

限定詞は使う位置や使い方などの面で**限定用法の形容詞**(▶p.526)に似た部分もあるが、goodやbeautifulなどの**一般的な形容詞は、限定詞には含まれない**。

2 主な限定詞の例

代表的な限定詞として、上記のthisのような**指示代名詞**、yourのような**人称代名詞の所有格**のほかに、a[an]やtheのような**冠詞**、manyやnoなどの**数量を表す形容詞**が挙げられる。これらは「名詞の前」で使われ、その名詞の範囲(**特定か不特定か**や、**数量**など)を絞り込む働きをする。

限定詞の例をまとめると次のようになる。

①**冠詞**：a、an、the
②**(代)名詞の所有格**：my、your、our、his、her、their、its、Tom's など
③**形容詞として働く指示代名詞**：this、that、these、those
③**形容詞として働く不定代名詞**：each、another、either、neither など
④**数量を表す形容詞**：many、much、few、little など
⑤**数詞**：one、two、three など

3 限定詞の使用上の注意

　数詞以外の限定詞は、わずかな例外を除き**1つの名詞に1つしかつけることができない**。例えば（×）my the dogとは言えない。物事の範囲を二重三重に限定することは通常しないし、意味が不明確になったり矛盾したりするからである。

　一方、**数詞はほかの限定詞と組み合わせて** my three dogs（私の3匹の犬）のように**使うことができる**。

　名詞が句や節に修飾されて「まとまり」を成しているとき、限定詞は**名詞のまとまりの先頭に置かれる**。

that dog <u>sleeping on the couch</u>（カウチで寝ているあの犬）
　　　　　　　　形容詞句

　名詞が形容詞や副詞を伴う場合も、限定詞は通常まとまりの先頭に置かれ、**「限定詞＋副詞＋形容詞＋名詞」**の語順になる。

these <u>incredibly</u> <u>cute</u> dogs（これらの信じられないほどかわいい犬たち）
　　　　　副詞　　　形容詞

21章 形容詞・副詞
Adjectives and Adverbs

Step 1 基本

1 形容詞の働き
- ① 名詞の前に置く限定用法　526
- ② 名詞の後ろに置く限定用法　527
- ③ 叙述用法　529
- ④ 限定用法と叙述用法で意味が異なる形容詞　530

2 数量を表す形容詞
- ① many、much、a lot of など　531
- ② a few、a little　532
- ③ enough　533

3 副詞の働き
- ①「様態」を表す副詞　534
- ②「場所」を表す副詞　535
- ③「時」を表す副詞　536
- ④「頻度」を表す副詞　537
- ⑤「程度」を表す副詞　537
- ⑥ 形容詞・副詞を修飾する副詞　538
- ⑦ 文を修飾する副詞　540

Step 2 発展

1 用法に注意すべき形容詞
- ① 人を主語にする形容詞・人を主語にできない形容詞　541
- ② 前置詞句などを伴う形容詞　542
- ③ such　542

2 用法に注意すべき副詞
- ① -ly の有無で意味が異なる副詞　543
- ② very と much　545
- ③ ago と before　546
- ④ already、yet、still　547
- ⑤ too、either、neither　548
- ⑥ 前に述べられた内容を表す so　549
- ⑦ ２つの文を意味的につなぐ副詞　550

Step 1 基本

「形容詞」と「副詞」は、いずれも、文中でほかの要素を説明する役割を担う。**形容詞**は**名詞を修飾**したり、文の**補語**（▶p.111）になって名詞の性質や状態を説明したりする（▶p.49）。一方、**副詞は動詞を中心とするさまざまな要素を修飾する**（▶p.51）。それぞれについて、基本的な用法を見ていこう。

1 形容詞の働き

形容詞は「名詞の様子を形容（描写・説明）する言葉」である。多くの形容詞は「**限定用法**」と「**叙述用法**」の2つの用法を持っている。「限定用法」は、**名詞を修飾する**（＝名詞に情報を加える）用法で、「叙述用法」は、**文の補語として主語や目的語の説明を行う**用法である。

1 名詞の前に置く限定用法

> Clip 333
>
> This is a very **beautiful** picture. 647
> これはとても美しい写真ですね。

「形容詞＋名詞」

例文のbeautifulは直後にある名詞pictureを修飾して情報を加えている。この用法を**限定用法**と呼ぶ。

限定用法の形容詞は名詞の直前に置き、「**形容詞＋名詞**」の語順にするのが基本である。例文のveryのように、形容詞を修飾する副詞がある場合には、形容詞の前に置かれる。この「**（副詞）＋形容詞＋名詞**」が名詞のまとまりを作り、冠詞などの限定詞（▶p.523）がある場合、それらはまとまりの先頭に置かれるので、「**（限定詞）＋（副詞）＋形容詞＋名詞**」の語順になる。

複数の形容詞を使う場合

2つ以上の形容詞が名詞を修飾する場合は、long black hair（長い黒髪）のように、通常andなどを用いずに並べる。

2つの形容詞が似たカテゴリーに属する場合は、a thick, heavy dictionary（厚くて重い辞書）のように、コンマを間に挟むことも多い。

色彩を表す形容詞が2つ以上並ぶ場合や、慣用的な表現ではandを挟む場合もある。
- a **black and white** photo（白黒の写真）
- a **long and winding** road（長くて曲がりくねった道）

複数の形容詞を並べる際の順序

複数の形容詞を並べる場合、日本語では「美しい木製のテーブル」とも「木製の美しいテーブル」とも言うが、英語では次のような順序になることが多い。
「限定詞＋数量＋主観的評価＋大小＋新旧や形状＋色＋出所＋材質」
このルールに従うと、例えば次のように形容詞を並べることになる。
- these two beautiful small old round dark-colored French wooden tables
（これら2つの美しく、小さく、古く、丸くて黒みがかったフランス製の木製テーブル）

ただし、実際にこれほど多くの形容詞を連ねることはない。先頭で使う限定詞や数量の形容詞を除くと、**物に本質的に備わっている性質**（材質や色など）を表す形容詞は**より名詞に近く**、**人間の主観的な判断**（「美しい」など）を表す形容詞は**名詞から離れた位置に置かれる**、という程度に覚えておけば十分だろう。

2 名詞の後ろに置く限定用法

Clip 334

There were two bookshelves **full** of books. 648
本の詰まった2つの本棚があった。

「名詞＋形容詞句」

形容詞にほかの修飾語句が続く場合、「形容詞＋修飾語句」は名詞の後ろに置く。例文では形容詞fullにof booksという前置詞句がついているため、bookshelvesの後ろに置いている。これは、形容詞と、それによって修飾される名詞を切り離さないためである。
- (×) full of books bookshelves

なお、例文のfull of booksのような「形容詞＋修飾語句」のほか、**前置詞句や不定詞句、関係詞節**なども形容詞的な要素（形容詞句や形容詞節）として働き、名詞を修飾することができる。そうした句や節も名詞の後ろに置かれる（⊙ p.77、p.324）。

527

- There are two bookshelves **with glass doors**.
   （ガラス戸のついた2つの本棚がある）　　　〔前置詞句〕
- There are two bookshelves **to ship today**.
   （今日発送する2つの本棚がある）　　　〔不定詞句〕
- There are two bookshelves **that arrived today**.
   （今日届いた2つの本棚がある）　　　〔関係詞節〕

「-one＋形容詞」
「-thing＋形容詞」

　someone[somebody]やsomethingなどのような、-oneや-body、-thingで終わる代名詞を修飾する場合も、形容詞はそれらの後ろに置く。
- You should talk to someone **experienced**.
   （誰か経験豊富な人と話すべきだよ）　＊experiencedは分詞形容詞
- Would you like something **cold**?
   （何か冷たい物はいかがですか）

-ableや-ibleで終わる形容詞

　-able、-ibleで終わる形容詞は名詞の後ろに置く場合がある。
- There is only one room **available**.
   （空いている部屋は1つしかない）

　また、「数量を表す名詞句」と、「高さや長さ、年齢などを表す形容詞」を組み合わせて、名詞を後ろから修飾することがある。
- It takes lots of time to read a book **500 pages long**. （500ページの長さの本を読むには多くの時間がかかる）

　上の例では、500 pages longがa bookを修飾している。

形容詞のような働きをする名詞

　名詞が限定用法の形容詞と同じように働いて、後ろの名詞を修飾することがある。これらの多くは「名詞＋名詞」の組み合わせで1つの名詞のように使われ、「複合名詞」と呼ばれる。
　複合名詞には、例えばtaxi driver（タクシー運転手）、air conditioner（エアコン）、admission fee（入場料）、flower bed（花壇）などがある。

限定用法のみの形容詞

　形容詞の中には限定用法でしか使われないものがある。例えばmain（主要な）などがその1つで、（×）～ is main.のような形では使われない。日本語では「～がメインだ」などと言うこともあるが、そのまま英語にしないように気をつけよう。

- One of the **main** purposes of the trip is to visit my aunt.
  （その旅の主な目的の１つは、伯母を訪ねることです）

限定用法でしか使われない形容詞にはほかに、以下のようなものがある。

only（唯一の）　mere（ほんの）　lone（ただ１人の）　former（前の）
elder（年長の）　total（全部の）　very（まさにその）　daily（毎日の）
live（生きた）　medical（医学の）　urban（都会の）

3 叙述用法

Clip　335

(1) This picture is very **beautiful**.　　649
　　この写真は非常に美しい。

(2) I kept the door **open**.　　650
　　私はドアを開けておいた。

補語となる形容詞

形容詞は文の**補語**としても使われる。

例文(1) は **SVC（主語＋動詞＋補語）** の文で、beautiful は be動詞の後ろで補語として働き、主語の this picture を説明している。(2)は **SVOC（主語＋動詞＋目的語＋補語）** の文で、open は目的語 door の後ろで補語として働き、door について説明している。こうした形容詞の使い方を**「叙述用法」**と呼ぶ。

叙述用法のみの形容詞

形容詞の中には叙述用法でしか使われないものがある。こうした形容詞は常に補語として使われ，名詞の前に置かれることはない。例えば alike（よく似て）などは、(×) exactly alike twins のような使い方ができない。

- The twins looked exactly **alike**. （その双子は非常によく似ていた）

叙述用法でしか使われない形容詞にはほかに、以下のようなものがある。a- で始まるものが多い。

alive（生存して）　awake（目が覚めて）　asleep（眠って）　afraid（恐れて）
alone（ただ１人で）　aware（気づいて）　bound（〜行きの）　content（満足して）
worth（〜の価値がある）

4 限定用法と叙述用法で意味が異なる形容詞

> **Clip 336**
>
> (1) Give me your **present** address. 651
>   あなたの現住所を教えてください。
> (2) Some of my classmates were **present** at the party. 652
>   私のクラスメートの何人かはパーティーに出席していた。

限定用法と叙述用法で違う意味に

presentという形容詞は、(1)のように名詞を前から修飾する場合は「現在の」という意味になる。一方、(2)のように補語として使われた場合、「出席している、存在している」の意味になる。このように、形容詞には**限定用法と叙述用法で意味が異なる**ものがある。こうした形容詞には、例えば次のようなものがある。

able

ableは、限定用法では「有能な」、叙述用法では「〜ができる」を表す。
- an **able** secretary（有能な秘書）
- He is **able** to run fast.（彼は速く走ることができる）

certain

certainは、限定用法では「ある〜」、叙述用法では「〜を確信して」を表す。
- a **certain** woman（ある女性）
- I was **certain** of his innocence.
  （私は彼の無実を確信していた）

ill

illは、限定用法では「悪い」、叙述用法では「病気で」を表す。
- **ill** behavior（不作法）
- He was **ill** in bed.（彼は病気でふせっていた）

2 数量を表す形容詞

1 many、much、a lot of など

Clip 337

(1) There are **many** students who admire Mr. Jones. 653
ジョーンズ先生を敬愛する生徒はたくさんいる。

(2) There wasn't **much** money in the safe. 654
金庫の中にはあまりお金がなかった。

(3) Naoko has **a lot of** friends. 655
ナオコには友達がたくさんいる。

---

manyとmuch

manyやmuchといった数量を表す語は、「多くの人、多くの物」を表す代名詞としても使われるが、**「多くの」**を表す形容詞としても使われる。

manyは**数えられる名詞の複数形**を修飾し、**数**が多いことを表す。muchは**数えられない名詞**を修飾し、**量**が多いことを表す。

a lot of ~
lots of ~
plenty of ~

「多くの」を意味する表現にはほかに、a lot of ~、lots of ~、plenty of ~がある。これらは、名詞のlotやplentyと前置詞ofの組み合わせだが、**まとまりで1つの形容詞のように働く**、やや口語的な表現である。また、これらは**数えられる名詞も数えられない名詞も修飾できる**。

● **Lots of** cars are exported from Japan.
（多くの自動車が日本から輸出される）

● We have **plenty of** money for the trip.
（旅行のためのお金はたくさんある）

「many a＋名詞の単数形」

manyは**「many a＋名詞の単数形」**の形で、「多くの」の意味を表すことがある。この場合は単数扱いとなる。

● **Many a** student was shocked.
（多くの生徒たちが衝撃を受けた）

a number of ~

a number of ~ も「多くの」を意味する表現である。ただしこちらは「一定数の、相当数の」が基本的な意味であり、「とにかく多い」という感じではない。

- **A number of** members haven't received the newsletter yet.
 （相当数のメンバーが、まだニュースレターを受け取っていない）

「とにかく多い」ことを強調するにはa large number of ~、a great number of ~、quite a number of ~などとする。また、an astonishing number of ~（驚くべき数の）のような表現を用いる場合もある。

- **A large number of** people were injured in the accident.（多くの人がその事故で負傷した）

2 a few、a little

Clip 338

(1) There were **a few** students in the room. 656
   部屋には数人の生徒がいた。

(2) If you add **a little** salt, the salad will taste better. 657
   塩を少し加えるとサラダはもっとおいしくなりますよ。

「少ない」を表すfewとlittle

fewとlittleも形容詞として使われ、「少ない」ことを意味する。**few**は**数えられる名詞の複数形**を修飾し、**数が少ないことを表す**。**little**は**数えられない名詞**を修飾し、**量が少ないことを表す**。
例文(1)、(2)のように「少ないけれどもある」という**肯定的な意味**を表すには、不定冠詞aを前につけて**a few**や**a little**とする。「ほとんど（少ししか）ない」と否定的な意味を表す場合は、aを伴わない（▶p.412）。

- **Few** students showed up for the seminar.
 （そのセミナーに来た生徒はほとんどいなかった）
- We use **little** salt for this healthy dish.
 （このヘルシーな料理には、塩はほとんど使いません）

quite a fewと quite a little

quite a few は「かなり多数の」、quite a little は「かなり多量の」を表す。「非常に少ない」ではないので注意。

- There were **quite a few** visitors in the museum.
（博物館にはかなり多くの来場者がいた）
- There was still **quite a little** work for us to do. （私たちにはすべき仕事がまだかなりたくさんあった）

3 enough

Clip 339

(1) We have **enough** pencils for every child. 658
すべての子どもに行きわたるほど十分な鉛筆がある。

(2) There is **enough** space in the room to place this copier. 659
その部屋には、このコピー機を置くのに十分なスペースがある。

「十分な」を表す enough

enoughは形容詞として使われる場合、数えられる名詞の複数形、あるいは数えられない名詞を修飾し、「**十分な**」という意味になる。後ろに「**for＋名詞**」を伴って「**～にとって十分な**」という意味や、**不定詞**を伴って「**～するのに十分な**」という意味を表すことも多い。

- There wasn't **enough** time to answer all the questions.
（すべての問題に答えるのに十分な時間はなかった）

「いくつかの」を表す several

severalは「いくつかの」という意味で、数えられる名詞の複数形を修飾する。a fewよりは多い、3から5、6くらいまでの数を指すことが多い。

- I bought **several** books at the bookstore. （私は書店で数冊の本を買った）

3 副詞の働き

　副詞は形容詞と同様に修飾語として使われるが、形容詞が名詞を修飾するのに対し、副詞は動詞や形容詞をはじめとするさまざまな品詞、句や節、あるいは文全体など、**多様な要素を修飾**する。また、副詞には形容詞の「叙述用法」のような用法はない。副詞は**文中のさまざまな位置で使われる**が、常に修飾要素として働く。

1 「様態」を表す副詞

> **Clip　340**
>
> (1) "Yes," he answered **quickly**.　　　　　　　　　　660
>   「はい」と彼は素早く答えた。
>
> (2) She read the letter **carefully**.　　　　　　　　　661
>   S　 V 　　O
>   彼女はその手紙を注意深く読んだ。

「動作がどのように行われるか」を表す

　「様態」の副詞は、**動作がどのように行われるか**を表す。つまり、**動詞を修飾する**副詞である。

　このような副詞は、基本的には(1)のように**動詞の直後**に置く。動詞が目的語を伴っている場合は、例文(2)のcarefullyのように**目的語の後ろ**に置く。これは動詞と目的語の結びつきのほうが強く、そちらを優先するためである。

　ただし、このような副詞を**動詞の前**に置くこともできる。

- She **carefully** read the letter.
  （彼女はその手紙を注意深く読んだ）

　特に、動詞の目的語が修飾要素を伴って長い場合は、副詞は動詞の前に置かれる。修飾要素の後ろに置いてしまうと、動詞と副詞の結びつきが分かりにくくなるためである。

- She **carefully** read the letter he handed her.
  （彼女は彼が手渡した手紙を注意深く読んだ）

　動詞の前に助動詞がある場合は、助動詞の後ろに置くこともできる。

- You should <u>should</u> **carefully** <u>check</u> your answers.
  (自分の答えを注意深くチェックするべきだ)
  動詞がbe動詞の場合は、その後ろに置くこともできる。
- The machines <u>were</u> **carefully** inspected.
  (機械は注意深く検査された)

「様態」の副詞は、quietly（静かに）、politely（丁寧に）、fully（十分に）、fluently（流ちょうに）のように形容詞に -ly を加えてできたものが多い。

2 「場所」を表す副詞

Clip 341

(1) Let's go **outside** and get some exercise.　　662
外へ出て少し体を動かそうよ。

(2) <u>He</u> <u>left</u> his bag **there**.　　663
　S　V　　O
彼はバッグをそこに置きっぱなしにした。

「どこで、どこに」を表す

「場所」を表す副詞も、通常は(1)のように**動詞の後ろ**に置く。次のような副詞句（前置詞句）の場合も同様である。
- Let's go **to the beach**. (ビーチへ行こう)

また、(2)のように**目的語がある場合はその後ろ**に置く。
ただし文頭に置くことで、**最初に状況設定をする**こともある。
- **In London**, I had some great experiences.
  (ロンドンで、私はいくつか素晴らしい体験をした)

abroadやhome

なお、abroad（外国へ、外国で）や home（家に）も、「場所」を表す副詞として go abroad（外国へ行く）や go home（家に帰る）のような形で使う。前置詞をつけて（×）go to abroad や（×）go to home などとしないように注意しよう。

群動詞を作る副詞

副詞が動詞とともに使われ、「動詞＋副詞」の組み合わせで1つの動詞のような働きをすることがある。このようなものを**群動詞**（または句動詞）と呼ぶ（⊙ p.631）。

- Our car **broke down** on the way home.
（家へ向かう途中で私たちの車は故障した）
- They **put off** the meeting until next week. （彼らは来週まで会議を延期した）

群動詞の中で使われる副詞には、上記のdownやoffのほかに、up、out、back、away、about、overなどがある。これらの中には前置詞として使われるものもあり、前置詞であるか副詞であるかは、目的語の有無や文脈から判断することになる。

3 「時」を表す副詞

Clip 342

We went to the restaurant **yesterday**. 664
私たちは昨日、そのレストランに行った。

「いつ」を表す

「時」を表す副詞は、例文のように**文末に置く**ことが多い。ただし文頭に置くことで、**最初に状況設定**をすることもある。

- **Today,** I met a girl. （今日、私はある少女に出会った）

例文や以下の例のように、同じ文中に「場所」の副詞がある場合は、原則として「時」の副詞はその後ろに置く。

- I will see you <u>at the station</u> <u>at 2 o'clock</u>.
（2時に駅で会おう）

名詞（句）を副詞として使う

例文のyesterdayのほか、today、tomorrowなど、もともとは「時」を表す名詞である語が、そのままの形で副詞として用いられることも多い。また、this morning（今朝）、yesterday afternoon（昨日の午後）、last week（先週）、these days（このごろ）といった語句も、そのままの形で副詞の働きをすることができる。

- I met her **last week**. （私は先週彼女に会った）

4 「頻度」を表す副詞

Clip 343

I **sometimes** go to the gym. 665
私は時々ジムに行く。

「どれくらいの頻度か」を表す

「頻度」を表す副詞は、1語の場合は例文のように**動詞の前に置く**が、動詞の前に助動詞がある場合は助動詞の後ろに、動詞がbe動詞の場合は、その後ろに置く。

- I will <u>never</u> <u>go</u> there again.
  （私は二度とそこへは行かない）
- He <u>is</u> **always** punctual.（彼はいつも時間厳守だ）

このような「頻度」を表す副詞には、always（いつも）、usually（たいてい）、frequently（頻繁に）、often（しばしば）、sometimes（時々）、rarely（めったに～ない）、never（一度も～ない）などがある。

また、2語以上の句の場合は文末に置くのが基本である。

- I swim in the pool **twice a week**.
  （私は週に2回、プールで泳ぐ）

なお、「頻度」を**強調する場合**は**文頭に置く**こともある。

- **Again and again** I have tried to persuade her.
  （何度も、私は彼女を説得しようとした）

5 「程度」を表す副詞

Clip 344

(1) I **completely** trust him. 666
私は彼を完全に信頼している。

(2) It was **almost** 5 o'clock. 667
そろそろ5時だった。

「どのくらいか」を表す

「程度」を表す副詞の位置は、基本的に上の「頻度」の副詞と同様である。ただし、次のように文末に置く場合もある。

- I forgot it **completely**. （私は完全にそれを忘れていた）

「程度」を表す副詞には -ly がつくものが多く、completely や almost のほかにも wholly（完全に）、hardly（ほとんど～ない）、nearly（ほとんど）、badly（ひどく）などがある。

形容詞や副詞を修飾する

「程度」を表す副詞は、動詞だけでなく**形容詞や副詞を修飾**することもある。
- That's **completely** wrong. （それはまったくでたらめだ）
- He is **almost** always on time.
  （彼はほとんどいつも時間を守る）

「とても」という意味の very なども、こうした副詞の仲間である（次項参照）。

almost の意味と使い方

almost には「ほとんど」という日本語を当てはめることが多いが、それに引きずられて次のように使うのは間違いである。
- （×）**Almost** students gathered there. （ほとんどの生徒がそこに集まった）

almost は副詞であり名詞（例文では students）を修飾できないので、代わりに形容詞の most を用いるか、almost all the students を主語にして表現する。
- **Most** students gathered there. （ほとんどの生徒がそこに集まった）
- **Almost** all the students gathered there.
  （ほとんどすべての生徒がそこに集まった）　＊almost は形容詞の all を修飾している。

almost は「100％に至る手前で」を意味するが、あくまで「程度」について使われ、「数量」を表すわけではない。また、「ほとんど」という訳語が当てはまらないこともある。
- I **almost** failed the test. （私はもう少しでテストに落ちるところだった）

この文では「テストに落ちること」が「100％」を意味する。それに至る手前、つまりわずかな差で合格した、ということである。

---

6 形容詞・副詞を修飾する副詞

Clip 345

She speaks English **very** fluently.　　　　668
彼女はとても流ちょうに英語を話す。

形容詞や副詞の前で意味を加える	例文の副詞very（とても）は、fluently（流ちょうに）という副詞を修飾している。似た意味・用法の副詞にreallyやpretty、quite、soなどがある。これらは主に「程度」を表す副詞で、修飾される**形容詞や副詞の前**に置かれる。 ● This TV program is really interesting. （このテレビ番組は実に面白い）
enoughの位置と使い方	形容詞・副詞を修飾する副詞の中でも、**enoughは常に形容詞・副詞の後ろに置く。** ● This room is large enough for 50 people. （この部屋は50人が入れるほど大きい） ● I couldn't run fast enough to catch the train. （私は電車に間に合うほど速くは走れなかった） なお、上の2つの例のように、enoughは後ろに「for＋名詞」を伴って「何［だれ］にとって十分か」を示したり、不定詞を伴って「何をするために十分か」を示したりすることが多い。

句や節を修飾する副詞

副詞は、句や節を修飾することもできる。
● I took the course only because it was required.
（私は必修科目という理由だけでその授業を取った）
　この文のonlyは、because以降の節（副詞節）を修飾して、「～という理由だけで」ということを表している（● p.596）。そのほかjust（ちょうど）、right（ちょうど）、simply（単に）などの副詞も、句や節の修飾に用いられることがある。
● The accident happened right in front of my eyes.
（事故は私のちょうど目の前で起きた）

名詞を修飾する副詞

場所や時を示す副詞が、名詞の後ろに置かれてその名詞を修飾することがある。
● The atmosphere here is great.（ここの雰囲気は素晴らしい）
● His attitude then was different.（その時の彼の態度は異なっていた）
　このほか、evenやonly、quiteなどの副詞も名詞を修飾することができる。
● Even children can understand it.（子どもでさえそれは理解できる）
● Only Sae passed the audition.（サエだけがそのオーディションを通過した）
● He is quite a person.（彼はかなりの人物だ）

7 文を修飾する副詞

> **Clip 346**
>
> **Fortunately,** I arrived at the airport in time. 669
> 幸運にも、間に合う時間に空港に着いた。

文全体を修飾する

副詞は、**文全体を修飾**することもできる。このような副詞は、例文のように文の先頭に置くことが多いが、文の途中や文末に置くこともできる。

- He is **obviously** a talented engineer.
 (彼は明らかに、有能な技術者だ)

文全体を修飾する副詞には、例文のfortunatelyをはじめ、luckily（幸運にも）、unfortunately（不運にも）、surprisingly（驚くべきことに）、honestly（正直に言うと）といった**話し手の感情や意見、態度を表す**ものや、obviously（明らかに）、clearly（明らかに）、probably（おそらく）といった**話題の確実性に対する判断**を表すものなどがある。

- **Surprisingly**, he hit three homers in one game.
 (驚くべきことに、彼は1試合でホームランを3本打った)
- **Honestly**, I found that test difficult.
 (正直に言うと、あのテストは難しかった)
- That is **probably** due to mechanical failure.
 (それはおそらく機械の故障によるものだ)

Step 2 発展

1 用法に注意すべき形容詞

1 人を主語にする形容詞・人を主語にできない形容詞

Clip 347

(1) I'm **happy** about the result. 670
私は結果に満足している。

(2) What time would be **convenient** for you? 671
あなたは何時にご都合がよろしいですか。

人を主語にする形容詞

例文(1)に使われているhappyは、**叙述用法で使う場合には「人」を主語にする**。したがって、(×) The result was happy.のように言うことはできない。

叙述用法で人を主語にして使う形容詞には、このほかglad(喜んで)、able(～することができる)、afraid(恐れて)、sorry(すまなく思って)などがある。

このような動詞は「人」でなく「動物などの生物」を主語にすることもある。

● The dog looked happy when I gave him some dog food.
（その犬はドッグフードを与えたらうれしそうにしていた）

人を主語にできない形容詞

例文(2)は、日本語から考えて (×) What time would you be convenient?としてしまいそうだが、**convenientを叙述用法で使う場合、人を主語にできない**。

叙述用法で人を主語にできない形容詞には、ほかにもnecessary (必要な)やessential (不可欠な)などがある。日本語では「あなたは～する必要がある」のように言うので、それに引きずられないようにしよう。

● It is necessary for you to bring your ID card.
（あなたは身分証明書を持参する必要がある）

21 形容詞・副詞

2 前置詞句などを伴う形容詞

> **Clip 348**
>
> He is **fond of** classical music. 672
> 彼はクラシック音楽が好きだ。

「形容詞＋前置詞句」など

　例文のfondという形容詞は、叙述用法では単独で使われず、「of＋名詞」という前置詞句を伴う。このように、形容詞の中には叙述用法において、**前置詞句やthat節、不定詞句などを伴うものがある**。

- The dog is **afraid of** the cat.
　（その犬はその猫を恐れている）
- I'm not **familiar with** European history.
　（私はヨーロッパ史のことはよく分かりません）
- I'm **afraid that** he is out now.
　（残念ながら彼は今、外出しております）
- I'm **sure that** he will win the election.
　（私は彼が選挙に勝つことを確信している）
- He is **likely to** win the election.
　（彼は選挙に勝ちそうだ）

　上記の文に使われている表現以外にも、aware of[that] ～（～に気づいている）、certain of[that] ～（～を確信している）、anxious about ～（～について心配している）などがある。

3 such

> **Clip 349**
>
> I have never heard of **such** a rumor. 673
> そのようなうわさは聞いたことがない。

「そのような～」を表す形容詞

　限定用法の形容詞は「冠詞＋形容詞＋名詞」の語順で使われるのが基本だが、「そのような」を意味する形容詞suchを名詞の単数形と組み合わせて用いるときは「such a[an]＋名詞」の語

順になる（suchとtheを一緒に用いることはない）。
　名詞の前にほかの形容詞がある場合は、**「such a[an]＋形容詞＋名詞」**の語順になる。

- I had never seen **such** a beautiful painting.
（私はそれほど美しい絵画は見たことがなかった）

　名詞が複数の場合は、**「such＋形容詞＋名詞の複数形」**の語順になる。

- When he was young, he couldn't afford **such** expensive books.
（彼は若いころ、そんなに高い本を買う余裕はなかった）

such A as B と A such as B

　suchは前置詞asを伴って**such A as B**または**A such as B**の形で使われると、「（例えば）BのようなA」という意味になる。

- He likes **such** tropical fruits **as** mangoes.
（彼はマンゴーのような熱帯果実が好きだ）
= He likes tropical fruits **such as** mangoes.

2 用法に注意すべき副詞

❶ -ly の有無で意味が異なる副詞

Clip 350

(1) The children **hardly** sit still. 　　674
その子どもたちはほとんどじっとしていることがない。

(2) She always works **hard**. 　　675
彼女はいつも熱心に働く。

-ly の有無と副詞の意味

　副詞の中には、同じような形をしていながら、**-lyの有無によって意味が異なる**ものがある。例文(1)のhardlyは「ほとんど～ない」、(2)のhardは「熱心に、一生懸命に」を表す。
　-lyがつく形とつかない形の両方があり、その有無によって意味が異なる副詞の組み合わせには、ほかにもlate（遅く[まで]）とlately（最近）や、near（近くに）とnearly（ほとんど）などがある。

- She always works late.（彼女はいつも遅くまで働く）
- I haven't been feeling well lately.
（私は最近、体調がよくありません）

形容詞と同じ形の副詞

　She always works hard. の hard は「熱心に、一生懸命に」という意味の副詞で、動詞 works を修飾している。一方、次の文の hard は「熱心な、勤勉な」という意味の形容詞で、名詞 worker を修飾している。
- She is a hard worker.（彼女は働き者だ）

　このように、形容詞と副詞の両方で同一の形が用いられる語もある（▶ p.54）。ただし、それらの中には形容詞と副詞とで意味が大きく異なるものもあるので注意しよう。

daily（形日々の　副毎日）
- It's a daily newspaper.（それは日刊新聞です）
- He visits his aunt daily.（彼は毎日、伯母を訪問する）

sound（形健全な、正常な　副ぐっすり）
- It was a sound decision.（それは健全な決定だった）
- The baby was sound asleep.（赤ん坊はぐっすり眠っていた）

　形容詞と副詞で同一の形が用いられる語には、上記のほかに次のようなものがある。

early（形早い　副早く）　enough（形十分な　副十分に）　far（形遠い　副遠くに）
fast（形速い　副速く）　free（形自由な　副ただで）　last（形最後の　副最後に）
pretty（形かわいい　副かなり）　right（形正しい　副ちょうど）
straight（形真っすぐな　副真っすぐに）　well（形健康な　副よく）

語尾が -ly の形容詞

　形容詞には、lonely（孤独な）のように語尾が -ly のものがある。「-ly がつく語は副詞」と早合点しないように注意しよう。

　このような形容詞には、friendly（友人のような、親しげな）、lovely（愛らしい、すてきな）、kingly（王者の、王者らしい）など、名詞の語尾に -ly がついた形のものが多い。

2 very と much

Clip 351

(1) That documentary was **very** interesting. 676
あのドキュメンタリーは非常に面白かった。

(2) I didn't like that documentary **much**. 677
私はあのドキュメンタリーはあまり気に入らなかった。

veryとmuchの使い方

veryとmuchはいずれも、「とても、非常に」といった意味の「**程度**」を表す副詞だが、用法はそれぞれ異なる。veryは**形容詞や副詞を修飾**する。例文(1)のveryは形容詞interestingを修飾している。また、次の例ではveryが副詞を修飾している。

- Because I overslept, I ate my breakfast **very** quickly. (寝坊したので、朝食をとても急いで取った)

muchは単独では、例文(2)のような否定文や、疑問文で用いることが多い。その場合、後ろから**動詞を修飾**する。

muchは、肯定文ではveryと組み合わせて用いることが多い。

- I like that documentary **very much**.
  (私はあのドキュメンタリーがとても好きだ)

肯定文で、muchが動詞や過去分詞を前から修飾することもある。

- I **much** appreciate your help on this matter.
  (この件に関してのあなたのご助力に大変感謝します)
- Your help would be **much** appreciated.
  (あなたにご助力いただけると大変ありがたいです)

比較表現とともに用いる

veryは形容詞の最上級を修飾し、強調することができる (●p.342)。

- This is the **very** best beef I have ever tasted.
  (これは私がこれまでに味わった中で、まさに最高の牛肉です)

muchは形容詞や副詞の比較級や最上級を修飾し、強調することができる (●p.338、p.342)。

- Today's quiz is **much** <u>easier</u> than the last one.
（今日の小テストは前回のものよりもずっと簡単だ）
- She is **much** <u>the best</u> violinist in this orchestra.
（彼女はこのオーケストラで群を抜いてうまいバイオリニストだ）

3　ago と before

> **Clip 352**
>
> (1) We visited New York **two years ago**.　　　678
> 　私たちは2年前にニューヨークを訪れた。
>
> (2) I lost the umbrella I had bought **three days before**.　　　679
> 　私は3日前に買った傘をなくした。

agoとbeforeの違い

　例文(1)のtwo years agoは「今から2年前」を表しているのに対し、例文(2)のthree days beforeは過去のある時点（傘をなくした時）を基準に、「さらにその3日前」を表している。

　agoは「（今から）～前」を意味する副詞で、**「現在から見た過去」**を表す。したがって過去形の動詞とともに用いる。単独で使用することはなく、**「時」を示す表現を伴う**。

　beforeも「時」を示す表現とともに用いられて「～前」を表すが、こちらは**「基準となる時から～前」**を表す語である。(2)では「過去から見た過去」を表している。

　なお、beforeは**単独で用いた場合は「以前に」**を表す。その場合は「過去から見た過去」だけでなく「現在から見た過去」も表すことができる。「現在から見た過去」を表す場合は、過去形または現在完了形とともに用いる。

- I told you that **before**.
（私は前にそれをあなたに伝えました）
- I have told you that **before**.
（私は前にそれをあなたに伝えたことがあります）

4 already、yet、still

Clip 353

(1) I have **already** done my homework. 680
私はもう宿題をやった。

(2) I haven't done my homework **yet**. 681
私は宿題をまだやっていない。

(3) He is **still** doing his homework. 682
彼はまだ宿題をやっている。

「すでに」と「まだ」

alreadyは完了形の肯定文で「すでに（〜した）」の意味で用いることが多い。yetは完了形の否定文で「まだ（〜していない）」の意味で用いるか、完了形の疑問文で「もう、すでに」という意味で用いることが多い（▶p.145）。

alreadyはhaveの後ろに置くことが多く、yetは文末に置くのが普通である。

● Have you had lunch **yet**?（もうお昼は食べたの？）

yetを否定疑問文で用いると、いら立ちを表すことができる。

● **Haven't** you done your homework **yet**?
（まだ宿題をやっていないの？）

stillは「（予想に反して）まだ（継続している）」の意味で用いる。以下の文には「もうオフィスを出てもよいころなのに」という気持ちが込められている。

● Oh, are you **still** in the office?
（あら、まだオフィスにいるの？）

For Communication alreadyを使った疑問文のニュアンス

alreadyは疑問文でも用いられるが、yetを用いた場合と意味は異なる。
① Have you done your homework **yet**?（もう宿題はやったの？）
② Have you done your homework **already**?（もう宿題をやってしまったの？）

①では単に宿題を終えたのかどうかを尋ねているが、②では、予想より早く宿題を終えたことを知って、「こんなに早く」という驚きを込めて確認している。このような用法のalreadyは文末に置かれることが多い。

21 形容詞・副詞

5 too、either、neither

> **Clip 354**
>
> (1) Oh, you are from Sendai? I come from Sendai, **too**. 683
> おや、仙台出身ですか？　私も仙台出身です。
>
> (2) "I didn't understand what the teacher said."
> "I didn't, **either**." 684
> 「僕は先生の言ったことが分からなかった」「私も」
>
> (3) "I didn't understand what the teacher said."
> "**Neither** did I." 685
> 「僕は先生の言ったことが分からなかった」「私も」

「～も」「～もまた（…ない）」

tooは「～も」の意味で、**肯定文**で用いる。文末に置くことが多いが、主語の後ろに置くこともある。
- I, **too**, opposed the plan. （私もその計画に反対した）

eitherは**否定文**で**not**などの**否定語**とともに用いられ、「～もまた（…ない）」の意味を表す。eitherも通常文末に置く。
- I don't have a driver's license, and my brother doesn't, **either**.
（私は運転免許を持っていないし、兄も持っていない）

neitherも「～もまた（…ない）」の意味で用いるが、すでに否定の意味を含んでいるため、**否定語とともには用いない**。通常は例文のように「neither＋助動詞＋主語」または「neither＋be動詞＋主語」の形で使う。つまり、neitherの後ろは語順に**倒置**が起こる（▶p.449）。

なお、口語では(3)の受け答えにMe, **neither**. のような言い方をすることもある。

6 前に述べられた内容を表す so

Clip 355

(1) He took a deep breath and by doing **so** tried to calm down. 686
 彼は深呼吸をした。そうすることで落ち着こうとしたのだ。

(2) "Do you think he will come to the meeting?"
 "I hope **so**." 687
 「彼は会議に来ると思いますか」「来るといいですね」

前に述べられた動作を指す	日本語でも、すでに話に出てきた情報を指して「そうすると、そうだと」などと言うことがあるが、英語の so にも同じような使い方がある。例文(1)で so が指しているものは took a deep breath（深呼吸をした）という動作である。このように、so が**同じ表現のくり返しを避ける**ために使われ、前に述べられた動作などを指すことがある。
前に出てきた節の内容を指す	例文(2)の so は、直前の he will come to the meeting（彼が会議に来る）を指している。このように so は前に出てきた**節の内容**を指すこともできる。このような so は、hope（〜を望む）や think（〜を思う）、hear（〜を聞く）などの動詞の後ろでよく用いられる。

「〜もまた同じである」を表す	なお、次のように so が文頭に出ることもある。
	● "Did you know the class has been canceled?"
	  "**So** I heard."
	  （「休講になったって知ってた？」「そう聞いたよ」）
	「前の内容を指す」so を使って、次のような表現も可能になる。
	● She liked the book, and **so did I**.
	  （彼女はその本が気に入ったし、私もそうだった）
	この so は liked the book を受け、「私も同じだった」と述べる働きをしている。このように「so＋助動詞＋主語」または「so＋be動詞＋主語」の形で、「〜もまた同じである」ということを表せる（▶p.449）。

「本当にそうだ」を表す

また、倒置をしない「so + SV」の形が用いられることもある。
- My mother said the art museum would be crowded, and **so it was**.
（母が美術館は混むだろうと言ったが、実際そのとおりだった）

この倒置をしない形は、前の部分の内容に対して「本当にそうだ、まったくそのとおりだ」と述べるときに用いられる。

7 2つの文を意味的につなぐ副詞

> **Clip 356**
>
> We won the first game. **However**, we mustn't lose our concentration. 688
> 私たちは最初の試合に勝った。しかしながら、集中力を切らしてはいけない。

文と文を意味的につなぐ副詞

例文のHoweverは「しかしながら」という意味で、2つの文が**内容的に対立している**ことを示している。このように、副詞の中には**2つの文の論理関係を示しながら、それらを意味的につなぐ働き**をするものがある。こうした副詞は、「**接続副詞**」と呼ばれることがある。

ただし、こうした副詞には、接続詞のような「2つの文をつないで1つの文にする」という働きはない。あくまで副詞であるので、以下のような文は成り立たない。

- (×) We won the first game, **however** we mustn't lose our concentration.

このような副詞の仲間には、therefore（したがって）、moreover（さらに）、furthermore（その上）、hence（それゆえ）、thus（したがって）、meanwhile（一方で）、nevertheless（それにもかかわらず）などがある。

- Mike was late for the class. **Furthermore**, he didn't bring his homework.
（マイクは授業に遅刻した。その上、宿題も持ってこなかった）

- We were annoyed by the unexpected snow. **Meanwhile**, the kids were excited about it.
 (私たちは予期せぬ雪に迷惑していた。一方、子どもたちは雪に興奮していた)

 また、in other words（言い換えれば）、as a result（結果として）、in consequence（その結果）、in contrast（対照的に）、in the meantime（そうしているうちに）といった複数の語からなる句にも、似た働きをするものがある。

- This business plan won't work in the Asian market. **In other words**, we should think of a different one. (この事業計画はアジア市場ではうまくいかないだろう。言い換えると、異なる計画を考えたほうがよい)

- Would you make the salad? **In the meantime**, I'll cook the steaks. (サラダを作ってくれる？ そうしているうちに、僕はステーキを焼くよ)

 こうした副詞（句）は文頭に置かれることが多いが、それ以外の位置に置かれることもある。例えば、例文は以下のように表すこともできる。

- We won the first game. We, **however,** mustn't lose our concentration.

22章 前置詞
Prepositions

Step 1 基本

1 前置詞の働き 554

2 前置詞の用法
- ❶ at 556
- ❷ in 557
- ❸ on 559
- ❹ from 561
- ❺ to 563
- ❻ for 564
- ❼ of 566
- ❽ by 567
- ❾ with 568
- ❿ about 569
- ⓫ before、after 570
- ⓬ along、around 571
- ⓭ across、through 572
- ⓮ into 573
- ⓯ between、among 574
- ⓰ over、under、above、below 575

Step 2 発展

群前置詞 577

Step 1 基本

前置詞は、名詞や代名詞、動名詞などの**前**に**置**かれて、「前置詞句」と呼ばれるまとまりを作る。前置詞句は文中で形容詞や副詞のような働きをする（▶p.77、p.81）。前置詞は通常、複数の意味を持っているが、それらの意味を個々に覚えるのではなく、その前置詞の「**基本的なイメージ**」をまず理解した上で、そこからの意味の広がりをつかむようにしよう。

1 前置詞の働き

前置詞の後ろに名詞の仲間を続けて作る句を「**前置詞句**」と呼ぶ。前置詞句は、**形容詞句**や**副詞句**として名詞や動詞などを修飾する（▶p.325）。

> **Clip 357**
>
> (1) The girls **on the stage** are famous dancers. 689
> ステージに立っている少女たちは、有名なダンサーだ。
>
> (2) The girls danced **on the stage**. 690
> 少女たちはステージで踊った。

前置詞句が形容詞の働きをする

例文(1)と(2)は、どちらもon the stageという前置詞句を含んでいるが、その働きは異なる。(1)では、on the stageが、主語である**名詞The girlsを修飾する形容詞の働き**をしており、The girls on the stageという名詞のまとまりを作っている。

前置詞句が副詞の働きをする

一方、(2)のon the stageは動作（danced）をした「場所」を示しており、**動詞dancedを修飾する副詞の働き**をしている。

前置詞の目的語

前置詞の後ろには、通常は名詞とその仲間（名詞と同じ働きを持つ語句）が置かれる。それらを前置詞の目的語と呼ぶ。以下のような語句が、前置詞の目的語として用いられる。

名詞・代名詞
- I played tennis with my brother yesterday.
  （私は昨日、弟とテニスをした）

  人称代名詞を使う場合は、次のように目的格にする。
- I played tennis with him yesterday.

動名詞
- I usually read the newspaper before eating breakfast.
  （私はたいてい、朝食を取る前に新聞を読む）

前置詞の後ろに不定詞を置くことはできない。動詞的な要素を前置詞に続ける場合には、この例文のように動名詞を使う。

名詞節
- The meeting was about what we should do in this project.
  （その会議は、このプロジェクトで何をすべきかについてのものだった）

ifやthatで始まる名詞節は通常、前置詞の後ろに置くことができない。ただし、in that ～やexcept that ～という形は可能である（▶p.589）。
- I'm lucky in that I have reliable friends. (頼りになる友人がいて、私は幸運だ)

例外
例外的に、形容詞や副詞など、「名詞の仲間」でない要素が前置詞の後ろに続くこともある。

前置詞＋形容詞：for free（無料で）、for sure（確かに）
前置詞＋副詞：from abroad（海外から）、until recently（最近まで）
前置詞＋前置詞句：Jimmy is from around here.
　　　　　　　　（ジミーはこのあたりの出身だ）

2 前置詞の用法

それぞれの前置詞には基本的なイメージがあり、それらから多様な意味の広がりが生まれている。主な前置詞について、基本となるイメージと、そこから発展した意味・用法をとらえよう。

1 at

基本的なイメージ：場所や時間における「1点」

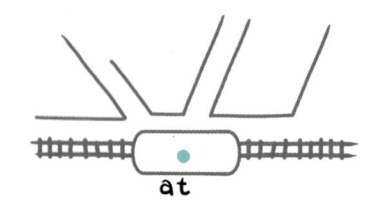

Clip 358

(1) I met Emi **at** the station. 691
私は駅でエミに会った。

(2) I usually leave home **at** 7 a.m. 692
私は普段、午前7時に家を出る。

場所の1点　　例文(1)では話し手が「駅」を**「場所の1点」**つまり**「地点」**としてとらえてatを用いている。このような「広がりのない1地点」を表すatの使い方には、次のようなものもある。
- He is very shy **at** school but not **at** home.
（彼は学校ではとても恥ずかしがり屋だが、家では違う）
- The cat entered **at** the back of the house.
（その猫は家の裏から入って来た）

時の1点　　(2)ではatが「午前7時」という**「時の1点」**すなわち**「時点」**を表している。このような「時の1点」を表現するatの使い方には、次のようなものもある。
- We will have a test **at** the end of this month.
（今月末に試験がある）

556　22章　前置詞

「点」のイメージを広げる	● He got his driver's license **at** (the age of) 20. （彼は20歳で運転免許を取った）
	atが持つ「点」という基本イメージを広げて、次のようなさまざまな事柄の表現にatを用いることができる。
	● The boy stared **at** a huge elephant. （少年は巨大なゾウをじっと見つめた）　　　　〔標的・方向〕
	● They bought this painting **at** a low price. （彼らは低価格でこの絵を買った）　　　　　　　〔価格〕
	● Aki is a student **at** Kyoto University. （アキは京都大学の学生だ）　　　　　　　　　　〔所属〕
	● He was **at** work when I called him. （私が電話した時、彼は仕事中だった）　　　　　〔従事〕
	● I feel **at** ease with my close friends. （親しい友人たちと一緒だと、私はくつろいで感じる）〔状態〕
	● I was surprised **at** his decision. （私は彼の決断に驚いた）　　　　　　　　　　〔感情の原因〕

2　in

基本的なイメージ：ある程度広がりのある空間や時間の中

Clip 359

(1) I lost my key somewhere **in** the park.　　　693
　　私は公園のどこかで鍵をなくした。

(2) We have a lot of rain here **in** September.　　694
　　ここでは9月に雨が多い。

22 前置詞

557

「空間の中」に	inの基本的な意味は**「～の中に」**である。場所を表す際にatを用いるとその場所を「地点」としてとらえていることになるが、例文(1)のinは「公園の中」を表しており、**ある広さを持った空間**を感じることができる。このようなinの使い方には、例えばin Japan（日本［国内］で）、in the dining room（食堂で）、in the box（箱の中で）などがある。
「時間の中」に	時間においても同様に考えることができる。atを用いたI usually leave home at 7 a.m.（私は普段、午前7時に家を出る）では「7時」という「時点」が表現されているが、例文(2)では「9月中」という**「幅のある期間」**が示されている。このようなinの使い方には、例えばin 1983（1983年に）、in winter（冬に）、in the morning（午前中に）などがある。
「空間や時間の中」というイメージを広げる	「空間の中」「時間の中」という基本イメージから、次のようなさまざまな事柄の表現にinを用いることができる。 ● The rat went **in** that direction. 　（ネズミはあの方向に行った）　　　　　　　　〔方向・方角〕 ● All the students attended the ceremony **in** uniform. 　（生徒たちはみな制服を着て式に参加した）　　〔着用〕 ● Let's dance **in** a circle. 　（輪になって踊ろう）　　　　　　　　　　　　〔形態〕 ● Write **in** pencil when you take this exam. 　（この試験を受ける際には鉛筆で書くこと）　　〔手段〕 ● She told the story **in** tears. 　（彼女は泣きながらその話をした）　　　　　　〔状況〕 ● Thomas is strong **in** science. 　（トーマスは科学が得意だ）　　　　　　　　　〔分野〕

「今からの時の経過」を表すin

inは、後ろに時間の長さを表す語句を伴って、「今から〜後に」という意味で使われることがある。この意味でafterを使うことはできないので注意が必要である。
- Please come back **in** five minutes. (5分後に戻ってきてください)
- I will be ready **in** half an hour. (あと30分で準備ができる)
- We will finish the construction **in** a few months.
  (あと2、3カ月で工事が終わるだろう)

ただし、「未来や過去のある時点」を基準にして「それから〜後に」と言いたい場合には、inではなくafterを用いる。
- I got to the gym at 3 o'clock and left **after** two hours.
  (私はジムに3時に着き、2時間後に出た)

3 on

基本的なイメージ：接している

Clip 360

(1) Please put these glasses **on** the table.　　695
テーブルの上にこれらのグラスを置いてください。

(2) Ken was born **on** July 17.　　696
ケンは7月17日生まれだ。

「何かに接している」ことを表す

「場所」に関して使われるonは、**「何かに接している」状態**を表す。on the desk (机の上に)、on the floor (床の上に)、on the bed (ベッドの上に) のように、日本語で「〜の上に」と訳される場合も多いが、「接して」さえいれば、**必ずしも「上に乗って」いなくても使われる**ことに注意。例えばon the wall (壁に)、on the ceiling (天井に) などがその代表例である。
- I saw a spider **on** the ceiling.
  (天井にクモがいるのを見た)

22 前置詞

559

「日付」や「曜日」などを表す	「時」に関連したonには、例文(2)のような**「日付」**を表す使い方のほか、on Monday（月曜日に）、on the third Friday（第3金曜日に）といった**「曜日」**や、on Christmas Day（クリスマスの日に）、on my birthday（私の誕生日に）などの**「特定の日」**を表す用法がある。 ● Yumi doesn't want to study **on** Sundays. 　（ユミは日曜日には勉強したくない） ● I don't ride a bike **on** rainy days. 　（私は雨の日には自転車に乗らない）
「接している」のイメージを広げる	場所や時間以外にも、「接している」という基本イメージを広げて、次のようなさまざまな事柄の表現にonを用いることができる。 ● Mai likes to watch tennis **on** TV.　　　　　　〔手段〕 　（マイはテレビでテニスを見るのが好きだ） ● The students went to Nagano **on** a ski trip.　〔従事・用件〕 　（生徒たちはスキー旅行で長野に行った） ● I read an article **on** the Russian economy.　〔主題〕 　（私はロシアの経済についての記事を読んだ） ● You will see a tall building **on** your right.　〔近接〕 　（あなたの右手に高いビルが見えるでしょう） ● A ball hit me **on** the head.　　　　　　　　〔方向・対象〕 　（ボールが頭に当たった）

「特定の日の午前中に」の表し方

　「午前中に」「午後に」「夕方に」はそれぞれin the morning、in the afternoon、in the eveningのようにinを使って表すのが普通だが（▶p.558）、「特定の日の午前中［午後・夕方］に」の場合はonを用いる。例えば、on Sunday morning（日曜の午前中に）、on the evening of May 15（5月15日の夕方に）のようになる。

4 from

基本的なイメージ：「起点」

Clip 361

(1) My cousin drove **from** Kyushu. 697
私のいとこは九州から車を運転してきた。

(2) New classrooms will be used **from** June. 698
新しい教室は6月から使用される。

「出発地点」を表す	fromは例文(1)のように、場所に関する「起点」つまり「出発地点」や「出所」を表すのに使われる。後ろに地名を続けるような場合はこの意味になる。 ● Ichiro is **from** Aichi. (イチローは愛知県の出身だ) fromはこのように、「出身地」の表現にもよく用いられる。
「開始時点」を表す	fromには、(2)のように、時間的な「起点」つまり「開始時点」を表す使い方もある。 「1点」を表すことのできる前置詞にはほかにat (● p.556) があるが、atは「～から」という「起点」の意味を含まないことに注意しよう。 ● The store opens **at** 10 a.m. （その店は午前10時に開店する） ● The store is open **from** 10 a.m. （その店は午前10時から開いている）
「起点」のイメージを広げる	「起点」という基本イメージを展開させることで、空間や時間以外にも、次のようなさまざまな事柄の表現にfromを用いることができる。

- Wine is made **from** grapes.
 （ワインはブドウでできている） 〔原料〕
- I am saying this **from** experience.
 （このことは経験から言っているのです） 〔理由・根拠〕
- She was separated **from** her family.
 （彼女は家族から引き離された） 〔分離〕
- His idea is quite different **from** mine.
 （彼の考えは私のとはずいぶん違う） 〔区別〕

日本語の「〜から」を from で表さない場合

以下の日本語の文を見てみよう。
①日本では、学校（の年度）は4月から始まる。
②鳥が窓から入ってきた。
③太陽は東から昇る。

これらを英語で表現しようとするとき、「〜から」に引きずられて from を使ってしまいがちだが、上記の「4月から」「窓から」「東から」は、from を使って表さない。①〜③を英語にするとそれぞれ次のようになる。
① In Japan, the school year starts **in** April.
② A bird came in **through** the window.
③ The sun rises **in** the east.

①は「4月に始まる」という開始の「時期」を述べる文と考え、in を用いて表現する。②は「開いた窓を通り抜けて入って来た」と考えて、through を用いる。③は「東（という方角）に昇る」と考える。このように「方向・方角」を表す際、英語では in を用いることに注意しよう。

5 to

基本的なイメージ：場所や時間における「方向、到達点」

Clip 362

(1) I usually walk **to** school.　　　　　　　　　　699
　　私は普段、歩いて学校に行く。

(2) He works from 9 a.m. **to** 5 p.m. every day.　　700
　　彼は毎日、午前9時から午後5時まで働く。

「空間や時間における到達点」

toは、場所に関して使われた場合は「**運動の方向**」や「**到達点**」を、時間に関して使われた場合は「**終わりの時点**」を表す。

from A to Bの形で

toは例文(2)のように、「〜から」という意味のfromと一緒に、**from A to B（AからBまで）**の形でよく使われる。(2)は「**時間**」に関して使われているが、もちろん「**場所**」について使うこともできる。

● The Nozomi runs from Tokyo to Hakata.
　（「のぞみ」は、東京から博多まで走行する）

「到達点」のイメージを広げる

「到達点」という基本イメージを広げて、空間や時間以外にも、次のようなさまざまな事柄の表現にtoを使うことができる。

● The glass was smashed **to** pieces.
　（そのグラスは粉々に砕けた）　　　　　　　　〔結果〕

● Yamanashi is **to** the west of Tokyo.
　（山梨県は東京の西に位置する）　　　　　　　〔方角〕

● Can you translate from English **to** Spanish?
　（英語からスペイン語に翻訳できますか）　〔変化の方向〕

● The police came **to** my rescue.
　（警察が私を救助するために駆けつけた）　　　〔目的〕

22 前置詞

563

- The book was interesting **to** me.
  (その本は僕には面白かった)　〔対象〕
- He felt inferior **to** his sister.
  (彼は姉に劣等感を抱いた)　〔比較〕
- We clapped our hands **to** the music.
  (私たちは音楽に合わせて手を叩いた)　〔一致〕
- He attached the file **to** his e-mail.
  (彼はEメールにそのファイルを添付した)　〔付着〕

6 for

基本的なイメージ：「方向」と「期間」

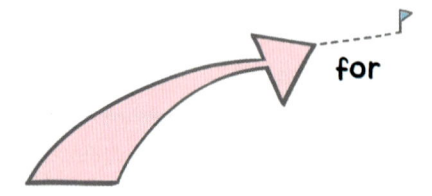

> **Clip 363**
>
> (1) Pioneers started **for** the west.　701
>   開拓者たちは西に向かって出発した。
> (2) The sumo tournament is held **for** two weeks.　702
>   大相撲は2週間開催される。

「方向」を表す　　forは「〜に向かって」という**「行動の方向」**を示す。文字どおり**「方角」**や**「行き先」**を表すほか、次の例のように**「利益がもたらされる方向（〜のために）」**の意味でも用いられる。
- I prepared lunch **for** you.
  (あなたのために昼食を用意しました)

「期間」を表す　　forには例文(2)のように、時間（の幅）に関する語句を伴って、**「〜の間」**という**「物事が行われる期間」**を表す用法がある。

「方向」のイメージを広げる	「方向」という基本イメージから、以下のような事柄の表現にもforを用いることができる。 ● We've prepared **for** the meeting tomorrow. 　（私たちは明日の会議のために準備した）　〔目的〕 ● Are you **for** this project? 　（あなたはこのプロジェクトに賛成ですか）　〔賛成〕 ● Mari paid 3,000 yen **for** the T-shirt. 　（マリはそのTシャツに3000円払った）　〔代価〕 ● I attended the meeting **for** my boss. 　（私は上司に代わって会議に出席した）　〔代理〕 ● Were you looking **for** your dog? 　（犬を探していたのですか）　〔対象〕

「方向」を表す to と for の違い

「方向」を表すのにtoが用いられることもある（○p.563）が、toが「到達」の意味合いを強く持つのに対し、forはそうではなく、むしろ「出発」のほうに注目する表現である。そのため、forはleaveやstartなど「出発する」という意味を持つ動詞と一緒に使われることが多い。次の2つの文を比べてみよう。
① I went **to** Hokkaido.（私は北海道に行った）
② I left Tokyo **for** Hokkaido.（私は北海道に行こうと東京を出発した）
　toを用いた①の文は「北海道に着いた」ことを表しているが、forを用いた②はそうではない。②においてforは、「どこを目指して出発したか」を表している。

「期間」を表す for と during の違い

「～の間」という意味で「期間」を表す前置詞には、forのほかにduringがある。この2つにはどのような違いがあるのだろうか。
　forは後ろにthree daysやtwo yearsなどの「時間（の幅）」を表す語句を伴い、「～の間（続く）」ということを表す。一方、**during**の場合はmy childhood（私の子ども時代）やthe summer vacation（夏休み）などの「特定の期間」を表す語句を伴い、「その期間に起こる」ことを表す際に使われる。
● I only slept **for** five hours last night.（昨夜は5時間しか寝ていない）
● No one spoke **during** his speech.（彼のスピーチの間、誰もしゃべらなかった）

22 前置詞

7 of

基本的なイメージ：「所属」

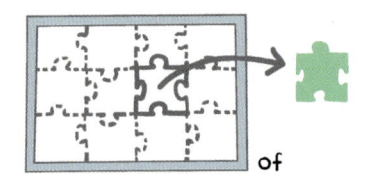

Clip 364

(1) I am a student **of** Kita High School. 703
私は北高校の生徒だ。

(2) A part **of** this book is missing. 704
この本の一部が紛失している。

「所属」「部分」を表す	ofは「所属している」状態や「何かを構成する一部分である」ことなどを表す。またそこから、材料を表すこともできる。

- This crane is made **of** paper.
  （このツルは紙でできている）

「所属」「部分」のイメージを広げる	「所属」「部分」という基本イメージから、以下のような事柄の表現にもofを用いることができる。

- My uncle died **of** heart failure.
  （私の叔父は心不全で亡くなった）　　〔理由・原因〕
- This is a photo **of** my family.
  （これは私の家族の写真です）　　〔関連〕
- The news **of** her arrival surprised me.
  （彼女が到着したという知らせに、私は驚いた）　〔同格〕

「分離」を表す of

ofは「(～から) 離れて、引き離して」という「分離」の意味でも使われる。
- Stand clear **of** the doors. （扉から離れてお立ちください）
- The cat was deprived **of** food. （その猫は食べ物を奪われた）

ofとfromの使い分け

① be made of ～ と be made from ～

どちらの場合も「～でできている」という意味で、材料を示す語句が後に続くが、**be made of ～**は材料が変化しない（外から見て材料・材質が分かる）場合に使われる傾向があるのに対し、**be made from ～**は材料が変化し原形をとどめていないような場合に使われることが多い。

- This crane **is made of** paper. (このツルは紙でできている)
- Wine **is made from** grapes. (ワインはブドウでできている)

② die of ～ と die from ～

どちらの場合も「死亡の原因」を示す語句が後ろに続くが、**of**の場合は通常、病気や老齢、飢えなど、「死亡の直接的な原因」や「一般に死因と認識されているもの」が続くのに対し、**from**の場合はけがや不注意、疲労など、「間接的な原因」が続くことが多い。

- My grandmother died **of** old age. (私の祖母は老衰で亡くなった)
- He died **from** overwork. (彼は過労で亡くなった)

ただし、①、②のどちらとも、実際にはあまり区別せずに使われている。

8 by

基本的なイメージ：「近接」

Clip 365

The girls are talking **by** the window. 705
その少女たちは窓際で話している。

「近接」を表す

byの基本的なイメージとして、**「～のそばに、～のすぐ手元に」**という**「近接」**の意味をまず押さえよう。なお、nearも「～のそばに、近くに」という意味の前置詞として使われるが、byのほうが「体に近い」印象を与える。

- I want to live **near** the beach.
  (ビーチの近くに住みたい)

「近接」のイメージを広げる

「近接」という基本イメージから、以下のような事柄の表現にも by を用いることができる。

- This robot was made **by** Akira.
 (このロボットはアキラによって作られた)　〔動作主〕
- Let's go to the station **by** taxi.
 (駅までタクシーで行きましょう)　〔手段〕
- It's already 9:00 **by** my watch.
 (私の時計ではもう9時だ)　〔判断の基準〕
- We should come back **by** Monday.
 (私たちは月曜までに戻らなくては)　〔期限〕
- I rent this house **by** the month.
 (私はこの家を月ぎめで借りている)　〔単位〕

by と until

時間について使われる by は、「～までに」という「期限」を表す。似た意味の前置詞に until があるが、until は「その時点まで（動作などが）継続する」という意味である。しっかり区別しよう。

- I had to finish my homework **by** Monday.
 (私は宿題を月曜までに終えなくてはならなかった)
- I did my homework **until** 10 p.m. (私は宿題を午後10時までやっていた)

9　with

基本的なイメージ：「同伴」

Clip 366

I sleep **with** my cat every night.　706
私は毎晩、猫と一緒に眠る。

「同伴」「携帯」「所有」を表す

　withの基本的な意味は「～と一緒に」という「同伴」だが、次のように「携帯」や「所有」を表すのにも使われる。
- She had no money **with** her then.
  （彼女はその時お金を全然持ち合わせていなかった）〔携帯〕
- Do you know that man **with** the long hair?
  （あの髪の長い男性を知っていますか）〔所有〕

「同伴」のイメージを広げる

　「同伴」という基本イメージから、以下のような事柄の表現にもwithを用いることができる。
- She has been **with** the company for 30 years.
  （彼女はその会社に30年間勤めている）〔所属・仲間〕
- I cut the cake **with** a bread knife.
  （私はケーキをパン切りナイフで切った）〔道具・手段〕
- What is the matter **with** you?
  （どうしたのですか）〔関係・関連〕

10　about

基本的なイメージ：「周辺」と「関連」

Clip 367

Let's talk **about** our future.　　　707
私たちの将来について語ろう。

「周辺」「関連」を表す

　aboutの基本的な意味は「周辺」「関連」で、そこから「およその数値」なども表す。
- We walked **about** the small seaside town.
  （私たちは海辺の小さな町を歩き回った）〔周辺〕
- He left **about** an hour ago.
  （彼は約1時間前に出ていった）〔およその数値〕

22 前置詞

569

11 before、after

> **Clip 368**
>
> (1) Can we get there **before** 6 p.m.? 　　708
> 　私たちは午後6時前にそこに着くことができますか。
>
> (2) Don't go out **after** dark. 　　709
> 　暗くなってから外に出るな。

before

beforeは、例文(1)のように**時間が**「～より前」であることのほか、**順序が**「～より前」であることも表す。

- Laura is **before** me on the waiting list.
  （ローラのほうが私より順番待ちリストで先だ）

after

afterは、(2)のように**時間が**「～より後」であることのほか、**順序が**「～より後」であることも表す。

- The little girl followed **after** her mother.
  （その幼い少女は、母親の後についていった）

「～より後」という意味から、afterは「～を追って」「～にちなんで」という意味でも用いられる。

- Someone is **after** him.（誰かが彼を追いかけている）
- She was named Ann **after** her grandmother.
  （彼女は祖母の名にちなんでアンと名づけられた）

「前に、正面に」を表す in front of と「後ろに、背後に」を表す behind

何かの「前に、正面に」位置している状態は in front of を使って表す。
- He stopped in front of the entrance.（彼は入口の前で立ち止まった）

逆に、何かの「後ろに、背後に」位置している状態は behind を使って表す。
- The detective was listening behind the door.
  （その刑事はドアの後ろで聞いていた）

behindは「(基準となる時間や達成度よりも) 遅れて」という意味でも使われる。
- I am afraid I am behind schedule.（残念ながら、私は予定より遅れています）

12 along、around

> **Clip 369**
>
> (1) You should walk **along** the white line.　710
>   白線に沿って歩かなければいけない。
> (2) The students were sitting **around** the teacher.　711
>   生徒たちは先生を囲んで座っていた。

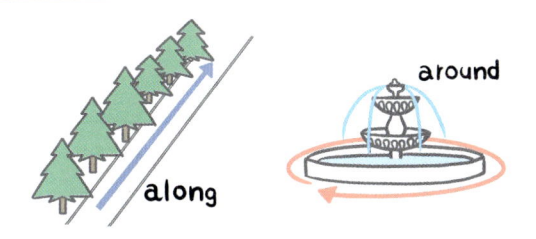

along

alongの基本的なイメージは「〜（線状のもの）に沿って」で、進む方向や位置関係を表すのに使われる。

alongは、例文(1)のように、線状のものに対し「〜のすぐ脇を、〜沿いに」と述べる場合にも、次の例のように「〜の上を」と述べる場合にも使われる。

- A car was driving **along** the street.
  （1台の車が通りを走っていた）

around

aroundの基本的なイメージは「〜の周りに」だが、「〜の近くに」や「〜のあちこちに」という意味で使われることもある。

- Did you see anyone **around** here?
  （このあたりで誰か見ましたか）
- I want to travel **around** the world.
  （世界のあちこちを旅してみたい）

22 前置詞

571

13 across、through

> **Clip 370**
>
> (1) It is dangerous to swim **across** this river. 712
> この川を泳いで渡るのは危険だ。
> (2) Aya walked **through** the park. 713
> アヤは公園を歩いて通り抜けた。

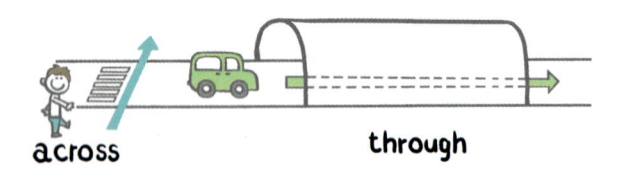

across / through

across　acrossは例文(1)のような「横切って（進む）」という意味のほか、「〜を横切った所に、〜の向こう側に」といった意味でも使われる。
- My sister is standing **across** the street.
（姉が通りの向こう側に立っている）

through　throughの基本的な意味は、(2)のような「〜を通り抜けて」だが、そこから「〜の間ずっと」や「〜を通して、〜を終えて」といった意味でも使われる。
- This store is open Monday **through** Friday.
（当店は月曜から金曜まで営業しています）
- I learned my lesson **through** bitter experience.
（私は苦い経験を通して教訓を得た）

「(道などを隔てて) 〜の向かい側に」の表し方

「(道などを隔てて)〜の向かい側に」は、**opposite** または **across from** 〜で表す。上で学んだ前置詞acrossの後ろにはriverやstreetなどの「隔てるもの」が来るが、oppositeやacross from 〜の後ろには「起点となる場所」を表す語が来る。
- His house is **opposite** the bakery.（彼の家はベーカリーの向かい側にある）
- His house is **across** (the street) **from** the bakery.
（彼の家は［通りを隔てて］ベーカリーの向かい側にある）

14 into

> **Clip 371**
>
> Alice fell **into** the hole.
> アリスは穴の中へ落ちた。
>
> 714

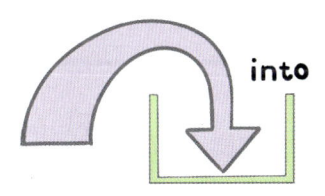

「〜の中へ」

intoの基本的なイメージは**「〜の中へ」**で、例文のような場所や位置の「方向」以外に、「変化する方向」を表すのにも使われる。
- The little girl turned into a beautiful lady.
（その小さな少女は美しい女性になった）

「〜から外へ」は out of 〜

intoと反対の**「〜から外へ」**という意味を表すには、out of 〜を使う。
- A dove came **out of** the hat.
（帽子からハトが出てきた）

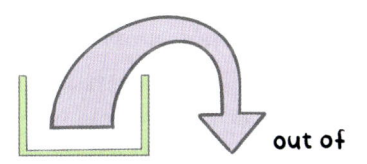

「〜の上へ」を表す onto

「〜の上へ」は前置詞ontoを使って表現できる。ontoは、例えば次のように使われる。
- The boys climbed onto the roof.（少年たちは屋根の上に上った）

15 between、among

Clip 372

(1) Please sit **between** Kate and Ann.　715
ケイトとアンの間に座ってください。

(2) The singer is popular **among** young people.　716
その歌手は若者に人気がある。

between

betweenの基本的なイメージは「何かと何かの間に」で、そこから発展して「2つのうちどちらか」の意味でも使われる。

- You can choose **between** cheesecake and ice cream.
  （チーズケーキとアイスクリームのどちらかを選べます）

なお、betweenは「2つのものの間」を指して使われることが多いが、「3つ以上のものの間」についても、それぞれの関係を個別にとらえていれば使うことができる。

- The article reported on the treaty **between** five nations. （その記事は5ヵ国間の条約を報じた）

among

amongは「同質のものの中に」が基本イメージで、集団や3つ以上のものを漠然とまとめてとらえ、「〜の間に、〜の中で」といった意味で使われることが多い。

- The money was divided **among** his children.
  （そのお金は彼の子どもたちの間で分けられた）

16 over、under、above、below

Clip 373

(1) A horse jumped **over** the fence. 717
あの馬がフェンスを跳び越えた。

(2) Let's have lunch **under** that tree. 718
あの木の下で昼食を取ろう。

(3) The bird flew **above** our heads. 719
その鳥は私たちの頭上を飛んだ。

(4) I heard a strange noise **below** the window. 720
窓の下で奇妙な物音が聞こえた。

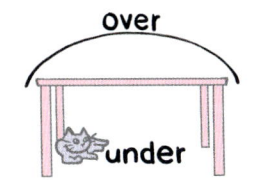

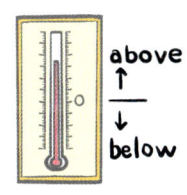

over

overは「〜の上のほうに、〜を越えて、〜を（上方で）覆って」などを表す。(1)のように「弧を描く」様子をイメージするとよい。
- We can see the moon **over** that building.
 （あの建物の上のほうに月が見える）
- Yuri put the blanket **over** his shoulder.
 （ユリは彼の肩に毛布をかけた）

数値が「〜を超えて、〜を上回って」という場合にも使うことができる。
- I think he is **over** 60. （彼は60歳を超えていると思う）

under

underの基本的なイメージは「〜の下のほうに」で、overの「弧」の下に入る様子をイメージすると分かりやすい。またそこから、数値に関して「〜未満の、〜を下回って」を表すほか、「〜の支配下に」などの意味でも使われる。
- You cannot drink alcohol **under** 20.
 （20歳未満はお酒を飲めません）

● He studied biology **under** a famous professor.
(彼は有名な教授のもとで生物学を勉強した)

above　　aboveは「**〜より上方に**」を表し、通常は「ある基準より上に位置する」こと、つまりレベル差を指して使われる。例文(3)のように何か（ここでは「頭の高さ」）に比べて高い位置にあることを表すほか、数値や難易度、力などが「〜より上」である場合にも使われる。

● My test score was **above** average.
(私のテストの点数は平均より上だった)

below　　belowは「**〜より下方に**」を表し、aboveと同様、位置が物理的に下であること以外に、数値や難易度、力などが「〜より下」である場合にも使われる。

● The temperature fell **below** zero yesterday.
(昨日は気温が0度を下回った)

「〜を越えて」を表す beyond

beyondは「**〜を越えて、〜の向こうへ**」を表すが、そこから「(能力など)の範囲を超えて」のような意味でも使われる（▶p.420）。
- The plane flew **beyond** the mountain. (飛行機は山の向こうに飛んでいった)
- This problem is **beyond** my understanding. (この問題は私の理解を超えている)

Step 2 発展

群前置詞

2語あるいは3語以上の組み合わせで1つの前置詞のような働きをするものを「**群前置詞**」と呼ぶ。よく使われる群前置詞を見ておこう。

> **Clip 374**
>
> (1) The soccer game was canceled **because of** bad weather. 721
> 悪天候のせいで、サッカーの試合は中止になった。
>
> (2) **According to** the weather forecast, there is a chance of snow. 722
> 天気予報によると、雪が降る可能性がある。
>
> (3) I will be available all this week, **except for** Friday. 723
> 私は今週、金曜を除いてずっと空いています。
>
> (4) **In addition to** English, he can speak French. 724
> 英語に加えて、彼はフランス語も話すことができる。
>
> (5) **In spite of** the rain, she went out for a walk. 725
> 雨にもかかわらず、彼女は散歩に出かけた。

群前置詞の意味と用法　　例文(1)〜(3)は2語、(4)と(5)は3語から成る群前置詞を用いた文である。群前置詞の直後には、前置詞と同様に、名詞または名詞の働きをする語句が来る。群前置詞は、(1)のような「原因・理由」や、(3)のような「除外」、あるいは(4)のような「追加」など、さまざまな意味で使われる。なお、Step 1に登場した in front of 〜（ p.570）や out of 〜（ p.573）なども群前置詞である。

群前置詞の例

「原因・理由・目的」などを表すもの
because of 〜（〜の理由で）　on account of 〜（〜の理由で）
due to 〜（〜のせいで）　owing to 〜（〜のせいで）　thanks to 〜（〜のおかげで）
for the sake of 〜（〜の目的で）　for fear of 〜（〜を恐れて）

- **Thanks to** your advice, I was able to finish this report.
  （君の助言のおかげで、この報告書を仕上げることができた）

「手段・方法・経路」などを表すもの
by means of 〜（〜によって）　by way of 〜（〜によって、〜を経由して）

「立場・状況・対象」などを表すもの
in case of 〜（〜の場合は）　on behalf of 〜（〜の代理で、〜を代表して）
as for 〜（〜について言えば）　as to 〜（〜については）　as of 〜（〜の時点で）
in terms of 〜（〜の点から）　with regard to 〜（〜については）

- **In case of** fire, please don't take the elevator.
  （火事の場合はエレベーターを使わないでください）
- **As for** me, I don't mind working overtime.
  （私のほうは、残業しても構いません）

「除外・分離」などを表すもの
except for 〜（〜を除いて）　apart from 〜（〜は別として）
aside from 〜（〜は別として）　but for 〜（〜がなければ）

- **But for** his father's help, he could not have started his business.
  （父親の援助なしには、彼は起業することはできなかっただろう）

「追加・並行」などを表すもの
in addition to 〜（〜に加えて）　on top of 〜（〜に加えて）
along with 〜（〜とともに）

- **On top of** that, he had to work on Sunday.
  （それに加えて、彼は日曜日も働かなくてはならなかった）

「場所・方向」などを表すもの
in front of 〜（〜の前に）　out of 〜（〜から外へ）
across from 〜（〜の向かい側に）

- A taxi stopped **in front of** my house.（私の家の前にタクシーが止まった）
- We went **out of** the gym to take a rest.
  （私たちはひと休みするために体育館から出た）

その他
according to 〜（〜によれば）　in spite of 〜（〜にもかかわらず）
regardless of 〜（〜にかかわらず、〜を問わず）　instead of 〜（〜の代わりに）

- They jog around the park **regardless of** the weather.
  （彼らはどんな天候であろうと公園をジョギングする）

23章 接続詞
Conjunctions

Step 1 基本

1 2つの種類の接続詞　580

2 等位接続詞
- ① and　582
- ② but　583
- ③ or　584
- ④ so、for　585

3 名詞節を導く従属接続詞
- ① 主語・補語・目的語の位置に来る that 節　587
- ② 形容詞の後ろに来る that 節　588
- ③ whether、if　589

4 副詞節を導く従属接続詞
- ① 「時」を表す従属接続詞 ①：when、while　591
- ② 「時」を表す従属接続詞 ②：after、before　593
- ③ 「時」を表す従属接続詞 ③：since、until　594
- ④ 「原因・理由」を表す従属接続詞：because、since　595
- ⑤ 「条件」を表す従属接続詞：if、unless　598
- ⑥ 「譲歩」を表す従属接続詞：though、although　599

Step 2 発展

1 等位接続詞を用いたさまざまな表現
- ① 命令文に and や or を続ける　601
- ② both A and B など　602
- ③ not A but B など　603
- ④ It is true (that) 〜 , but ...　605

2 従属接続詞の働きをする表現など
- ① 「〜するとすぐに」の表現　606
- ② 「〜する時はいつも」などの表現　607
- ③ 結果・程度の表現　608
- ④ 「〜するように、〜に備えて」の表現　610

3 使い分けに注意すべき表現
- ① even if 〜と even though 〜　612
- ② as long as 〜と as far as 〜　613

Step 1 基本

接続詞とは、文において**要素と要素をつなぐ働きをする**語で、複数の要素を対等につなぐ**等位接続詞**と、補足的な節を導く**従属接続詞**とに大きく分けることができる。事柄の内容やつながりを正確に伝えるために不可欠な接続詞について、その種類と用法をしっかりと理解しよう。

1 2つの種類の接続詞

接続詞には、and、but、or などの**等位接続詞**と that、when、because などの**従属接続詞**がある。

Clip 375

(1) Yesterday, Ken studied at home **and** Lisa went shopping. 726
昨日、ケンは家で勉強し、リサは買い物に行った。

(2) **When** I was a little boy, my father taught me how to swim. 727
私が小さかったころ、父は私に泳ぎ方を教えてくれた。

2つの事柄を対等に結ぶ等位接続詞

例文(1)は、ケンとリサがそれぞれ昨日やったことについて述べている。接続詞 and は Ken studied at home と Lisa went shopping という2つの「節」（●p.324）で表される事柄を対等な関係で結んでいる。このように、**2つ（以上）の要素を対等な関係で結ぶ接続詞を等位接続詞**と呼ぶ。

● Ken studied at home **and** Lisa went shopping.
＊2つの要素は対等！

補足的な節を導く従属接続詞

例文(2)の中心的な内容は my father taught me how to swim で、接続詞 when に導かれた When I was a little boy という部分（節）が、それがいつ起こったか（父がいつ教えてくれたか）という情報を加えている。このような**補足的な節を導く接続詞を従属接続詞**と言う。

従属接続詞が用いられた文では、中心的な内容を伝える部分

を主節、従属接続詞に導かれた、補足情報を加える部分を従属節と呼ぶ。

- When I was a little boy,
  　　従属節

  my father taught me how to swim.
  　　　　　　主節

＊主節と従属節は「主従」の関係！

単文・重文・複文

文は、SVつまり「主語＋動詞」の数と接続詞の種類によって、以下の3つに分類できる。

単文
SVつまり「主語＋動詞」の組み合わせが1つの文。
- I studied English hard.（私は一生懸命に英語を勉強した）
- I studied English hard to get into university.
  （私は大学に入るために英語を一生懸命に勉強した）
- It was hard for me to study English.（英語を勉強するのは私には大変だった）

重文
SVが2つ（以上）あり、それらが等位接続詞で結ばれた文。つまり、単文同士が等位接続詞で並べられてできた文。
- I studied hard, but I failed the test.（一生懸命に勉強したが、テストに落ちた）

複文
SVが2つ（以上）あり、それらが従属接続詞で結ばれた文。つまり、主節と従属節が従属接続詞で結ばれてできた文。
- I am very tired because I have been studying all day.
  （1日中勉強しているので、私はとても疲れている）

23 接続詞

2 等位接続詞

2つ(以上)の要素を対等な関係で結びつける**等位接続詞**には、and、but、or、for、so などがある。

1 and

> **Clip 376**
>
> (1) The weather was bad **and** we stayed inside. 728
>   天気が悪く、私たちは屋内にいた。
> (2) I'm going to invite Ben **and** Cathy to my birthday party. 729
>   私は誕生日会にベンとキャシーを招待するつもりだ。

節を結ぶand

例文(1)のandは「そして」という意味で、その前にある The weather was badとその後ろにある we stayed inside の2つの節を結んでいる。

なお、各節の主語が同じ場合は、andの後ろの主語は省略されるのが普通である。

- I took a bath **and** went to bed. (私は入浴して寝た)

語や句を結ぶand

例文(2)で and はBenとCathyという2つの単語(名詞)を結んでいる。このように、等位接続詞andは、節同士や、**語あるいは句** (▶p.324) 同士など、**同じ種類のもの同士**を「AそしてB」や「AとB」のような意味で結ぶ接続詞である。

3つ以上の要素をつなげる場合にはA, B, C, ..., Y(,) and Zのように、各要素をコンマで区切り、最後にandを用いるのが一般的である。andの前のコンマは省略されることもある。

- I'm going to invite Ben, Cathy(,) **and** John to my birthday party.
  (私は誕生日会にベンとキャシーとジョンを招待するつもりだ)
- I took a bath, brushed my teeth(,) **and** went to bed. (私は入浴し、歯を磨き、寝た)

Come and see me! のような表現

comeやgo、tryといった動詞の後ろで、不定詞（to＋動詞の原形）の代わりにandが用いられることがある。主に会話で用いられる。
- Come and see me anytime!（いつでも会いに来てね！）
  = Come to see me anytime!
- Will you go and get some eggs?（卵を買いに行ってくれる？）
  = Will you go to get some eggs?

2 but

Clip 377

(1) I thought our team would lose, **but** we won. 　730
　私は自分のチームが負けると思ったが、私たちは勝った。

(2) This is a simple **but** interesting story. 　731
　これは単純だが興味深い話だ。

節を結ぶbut

例文(1)でbutは、I thought our team would loseとwe wonという、**2つの対立する意味の節**を結んでいる。このようにbutは、「〜だが」「しかし」という対立・逆接の意味を持つ接続詞である。

なお、等位接続詞で2つの節同士を結ぶときに、特に(1)のように節が長い場合には、等位接続詞の前にコンマを入れることが多い。

語や句を結ぶbut

例文(2)では、butが2つの形容詞simpleとinterestingを結び、全体で「単純だが興味深い」という意味にして、続くstoryを修飾している。このようにbutは、andと同様に、**節だけでなく語や句同士を結ぶこともできる**。

日本語の「〜だが」は英語で but になるとは限らない

「その噂話を聞いたが、それは真実だった」という日本語は、英語にした場合 I heard the rumor, and it was true. であり、andの代わりに but を用いることはできない。このように、日本語の「〜（だ）が」は必ずしも対立・逆接的な意味で使われるとは限らないので、英語にするときには注意が必要である。

一方、「〜（だ）が」と訳せるものの、「対立」というよりは、依頼などの前で「発話と発話をつなぐ」役割をする but もある。Excuse me, but 〜 . (すみませんが、〜) や I'm sorry, but 〜 . (恐れ入りますが、〜) などの but がそれで、これらは口語表現として理解しておくようにしよう。

接続詞としての yet

yetはもともと副詞だが、逆接を表す接続詞としても用いられる。なお、副詞としての形を留めた and yet の形で用いることもできる。

- He was busy, **yet** he spared some time to talk with me.
  (彼は忙しかったが、私と話す時間を作ってくれた)
  ＝ He was busy, **and yet** he spared some time to talk with me.

3 or

Clip 378

(1) Is this beetle male **or** female?　　　　732
　　このカブトムシはオスですか、それともメスですか。
(2) I want to live in Australia **or** New Zealand someday.　　　　733
　　私はいつかオーストラリアかニュージーランドで暮らしたい。

2つの選択肢を並べるor

例文(1)では、カブトムシについて、male（オス）かそれとも female（メス）かと尋ねている。また例文(2)では、Australiaと New Zealandをorで結び、そのどちらかで暮らしたいということを表している。このようにorは「Aそれとも B」と選択肢を並べて尋ねたり、「AかBのどちらか一方」を表したりする。

なお、3つ以上の要素をつなげる場合にはA, B, C, ..., Y(,) or Zのように、各要素をコンマで区切り、最後にorを用いるのが一

般的である。また、orの前のコンマは省略されることもある。
- I want to major in sociology, psychology(,) **or** linguistics at college.
  (大学では社会学か心理学か言語学を専攻したい)

「言い換え」に用いられる or

orは、「つまり、すなわち」という意味で、「言い換え」に用いられることがある。この場合、orの前には通常、コンマがつく。
- This meat weighs exactly one pound, **or** 453.6 grams.
  (この肉はぴったり1ポンド、つまり453.6グラムの重さがある)

「~もまた…しない」の nor

否定文に追加する形で、「~もまた…しない […でない]」と言いたい場合には、norを用いる。norの後ろでは倒置が起こる (▶p. 449)。
- I'm not involved in the project, **nor** do I want to be (involved in it).
  (私はそのプロジェクトに関与していないし、関与したいとも思わない)

また、norは副詞のneitherとの組み合わせでもよく使われる (▶p. 602)。
- **Neither** Yoko **nor** Kana attended the meeting.
  (ヨウコもカナも会議に出席しなかった)

4 so、for

Clip 379

(1) I caught a cold, **so** I went to see a doctor.
風邪をひいたので、お医者さんに診てもらいに行った。

(2) Our train was delayed, **for** there was an accident on the way.
電車が遅れた。というのは、途中で事故があったからだ。

| 「因果関係」を表すso | 例文(1)では、まず、I caught a cold (風邪をひいた) という出来事があり、その結果 I went to see a doctor (医師に診てもらいに行った) という事態になったことを述べている。このように、「A (原因) なのでB (結果)」のように、**2つの節の意味** |

の間に強い因果関係があるときには so を用いて結ぶ。

- A typhoon was approaching, **so** the game was canceled.
(台風が近づいていたので、試合は中止された)

「原因・理由」を表す for

(2)では、まず Our train was delayed(電車が遅れた)という出来事を述べて、for 以下でその理由を述べている。このように、接続詞 for は、**ある出来事(結果)に対して、後でその原因・理由をつけ加える**ときに用いられる。for の前には通常、コンマをつける。

なお、接続詞の for はやや硬い表現なので、主に書き言葉で用いられる。

「原因」と「結果」を示す順序

なお、接続詞の so と for は**節と節しか結ばない**。また、この2つの接続詞は、「原因」の節と「結果」の節を提示する順番が異なる。つまり、**A, so B** は「A、それで B(原因→結果)」であり、**A, for B** は「A、というのは B(結果←原因)」である。

3 名詞節を導く従属接続詞

従属接続詞には、**名詞の働きをする名詞節**を作るものがある。その**代表格が that** で、「～ということ」を意味する名詞節（that節）を作る。that節は、文中で主語、補語、目的語の働きをする。

1 主語・補語・目的語の位置に来る that 節

Clip 380

(1) It is amazing **that** you can speak five languages. 736
君が5つの言語を話せるのは驚きだ。

(2) The problem is **that** I've forgotten my password. 737
問題は、私が自分のパスワードを忘れたことだ。

(3) I think (**that**) Kota is doing well at school. 738
私は、コウタは学校でよくやっていると思う。

主語の働きをする that 節

that は、「that＋主語＋動詞」(that節)の形で、「～ということ」という意味を表す名詞の働きをするまとまり（名詞節）を作ることができる。

例文(1)はもともと That you can speak five languages is amazing. という文で、下線部の that 節（君が5つの言語を話せること）が主語になっている。このように、that 節は主語の働きをすることができる。ただし、主語の長い「頭でっかち」な文になるのを避けるため、(1)のように**形式主語 it**（▶ p.520）を用いて、**that 節を後ろに回す**のが普通である。

補語の働きをする that 節

(2)の that I've forgotten my password（私が自分のパスワードを忘れたこと）は、文の補語の働きをしている。

このように that 節は、the problem（問題）、the trouble（問題）、the truth（真実）、the fact（事実）、the reason（理由）などを主語にした文の補語としても用いられる。

● The fact is **that** none of us can speak French.
（事実、私たちの誰もフランス語を話せないのです）

23 接続詞

動詞の目的語の働きをするthat節

例文(3)では、that Kota is doing well at school（コウタが学校でよくやっていること）が、動詞thinkの目的語の働きをしている。このように、that節はthink（〜と思う）をはじめ、believe（〜を信じる）、hope（〜を望む）、know（〜を知っている）、say（〜と言う）、understand（〜を理解する）といった動詞の後ろに来て、目的語の役割も果たす。なお、こうした**動詞の直後に来るthatは省略可能**である。

- I know (that) he pretends to be a successful writer.
  （彼が成功した作家のふりをしているのは私には分かっている）

また、that節は、SVOCの文において、動詞の目的語の働きをすることもできる。ただし、この場合には普通、**形式目的語のit**（▶p.520）が用いられ、thatは省略することができない。

- Meg found it strange that Tim was so kind to her at the party.（メグはティムがパーティーで彼女に対してあまりに親切なのが奇妙だと思った）

2　形容詞の後ろに来る that 節

Clip 381

I am sure (**that**) you will get well soon.　739
あなたがすぐによくなることを確信しています。

sureやcertainなどの後ろで

例文では、that you will get well soon（あなたがすぐによくなること）が形容詞sure（確信して）の後ろに来ている。このように、that節は**sureやcertain**（確信して）**などの形容詞の後ろ**でも用いられる。なお、この**thatは省略可能**である。

that節は、disappointed（失望して）、glad（喜んで）、sad（悲しくて）、surprised（驚いて）、upset（動揺して）などの**感情を表す形容詞の後ろ**でも用いる。このthat節は（〜して［うれしい、悲しい、など］）という意味で、**感情の原因・理由**を表す。

- I'm glad (that) you like it.
  （気に入ってくれてうれしいです）

前置詞の後ろのthat節、同格を表すthat節

前置詞の後ろでthat節が用いられるのは、ほぼ in that ~（~という点で）と except that ~（~ということを除けば）の場合だけである（▶p.555）。
- The laptop computer is useful **in that** you can carry it anywhere.
（どこにでも持っていけるという点で、ノートパソコンは便利だ）
- I know nothing about her **except that** she was born in New York.
（ニューヨークで生まれたということを除いて、彼女については何も知らない）

また、「同格」を表すthat節もある（▶p.451）。通常は「the＋名詞＋that節」の形で、「(that節) という (名詞)」を表す。このthat節は、直前の「the＋名詞」に説明を加える働きをする。
- We should face the fact **that** the economy in this city is getting worse.
（私たちはこの市の経済が悪化しているという事実を直視するべきだ）

3　whether、if

Clip　382

(1) **Whether** you believe me or not doesn't matter.　740
あなたが私を信じるかどうかは問題ではない。

(2) The question is **whether** the decision is good for the team.　741
問題は、その決断がチームにとってよいかどうかだ。

(3) Emma asked her father **if[whether]** she could take dance lessons.　742
エマは父親に、ダンスのレッスンを受けてもよいか尋ねた。

主語の働きをするwhether節

例文(1)ではWhether you believe me or not（あなたが私を信じるかどうか）が、文の主語の役割をしている。接続詞whetherが作る名詞節「whether＋主語＋動詞 (＋or not)」は「～かどうか」という意味を表し、このように文の主語の働きをすることができる。

なお、この例文は形式主語itを用いて次のようにすることもできる。
- It doesn't matter **whether** you believe me or not.

23 接続詞

補語の働きをする whether 節	例文(2)では、whether the decision is good for the team（その決断がチームにとってよいかどうか）が、文の**補語の役割**をしている。このように、「〜かどうか」を意味する whether 節は、補語として働くこともできる。
目的語の働きをする if [whether] 節	例文(3)では if [whether] she could take dance lessons（彼女がダンスのレッスンを受けてもよいかどうか）が、asked の**目的語の役割**をしている。このように、動詞の目的語として「〜かどうか」を意味する場合は、whether 節だけでなく **if 節**も用いることができる。口語では、whether の代わりに if がよく用いられる。

形容詞の後ろに来る whether 節と if 節

「〜かどうか」を表す whether 節や if 節は、形容詞 sure や certain の後ろで用いられることもある。ただし、疑問文と否定文のときに限る。

- I'm not sure whether[if] he will show up at the party.
  （彼がパーティーに現れるかどうかは確かでない）

whether と if は常に置き換え可能ではない

whether に比べて、「〜かどうか」を表す if は使用される範囲が狭く、**原則として動詞の目的語の働きをする場合にしか用いられない**。したがって、p.589 の例文(1)、(2)の whether を if にすることはできない。また、whether は例文(1)の Whether you believe me or not のように、whether 〜 or not の形で用いることが多いが、if 〜 or not という形は一般的ではない。

さらに、whether は後ろに to 不定詞を続けて、**whether to do**（〜すべきか否か）という形でも用いられるが、if にはこの用法はない。

- (○) I was wondering whether to buy that shirt or not.
  （私はそのシャツを買うべきかどうか考えていた）
- (×) I was wondering if to buy that shirt or not.

4 副詞節を導く従属接続詞

従属接続詞の中には、「〜する時」や「〜するので」、あるいは「〜だけれども」などの意味で**文中で副詞の働きをする節（副詞節）**を導くものもある。ここでは、そうした副詞節を導く従属接続詞を、意味ごとに整理していこう。

1 「時」を表す従属接続詞 ① : when、while

Clip 383

(1) I first went skiing **when** I was 12.　　743
　私は12歳の時に初めてスキーに行った。

(2) He often listens to music **while** he is studying.　　744
　彼は勉強しながら、よく音楽を聞く。

when :「〜する時」

接続詞whenは**「〜する時」**を表し、例文(1)ではwhenに導かれた副詞節 when I was 12（私が12歳だった時）が、I first went skiing（私は初めてスキーに行った）を修飾している。

日本語では「12歳だった**時**」のように「時」が語のまとまりの末尾に来るが、英語では接続詞のwhenを先頭に置いて**when** I was 12のように表現する。

while :「〜している間に」

(2)の while he is studying（彼が勉強している間に）のように、接続詞whileは**「〜している間に」**を表す。whileの後ろには、「〜している」を表す**進行形やbe動詞を用いた節が続く**ことが多い。

● Please feed the goldfish **while** I am away.
　（私の留守中に、金魚にえさをやってください）

副詞節の位置

副詞節は文頭に置くこともできる。その場合、通常は節の終わりにコンマを置いて、主節との区切りをはっきりさせる。

● **While** I was taking a nap, someone took my bag.
　（私が昼寝をしている間に、誰かが私のバッグを持っていった）

「主語＋be動詞」の省略

時や譲歩（▶p.599）を表す副詞節の主語と、主節の主語が同じとき、副詞節の中の「主語＋be動詞」は省略することができる（▶p.446）。例えば、p.591の例文(2)のhe isは省略可能である。
- He often listens to music **while studying**.

whileとduring

whileとduringはいずれも「間に」を表す語だが、後ろに続く要素が異なることに注意。**while**は接続詞なので後ろに節が続くが、**during**は前置詞なので後ろには名詞（句）が来る。while 〜の節とduring 〜の句は、以下のように言い換え可能なことも多い。
- **While** we were staying in Kyoto, we visited several temples.
  (私たちは、京都滞在中にいくつかの寺院を訪れた)
  ＝ **During** our stay in Kyoto, we visited several temples.
  ＊このstayは「滞在」を意味する名詞。

対比や譲歩を表すwhile

whileには「〜する一方で」という対比を表す用法がある。この場合のwhileとほぼ同じ意味の語にwhereasがある。また、文頭で用いて「〜だけれども」という譲歩を表す用法もあり、その場合はalthoughやthoughに近い意味となる。
- His daughter likes math, **while[whereas]** his son likes literature.
  (彼の娘は数学が好きだが、彼の息子は文学が好きだ)
- **While** she plays the guitar very well, she can't sing at all.
  (彼女はギターはとてもうまいが、歌はまったくだめだ)

「〜する時」を表すas

接続詞asが「〜する時に」を表す場合がある。asはwhenやwhileよりも同時性が強い（▶p.597）。
- Everyone began to applaud **as** I entered the room.
  (私が部屋に入ったら、みんなが拍手し始めた)

2 「時」を表す従属接続詞 ②：after、before

> **Clip 384**
>
> (1) I noticed several mistakes in my report **after** I handed it in. 745
> 私は自分の報告書の中のいくつかの誤りに、提出した後で気づいた。
>
> (2) I need to clean the living room **before** the guests arrive. 746
> お客さんたちが到着する前に、リビングを掃除しないといけない。

after:「～する後で」

例文(1)の after I handed it in は、「私がそれ（＝報告書）を提出した後で」という意味である。afterは**「～する後で」**を表す。

なお、この例文で、「提出した」のは「誤りに気づいた」時より前のことだが、after I had handed it in と過去完了形を用いなくても、そのことは十分に伝わる。このように、afterなどの接続詞で2つの事柄の時の順序をはっきりと示すことができる場合には、過去完了形ではなく過去形を使うことも多い（▶p.159）。

before:「～する前に」

(2)の before the guests arrive は「お客さんたちが到着する前に」という意味である。beforeは**「～する前に」**を表す。

「時」を表す副詞節の中では、未来に起こることであっても助動詞のwillは用いず、before the guests arrive のように、動詞の現在形を用いる（▶p.137）。

なお、「暗くならないうちに（～しよう）」などと言う場合には、「暗くなる前に」と考えてbeforeを用いる。その際、日本語の表現に引きずられてbeforeの節で否定語を使わないように注意しよう。

- Let's get this done **before** it gets dark.
  （暗くならないうちにこれを終えてしまおう）

「時の表現＋after[before] 〜」

「〜してから…後」や「〜する…前」と言うときには、「時の表現＋after[before]」の後ろにSV（主語＋動詞）を続ける。

- I got a call from Mike **10 minutes after I called him**.
  （私がマイクに電話してから10分後に、彼から電話があった）
- Susan came to see me **two days before she left Japan**.
  （スーザンは日本を発つ2日前に私に会いに来た）

3 「時」を表す従属接続詞 ③：since、until

Clip 385

(1) I have lived in Tokyo **since** I was born.　747
　　私は生まれてからずっと東京で暮らしています。

(2) Please wait here **until[till]** I call you.　748
　　お呼びするまで、ここでお待ちください。

since：「〜して以来」

例文(1)のsince I was bornは、「私が生まれて以来ずっと」という意味であり、私が東京で暮らし始めた時点を表す。このようにsinceは**「〜して以来、〜してからずっと」**という意味で、**主節が表す動作や状態の継続が、その時点に始まる**ことを表す。なお、この意味のsinceは、主節が現在完了形のときに用いられることが多い。

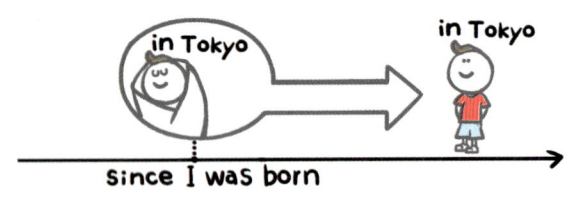

until[till]：「〜するまで」

(2)のuntil[till] I call youは、「私があなたを呼ぶまで」という意味であり、「ここで待っていること」の最終時点を表す。このように、untilまたはtillは**「〜するまで」**という意味で、**主節が表す動作や状態がその時点まで継続する**ことを表す。

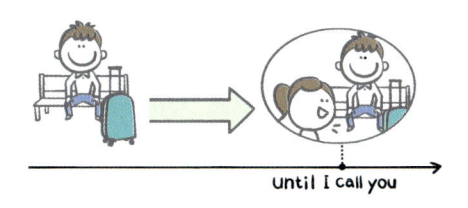

接続詞 until[till] と by the time の違い

until[till] ～は接続詞として使われた場合、「～するまで…する」という意味で、「主節で表される動作や状態が、その時点まで継続すること」を表す。一方、by the time ～ は「～するまでには…する」という意味で、「主節で表される動作や状態が、その時点までには完了している」ことを表す。by the time は3語でまとまって1語の接続詞のように用いられる。

- Please check this report **by the time** I come back.
  （私が戻ってくる時までに、この報告書をチェックしておいてください）

なお、この違いは、前置詞 until と by の意味の違いと同じである（● p.568）。

4 「原因・理由」を表す従属接続詞：because、since

Clip 386

(1) I have stiff shoulders **because** I've been working all day. 749
1日中働いているので肩が凝っている。

(2) **Since** my sister is little, I have to stay with her. 750
妹は小さいので、私は一緒にいなければならない。

because：「～なので」

例文(1)の because I've been working all day（1日中働いているので）は、I have stiff shoulders（肩が凝っている）の理由である。このように、because は、「～なので」という意味で、主節の内容に対する根拠（直接的な原因・理由）を表す。

なお、後ろに節ではなく名詞（句）が続くときには because of ～ を用いる。

- The game was called off **because of** bad weather.（悪天候のため試合は中止された）

since:「〜なので」　例文(2)のSince my sister is littleは、「妹は小さいので」という「理由」を表している。sinceもbecauseと同様、「〜なので」と原因・理由を表すが、becauseとは違い、通常は**相手がすでに知っている原因・理由**を述べるときに用いられる。英語では、「相手がすでに知っている情報→知らない情報」の順番で情報を配置する（▶p.121）ので、sinceの節は多くの場合、文頭で用いられる。

さまざまな表現と一緒に用いられるbecause節

becauseの直前にpartlyやonly、simplyなどの副詞が置かれることもある。partly because 〜 は「一部〜という理由で」、only[simply] because 〜 は「単に〜という理由で、〜という理由だけで」という意味を表す。

- We postponed the event partly because we couldn't rent a suitable place.
（適当な場所を借りられなかったという理由もあって、私たちはイベントを延期した）
- I went to bed without eating supper simply because I was tired.
（単に疲れていたから、夕食を取らないで寝たんです）

また、because節はnot only A but (also) Bなど（▶p.603）の中や強調構文（▶p.447）の中で用いることも可能である。

- He is respected not only because he does well at school but also because he is considerate.
（彼は学校の成績がよいだけでなく思いやりがあるので尊敬されている）
- It was because she forgot to do her homework that she was scolded by the teacher.（彼女が先生に叱られたのは、宿題をやるのを忘れたからだった）

「〜だからといって…でない」

否定語を使った主節の後ろにbecause節を続けて、「〜だからといって…でない」という意味を表すことがある。その場合、becauseの前にjustを置くことが多い。

- You don't have to buy them all just because they are cheap.
（ただ安いからといって、それらすべてを買う必要はない）

このような意味になるのは、not have to がbuy them all just because they are cheap 全体にかかり、「単に安いという理由ですべてを買う」→「そういうことをする必要はない」という解釈が可能だからである。

now (that) 〜 と seeing (that) 〜

now (that) 〜 は「今や〜なので」を表す。
- **Now (that)** you are the captain, you should act like it.
(今や君はキャプテンなのだから、それらしく振る舞うべきだ)

seeing (that) は「〜であるからには、〜に照らしてみると」を表す。
- **Seeing (that)** he has not come yet, he may have forgotten the appointment. (彼がまだ来ていないことからすると、約束を忘れたのかもしれない)

as のさまざまな意味

asは接続詞としてさまざまな意味で用いられるので注意が必要である。どの意味で用いられているかは、文脈などを手がかりに判断する。

① 「時」を表す:「〜する時に」「〜しながら」
- **As** we walked along this street, we would often talk about our future dreams. (この通りを歩きながら、僕たちは将来の夢についてよく話したものだ)

この意味で用いられる as は、when や while に比べて同時性が強い。

② 「比例」を表す:「〜するにつれて」
- **As** the sun rose higher, it got hotter. (太陽が高く昇るにつれて、暑くなった)

この意味で用いられる場合、例文のように、as の節の中に比較級が使われていることが多い。

③ 「様態」を表す:「〜するように」「〜するとおりに」
- Just **as** I said, Tony won first prize in the contest.
(僕が言ったとおり、トニーがコンテストで優勝した)
as you know (ご存じのとおり) の as もこの意味での用法である。

④ 「理由」を表す:「〜なので」
- **As** Kim and I are very close to each other, there are no secrets between us. (キムと私はお互いにとても親しいので、私たちの間に秘密はない)

asは多義語なので、理由を表すasは文脈からそれとはっきり分かる場合のみに使用される。つまり、この意味のasはsinceやbecauseほどには用いられない。

⑤ 「譲歩」を表す:「〜であるけれども」
- Young **as** Neil is, he knows a lot about life.
(ニールは若いけれど、人生について多く知っている)
asの前にyoungが出ていることに注意。この語順でのみ譲歩の意味となる (◯ p.600)。

なお、asは「〜として」「〜の時」という意味の前置詞としても用いられる。
- Alice worked **as a receptionist** in a theater.
(アリスは劇場で受付係として働いていた)
- **As a boy**, Pete liked catching insects in the woods.
(少年のころ、ピートは森の中で昆虫採集をするのが好きだった)

5 「条件」を表す従属接続詞：if、unless

Clip 387

(1) **If** they pay 1,000 yen an hour, I'll work for them. 751
時給1000円払ってくれたら、彼らのところで働くよ。

(2) We can't realize our dream **unless** we cooperate with each other. 752
私たちはお互いに協力しない限り、夢を実現することはできない。

if：「もし～ならば」

例文(1)のif節では、「彼らが時給1000円払ってくれるなら」と働く条件について述べている。このように、ifは「もし～ならば」という意味で、条件や仮定を表す。

なお、条件を表すif節の中では、未来に起こることであっても助動詞のwillは用いず、動詞の現在形を用いる（▶p.137）。

● Let's go on a picnic **if** it **is** fine tomorrow.
（明日晴れたら、ピクニックへ行こう）

ifは、事実に反する仮定を述べる仮定法（▶p.364）でも用いられる。

● **If** I were you, I would accept his proposal.
（もし私があなたなら、彼のプロポーズを承諾するのに）

unless：「～でない限り」

(2)は、別の言い方をすれば「夢は実現できない。ただし、協力すれば別の話だけどね」となる。このように、unlessは「～でない限り、～の場合を除いて」を意味し、主節の内容が成り立たない唯一の例外条件を表す。

ifの代わりに用いられる表現

「もし〜ならば」という条件や仮定は、ifのほかに次のような語句でも表すことができる（●p.381）。

① **suppose (that) 〜、supposing (that) 〜**
「〜と仮定したら」という本来の意味から発展して、「もし〜ならば」を表す。
- **Suppose (that)** you were a millionaire, how would you spend your money?（もし大金持ちだったなら、お金をどのように使いますか）〔仮定〕

② **provided (that) 〜、providing (that) 〜、given (that) 〜**
「〜（という条件・仮説）が与えられると」の意味から、「もし〜ならば」を表す。
- I'll go instead of you **provided (that)** you lend me your bike.（自転車を貸してくれるなら、私が代わりに行きます）〔条件〕

③ **on (the) condition (that) 〜**
「〜という条件（condition）で」の意味から、「もし〜ならば」を表す。
- I'll keep you hired **on (the) condition (that)** you promise not to be late again.（二度と遅刻しないと約束するならば、あなたを雇い続けます）〔条件〕

接続詞の once

onceには「一度〜すると」という意味の接続詞としての用法がある。
- **Once** you have set a goal, you should not give up.
（一度目標を定めたら、あきらめてはいけない）

---

6 「譲歩」を表す従属接続詞：though、although

Clip 388

Though[Although] computers are useful,
we can't do everything with them. 753
コンピューターは役に立つけれども、それですべてのことができるわけではない。

though、although:「〜だけれども」

例文では、「コンピューターは役に立つ」ということを認めつつも「それですべてのことができるわけではない」ということが述べられている。自分の意見や主張を伝える前に、**相手の言い分や、自分の主張に反する主張を認める**ことを、「他に道を譲る」ということから、「**譲歩**」と呼ぶ。though[although]は、このような**譲歩を表す従属接続詞**である。althoughはthoughよりも硬い表現で、主に文頭で用いられる。

butを用いて表現した場合	例文は等位接続詞のbutを用いて、次のようにも表せる。 ● Computers are useful, **but** we can't do everything with them.

譲歩を表すas

接続詞のasが譲歩の意味で用いられることがある。ただしその場合、asの節は通常の語順でなく、「補語＋as＋主語＋動詞」の語順になる。つまり、通常の語順になっている場合は、そのasは「譲歩」の意味ではない。

- Tired as I was, I stayed up late.（私は疲れていたけれど、遅くまで起きていた）

次の文と比べてみよう。

- As I was tired, I went to bed early.（私は疲れていたので、早く寝た）

譲歩を表す whether A or B

whether（▶p.589）には譲歩を表す副詞節を導く用法もある。whether A or Bで「AであろうとBであろうと」を表す。whether 〜 or not（〜であろうとなかろうと）の形もよく使われる。

- **Whether** you are for **or** against my plan, I won't change my mind.
  （あなたが私の計画に賛成だろうが反対だろうが、私は決心を変えない）
- **Whether** you like it **or not**, you must accept my offer.
  （好むと好まざるとにかかわらず、あなたは私の申し出を受け入れなければならない）

Step 2 発展

1 等位接続詞を用いたさまざまな表現

等位接続詞は、構文や慣用表現の一部としても用いられる。ここではそのような表現を見ていこう。

1 命令文に and や or を続ける

Clip 389

(1) Hurry up, **and** you will catch the first train. 754
   急ぎなさい。そうすれば始発電車に乗れるでしょう。

(2) Hurry up, **or** you will be late for school. 755
   急ぎなさい。そうしないと学校に遅刻しますよ。

「命令文＋and」：
「〜しなさい。そうすれば…」

例文(1)のandは、直前の命令文Hurry up（急ぎなさい）を受けて、「急げば」ということを表す。このように、**命令文の後ろのandは「そうすれば」**という意味になる。

なお、この文の内容をif（もし〜すれば）を用いて表すと、次のようになる。

- If you hurry up, you will catch the first train.
  （急げば始発電車に乗れるでしょう）

「命令文＋or」：
「〜しなさい。そうしないと…」

例文(2)のorも直前の命令文を受けているが、こちらは「急がなければ」ということを表している。このように、**命令文の後ろのorは「そうしなければ」**という意味になる。

この文の内容をif 〜 not（もし〜しなければ）を用いて表すと、次のようになる。

- If you don't hurry up, you will be late for school. （急がなければ学校に遅刻しますよ）

命令文に相当する表現に and や or を続ける場合

命令文のほかに、「義務」を表す must や「忠告」を表す had better を用いた文に and や or を続けることもある。

- You must do your homework now, or you can't go out.
  （宿題を今やらないと、出かけちゃだめよ）

また、名詞句が命令文のような働きをすることもある。

- One more step forward, and you will be able to see better.
  （もう1歩前に出れば、もっとよく見えますよ）

2 both A and B など

Clip 390

(1) The pop singer is popular among **both** boys **and** girls. 756
   そのポップシンガーは男の子にも女の子にも人気がある。

(2) You must **either** come with me **or** stay home. 757
   私と一緒に来るか家にいるかのどちらかだ。

(3) I want **neither** tea **nor** coffee. 758
   私は紅茶もコーヒーも欲しくない。

---

both A and B：
「AとBの両方」

例文(1)の both boys and girls は「男の子と女の子の両方とも」。both A and B は「AとBの両方」を表す。

ほぼ同じ意味の表現に、A and B alike がある。

- Adults **and** children **alike** can enjoy the game.
  （大人も子どももそのゲームを楽しめる）

either A or B：
「AかBのどちらか」

(2)は、相手がしなくてはいけないのは come with me（一緒に来る）か stay home（家にいる）かのどちらかだという意味である。このように、either A or B は「AかBのどちらか」という意味で、二者択一の選択肢を明示するときに用いられる。

neither A nor B：
「AでもBでもない」

(3)のneither tea nor coffeeは「紅茶でもコーヒーでもない」ということ。**neither A nor B**は「**AとBのどちらでもない、AでもBでもない**」を意味する。

このneither A nor Bは、意味的にboth A and B（AとBの両方）**の正反対の内容**を表す。例えば、「紅茶とコーヒーの両方が欲しい」はI want both tea and coffee.だが、「紅茶もコーヒーも欲しくない」を最も明確に表現できるのが、このI want neither tea nor coffee.である。

3 not A but B など

Clip 391

(1) My aunt is **not** a painter **but** a sculptor. 759
叔母は画家ではなく彫刻家です。

(2) Sarah can play **not only** the piano **but (also)** the violin. 760
サラはピアノだけでなくバイオリンも弾ける。

(3) I'm interested in European history **as well as** Japanese history. 761
私は日本史と同様にヨーロッパ史にも興味がある。

not A but B：「AでなくB」

例文(1)のnot a painter but a sculptorは「画家ではなく彫刻家」という意味である。not A but Bは「**AではなくB**」を表す。
A、Bの位置には、次の例のように節を用いることもある。
- The reason I didn't go was **not** because I was busy **but** because I was sick. （私が行かなかった理由は、忙しかったからではなく具合が悪かったからだ）

not only A but (also) B：「Aだけでなく Bも」

(2)のnot only the piano but (also) the violinは、「ピアノだけでなくバイオリンも」という意味。not only A but (also) Bは「**AだけでなくBも**」を表す。次の例文は、A、Bの位置に形容詞（補語）が用いられたものである。
- Joe is **not only** smart **but (also)** energetic.
（ジョーは賢いだけでなくエネルギッシュだ）

23 接続詞

603

A as well as B：
「Bと同様にAも」

例文(3)の as well as は European history と Japanese history を結んで「日本史と同様にヨーロッパ史も」を表している。このように **A as well as B** は「**Bと同様にAも**」を意味する。次の例文は、A、B の位置に副詞が用いられたものである。

- You need to rest mentally as well as physically.
（あなたは肉体的にはもちろんのこと精神的にも休む必要がある）

なお、A as well as B は not only B but (also) A に言い換えられる（言い換えの際に、A と B の順序が変わることに注意）。したがって、例文(3)は次のようにも表現できる。

- I'm interested in not only Japanese history but (also) European history.

✦ not only A but (also) B などが主語になる場合の動詞の形

both A and B や not only A but (also) B などが主語になる場合、動詞にどのような形を用いるか（単数扱いか複数扱いか）は、通常は意味を基に考えればよい。

①主語が both A and B ➡ 複数扱い

「A と B の両方」という意味なので複数と考えればよい。

- Both you and he are right.（君と彼の両方とも正しい）

②主語が either A or B や neither A nor B ➡ B に対応させるのが原則

「2つのうちのどちらか」ということなので、原則的には単数扱いで、動詞に近いBに対応させる。例えば次の文では、動詞に近い he に対応する is を使う。

- Either you or he is right.（君と彼のどちらかが正しい）

ただし either A or B や neither A nor B は、実際に使われる場面では、複数扱いになることも多い。特に neither A nor B は both A and B の反対の意味の表現として使われるため、その傾向がある。

- Either you or he are right.（君と彼のどちらかが正しい）
- Neither you nor he are right.（君も彼も正しくない）

③主語が not only A but (also) B ➡ B に対応させる

「A だけでなく B も」を表し、B に意味の重み（強調）があるため、B を基準にする。次の文では he に意味の重みがあるので、動詞は is となる。

- Not only you but (also) he is right.（君だけでなく彼も正しい）

なお、not A but B も同様に考えればよい。

- Not you but he is right.（君ではなく彼が正しい）

④主語が A as well as B ➡ A に対応させる

「B と同様に A も」を表し、A に意味の重み（強調）があるため、A を基準にする。次の文では You に意味の重みがあるので、動詞は are になる。

- You as well as he are right.（彼と同様に君も正しい）

4 It is true (that) 〜 , but ...

> **Clip 392**
>
> **It is true (that)** this electronic dictionary is expensive, **but** it is really easy to use.　762
> 確かにこの電子辞書は値段が高いが、実に使いやすい。

譲歩を表す

例文では、電子辞書について、「値段が高いことは認めるけれど、使いやすい」ということを述べている。このように、It is true (that) 〜 , but ... は「確かに〜だが、…」という譲歩のような意味で使われる。

indeedやto be sureを用いる

It is true (that)の代わりに、indeed、to be sureなどを用いることもできる。これらは文頭以外に置かれることも多い。

- This electronic dictionary is **indeed** expensive, **but** it is really easy to use.
- This electronic dictionary is expensive, **to be sure, but** it is really easy to use.

さらに、助動詞**may**が使われる場合もある。

- This **may** sound strange, **but** it's true.
  （これは奇妙に聞こえるかもしれないが、真実だ）

2 従属接続詞の働きをする表現など

ここでは、従属接続詞と同様の用い方をする慣用的な表現や、so ... that ~ などの表現を見ていこう。

1 「~するとすぐに」の表現

Clip 393

(1) **As soon as** I got off the train, I gave her a call.　763
電車を降りるとすぐに、私は彼女に電話をかけた。

(2) **The moment (that)** I got into bed, I fell fast asleep.　764
私はベッドに入るとすぐに、ぐっすり寝入ってしまった。

as soon as ~： 「~するとすぐに」	例文(1)のAs soon as I got off the trainは「電車を降りるとすぐに」という意味である。**as soon as ~** は「~するとすぐに」という意味で、この3語で1語の接続詞のように用いられる。「~するとすぐに」を表す最も基本的な表現である。
Hardly ~ when ...などの表現	類似の表現としては、Hardly ~ when ... やScarcely ~ when [before] ... やNo sooner ~ than ... などがある（▶p.419、p.442）。これらの表現では**過去完了形**が用いられることが多く、またhardlyなどの副詞(句)が文頭に出るため**主語とhadの倒置**が起こる。 ● Hardly <u>had</u> I got off the train **when** I gave her a call. ● No sooner <u>had</u> I got off the train **than** I gave her a call.
the moment (that) ~を用いる	(2)の前半部分は、もともとAt the moment that I got into bed（私がベッドに入った瞬間に）という形から、Atが省略されてできた表現である。thatも省略されることが多いので、**the moment** という名詞句だけで接続詞と同じように用いられ、as soon as ~と同様「**~するとすぐに**」という意味になる。 類似の表現に、the instant (that) ~、the minute (that)

～、the second (that) ～などがある。
- It began to rain **the second** I got off the bus.
 (私がバスから降りた瞬間に雨が降りだした)

さらに、instantlyやimmediatelyなどの副詞が接続詞のように用いられ、節を導くこともある。
- **Instantly** John left the room, the telephone rang. (ジョンが部屋を出るとすぐに電話が鳴った)

2 「～する時はいつも」などの表現

Clip 394

(1) I remember my days in China **every time** I see these pictures. 765
 私はこれらの写真を見ると、いつも中国での日々を思い出す。

(2) **The first time** I visited the United States, everything looked so big to me. 766
 初めてアメリカへ行った時、私には何もかもがとても大きく見えた。

every time:「～する時はいつも」

例文(1)のevery time I see these picturesは「私がこの写真を見る時はいつも」という意味。every time は接続詞のように節を導いて「～する時はいつも、～するたびに」を表すことができ、each timeや接続詞wheneverで言い換えることも可能である。また、類似の表現にanytime ～(～する時はいつでも)がある。
- Please drop by at my office **anytime** you like.
 (お好きな時にいつでも私のオフィスに寄ってください)

the first time:「初めて～する時」

(2)の前半部分は、もともとはAt the first time (that) I visited the United States の形であったものが、Atが省略され、the first timeが接続詞的に用いられるようになったものである。the first timeは「初めて～する時」を表す。同じようにtimeを使った接続詞的に使われる表現には、the last time ～(この前～した時)やnext time ～(次に～する時)がある。

- **Next time** I see Michael, I'll tell him about the picnic. (次にマイケルに会う時に、私が彼にそのピクニックについて話そう)

接続詞の働きをする the way

the way が、「〜するように」や「〜から判断すれば」の意味で、接続詞のように用いられることがある。この場合のthe wayはasと同様の意味となる。ただし、くだけた言い方で、主に口語での用法である。
- Act **the way** I do. (私がするようにやりなさい)
- Mom, will you cook this fish **the way** I like it?
(お母さん、この魚を僕が好きなように料理してくれる？)
- **The way** I see it, Tom is not as angry as he looks.
(私が見るに、トムは見かけほど怒っていない)

なお、「〜のままの…」を表す使い方もある。
- I'll always love you just **the way** you are.
(僕はありのままの君をいつまでも愛すよ)

3 結果・程度の表現

Clip 395

(1) The question was **so** difficult **that** no one could answer it. 767
その質問はとても難しかったので、誰も答えることができなかった。

(2) Saki is **such** a sophisticated woman **that** everyone admires her. 768
サキはとても洗練された女性なので、誰もが彼女を称賛する。

「so＋形容詞［副詞］＋that ...」

例文(1)のso difficult that no one could answer itは、「とても難しかったので誰も答えられなかった」という意味である。soの直後には形容詞（または副詞）を置き、「so＋形容詞［副詞］＋that ...」の形で「とても〜なので…」「…するくらい〜」を表す。次は、soの後ろに副詞が使われた例である。
- She explained **so** clearly **that** we could all understand her.

（彼女はとても分かりやすく説明したので、私たちみんなが彼女の言うことを理解できた）

なお、「so＋形容詞［副詞］」が強調のために文頭に出され、続く部分に**倒置が起きる**ことがある（◯ p.450）。

- **So** difficult was the question **that** no one could answer it.

「**such a[an]＋形容詞＋名詞＋that ...**」

例文(2)の a sophisticated woman とは「(知的で) 洗練された女性」という意味である。such ～ that ... も so ～ that ... と同様、「とても～なので…」「…するくらい～」を表すが、**such の後ろには** woman のような **名詞が来る**ことに注意。つまり、「**such a[an]＋形容詞＋名詞＋that ...**」の形を取る。なお、名詞の前にはa[an]や形容詞が置かれることが多いが、それらがない場合もある。

- They are **such** beginners **that** they often make mistakes.

（彼らはまったくの初心者なので、よく間違いをする）

suchの後ろに名詞がなく、that ...が続く場合

次の例文のように、suchの後ろに名詞（句）がなく、**いきなりthat節が続く**場合もある。このsuchは so great（とても［程度が］大きい）のような意味で、硬い言い方である。

- Her shock was **such that** she couldn't say a word.

（彼女のショックはとても大きく、一言も話せないほどであった）

not so ～ that ... の意味

so ～ that ... は肯定文の場合、「とても～なので…だ」または「…するくらい～だ」といった意味であるが、前に **not** を置いて**否定文**にした場合は、「…するくらい～というわけではない」という意味になる。

- This box is **not so** heavy **that** I can't carry it by myself.

（この箱は、私が自分で運べないほど重いわけではない）

- I did**n't** eat **so** much **that** I had a stomachache.

（私はおなかを壊すほど食べすぎたわけではない）

23 接続詞

609

4 「～するように、～に備えて」の表現

> **Clip 396**
>
> (1) Jim studies hard **so that** he can get better grades. 769
> ジムはもっといい成績が取れるように一生懸命勉強している。
> (2) Put on warm clothes **in case** it gets much colder. 770
> ひどく寒くなるといけないから、暖かい服を着なさい。

so that ～:「～するように」

例文(1)のso that he can get better gradesは、「もっといい成績が取れるように」という意味。**so that ～** は「～するように、～するために」という意味で、目的を表す。so thatの後ろの節では、willやcan、mayなどの助動詞が用いられることが多い。in order that ～も同じ意味で用いることができるが、硬い表現である。

- We formed the group **in order that** we could exchange our knowledge.
 (私たちは知識の交換ができるようにグループを結成した)

in case ～:「～するといけないから」

例文(2)のin case it gets much colderは、「ひどく寒くなるといけないから」という意味。**in case** は「～するといけないから、～する場合に備えて」を表す。なお、in caseの後ろの節に助動詞shouldが用いられることがある。このshouldで「万が一」のニュアンスを加えることができる。

- I'll let you know my e-mail address **in case** anything should happen. (万が一何か起こった場合に備えて、私のメールアドレスを教えておきます)

強調のためにin caseの前にjustが置かれ、**just in case** it rains (万が一、雨が降るといけないから) のような形で使われることもある。なお、just in caseは次のように「万が一の場合に備えて、念のため」を表す副詞句としても使われる。

- Take an umbrella with you **just in case**.
 (念のため、かさを持って行きなさい)

610　23章　接続詞

「結果」を表す so that

　so that には、~ , so that ... の形で「~、それでその結果…」を表す用法がある。「結果」を表す so that は、「目的」を表す場合と違い、so that の前にコンマを置き、so that の節内に助動詞を用いないことが多い。また、口語では that が省略されることもある。

- Many companies went bankrupt, so (that) there were more people unemployed.（多くの企業が倒産し、その結果、失業者が増えた）

「~する場合には」を表す in case ~

　in case ~ は「~する場合には」の意味で用いられることもある。主にアメリカ英語での用法である。

- In case you can't come, please give me a call.
  （来られない場合は、私に電話してくださいね）

　また、of をつけた in case of ~（~の場合には）という表現もある。of の後ろには名詞（句）が続くことに注意しよう。

- Use this exit in case of emergency.
  （非常時にはこの出口をお使いください）

for fear (that) と lest

　硬い表現だが、for fear (that) ~ で「~しないように、~するのを恐れて」を表すこともできる。that 節内では、might、should、would といった助動詞が用いられる。

- We talked quietly for fear (that) we might wake the baby.
  （私たちは赤ちゃんを起こさないように静かに話した）

　同じ意味のさらに硬い文語的表現に、lest がある。lest の後ろでは、通常は「should＋動詞の原形」または「動詞の原形」が用いられる。

- She hid her diary lest her sister (should) read it.
  （彼女は姉に読まれないように日記を隠した）

3 使い分けに注意すべき表現

接続詞を使った表現のうち、使い方や区別に注意が必要なものを整理しよう。

1 even if ~ と even though ~

> Clip 397
>
> (1) I want to read this English book **even if** it is difficult.　771
> 私はこの英語の本を、たとえ難しくても読みたいと思う。
>
> (2) I was able to finish the English book **even though** I'm not very good at English.　772
> 私はたとえ英語があまり得意でなくても、その英語の本を読み終えることができた。

「even if＋事実かどうか不明なこと」

例文(1)では、この英語の本が実際に難しいかどうかは分からないが、「たとえ難しいとしても、読みたいと思っている」ということが表現されている。このように、**even if** は「**たとえ～でも、仮に～しても**」という意味で、それが導く節では**事実かどうか分からない内容**が述べられる。

「even though＋事実」

(2)では、私は英語があまり得意ではないということが事実としてあり、「たとえ英語があまり得意でなくても、その英語の本を読み終えることができた」ということが表現されている。このように、**even though** は「**たとえ～でも、～であるのに**」という意味で、それが導く節では**事実である内容**が述べられる。

2 as long as ～と as far as ～

Clip 398

(1) I will never forget you **as long as** I live.
　私は生きている限り、あなたのことを決して忘れない。 　773

(2) I don't care what you do **as long as** you keep your promise.
　約束を守ってくれさえすれば、あなたが何をしようと私は構わない。 　774

(3) **As far as** I know, he is one of the best doctors in Japan.
　私が知る限り、彼は日本の名医の1人だ。 　775

時を表すas long as ～:「～する間は」

例文(1)のas long as I liveは「私が生きている間は」という意味で、while I am aliveに言い換えられる。as long as ～の基本的な意味は「～する間は、～する限り」で、「時間の幅」を表す。

● You can stay here **as long as** you like.
　（好きなだけ［長く］ここにいていいよ）

条件を表す as long as ～:「～さえすれば」

例文(2)のas long as you keep your promiseは「あなたが約束を守る限り」という意味で、only if you keep your promiseに言い換えられる。このようにas long as ～には、(1)の「時間の幅」のほかに「～する限りは、～さえすれば」という「条件」を表す用法がある。

● Any book is fine **as long as** it is interesting.
　（面白ければどんな本でも結構です）

範囲を表す as far as ～:「～する限りでは」

例文(3)のas far as I knowは「私が知る限り」という意味。as far as ～は、「～する限りでは」という「（影響・視野・知識などがおよぶ）範囲」を表す。なお、as far as の代わりにso far as ～が用いられることもある。

as far as 〜の慣用表現

as far as 〜は、p. 613の例文(3)にある as far as I know のように、決まった形で用いられることが多い。次のような代表的な表現は覚えておくと便利である。

as far as 〜 is concerned（〜に関する限り）
as far as 〜 go(es)（〜に関する限り）
as far as the eye can see[reach]（見渡す限り）
as far as I can see[remember]（分かる［覚えている］限りでは）

- **As far as** math **is concerned**, Yuka is second to none.
（数学に関する限り、ユカの右に出る者はいない）

なお、as far as I am concerned は、「私に関する限り」ということから、「私の意見としては、私に言わせれば」という意味で使われることもある。

- **As far as I'm concerned**, Linda's idea sounds fine.
（私には、リンダの考えはよいように思える）

付録 1 動詞の活用

動詞の形には、原形、現在形、過去形、過去分詞形、-ing 形(現在分詞・動名詞)がある。動詞の形の変化を整理しておこう。

1 be、have、do の活用

動詞 be、have、do の形の変化(活用)は以下のようになる。

◆ be の活用

原形	現在形	過去形	過去分詞形	-ing 形
be	I **am**	I **was**	**been**	**being**
	you **are**	you **were**		
	he[she, it] **is**	he[she, it] **was**		
	we[you, they] **are**	we[you, they] **were**		

● be 動詞の原形と現在形は形が異なる。

◆ have の活用

原形	現在形	過去形	過去分詞形	-ing 形
have	I[you] **have**	**had**	**had**	**having**
	he[she, it] **has**			
	we[you, they] **have**			

◆ do の活用

原形	現在形	過去形	過去分詞形	-ing 形
do	I[you] **do**	**did**	**done**	**doing**
	he[she, it] **does**			
	we[you, they] **do**			

2 一般動詞の現在形の作り方（主語が3人称単数の場合）

be、have、do 以外の動詞を一般動詞と呼ぶ。一般動詞の現在形は原形と同じ形である。例えば live（生きる）だと、原形も現在形も live となる。しかし主語が he、she、it などの3人称単数の場合、現在形は原形の語尾に -s[-es] をつけて変化させる必要がある。

◆ 3人称単数・現在形の -s または -es のつけ方

原形の語尾	-s か -es か	単語の例
下記以外	-s をつける	live → lives　　work → works get → gets　　come → comes
-s、-x、-ch、-sh、 「子音字＋o」	-es をつける	miss → misses　　fix → fixes teach → teaches　　wash → washes go → goes
「子音字＋y」	y を i に変えて -es をつける	cry → cries　　study → studies

● 「子音字」は「母音字」以外の文字。「母音字」とは、アルファベットの中で、a、e、i、o、u の 5 文字を指す。

◆ -s または -es の発音

語尾の発音	-s[-es] の発音	単語の例
/s, ʃ, tʃ, z, ʒ, dʒ/	/iz/	pushes　　teaches　　raises
/s, ʃ, tʃ/ 以外の無声音	/s/	likes　　waits　　helps
/z, ʒ, dʒ/ 以外の有声音	/z/	comes　　plays　　learns

● 「無声音」とは /p, t, k, f, s, ʃ, θ/ などの子音で、「有声音」とはその他の子音や母音を指す。

3 一般動詞の過去形・過去分詞形の作り方

一般動詞には、原形の語尾に -ed または -d をつけて過去形と過去分詞形を作る規則動詞と、そのような作り方をしない不規則動詞とがある。

◆ 規則動詞の -ed または -d のつけ方

原形の語尾	-ed か -d か	単語の例
下記以外	-ed をつける	talk - talked - talked want - wanted - wanted
-e	-d をつける	love - loved - loved care - cared - cared
「子音字＋y」	y を i に変えて -ed をつける	occupy - occupied - occupied worry - worried - worried
「1母音字＋1子音字」 (最終音節にアクセントがあるもの)	子音字を重ねて -ed をつける	admít - admitted - admitted stóp - stopped - stopped occúr - occurred - occurred
-c	k を加えて -ed をつける	panic - panicked - panicked picnic - picnicked - picnicked

- 以下の場合には、そのまま -ed をつける。
  ①原形の語尾が「母音字＋y」。
    例：play - played - played、stay - stayed - stayed
  ②原形の語尾が「1母音字＋1子音字」で、最終音節にアクセントがない。
    例：óffer - offered - offered、vísit - visited - visited
  ③原形の語尾が「2母音字＋1子音字」で、1音節から成る語。
    例：book - booked - booked、pour - poured - poured
- 「音節」とは、単語の発音上の区切りのことで、1音節は発音される母音1つを含む。例えば come /kʌ́m/ は1音節で、become /bikʌ́m/ は /bi/ と /kʌ́m/ の2音節である。辞書の見出し語では、2音節以上の場合、be・come のように音節の区切れ目が示されている。

◆ -ed、-d の発音

原形の語尾の発音	-ed[-d] の発音	単語の例
/t/ と /d/	/id/	wanted /wɑ́ntid/ needed /níːdid/
/t/ 以外の無声音	/t/	looked /lúkt/ wished /wíʃt/
/d/ 以外の有声音	/d/	saved /séivd/ killed /kíld/

- 原形の語尾の発音によって、-ed や -d の発音の仕方が変わる。

◆ 不規則動詞の変化の仕方

	原形	過去形	過去分詞形
原形 ＝過去形 ＝過去分詞形 A-A-A 型	cut	cut	cut
	shut	shut	shut
	hit	hit	hit
	put	put	put
	let	let	let
	set	set	set
	cost	cost	cost
	quit	quit	quit
	spread	spread	spread
A-A-A 型で発音が異なる	read /ríːd/	read /réd/	read /réd/
過去形 ＝過去分詞形 A-B-B 型	feel	felt	felt
	keep	kept	kept
	leave	left	left
	sleep	slept	slept
	buy	bought	bought
	think	thought	thought
	make	made	made
	lend	lent	lent
	send	sent	sent
	tell	told	told
	sell	sold	sold
	mean /míːn/	meant /mént/	meant /mént/
	say /séi/	said /séd/	said /séd/
	hear /híər/	heard /hɔ́ːrd/	heard /hɔ́ːrd/
原形 ＝過去分詞形 A-B-A 型	become	became	become
	come	came	come
	run	ran	run

すべて異なる A-B-C 型	begin	began	begun
	drink	drank	drunk
	drive	drove	driven
	know	knew	known
	speak	spoke	spoken
	go	went	gone
	see	saw	seen
原形＝過去形 A-A-B 型	beat	beat	beaten

- 発音記号がついている語は、特に発音に注意しよう。
- 以下の動詞は活用の仕方を混同しないように注意する必要がある。
  rise（上がる）　rise - rose - risen　/ráiz - róuz - rízn/
  raise（〜を上げる）　raise - raised - raised　/réiz - réizd - réizd/
  lie（横になる）　lie - lay - lain　/lái - léi - léin/
  lay（〜を横にする）　lay - laid - laid　/léi - léid - léid/
  lie（うそをつく）　lie - lied - lied　/lái - láid - láid/

4　一般動詞の -ing 形の作り方

現在分詞や動名詞を作るときに使われる -ing のつけ方にも注意が必要なものがある。

原形の語尾	-ing のつけ方	単語の例
下記以外	そのまま -ing をつける	play → playing　　teach → teaching
「子音字＋ e」	-e を取って -ing をつける	take → taking　　come → coming
-ie （発音は /ai/）	ie を y に変えて -ing をつける	die → dying　　lie → lying
「1 母音字＋ 1 子音字」 （最終音節にアクセントがあるもの）	子音字を重ねて -ing をつける	sít → sitting　　begín → beginning refér → referring
-c	k を加えて -ing をつける	panic → panicking picnic → picnicking

- 原形の語尾が「1 母音字＋ 1 子音字」で、最終音節にアクセントがない場合には、そのまま -ing をつける。例：límit → limiting、óffer → offering

付録

619

付録 2 数詞

　数詞とは数を表す語で、「(個)数」を表す「基数」と、「順序」を表す「序数」がある。英語の「基数」は one、two、three、four のような数を指す。「序数」は (the) first、(the) second、(the) third、(the) fourth のような数を指し、通常 the をつけて表す。ここでは、基数と序数の作り方や、つづりの注意点を整理していこう。

	基数	序数	
1	one	first	1st
2	two	second	2nd
3	three	third	3rd
4	four	fourth	4th
5	five	fifth	5th
6	six	sixth	6th
7	seven	seventh	7th
8	eight	eighth /éiθ/	8th
9	nine	ninth	9th
10	ten	tenth	10th
11	eleven	eleventh	11th
12	twelve	twelfth	12th
13	thirteen	thirteenth	13th
14	fourteen	fourteenth	14th
15	fifteen	fifteenth	15th
16	sixteen	sixteenth	16th
17	seventeen	seventeenth	17th
18	eighteen	eighteenth	18th
19	nineteen	nineteenth	19th
20	twenty	twentieth	20th

	基数	序数	
21	twenty-one	twenty-first	21st
22	twenty-two	twenty-second	22nd
23	twenty-three	twenty-third	23rd
24 ～ 29	twenty-four ～ twenty-nine	twenty-fourth ～ twenty-ninth	24th ～ 29th
30	thirty	thirtieth	30th
40	forty	fortieth	40th
50	fifty	fiftieth	50th
60	sixty	sixtieth	60th
70	seventy	seventieth	70th
80	eighty	eightieth	80th
90	ninety	ninetieth	90th
100	one[a] hundred	one[a] hundredth	100th
101	one[a] hundred (and) one	one[a] hundred (and) first	101st
1,000	one[a] thousand	one[a] thousandth	1,000th

- 表内の青い文字の語のつづりに注意しよう。
- 序数には通常、the をつける。
- 序数の first、second、third は、基数とは形が対応しない。fourth 以降は基数に -th をつけると序数になる。
- -y で終わる基数の twenty、thirty、ninety などは、語尾の -y を -ie に変えて -th をつけることで、twentieth、thirtieth、ninetieth といった序数になる。

付録 3 さまざまな数の表し方

英語には数の読み方や表し方がたくさんあるが、ここでは代表的なものを見ていこう。

1 数の読み方

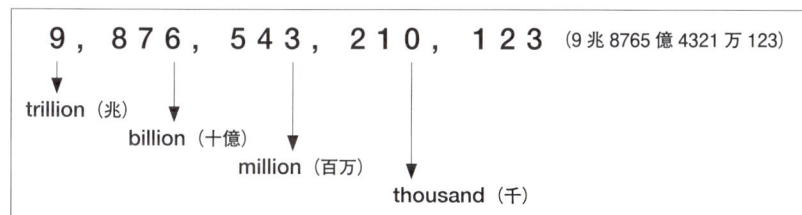

9 , 8 7 6 , 5 4 3 , 2 1 0 , 1 2 3 （9兆8765億4321万123）

trillion（兆）
billion（十億）
million（百万）
thousand（千）

➡ 9 trillion, 876 billion, 543 million, 210 thousand, 123
➡ nine trillion, eight hundred (and) seventy-six billion, five hundred (and) forty-three million, two hundred (and) ten thousand, one hundred (and) twenty-three

- 上の例のように 1,000 以上の数字は、3ケタごとにコンマで区切って読む。
- hundred、thousand、million、billion、trillion は数字の単位を表しているため、複数を表す -s をつけない。
- アメリカ英語では 100 以上の場合、hundred の後ろの and は省略することが多い。

2 小数の読み方

3.14 ➡ three point one four
0.70 ➡ zero point seven zero

- 日本語だと小数点は「点」と読むが、英語では point と読む。小数点以下の数字は 1 文字ずつ読む。0 は zero または oh /óu/ と読む。

3 分数の読み方

$\frac{1}{3}$	（3分の1）	➡ one-third、a third
$\frac{2}{3}$	（3分の2）	➡ two-thirds
$3\frac{4}{5}$	（3と5分の4）	➡ three and four-fifths
$\frac{32}{57}$	（57分の32）	➡ thirty-two over fifty-seven
$\frac{1}{2}$	（2分の1）	➡ one-half、a half
$\frac{1}{4}$	（4分の1）	➡ one-quarter、a quarter

- 日本語では「3分の1」のように「分母→分子」の順で読むが、英語では読むときも書くときも「分子→分母」の順になる。
- 分子は one、two などの「基数」で読み、分母は third や fifth などの「序数」で読む。そのため「3分の1」は one-third となる。ただし、「3分の2」のように分子が2以上の場合は、two-thirds のように、分母の序数は複数形にする。
- 「3と5分の4」のような帯分数の場合は、「3」に当たる部分を基数の three にして、four-fifths（5分の4）と and でつなぎ、three and four-fifths とする。
- 「57分の32」のように分母も分子も数字が大きな場合は、両方とも基数にし、分子と分母の間に over を挟んで、thirty-two over fifty-seven と読むことができる。
- 「2分の1」は例外的に half を用いて one-half や a half とする。「4分の1」も quarter を用いて one-quarter や a quarter とする。なお、quarter の部分を fourth にすることもある。

4 数式の読み方

2 + 5 = 7 ➡	Two plus five equal(s) seven.
	Two and five is[are, make(s)] seven.
12 − 7 = 5 ➡	Twelve minus seven equal(s) five.
	Seven from twelve is[are, leave(s)] five.
4 × 9 = 36 ➡	Four (multiplied) by nine equal(s) thirty-six.
	Four times nine is[are, make(s)] thirty-six.
20 ÷ 5 = 4 ➡	Twenty divided by five equal(s) four.
	Five into twenty is[are, go(es)] four.

- 数式の読み方は上記以外にもいろいろなものがあるが、まずは上記の代表例を押さえておこう。
- multiply の発音は /mʌ́ltəplài/。

5 年号の読み方

1984	(1984年) ➡	nineteen eighty-four
645	(645年) ➡	six (hundred and) forty-five
2000	(2000年) ➡	two thousand
2020	(2020年) ➡	two thousand (and) twenty、twenty twenty

- 1984年なら「19」と「84」のように、100の位と10の位で区切って nineteen eighty-four と読む。645年など3ケタの場合は six forty-five のようになるが、100の位に hundred and をつけて six hundred and ... のように読むこともある。
- 2000年は two thousand と読む。2020年であれば、two thousand (and) twenty のように two thousand の後で2ケタの数字を読むか、twenty twenty と読む。

6 日付の読み方

〔アメリカ英語〕 June 7 （6月7日） ➡ June seventh、June seven
〔イギリス英語〕 7(th) June （6月7日） ➡ the seventh of June

- アメリカ英語とイギリス英語では読み方が異なる。アメリカ英語では June のような月名の後に日付を読むのが主流で、イギリス英語では日付の後に月名を読むのが主流である。

7 時刻の読み方

9:30 a.m. （午前9時30分）	➡ nine thirty a.m. half past nine a.m.
2:15 p.m. （午後2時15分）	➡ two fifteen p.m. (a) quarter past[after] two p.m.

- 「○時×分」と読むときには、時と分をそれぞれ基数で読み、さらに午前・午後を表す a.m. か p.m. を後ろにつける。なお、会話では a.m. や p.m. をつけずに言うのが普通である。
- 9時30分は nine thirty のほかに、「9時の半時間後」と考えて half past nine という言い方もできる。また、2時15分は two fifteen のほかに、「2時の4分の1時間後」と考えて (a) quarter past[after] two という言い方もできる。そのほか、ten (minutes) before[to] one （1時10分前）のような表現もある。

8 電話番号の読み方

06-123-45 ➡ zero[oh] six, one two three, four five
77-890 ➡ seven seven[double seven], eight nine zero[oh]

- 0 は zero または oh /óu/ と読む。
- 基本的には数字を1つずつ読めばいいが、77のように同じ数字が2回続くときには、double seven のように double を使って読むこともある。

9 金額の読み方

¥3,850 （3850円） ➡ three thousand (and) eight hundred (and) fifty yen
$10.50 （10ドル50セント） ➡ ten dollars (and) fifty (cents)

- 日本円を表す yen は複数形にはならないので注意しよう。

10 温度の読み方

32°C（摂氏 32 度）	➡ thirty-two degrees centigrade[Celsius]
86°F（華氏 86 度）	➡ eighty-six degrees Fahrenheit
−15°F（華氏マイナス 15 度）	➡ fifteen degrees below zero Fahrenheit
	minus fifteen degrees Fahrenheit

- ℃の読み方と発音は centigrade /séntəgrèid/ または Celsius /sélsiəs/。°Fの読み方と発音は Fahrenheit /fǽrənhàit/。

11 数詞を使ったさまざまな表現

◆ 漠然とした大きな数

Millions of people watched the soccer match on TV.
(何百万人もの人々が、そのサッカーの試合をテレビで観戦した)

- 「何百万もの〜」といった漠然とした大きな数を、millions of 〜で表す。ほかにも、hundreds of 〜（何百もの〜）、thousands of 〜（何千もの〜）、tens of thousands of 〜（何万もの〜）などの表現がある。

◆ 年齢の「〜代」

I think Mr. Bradshaw is **in his 60s.** (ブラッドショーさんは 60 歳代だと思います)

- 「〜歳代で」は、in one's 20s[30s, 40s …]と、年代を複数形で表すことに注意（読み方はそれぞれ twenties、thirties、forties のようになる）。in one's teens なら「10 代(13 〜 19 歳)で」となる。

◆ 時代の「〜代」

In the 1980s[nineteen eighties], my parents were living in Kagoshima. (1980 年代、両親は鹿児島に住んでいた)

- 「1980 年代に」は in the 1980s で表す（1980s の読み方は nineteen eighties）。

◆ 「数詞＋複数形の名詞」

Three days <u>was</u> enough to do the sightseeing in that town.
(その町を観光するのは 3 日で十分だった)

- 例文の three days（3 日）のように、期間や距離、金額などを 1 つのまとまりとして考える場合は「単数扱い」にする。

付録4 国名などの表し方

例えば、「日本」は Japan、「日本の」は Japanese、「日本人の個人」は a Japanese、「日本人全体」は the Japanese のように表す。英語での国名や地域名、その形容詞形、国民についての表現を整理しておこう。

国名		形容詞形	国民全体（複数）	国民個人（単数）
アメリカ	America	American	the Americans	an American
オーストラリア	Australia	Australian	the Australians	an Australian
英国	Britain	British	the British	a British person
カナダ	Canada	Canadian	the Canadians	a Canadian
中国	China	Chinese	the Chinese	a Chinese
デンマーク	Denmark	Danish	the Danes	a Dane
エジプト	Egypt	Egyptian	the Egyptians	an Egyptian
フィンランド	Finland	Finnish	the Finns	a Finn
フランス	France	French	the French	a Frenchman
				a Frenchwoman
ドイツ	Germany	German	the Germans	a German
ギリシャ	Greece	Greek	the Greeks	a Greek
オランダ	Holland	Dutch	the Dutch	a Dutchman
				a Dutchwoman
インド	India	Indian	the Indians	an Indian
アイルランド	Ireland	Irish	the Irish	an Irishman
				an Irishwoman
イタリア	Italy	Italian	the Italians	an Italian
日本	Japan	Japanese	the Japanese	a Japanese
韓国	Korea	Korean	the Koreans	a Korean
ポルトガル	Portugal	Portuguese	the Portuguese	a Portuguese
ロシア	Russia	Russian	the Russians	a Russian
スペイン	Spain	Spanish	the Spanish	a Spaniard
スイス	Switzerland	Swiss	the Swiss	a Swiss
タイ	Thailand	Thai	the Thai(s)	a Thai
ベトナム	Vietnam	Vietnamese	the Vietnamese	a Vietnamese

● アメリカ合衆国は the United States of America が正式名称。英国の正式名称は the United Kingdom of Great Britain and Northern Ireland。オランダの正式名称は、the Netherlands。

付録 5 形容詞・副詞の比較変化

英語では形容詞や副詞の多くが「より〜」や「最も〜」を表すために語の形を変えるが、これを比較変化と呼ぶ。例えば形容詞の tall は、**原級**は tall（高い）、**比較級**は taller（より高い）、**最上級**は tallest（最も高い）のように変化する。比較級には原級の語尾に -er をつけるものと、原級の前に more をつけるものがある。また最上級には、原級の語尾に -est をつけるものと、原級の前に most をつけるものがある。しかし、中には不規則な変化をする語もあるので、注意が必要だ。形容詞と副詞の比較級と最上級の作り方を、ここで整理しておこう。

- 以下に出てくる「音節」とは、単語の発音上の区切りを指し、1 音節は発音される母音 1 つを含む。例えば big /bíg/ なら 1 音節、active /ǽktiv/ なら /ǽk/ と /tiv/ の 2 音節である。

1 -er, -est 型の規則変化

1 音節の語と、2 音節の語の一部は、以下の表のように変化する。

	原級	比較級	最上級	
1音節の語	tall	taller	tallest	-er、-est にする
	old	older	oldest	
-y で終わる 2音節の語	happy	happier	happiest	y を i に変えて、-ier、-iest にする
	early	earlier	earliest	
-er, -ow, -le で終わる 2音節の語	clever	cleverer	cleverest	-er、-est にする
	narrow	narrower	narrowest	
	simple	simpler	simplest	

- 基本的には「原級＋ -er」で比較級を作り、「原級＋ -est」で最上級を作る。
- 最上級の前には通常、the tallest のように the をつける。
- happy のような**原級が y で終わる語**は、y を i に変えて、-ier、-iest にする。
- nice のような**原級が e で終わる語**は -r、-st をつける。
  例：nice - nicer - nicest、simple - simpler - simplest
- big のような**語尾が「1 母音字＋ 1 子音字」で終わる語**は、子音字を重ねて -er、-est をつける。
  例：big - bigger - biggest、thin - thinner - thinnest

626　付録

2 more, most 型の規則変化

2音節以上の語の大多数と、3音節以上の語、そして -ly で終わる副詞には、more と most をつけて比較級と最上級を作る。

	原級	比較級	最上級	
語尾が -y、-er、-ow、-le 以外の2音節の語	active	**more** active	**most** active	more、mostをつける
	careful	**more** careful	**most** careful	
	famous	**more** famous	**most** famous	
3音節以上の語	beautiful	**more** beautiful	**most** beautiful	
	important	**more** important	**most** important	
語尾が -ly の副詞	quickly	**more** quickly	**most** quickly	
	easily	**more** easily	**most** easily	

3 不規則変化

これまで見てきた以外の、不規則な変化をする形容詞・副詞には、以下のようなものがある。

原級	意味	比較級	最上級
good	(形) よい	better	best
well	(形) 健康な (副) よく		
bad	(形) 悪い	worse	worst
badly	(副) ひどく		
ill	(形) 病気で (副) 悪く		
little	(形) わずかの (副) 少し	less	least
many	(形) 多数の	more	most
much	(形) 多量の (副) 大いに		
far	〔距離〕(形) 遠い (副) 遠くに	farther / further	farthest / furthest
	〔程度〕(形) さらなる (副) さらに	further	furthest
late	〔時間〕(形) 遅い (副) 遅く	later	latest
	〔順序〕(形) 後の	latter	last

● good と well、bad と badly、ill など、別の語なのに比較級や最上級が同じ形になるものがある一方、far や late のように、意味によって比較級と最上級の形が変わるものもある。こうした語はまとめて覚えてしまおう。

付録 6　英文中のさまざまな記号

　日本語の句読点や「　」（カッコ）などのように、英語の文でもいろいろな記号が使われる。よく使われる記号を見ていこう。

1　ピリオド（終止符）(.)
◆ 文の終わりに置く

I have been living in Nagoya since 2003. （私は 2003 年から名古屋に住んでいる）
Watch your step. （足元に気をつけて）
- 平叙文や命令文の最後にピリオドをつけて終わりを示す。

◆ 略語で用いる

This pyramid was built around 2500 B.C.
（このピラミッドは紀元前 2500 年ごろに建造された）
- B.C.（紀元前）は Before Christ の略語。例文のように略語のピリオドと文末のピリオドが重なるときは、ピリオドは 1 つでよい。また、the U.S.A.（アメリカ合衆国）などの国名や the U.N.（国際連合）などの機関名の略称、および Mr. や Ms. などのピリオドは省かれることもある。

2　コンマ (,)
◆ 文中の区切りを示すときに用いる

When I have the time, I often go fishing.
（時間があるときは、よく釣りに行きます）
I have a friend from Indonesia, who is a computer programmer.
（私にはインドネシア出身の友人がいるが、その人はコンピューターのプログラマーだ）
- 文頭に語・句・節を出した後にコンマを置いて、文中の区切りを示すことができる。また、関係詞の非限定用法ではコンマでいったん文を区切って、そのあとで補足説明を続ける。

◆「A, B(,) and C」のように語句を並べるときに用いる

I visited San Francisco, Chicago, New York(,) and Boston.
（私はサンフランシスコ、シカゴ、ニューヨークとボストンを訪れた）

◆ 同格を示すときに用いる

Today's speaker is Ms. Emily Thompson, a famous opera singer.
（本日の講演者は、有名なオペラ歌手であるエミリー・トンプソンさんです）

◆ but、and、or などで節を並列するときに用いる

I usually get up at 6:00, but I overslept today.
（いつもは 6 時に起きるのだが、今日は寝坊した）

◆ 挿入を表す時に用いる

Jessica's birthday, I believe, is September 20.
（ジェシカの誕生日は、きっとそうだと思うのだが、9月20日だよ）

3 クエスチョン・マーク（疑問符）（?）

◆ 疑問文または疑問を示す文の終わりに置く

Have you ever been to Aomori?（あなたは青森に行ったことがある？）
You finished this book?（この本は読み終わったの？）

● 平叙文にクエスチョン・マークをつけて疑問文と同じ意味にすることがある。その場合は、文末を上げ調子で言う。

4 エクスクラメーション・マーク（感嘆符）（!）

◆ 感嘆文や強い感情を表す文の終わりに置く

What a wonderful present it is!（なんて素敵なプレゼントなの！）
You are great!（あなたって最高！）

● 感嘆文や、驚き、喜び、怒りといった強い感情を表す文の最後につける。

5 アポストロフィ（'）

◆ 名詞の所有格に用いる

That is Jill's bike.（あれはジルの自転車です）

◆ 短縮形に用いる

It's a sunny day today.（今日は晴れています）

6 コロン（:）

◆ 直前の内容の説明に用いる

Larry's message was clear: he didn't want to work with us.
（ラリーのメッセージは明確だった。私たちと一緒に働きたくなかったのだ）

7 セミコロン（;）

◆ 2つの文をつなぐときに用いる

I usually go to school by bus; John goes on foot.
（私はいつもバスで学校に行くけれど、ジョンは歩いて行く）

● セミコロンを用いて、接続詞を使わずに2つの文をつなぐことができる。

8 ダッシュ （—）

◆ 言い換えや補足説明のために用いる

Josh had two reasons to retire — his age and stress.
（ジョッシュには引退する理由が２つあった。年齢とストレスだ）
Baseball and soccer — these are the two most popular sports in this school. （野球とサッカー。これらが当校で最も人気のある２つのスポーツです）

- 直前の内容を、ダッシュの後ろで言い換えたり補足説明したりできる。

9 ハイフン （-）

◆ 語と語をつなぐために用いる

This is a once-in-a-lifetime opportunity. （これは一生に一度のチャンスですよ）
Diane is my mother-in-law. （ダイアンは私の義理の母です）

10 クオーテーション・マーク （引用符）（" "）（' '）

◆ 発言などを引用するときに用いる

She said, "I want something to drink." （彼女は「何か飲みたいな」と言った）

- 例文のようにクオーテーション・マークで文が終わるときは、通常はピリオドをその内側に置く。「?」や「!」も同様に内側に置くが、文全体に「?」や「!」がかかっている場合は外に置く。
  He asked, "May I go home?" （彼は「家に帰ってもいいですか」と尋ねた）
  Did he say, "May I go home"? （彼は「家に帰ってもいいですか」と言ったの？）
- 「" "」はアメリカ英語で、「' '」はイギリス英語でよく使われる傾向がある。

11 イタリック （斜体字）（*italic*）

◆ 外来語に対して用いる

Japanese food, such as *onigiri* and *katsudon*, is expensive in Paris.
（パリでは、おにぎりやカツ丼のような日本食は高価である）

- ただし、もともと外来語であっても、sushi や tofu などの英語圏で定着している語はイタリックで表記しない。

◆ 書籍名、新聞名、題名などに対して用いる

I've read all the *Harry Potter* series. （私は『ハリー・ポッター』シリーズは全部読んだ）

付録7 群動詞

動詞に前置詞や副詞などがついたまとまりが、1つの動詞のような働きをすることがある。このまとまりを群動詞と呼ぶ。群動詞を、その形と働きにより、5つのタイプに整理しておこう。

1 「動詞＋前置詞」で他動詞の役割をするもの

I belong to the tennis team at school.
(私は学校でテニス部に所属しています)
We really depend on our team captain.
(私たちはチームのキャプテンに大いに頼っている)

account for ～（～を説明する）	get over ～（～を克服する）
ask for ～（～を求める）	look after ～（～の世話をする）
believe in ～（～の存在を信じる）	look for ～（～を探す）
belong to ～（～に属する）	look into ～（～を調査する）
call for ～（～を必要とする）	hear of ～（～について伝え聞く）
call on ～（～を訪ねる）	refer to ～（～に言及する）
come across ～（～に偶然出くわす）	rely on ～（～に頼る）
deal with ～（～を扱う）	stand by ～（～を支持する）
depend on ～（～に頼る）	stand for ～（～を表す）
do without ～（～なしで済ます）	wait on ～（～に仕える）　　など

2 「動詞＋副詞」で自動詞の役割をするもの

One of my shirt buttons came off. (シャツのボタンが1つ外れた)
The flight to London took off on time. (ロンドン行きの航空便は定刻に離陸した)

break down（故障する）	pass away（亡くなる）
break out（突然起こる）	run away（逃げる）
come off（外れる）	show up（現れる）
come out（現れる、出版される）	stand out（目立つ）
go on（続く）	take off（離陸する）
look out（気をつける）	turn up（現れる）　　など

631

3 「動詞＋副詞」で他動詞の役割をするもの

My grandparents brought up three children in wartime.
（私の祖父母は戦時中に3人の子どもを育てた）
I couldn't make out what she was saying.
（私は彼女が言っていることが理解できなかった）

bring up ~ （~を育てる）	pick up ~ （~を拾い上げる）
call off ~ （~を中止する）	put off ~ （~を延期する）
carry out ~ （~を実行する）	put on ~ （~を着る）
look up ~ （~を調べる）	see off ~ （~を見送る）
make out ~ （~を理解する）	take off ~ （~を脱ぐ）
pick out ~ （~を選び出す）	turn down ~ （~を断る）　　など

● 群動詞が他動詞として働く場合、目的語を動詞と副詞の間に挟むことも、副詞の後ろに置くこともできる。長い目的語の場合は副詞の後ろに置くのが普通。
He put <u>his jacket</u> on.（彼はジャケットを着た）
He put on <u>his jacket</u>.
He put on <u>the jacket he bought at the store</u>.
（彼はその店で買ったジャケットを着た）
ただし、目的語が代名詞の場合は、動詞と副詞の間に挟む。
Don't put <u>it</u> off until tomorrow.（それを明日まで引き延ばすな）

4 「動詞＋名詞＋前置詞」で他動詞の役割をするもの

We chased the deer but lost sight of it.
（私たちはシカを追いかけたが、それを見失った）
I took part in a debate in the English class.
（英語の授業で、私はディベートに参加した）

catch sight of ~ （~を見つける）	make room for ~ （~に場所を空ける）
find fault with ~ （~のあら探しをする）	make sense of ~ （~を理解する）
give rise to ~ （~を引き起こす）	make use of ~ （~を利用する）
give thought to ~ （~について考える）	pay attention to ~ （~に注意を払う）
give way to ~ （~に譲歩する）	take advantage of ~ （~を利用する）
lose sight of ~ （~を見失う）	take care of ~ （~の世話をする）
make friends with ~ （~と友達になる）	take part in ~ （~に参加する）
make fun of ~ （~をからかう）	take pride in ~ （~を誇りに思う）　など

5 「動詞＋副詞＋前置詞」で他動詞の役割をするもの

You'll catch up with her if you leave now.
(今出発すれば、彼女に追いつくだろう)
I couldn't put up with his attitude. (彼の態度には我慢ならなかった)

catch up with ～ （～に追いつく）	look down on ～ （～を軽蔑する）
come up to ～ （～に達する）	look forward to ～ （～を楽しみに待つ）
come up with ～ （～を思いつく）	look up to ～ （～を尊敬する）
get along with ～ （～とうまくやっていく）	make up for ～ （～の埋め合わせをする）
go along with ～ （～を支持する）	put up with ～ （～を我慢する）
keep up with ～ （～に遅れずついていく）	run out of ～ （～を使い果たす）　など

索引

数字はページ数です。…はその部分に見出し語が入ることを表します。

日本語索引

あ

相づちの表現　　　　35, 403

い

意志
　（be 動詞＋不定詞）　　249
　（will、would） 72, 132, 183
1 人称　　　　　　　43, 498
一般動詞　　　　　　43, 616
一般の人を指す you、we、
　they　　　　　　　　　500
祈りや願いを表す may　　175
意味上の主語　　　　　　232
　（動名詞）　　　　　　262
　（不定詞）　　　　　　232
　（分詞）　　　　　　　285
依頼（can、could）　　　172
依頼・勧誘
　（will、would）　　　 185
　（Won't you ～ ?）　　 186
引用符　　　　　　424, 630

うお

受け身→受動態
運命（be 動詞＋不定詞）　249
音節　　　　　　　617, 626
温度の読み方　　　　　　624

か

格
　（関係代名詞）　　　　297
　（人称代名詞）　　　　498
確実性を表す形容詞＋不定詞
　　　　　　　　　　　243
確信（must、cannot）　　179
過去完了形　　　　　　　152
　（仮定法）　　　　　　367
過去完了進行形　　　　　154
過去形　　　43, 129, 615, 617
　（仮定法）　　　　　　365
　　…と現在完了形　　　144
過去進行形　　　　　73, 130

過去の行動への後悔や非難
　　　　　　　　　　　193
過去の習慣的行為　　　　130
過去の状態　　　　　　　187
過去の出来事に対する推量
　　　　　　　　　　　191
過去分詞　74, 78, 84, 615, 617
　be 動詞＋…　　　　　204
　had ＋…　　　　　　　152
　have[has] ＋…　　　　144
可算名詞　　　　　　　　466
数えられない名詞　411, 466
数えられる名詞　　411, 466
仮定法　　　　　　　　　364
　…過去　　　　　　　　365
　…過去完了　　　　　　367
　…現在　　　　　200, 383
　…と丁寧な表現　　　　385
　直説法と…　　　364, 365
可能（be 動詞＋不定詞）　249
可能性
　…を表す形容詞＋不定詞
　　　　　　　　　　　243
　（can、could）　　　　170
　（may、might）　　　 173
仮主語→形式主語
感覚を表す動詞　　　　　116
関係形容詞　　　　　　　301
関係詞　　　　　　　　　292
　…を使った強調　　　　448
関係詞節　　　　　　　　293
関係代名詞　　　　　　　292
　…と前置詞　　　　　　299
　…の格の見分け方　　　297
　…の省略
　　　　　　293, 295, 296, 299
　主格の…　　　　293, 295
　所有格の…　　　　　　298
　目的格の…　　　293, 295
関係代名詞節　　　　　　293
関係副詞　　　　　　　　303
　…の省略　　　304, 306, 307
冠詞　　　　　　　　90, 482
　…の位置　　　　　　　490

…の発音　　　　　　　　483
…をつけない場合　　　　488
感情の原因・理由
　（不定詞）　　　　　　231
　（that 節）　　　　　　588
感情を表す語句　　198, 199
間接疑問　　　　　　　　393
間接目的語　　　　　　　113
間接話法　　　　　　　　424
感嘆符　　　　　　　101, 629
感嘆文　　　　　　　　　102
　…と疑問文の語順　　　103
　（間接話法）　　　　　431
　How で始める…　　　102
　What で始める…　　　103
間投詞　　　　　　　　　 91
完了・結果　　　144, 152, 155
完了形　　　　　　　　　144
　…の受動態　　　　　　210
完了不定詞　　　　　　　244

き

期間を表す語句　　　　　149
基数　　　　　　　　　　620
規則動詞　　　　　　　　617
規則変化
　（比較）　　　　　331, 626
　（名詞）　　　　　　　467
義務
　…や助言（should、ought
　　to）　　　　　　　 180
未来や過去における…　　177
　（be 動詞＋不定詞）　　249
　（must、have to）　　　176
疑問形容詞　　　　　　　391
疑問詞　　　　　　66, 97, 99
　…＋不定詞　　　　63, 240
　…の強調　　　　　　　437
　…を使う疑問文　　　　388
疑問代名詞　　　　　　　388
疑問符　　　　　　　97, 629
疑問副詞　　　　　　　　390
疑問文　　　　　　44, 97, 388
　…を伝える間接話法　　429

634　索引

主語について尋ねる…	100
受動態の…	206
Yes/No …	97
旧情報	121
強調	202, 338, 342, 436
強調構文	439, 447
…の it	521
許可	
（can、could）	171, 175
（may）	174, 175
拒絶	183
金額の読み方	623
禁止（must not）	178

く

句	324
句動詞→群動詞	
群前置詞	577
群動詞	111, 216, 631
…の受動態	216

け

経験	74, 146, 153, 156
形式主語	223, 255, 520, 587
形式目的語	225, 256, 520, 588
継続	74, 148, 153, 157
継続用法→非限定用法	
形容詞	25, 48, 76, 90, 526
…と同じ形の副詞	54, 544
…を修飾する副詞	538
…を並べる順序	527
人を主語にする…	541
人を主語にできない…	541
形容詞句	325
形容詞節	326
形容詞的用法（不定詞）	226
結果（接続詞）	586
結果の表現	008
結果を表す不定詞	230
原因・理由	
（群前置詞）	577
（接続詞）	586
（不定詞）	231
原級	330, 626
…で「最も〜」を表す	344
…を用いた比較	332
原形	22, 43, 383, 615
…不定詞	238
現在完了形	74, 144
…と過去形の違い	149

…とともに使われる表現	150
…の疑問文・否定文	145
現在完了進行形	151
現在形	43, 124, 615, 616
確定的な予定を表す…	139
現在の習慣的行為を表す…	125
反復される動作を表す…	125
現在進行形	73, 124, 127
現在分詞	73, 77, 83, 270
限定詞	523
限定用法	
（関係代名詞）	292
（関係副詞）	303
（形容詞）	526, 530
…と非限定用法	308
（分詞）	270

こ

後悔	193
後置修飾	226, 271, 325, 326
肯定文	94
助動詞を含む…	95
心の状態の形容詞＋不定詞	243
語順	16
ことわざ	126, 164, 425
5文型→文型	
固有名詞	472
…の可算名詞化	475

さ

再帰代名詞	498, 502
最上級	330, 341, 626
…の意味になるさまざまな表現	345
…の強調	342
…＋名詞＋関係代名詞節	342
差の表現	338
3人称	34, 43, 498
3人称単数現在の -s	43, 616

し

子音字	483, 616
使役動詞	238
…の受動態	240
…＋O＋動詞の原形	238

…＋O＋分詞	276
時刻の読み方	623
指示代名詞	505
事実に反する願望	369
時制	123
…の一致	162, 425
自動詞	108
…＋不定詞	234
習慣	
過去の…	130, 186, 187
現在の…	125, 164
集合名詞	469
修辞疑問文	399
修飾語	28, 109
習性	126, 184
従属節	162, 581
…の時制と時・場所の表現	426
従属接続詞	432, 580, 587
…を含む発言の間接話法	432
主格	
（関係代名詞）	293, 295
（人称代名詞）	499
主格補語	114
主観的な判断	198, 199
主語	18, 40, 109
…を示す所有格	454, 474
（動名詞）	61, 254
（不定詞）	62, 222
主節	162, 581
述語動詞	109
受動態	74, 122, 204
完了形の…	210
語順に注意すべき…	211
使役動詞や知覚動詞の…	240
…の否定文	206
…を使う状況	214
助動詞を使う…	208
進行形の…	209
前置詞に注意すべき…	219
準動詞	289
準否定語	412
状況を指す it	504
条件	
（接続詞）	138, 158, 613
（分詞構文）	282
小数の読み方	621
状態	25

635

過去の…	129, 187	数詞	620	…の可算名詞化	476
現在の…	124	…を使った表現	624	直説法	364
…動詞	124, 128, 235	数式の読み方	622	直接目的語	113
譲歩		数量を表す形容詞	531	直接話法	424

譲歩
　…を表す複合関係代名詞　317
　…を表す複合関係副詞　318
　（接続詞）　592, 599, 600
　（分詞構文）　282
情報構造　121
省略　445
　（関係代名詞）
　　　　293, 295, 296, 299
　（関係副詞）　304, 306, 307
　接続詞の後ろの…　446
　if の…　382
　to の後ろの…　252, 446
叙述用法
　（形容詞）　526, 529, 530
　（分詞）　274
序数　620
助動詞　72, 91, 166
　…＋ have ＋過去分詞　191
所有格
　（関係代名詞）　298
　…を使った名詞構文　454
　（人称代名詞）　501
　（名詞）　473
所有代名詞　498, 501
進行形
　一時的な状態・性質を強調
　　する…　135
　これからすることを表す…
　　　　136
　…の受動態　209
　話し手の感情を表す…　136
　変化している途中を表す…
　　　　134
真の主語　223, 255
真の目的語　225, 256
真理　164
心理状態（受動態）　219

せ
制限用法→限定用法
節　324
接続詞　91, 580
　…＋分詞構文　284
接続副詞　550
絶対最上級　360
絶対比較級　355
先行詞　293
全体否定　413
選択疑問文　104
前置詞　42, 91, 554
　…の目的語 42, 58, 256, 555
　…＋抽象名詞　472
　…＋動名詞を含む表現　266
前置詞句　554
　…などを伴う形容詞　542
挿入　444

た
第1文型（SV）　109
第2文型（SVC）　111
第3文型（SVO）　112
第4文型（SVOO）　113
第5文型（SVOC）　114
大過去　159
代不定詞　252
代名詞　91, 498
他動詞　108
短縮形
　現在完了形の…　145
　肯定文での…　95
　（助動詞）
　　171, 178, 182, 183, 188, 194
　否定文での…　97
単数形　467, 469

ち
知覚動詞　238
　…の受動態　240
　…＋O＋動詞の原形
　　　　239, 278
　…＋O＋分詞　278
忠告（had better）　182
抽象名詞　471

す
推定・推量（will、would）
　　　　184
推量
　過去の出来事の…　191
　（can、could）　170
　（may、might）　173

て
提案表現（Let's）　105
提案や勧誘（間接話法）　431
提案や要求の表現
　…と動詞の原形　383
　…と should　200
定冠詞　482, 485, 493
程度の表現　250, 608
程度を表す副詞　537
丁寧な表現（仮定法）　385
天候や状況を指す it　504
電話番号の読み方　623

と
等位接続詞　580, 582
　…を含む発言の間接話法
　　　　433
同格　451
　（不定詞）　228, 452
　（of）　451, 566
　（that 節）　451, 589
動作動詞　124, 125, 129
動作の継続（完了形）
　　　　151, 154, 157
動詞　15, 38, 43, 90, 109
　…の形　34
　…の活用　615
当然（should、ought to）181
倒置　441, 449
　（場所や方向を表す語）　443
　（否定語）　441
動名詞　61, 83, 254
　完了形の…　264
　受動態の…　264
　…と不定詞のどちらも目的
　　語にする動詞　259, 260
　…の意味上の主語　262
　…の否定語の位置　263
　…を目的語にする動詞　257
時を表す
　…接続詞 138, 591, 593, 594
　…副詞　536
独立不定詞　251
独立分詞構文　285
　…の慣用表現　285

な に

難易を表す形容詞＋不定詞	242
二重否定	415
2人称	43, 498
人称	33
人称代名詞	35, 55, 498

ね の

年号の読み方	622
能動態	205
能力・可能	
（助動詞）	166, 168

は

倍数表現	335
場所を表す副詞	535
範囲を表す接続詞	613
判断の根拠を表す不定詞	232

ひ

比較	330
…する対象の示し方	339
比較級	330, 336, 626
（差の表現）	338
…で「最も～」を表す	344
…＋ and ＋比較級	349
比較変化	330, 626
非限定用法	
（関係代名詞）	308
（関係副詞）	312
（some of whom などの表現）	321
非制限用法→非限定用法	
日付の読み方	623
必要（need）	188
否定	406
強い…	408
…の強調	437
否定疑問文	395
why を使った…	396
否定語	406
…の位置	406
否定的な意味を持つ語	410
否定表現	
（時の表現を使う）	419
（副詞、形容詞、前置詞などを使う）	420
（不定詞を使う）	418

（but を使う）	416
（cannot を使う）	417
否定文	44, 94, 96, 406
not を使った…	406
描出話法	433
品詞	38, 90, 91
頻度を表す副詞	537

ふ

付加疑問	397
不可算名詞	466
不規則動詞	617
不規則変化	
（比較）	331, 627
（名詞）	467
複合関係詞	314
複合関係代名詞	314
複合関係副詞	314, 316
複合名詞	468, 528
副詞	51, 81, 90, 534
…を修飾する副詞	538
副詞句	325
副詞節	327
複数形	467, 478
付帯状況	279, 286
2つの文を意味的につなぐ副詞	550
普通名詞	468, 475
物質名詞	470
…の可算名詞化	476
不定冠詞	482, 484, 493
不定詞	62, 84, 222
完了形の…	244
進行形・受動態の…	246
…で仮定を表す	380
…と動名詞のどちらも目的語にする動詞	259, 260
…と結びつく形容詞	242
…の意味上の主語	232
…の形容詞的用法	226
…の副詞的用法	228
…の名詞的用法	222
…を目的語にする動詞	258
不定詞句	222
不定代名詞	507
不必要（don't have to）	178
部分否定	413
普遍的な事実	126, 164, 425
文	15, 94, 108
文型	108

分詞	270
主語を説明する…	274
…の意味上の主語	285
…の限定用法	270
…の叙述用法	274
名詞の後ろに置かれる…	270
名詞の前に置かれる…	271
目的語を説明する…	275
分詞形容詞	273
分詞構文	279
完了形の…	283
形容詞や名詞で始まる…	282
「～すると、～している時に」を表す…	280
接続詞＋…	284
動作の連続を表す…	281
否定の…	283
付帯状況を表す…	279
…で仮定を表す	380
理由を表す…	281
分数の読み方	621
分数（比較）	335
文の種類	94

へ ほ

平叙文	94
母音字	467, 616
補語	41, 111
（形容詞）	49, 529
（動名詞）	61, 255
（不定詞）	62, 223
（分詞）	274
（名詞）	41

み む

未来完了形	155
未来完了進行形	157
未来進行形	141
未来についての確信	180
未来の仮定	376
未来の表現	131, 137, 142
無冠詞	488, 490, 496
無生物主語	458, 463

め

名詞	15, 38, 40, 90, 466
冠詞と…の組み合わせ方	482

637

…の複数形	467
…を中心とした表現	462
名詞句	324
名詞構文	454
名詞節	326
命令文	101
主語がある…	101
否定の…	101
…を伝える間接話法	430
…＋ and[or]	601
…＋ please	102
…＋付加疑問	398

も

申し出・提案	189
目的格	
（関係代名詞）	293, 295
（人称代名詞）	499
目的格補語	114
目的語	40, 112
（動名詞）	61, 256
（不定詞）	62, 224
…を示す所有格	456, 474
目的を表す不定詞	228

よ

要求、義務（be動詞＋不定詞）	249
様態を表す副詞	534
予定	
（現在形）	139
（未来進行形）	141
…、計画（be動詞＋不定詞）	142, 248
…を表す be going to do	132

れ

歴史上の事実	164

わ

話法	424

英語索引

A

a	482, 484
a bit ＋比較級	338
a few	412, 532
a little	338, 412, 470, 532
a lot ＋比較級	338
a lot of	470, 531
a number of	532
able	530
about	569
above	421, 575
according to	577
across	572
across from	572, 578
admit	258, 428
advice	467
advise	384
advise O to do	237, 431
afraid	244, 529, 541
afraid of	79, 542
after	
（接続詞）	138, 593
（前置詞）	570
after all	444
again and again	438, 537
ago	546
alike	529
alive	529
all	413, 448, 492, 509
all I have to do is ～	448
all night long	130
all of a sudden	493
all of which[whom]	321
all the ＋比較級	351
all the ＋名詞	492, 509
allow O to do	236, 460
almost	537
alone	529
along	571
along with	578
already	144, 150, 547
although	599
always	126, 537
amazing	199
among	574
an	482, 484

and	582, 601
announce	428
another	517
answer	428
anxious about	542
any	513
any other ＋名詞	344
any place	316
any time	316
anybody[anyone] else	345
anything	315
anything but	416
anything else	345
anytime	607
apart from	578
appear to do	234
around	571
as	
（関係詞）	322
（接続詞）	138, 281, 597, 600
（前置詞）	597
（比較）	332
as ＋形容詞＋ a[an] ＋名詞	334, 491
as ＋原級＋ as	332
as ＋原級＋ as any ～	346
as ＋原級＋ as possible	346
as a matter of fact	493
as a result	551
as a rule	493
as far as	445, 613
as far as ～ is concerned	445, 614
as far as I know	445, 613
as for	578
as good as	349
as if	372
as long as	138, 613
as many as	348
as many[much] ＋名詞＋ as	334
as much as	348
as soon as	138, 346, 606
as though	372
as well as	603
ask O to do	236
ask O if[whether]	429

asleep	529
at	42, 556
at a loss	493
at a time	493
at all	437
at one's best	362
at that time	150
at (the) best	361
at (the) least	361
at (the) most	361
at (the) worst	361
available	528
avoid	258
awake	529

B

bad	627
badly	538, 627
barely	411
be	128, 201, 615
Be ＋形容詞	101
be 動詞	22, 94
be 動詞＋ being ＋過去分詞	209
be 動詞＋過去分詞	74, 145, 204
be 動詞＋現在分詞	73, 127
be 動詞＋不定詞→ be to do	
be able to	166
be about to	142
be accustomed to -ing	266
be busy -ing	79, 287
be covered with	219
be disappointed at	220
be filled with	219
be going to	72, 132, 137, 248
be interested in	220
be killed in	219
be on the point of -ing	142
be proud of -ing	264
be satisfied with	220
be supposed to	181
be surprised	199, 219
be to do	142, 248
be used to -ing	266
because	281, 595
because of	577

639

before		
(接続詞)		138, 593
(前置詞)		570
(副詞)		146, 546
begin		139, 260
behind		570
being ＋過去分詞		264
believe		119, 128, 588
below		575
between		574
beyond		420, 576
both		413, 492, 510
both A and B		510, 602
both of which[whom]		321
both the ＋名詞		492, 510
bother to do		235
bring		116, 460
bring O to		460
but		
(関係詞)		323
(接続詞)		583
but for		377, 578
buy		117, 213
buy 型		117, 212
by		155, 205, 219, 567
by ＋動作主		205, 214, 568
by appointment		489
by bus		489
by e-mail		489
by far the ＋最上級		342
by means of		578
by oneself		503
by the kilogram		494
by the month		494
by the time		138, 595

C

call 型		118
can		
(依頼)		172
(可能性・推量)		170
(許可)		171, 175
(能力・可能)		72, 166
Can I[we] ～?		171
Can you ～?		172
cannot[can't]		171, 417
cannot be too ～		417
cannot have ＋過去分詞		191
cannot help -ing		417
careless		232

cause O to do		458
certain		243, 530, 588
change trains		479
choose		117
clearly		540
clever		232
come		108, 139
come ＋分詞		274
come to do		234
comfortable		242
compel O to do		237, 458
complain		428
completely		413, 537
consider		238, 257
contain		128
content		529
continue		259
convenient		541
cook		53, 117
cost		247, 464
could		168, 170, 171, 172, 366
could have ＋過去分詞		191
Could I[we] ～?		172
Could you ～?		172
couldn't have ＋過去分詞		191

D

daily		529, 544
dangerous		242
decide		225, 258
demand		384
deny		428
deprive O of		463
desirable		384
desire		228, 452
difficult		242
do		202, 436, 615
do nothing but		416
Do you mind ～?		385, 400
Don't ＋動詞の原形		101
don't have to		178
Don't[Didn't] you ～?		395
due to		578
during		565, 592

E

each		511
early		331, 544
easy		242
either		514, 548

either A or B		602, 604
elder		529
elect		119
enable O to do		237, 460
encourage O to do		237
enjoy oneself		503
enough		250, 533, 539, 544
escape		258
essential		384, 541
even if		138, 612
even though		612
ever		146, 150
every		511
everyone		519
everything		519
except for		577
except that ～		555, 589
excited		231
exciting		272
expect O to do		236
explain		428

F

familiar with		542
family		469
far		338, 544, 627
far from		420
fast		54, 544
feel		116, 128
feel like -ing		266
feel O ＋動詞の原形		240, 278
feel O ＋分詞		278
few		411, 532
find		117, 119, 150
find O ＋分詞		279
finish		145, 257
fit		128
fond of		542
for		
(接続詞)		585
(前置詞)		148, 564, 565
for a while		493
for example		444
for fear of		578
for fear (that) ～		611
for free		555
for O to do		232
for oneself		503
for sure		555
for the sake of		578

force O to do	237, 458	
forget	260	
former	529	
fortunately	540	
free from	420	
friendly	544	
from	42, 561, 567	
from A to B	563	
furniture	470	
furthermore	550	

G

generally speaking	286	
get	117, 119, 276	
get O ＋過去分詞	276	
get O ＋現在分詞	276	
get O to do	237, 239	
give	116, 462	
give 型	116, 211	
give ～ a call	462	
give up	71, 257	
glad	231, 541, 588	
glasses	467, 478	
go	139, 145	
go -ing	288	
good	331, 627	

H

had ＋過去分詞	152	
had been -ing	154	
had better	182, 398, 602	
had to	177	
half	335, 492	
hand	116	
happen to do	235	
hard	54, 242, 543	
hardly	410, 441, 538, 543	
hardly ever	411	
hardly ～ when ...	419, 442, 606	
hate	128	
have	74, 119, 128, 201, 239, 615	
have ＋過去分詞	74, 144	
have O ＋過去分詞	276	
have O ＋現在分詞	276	
have O ＋動詞の原形	239	
have a look at	462	
have been -ing	151	
have been to	147	

have gone to	147	
have got	152	
have got to	152	
have only to	178	
have to	72, 176	
have yet to	178, 418	
having ＋過去分詞	265, 283	
hear	109, 128, 150, 549	
hear O ＋動詞の原形	239, 278	
hear O ＋分詞	278	
help O to do	239, 460	
help O ＋動詞の原形	239	
help oneself to	503	
hence	550	
Here VS	443	
hesitate to do	235	
hope	160, 225, 371, 549, 588	
how		
（関係詞）	307	
（感嘆文）	102	
（疑問詞）	99, 207, 390, 392	
How about ～ ?	267, 401	
How come ～ ?	401	
How dare ～ !	189	
How long ～ ?	392	
How much[many] ～ ?	392	
how to do	63, 240	
however	318, 444, 550	

I

I believe	320, 445	
I dare say ～	189	
I hear	320	
I hope	371, 407, 445	
I hope so.	407, 549	
I think	162, 320, 444	
I was hoping ～	386	
I was wondering if ～	386	
I wish	369, 371, 386	
if		
（仮定法）	364	
（接続詞）	137, 394, 589, 598	
if の代わりに用いられる表現	599	
if の省略	382	
if any	446	
if it had not been for	374	
if it were not for	374	
if necessary	446	
if not	446	

if only	371	
if possible	446	
if ～ should	376	
if so	446	
if ～ were to	376	
ill	530, 627	
I'm sure	320	
imagine	258	
important	384	
impossible	242	
in	42, 557	
in a hurry	493	
in a sense	444, 493	
in addition to	577	
in case	610	
in case of	578, 611	
in consequence	551	
in contrast	551	
in fact	444	
in front of	570, 577	
in -ing	267	
in order not to do	229	
in order that ～	610	
in order to do	229	
in other words	551	
in pencil	558	
in spite of	577	
in that ～	555, 589	
in the least	438	
in the meantime	551	
in the world	341, 437	
indeed	605	
inferior to	353, 564	
information	471	
-ing 形の作り方	619	
insist	384	
instead of	578	
intend	160, 260	
interested	273	
interesting	273, 564	
into	573	
introduce oneself	503	
it	503	
（形式主語）	218, 223, 255, 520, 587	
（形式目的語）	225, 256, 520, 588	
It costs O ＋費用＋ to do	247	
It goes without saying that ～	268	

641

It is 〜 -ing	255	
It is no use -ing	268	
It is said that 〜	218	
It is 〜 that ...	439, 520, 587	
It is 〜 to do	223, 520	
It is true 〜 , but ...	605	
It is worth -ing	268	
it seems	445	
It seems that 〜	234, 245	
It takes O ＋時間＋ to do	247	
It will not be long before 〜	419	
It's time 〜	375	

J

judging from	285
junior to	353
just	145
just now	150

K

keep	115, 119
keep ＋分詞	274
keep O ＋分詞	275
keep O from -ing	459
kind	232
know	124, 128, 218, 588
know better than to do	354

L

last	544
late	544, 627
lately	150, 543
lay	619
lead O to	461
least	341, 627
leave	117, 118, 119, 139
leave O ＋分詞	275
lend	116
less	336, 627
less and less	349
lest	611
let	119, 239
Let's 〜 .	105, 431
lie	115, 274, 619
like	108, 125, 128, 260
likely to do	243, 542
listen to	109, 240, 278
little	411, 441, 470, 532, 627
live	125, 128, 529

lonely	544
look at	109, 278
look for	127
look forward to -ing	266
lots of	470, 531
love	128, 259
lovely	544
luckily	540

M

main	528
make	117, 212
make O ＋過去分詞	277
make O ＋動詞の原形	238, 458
make 型	118
make a mistake	462
make a point of -ing	267
make friends	479
make oneself at home	503
manage	170, 259
many	531, 627
many of which[whom]	321
may	173, 174, 175
may as well	197
may have ＋過去分詞	191
May I[we] 〜 ?	174
may well	196
may[might] be able to	174
mean	160, 259
meanwhile	550
mere	529
might	173, 365
might as well	197
might have ＋過去分詞	191
might well	196
mind	258
more	331, 627
more and more	349
more B than A	347, 352
more or less	355
moreover	444, 550
most	331, 360, 627
most of which[whom]	321
much	470, 531, 545, 627
（比較級、最上級の強調）	338, 343
much less	353
must	176, 179, 602
must not	178

must have ＋過去分詞	191

N

name	118, 119
natural	199
near	544
nearly	538, 543
necessary	383, 541
need	128, 188
need -ing	261
need to do	188
needless to say	251
needn't have ＋過去分詞	193
neither	449, 515, 548
neither A or B	602, 604
neither of which[whom]	321
never	147, 283, 408, 441, 537
never fail to do	418
, never to do	231
never 〜 without ...	415
nevertheless	550
no	409
no ＋比較級＋ than	356
no fewer than	358
no less than	356
no less 〜 than ...	359
no longer	420
no matter 〜	318, 319
no more than	356
no more 〜 than ...	359
no one	409
no other 〜 ＋名詞	344
no sooner 〜 than ...	419, 442, 606
nobody	345, 409, 519
none	514, 516
none the ＋比較級	351
nor	449, 585
not	96, 406
not ＋比較級＋ than	338, 356
not ＋分詞	283
not A but B	603
not A so much as B	347
not all	413
not always	413
not 〜 any longer	421
not 〜 any more than ...	359
not as ＋原級＋ as	333
not both	413
not every	413

642　索引

not fewer than	358
not having ＋過去分詞	283
not less than	357
not more than	357
not necessarily	413
not only A but (also) B	442, 603, 604
not quite	413
not ... so 〜	414
not so 〜 that ...	609
not so much A as B	347, 352
not so much as ＋動詞の原形	347
not so ＋原級＋ as	334
not to say 〜	251
not uncommon	415
Not until 〜（倒置）	441
not 〜 until ...	419, 440
not 〜 very much	414
nothing	345, 409, 519
nothing but	416
nothing whatever	438
now	150, 597

O

obviously	540
of	474, 566, 567
（同格）	451
of ability	472
of which	298, 321
of whom	321
of O to do	233
offer	116, 259
often	126, 130, 537
OK.	106, 396, 398
on	42, 559
on earth	437
on foot	490
on -ing	267
once	148, 599
one	507
one of the ＋最上級	343
ones	508
only	442, 529, 539
only if	613
, only to do	231
opposite	572
or	104, 452, 584, 601
order	117, 384, 430
order O to do	237

others	518
otherwise	379
ought not to	180
ought to	180
ought to have ＋過去分詞	191, 193
out of	573, 577
over	575
over and over	438
owe	116
own	128

P

pass	117
pay	117
people	469
permit O to do	237, 460
plan	225, 228, 258
please	102
pleased	231
plenty of	531
polite	232, 331
possibly	172
practice	258
prefer A to B	353
present	530
pretend	259
pretty	539, 544
prevent O from -ing	459
probably	540
prohibit O from -ing	459
promise	228, 428
propose	384
prove to do	235

Q

quiet	331
quit	258
quite	413, 491, 539
quite a few	533
quite a little	533

R

raise	619
rarely	410, 441, 537
rather than	347, 352
ready	243
really	436, 539
recently	150
recommend	237, 384

refuse	259
regardless of	578
regret	199, 261
remember	128, 261
remind	428, 463
request	384
require O to do	237
resemble	128
right	544
rise	619

S

safe	242
save	117, 464
say	218, 424, 461, 588
say to ＋人	428
scarcely	410
scarcely 〜 when[before] ...	606
scarcely ever	411
see	109, 128
see O ＋動詞の原形	240, 278
see O ＋分詞	278
seeing (that) 〜	597
seem	115, 244
seem to do	234
seldom	410
sell	117
send	117
senior to	353
several	533
shake hands	479
shall	189
Shall I[we] 〜 ?	189
should	180, 198
（仮定法）	366, 376
should have ＋過去分詞	191, 193
shouldn't have ＋過去分詞	193
show	117, 461
since	148, 281, 594, 595
sit ＋分詞	274
smell	128
smile	108
so	549, 585
so ＋ be 動詞＋主語	449, 549
so ＋ SV	550
so ＋形容詞[副詞]＋ that 〜	608

643

so＋助動詞＋主語	449, 549	
so ～ as to do	250	
so as not to do	229	
so as to do	229	
so far	149, 150	
so that ～	610, 611	
so to speak	251	
some	512	
some of which[whom]	321	
somebody	519	
someone	519	
sometimes	537	
sooner or later	355	
sorry	231, 541	
sound	544	
speaking of	286	
spend ～ -ing	288	
staff	469	
stand＋分詞	274	
start	139, 259	
still	547	
still less	353	
stop	257	
stop O from -ing	459	
strange	199	
strange to say	251	
strictly speaking	286	
succeeded in -ing	170	
such	450, 542	
such a[an]＋形容詞＋名詞		491
such a[an]＋形容詞＋名詞＋that ...		609
such a[an]＋名詞	542	
such ～ as ...	322, 543	
suggest	258, 384, 431	
superior to	353	
suppose	238, 381	
supposing	381	
Sure.	106, 396, 398	
sure (that) ～	542, 588	
sure to do	243	
surprised	231, 273, 588	
surprising	199, 273	
SV	109	
SVC	111	
（不定詞）	222, 223	
SVCで使われる一般動詞	115	
SVO	112	
（不定詞）	224	

SVO＋for＋人	117	
SVO＋of＋人	117	
SVO＋to＋人	116	
SVOC	114	
（不定詞）	224	
（受動態）	213	
SVOO	113	
（受動態）	211	
SVOCで使われる動詞のパターン		118
SVOOで使われる動詞のパターン		116

T

take	247, 460	
take a look (at)	462	
take O to	460	
take turns	479	
teach	117	
tell	117	
tell O (that) ～	428	
tell O to do	236, 430	
tend to do	235	
than		
（比較）	336	
（関係詞）	323	
thanks to	578	
that		
（関係詞）	296	
（指示代名詞）	505	
（接続詞）	64, 587	
（同格）	451, 589	
that 節の中の should	198	
that is	452	
that's how	307	
that's why	306	
the	482, 485, 495	
（最上級）	341	
the がつかない最上級	360	
the＋比較級＋SV, the＋比較級＋SV		350
the last person to do	418	
the last time	607	
the moment	606	
the one	508	
the other(s)	517, 518	
the reason	306	
the same ～ as ...	322	
the second＋最上級	343	
the very＋名詞	436	

the way	308, 608	
then	150, 539	
there	119, 268, 535	
There＋be動詞＋名詞	119	
There＋be動詞＋名詞＋分詞		287
There＋一般動詞＋名詞	120	
There is no -ing	268	
There is no point in -ing	268	
There VS	443	
therefore	550	
these	505	
They say that ～	218	
think	119, 128, 218, 238, 549	
this	505	
this is how	308	
this is why	307	
those	505	
those who	522	
though	599	
through	562, 572	
throw	117	
thus	550	
～ times as ... as	335	
to		
（前置詞）	563, 565	
（代不定詞）	252	
to＋動詞の原形	62, 78, 82, 84, 222	
to 不定詞	62, 222	
to be brief	251	
to be frank	251	
to be honest	251	
to be -ing	246	
to be sure	251, 605	
to be＋過去分詞	246	
to begin with	251	
to have＋過去分詞	244	
to make matters worse	251	
to say nothing of ～	251	
to say などを含む表現	251	
to tell the truth	251	
too	548	
too＋形容詞＋a[an]＋名詞		491
too ～ to do	250, 418	
total	529	
try	260	
turn out to do	235	
twice	147	

twice as 〜 as	335

U

under	575
understand	128, 588
unfortunately	540
unless	138, 598
until	
（接続詞）	138, 594
（前置詞）	568
urban	529
used to	187
usually	126, 537

V

very	436, 529, 538, 545
very ＋最上級	342
VO to do	236

W

walk ＋分詞	274
want	128, 225, 259
want -ing	261
want O to do	236
warn	237, 428
was[were] able to	168
watch	240
way	228
well	544, 627
were to	376
Wh 疑問文	97
what	
（関係詞）	300
（感嘆文）	102
（疑問形容詞）	391
（疑問代名詞）	99, 388, 401
what ＋主語＋ be 動詞	301
what ＋名詞	391
what ＋名詞＋ to do	241
What do you say to 〜？	266, 402
What 〜 for?	401
what 〜 is ...	448
what is called	301
What is 〜 like?	401
what is more	301
what is worse	302
what is ＋比較級	302
what they call	302
what to do	63, 240
what you call	302
whatever	314, 317
when	
（関係詞）	305, 312
（疑問詞）	99, 207, 390
（接続詞）	591
when ＋分詞構文	284
When it comes to -ing	266
when to do	63, 240
whenever	316, 318, 607
where	
（関係詞）	303, 312
（疑問詞）	99, 207, 390
where to do	63, 240
wherever	316, 318
whether	65, 394, 589
whether A or B	600
whether 〜 or not	589, 600
whether to do	241, 590
which	
（関係詞）	294, 308, 311
（疑問形容詞）	391
（疑問代名詞）	388
which ＋名詞	207, 391
which ＋名詞＋ to do	241
which to do	240
whichever	314, 315, 317
while	138, 284, 591, 592
while ＋分詞構文	284
who	
（関係詞）	292, 308
（疑問詞）	99, 207, 388, 389
Who cares?	399
Who knows 〜？	399
who to do	63, 240
whoever	314, 317
wholly	538
whom	
（関係詞）	292, 299, 309
（疑問詞）	389
whose	
（関係詞）	297
（疑問形容詞）	391
（疑問代名詞）	389
whose ＋名詞	391
why	
（関係詞）	306
（疑問詞）	207, 390
Why don't you 〜？	396
Why don't we 〜？	402
Why not?	402
will	
（意志）	72, 183
（依頼・勧誘）	185
（推定・推量）	184
（未来）	131
will be able to	167
will be -ing	141
will have been -ing	157
will have to	177
will have ＋過去分詞	155
Will you 〜？	185
willing	243
wish	259, 369, 371
with	568
（仮定法）	378
（付帯状況）	286
with a view to -ing	267
with care	472
with difficulty	472
with ease	472
with regard to	578
with success	472
without	377
without so much as -ing	348
Won't you 〜？	186
work	108, 126, 471
would	
（意志）	183
（依頼・勧誘）	185
（過去の習慣）	186
（仮定法）	365
（推定・推量）	184
would like	195
would like O to do	236
would like to do	195
would rather	196
would rather not	196
Would you 〜？	186
Would you like me to 〜？	189
Would you mind 〜？	385, 400
write	117

Y

Yes/No 疑問文	97, 206, 394, 429
yet	145, 150, 547, 584

645

監修者紹介

総合監修

金谷 憲（かなたに けん）

　東京学芸大学名誉教授。東京大学文学部英文科卒。同大学院人文科学研究科修士課程（英語学）、教育学研究科博士課程（学校教育学）およびスタンフォード大学博士課程を経て（単位取得退学）、1980年より32年間東京学芸大学で教鞭を執る。専門は英語教育学。全国英語教育学会会長、中教審の外国語専門部会委員などを歴任。現在は、フリーの英語教育コンサルタントとして学校、都道府県その他の機関に対してサポートを行い、ELPA（英語運用能力評価協会）およびELEC（英語教育協議会）の理事を務める。2010年より、高校の英語授業改善のためのプロジェクト Sherpa (Senior High English Reform Project ALC) のリーダーとして活動している。著書に『英語授業改善のための処方箋』（大修館書店）、『英語教育熱』（研究社）、『高校英語授業を変える！』『高校英語教科書を2度使う！』『高校英語教育を整理する！』（いずれも編著、アルク）などがある。

監修

馬場哲生（ばば てつお）

　東京学芸大学教授。東京学芸大学大学院修了。専門は英語教育学。著書に『英語授業ハンドブック〈中学校編〉』（共編著、大修館書店）、『英語スピーキング論』（編著、河源社）、文部科学省検定教科書『TOTAL ENGLISH』（編集委員、学校図書）などがある。

高山芳樹（たかやま よしき）

　東京学芸大学教授。東京学芸大学大学院修了。専門は英語教育学。著書に『高校英語授業を変える！』（共著、アルク）、『英語授業ハンドブック〈高校編〉』（共編著、大修館書店）、文部科学省検定教科書『Power On English Communication』（編集委員、東京書籍）などがある。

本書にご協力いただいた先生方

　本書の制作にあたり、高校での英語教育に携わる先生方にモニターとなっていただき、さまざまなご意見を伺いました。ご協力に心より感謝申し上げます。先生方のお名前を以下に掲載させていただきます（50音順、敬称略）。

麻生雄治	上田高裕	草階健樹	島田民男	中野達也	米田謙三
伊藤 智	上田道浩	酒井優子	庄末 剛	前田昌寛	米野和徳
一ノ瀬憲二	大藪良一	佐藤かな	鈴木優子	松木正和	
岩山俊博	亀谷朋広	佐藤仁志	髙松雅貴	山口和彦	

総合英語 One

書名	総合英語 One
発行日	2014年7月11日（初版）　2021年12月21日（第6刷）
総合監修	金谷 憲
監修	馬場哲生、高山芳樹
Section I 執筆	馬場哲生
Section II 執筆 (50音順)	秋山安弘、井戸聖宏、伊藤正彦、内田富男、小田切寿葉、桑原香苗、河野太一、河野雅昭、杉山紀子、高木保欣、辰巳友昭、俵 操子、野中辰也、橋本 恭、秦野進一、宮下いづみ、森野洋明
編集	株式会社 アルク 文教編集部
編集協力	石綿健二、鈴木仁哲
英文校正	Peter Branscombe、Margaret Stalker
カバーデザイン	大村麻紀子
本文デザイン	松本君子
イラスト	桑原正俊、鹿野理恵子
DTP	株式会社 秀文社
印刷・製本	図書印刷株式会社
発行者	天野智之
発行所	株式会社 アルク 〒102-0073 東京都千代田区九段北4-2-6　市ヶ谷ビル Website：https://www.alc.co.jp/ 学校での一括採用に関するお問い合わせ koukou@alc.co.jp（アルクサポートセンター）

地球人ネットワークを創る
アルクのシンボル
「地球人マーク」です。

©2014 Ken Kanatani / Tetsuo Baba / Yoshiki Takayama / Masatoshi Kuwahara / Rieko Kano /ALC PRESS INC.
Printed in Japan.
PC : 7014020　ISBN : 978-4-7574-2465-4

● 落丁本、乱丁本は、弊社にてお取り替えいたしております。
　Web お問い合わせフォームにてご連絡ください。
　https://www.alc.co.jp/inquiry/

● 本書の全部または一部の無断転載を禁じます。
　著作権法上で認められた場合を除いて、本書からのコピーを禁じます。

● ご購入いただいた書籍の最新サポート情報は、以下の「製品サポート」ページでご提供いたします。
　製品サポート：https://www.alc.co.jp/usersupport/

● 定価はカバーに表示してあります。